MUTTERS
AGENDA

II

1961

Titel der französischen Originalausgabe:
L'Agenda de Mère, 1961
© 1978 Institut de Recherches Évolutives, Paris.

Deutsche Erstauflage 1992

ISBN 978-3-910083-52-3

Diese Agenda ...
ist mein Geschenk
an die, die mich lieben

Mutter

Biographische Anmerkung

MUTTER wurde am 21. Februar 1878 in eine Pariser Familie gänzlich materialistischer Überzeugung geboren. Sie studierte Musik, Malerei und höhere Mathematik. Als Schülerin des französischen Malers Gustave Moreau lernte sie die großen Impressionisten der Epoche kennen. Später traf sie Max Théon, eine mysteriöse Persönlichkeit mit außerordentlichen okkulten Fähigkeiten, der ihr als erster eine zusammenhängende Erklärung all der spontanen Erfahrungen gab, die sie seit ihrer Kindheit hatte, und der sie bei zwei langen Besuchen auf seinem Anwesen in Algerien die Geheimnisse des Okkultismus lehrte. 1914 besuchte sie die französische Kolonialstadt Pondicherry in Südindien, wo sie Sri Aurobindo begegnete, der dort als indischer Freiheitskämpfer vor den Briten Zuflucht gefunden hatte. Nach einem Aufenthalt in Japan und einem kurzen Besuch in China kehrte sie 1920 endgültig nach Pondicherry zurück. Als Sri Aurobindo sich 1926 zurückzog, um der Erforschung einer neuen Evolutionsmacht in der Materie nachzugehen, übernahm sie die Leitung seines Ashrams und bemühte sich vergeblich, die Schüler zu einem neuen Bewußtsein zu erwecken. 1958, acht Jahre nach Sri Aurobindos Abschied, zog auch sie sich zurück, um *das* Problem anzugehen: eine Veränderung im Bewußtsein der Körperzellen. Von 1958 bis 1973 deckte sie allmählich den „Großen Übergang" zu einer neuen Spezies und einem neuen Lebensmodus in der Materie auf. Dabei erzählte sie Satprem von ihren außerordentlichen Erfahrungen, und das ist die *Agenda*.

(Siehe Satprems biographische Trilogie: *Mutter: 1. Der Göttliche Materialismus, 2. Die Neue Spezies, 3. Die Mutation des Todes*, Verlag Hinder + Deelmann, Gladenbach 1992-94.)

SATPREM wurde 1923 in Paris geboren. Den Großteil seiner Kindheit verbrachte er auf Segelfahrten vor der bretonischen Küste. Mit zwanzig wurde er wegen Widerstandsaktivitäten von der Gestapo verhaftet und verbrachte anderthalb Jahre in deutschen Konzentrationslagern. Körperlich und seelisch zutiefst erschüttert, reiste er nach seiner Befreiung zunächst nach Indien, um einen Posten in der französischen Kolonialregierung in Pondicherry anzutreten. Dort begegnete er Sri Aurobindo, der verkündet hatte: „Der Mensch ist ein Übergangswesen". Daraufhin verließ er seinen Posten und begab sich auf eine Reihe von Abenteuern, die ihn nach Guayana, Brasilien und Afrika führten, bevor er 1953 nach Indien zurückkehrte. Er wanderte als Sannyasin durchs Land, wurde in den Tantrismus eingeweiht, bis er sich schließlich dem Werk von Mutter und Sri Aurobindo widmete.

Als Mutters Vertrauter zeichnete er siebzehn Jahre lang ihre Erfahrungen auf und dokumentierte ihre Suche nach einer Veränderung im Programm der Zellen, die zu einer anderen Sicht des Todes führte.

1977, vier Jahre nach Mutters Tod, gründete er in Paris das Institut de Recherches Évolutives, um die vollständige Veröffentlichung der *Agenda* sicherzustellen.

CHRONIK DES WELTGESCHEHENS

1961

4. Januar	Die Vereinigten Staaten brechen die diplomatischen Beziehungen zu Kuba ab.
6. Januar	Der Sicherheitsrat der Vereinten Nationen prüft die kubanische Beschwerde bezüglich einer bevorstehenden Invasion durch die USA
8. Januar	In einer Volksabstimmung sprechen sich 75 % der Franzosen für die Algerien-Politik General de Gaulles aus, d.h. für das Recht Algeriens auf Selbstbestimmung
17. Januar	Bürgerkrieg im Kongo: der ehemalige Ministerpräsident Patrice Lumumba wird nach Katanga verschleppt und ermordet
20. Januar	John F. Kennedy wird in sein Amt als Präsident der Vereinigten Staaten von Amerika eingesetzt. Königin Elisabeth von England tritt eine Reise nach Indien, Pakistan und dem Iran an
21. Januar	Tod des surrealistischen Schriftstellers und Globetrotters Blaise Cendrars
1. Februar	Abschuß der ersten US-Interkontinental-Rakete (»Minuteman«)
3. Februar	Terroristische Aktivitäten in Angola werden durch die portugiesische Kolonialregierung unterdrückt
4. Februar	Start des 6 1/2 Tonnen schweren sowjetischen Sputnik-Satelliten
12. Februar	Start eines sowjetischen Raumschiffs in Richtung Venus
13. Februar	Der UN-Sicherheitsrat drängt auf die gewaltsame Beendigung des Bürgerkriegs im Kongo und verlangt eine Untersuchung über die Todesursache von Patrice Lumumba
21. Februar	Mutters 83. Geburtstag
21. März	Beginn der Drei-Mächte-Konferenz in Genf über die Einstellung von Atom-Tests
11. April	Eröffnung des Eichmann-Prozesses in Jerusalem
12. April	Der sowjetische Kosmonaut Juri Gagarin wird der erste Mensch im Weltraum: seine Erdumkreisung dauert 89 Minuten
13. April	Die Vollversammlung der Vereinten Nationen verdammt die Apartheid
15. April	Beginn der »Schweinebucht«-Invasion durch vom CIA paramilitärisch ausgebildete kubanische, antifidelistische Flüchtlinge; die Invasoren werden von Castros Truppen rasch überwältigt
22. April	Aufstand der Armee in Algerien unter den französischen Generälen Zeller und Challe. Der Ausnahmezustand wird verhängt
25. April	Der algerische Putsch bricht zusammen
27. April	Sierra Leone erhält seine Unabhängigkeit
30. April	Südafrika tritt aus dem britischen Commonwealth aus
Mai	Multiethnische Gruppen, die sogenannten »Freedom Riders« ziehen durch die Südstaaten der USA, um gegen die Rassentrennung zu protestieren
5. Mai	Erster Raumflug des Nordamerikaners Alan Shepard
13. Mai	Tod des Schauspielers Gary Cooper (Oscar für »High Noon« 1952)

25. Mai	Präsident Kennedy fordert vom Kongreß höhere Mittel für Raumfahrt und Verteidigung. Sein erklärtes Ziel ist die bemannte Mondlandung vor Ende der sechziger Jahre
28. Mai	Die »Orient-Expreß«-Linie Paris-Bukarest wird nach 78 Jahren eingestellt
31. Mai	Südafrika wird unabhängige Republik Präsident Kennedy tritt in Begleitung seiner Frau eine Reise nach Paris, Wien und London an
3. Juni	Gipfeltreffen von Kennedy und Chruschtschow in Wien. Die Sowjetunion schlägt einen deutschen Friedensvertrag vor, in dem Berlin als freie Stadt vorgesehen wird
5. Juni	Der US-Bundesgerichtshof erklärt die nordamerikanische, kommunistische Partei zur registrierpflichtigen Fremd-Organisation. Diese verweigert am 17. November d.J. die Registrierung
6. Juni	Tod des Psychologen Carl Gustav Jung
19. Juni	London gibt seinen Protektoratsanspruch gegenüber Kuwait auf. Kuwait wird zum unabhängigen Staat Die USA und die UdSSR beginnen Abrüstungsverhandlungen in Washington
21. Juni	Chruschtschow kündigt den Abschluß eines separaten Friedens mit Ostdeutschland vor Jahresende an, sowie die Wiederaufnahme von Atomversuchen für den Fall, daß die USA ihre Tests wiederaufnehmen
29. Juni	Erfolgreicher Abschuß einer US-Rakete mit drei Satelliten
2. Juli	Freitod des amerikanischen Schriftstellers und Nobelpreisträgers Ernest Hemingway
6. Juli	Abschluß eines Bündnisvertrags zwischen der Sowjetunion und Nordkorea
8. Juli	Chruschtschow verkündet, daß er sich gezwungen sieht, die Reduzierung der sowjetischen Streitkräfte auszusetzen
9. Juli	Griechenland wird Mitglied der Europäischen Wirtschaftsgemeinschaft (EWG)
11. Juli	Der Ex-General Salan und andere Rebellen werden in Abwesenheit für ihre Rolle im algerischen Aufstand zum Tode verurteilt
17. Juli	Washington beantwortet den sowjetischen Vorschlag mit der Weigerung, die Abrüstungsverhandlungen mit Verhandlungen über Atomversuche zu verbinden
20. Juli	Tunesien bricht seine diplomatischen Beziehungen mit Frankreich ab
21. Juli	Der zweite bemannte Raumflug der USA unter Captain Grissom
31. Juli	Der britische Premierminister Macmillan kündigt die Eröffnung von Verhandlungen über Großbritanniens Beitritts zur EWG an
5.-17. Aug.	Interamerikanische Wirtschaftskonferenz in Punta del Este/Uruguay zur Förderung der wirtschaftlichen Entwicklung Lateinamerikas. Die Charta der Allianz für den Fortschritt wird unterzeichnet. Die Charta geht zurück auf einen Plan Kennedys
7. August	Der Kosmonaut Titow umrundet die Erde 17 Mal In seiner Rede schuldigt Chruschtschow die Westmächte an, den dritten Weltkrieg vorzubereiten
13. August	Bau der Berliner Mauer: die USA verstärken ihre militärische Präsenz in West-Berlin

1. Sept.	Die Konferenz von 24 blockfreien Staaten in Belgrad endet mit einem Friedensappell
	Die Sowjetunion bricht ein dreijähriges Atom-Versuchs-Moratorium durch eine nukleare Explosion in der Atmosphäre
8. Sept.	Mißglücktes Attentat auf General de Gaulle
15. Sept.	Die USA kündigen die Wiederaufnahme ihrer unterirdischen Atomtests an
17. Sept.	Adenauer gewinnt die Wahlen zum 4. deutschen Bundestag gegen den Kanzlerkandidaten der SPD Willy Brandt. Er bildet am 7. November des Jahres seine Koalitionsregierung aus CDU/CSU und FDP
17.-18. Sept.	Anti-Atom-Demonstrationen auf dem Trafalgar Square in London führen zu 1314 Verhaftungen
18. Sept.	Der UN-Generalsekretär Dag Hammarskjöld kommt bei einem Flugzeugabsturz auf dem Weg zu Verhandlungen mit dem Kantanga-Präsident Tschombé im Kongo ums Leben. Im November tritt U Thant (Burma) Hammarskjölds Nachfolge an
29. Sept.	Frankreich und Tunesien unterzeichnen ein Abkommen über den graduellen Rückzug französischer Truppen
2. Oktober	General de Gaulle verkündet die baldige Errichtung eines souveränen und unabhängigen algerischen Staates
5. Oktober	Terroristische Anschläge in Paris, nächtliches Ausgehverbot in Algerien sind die Reaktion auf de Gaulles Ankündigung
13. Oktober	Syrien wird das 101. Mitglied der Vereinten Nationen
17. Oktober	Der XXII. Kongreß der kommunistischen Partei in Moskau: Stalins Leichnam wird aus dem Mausoleum am Kreml auf dem Roten Platz entfernt
18. Oktober	General Maxwell Taylor stattet Südvietnam einen offiziellen Besuch ab, um US-Verteidigungsmaßnahmen gegen die Vietkong-Guerilla zu entscheiden. Es werden weitere Hilfsmaßnahmen und die Entsendung von militärischen Beratern beschlossen (15.11.)
23. Oktober	Der Friedensnobelpreis wird dem schwarzen südafrikanischen Nationalistenführer und ANC-Präsidenten John Luthuli zugesprochen
28. Oktober	Sowjetische Nuklearexplosion einer 50-Megatonnen-Bombe
8. Nov.	In Brüssel werden die Verhandlungen über den britischen Beitritt zum Gemeinsamen Markt eröffnet
10. Nov.	Stalingrad wird in Wolgograd umbenannt
25. Nov.	Kennedy schließt jede Zuteilung von Atomwaffen an Westdeutschland aus
28. Nov.	Die UN-Vollversammlung fordert die Unabhängigkeit der verbleibenden Kolonialvölker
	Die Genfer Abrüstungskonferenz über den Stopp von Atom-Tests wird wieder aufgenommen
9. Dez.	Tanganjika erhält seine Unabhängigkeit
10. Dez.	Die UdSSR bricht ihre Beziehungen zu Albanien ab
15. Dez.	Adolf Eichmann wird in Jerusalem zum Tode verurteilt
	Die UN-Vollversammlung lehnt den sowjetischen Vorschlag ab, Rotchina statt Nationalchina in die Vereinten Nationen aufzunehmen; Großbritannien stimmt für den Beitritt

17. Dez.	Goa-Konflikt: Indische Streitkräfte nehmen die portugiesischen Enklaven Goa, Damão und Diu ein
23. Dez.	Präsident Nasser kündigt die Verstaatlichung aller ägyptischer Ländereien in ausländischem Besitz an
26. Dez.	Die UdSSR schickt Marine-Einheiten nach Ägypten

Januar

1. Januar 1961

(Mutters Neujahrsbotschaft)

1961

Diese wunderbare Welt der Glückseligkeit,
vor unseren Toren,
die auf unseren Ruf wartet,
auf die Erde herabzukommen.

Mutter

7. Januar 1961

Ich ging um halb zehn oben los und dachte, eine halbe Stunde würde genügen, um den Gang zu durchqueren und hierhin zu kommen, aber es scheint nicht so!

(Mutter gibt Satprem eine Rose) Das ist die „Zärtlichkeit des Göttlichen" für... sich selbst! Die Zärtlichkeit, die Es für seine Schöpfung hat! Aber ich mag das Wort „Schöpfung" nicht, als ob sie aus nichts geschaffen wäre – es ist das Göttliche selbst! Mit all seiner Zärtlichkeit hat Es das hervorgebracht. Manche dieser Rosen sind so groß! Wirklich schön.

Ich bin... (wie kann ich das sagen? – alles, was man sagen kann, ist nie vollkommen richtig), aber nun, etwas übertrieben ausgedrückt, bin ich... nicht beunruhigt, nicht besorgt, nicht entmutigt, nichts derartiges, aber ich habe wirklich den Eindruck, daß ich nichts mehr tun kann – ich verbringe meine ganze Zeit damit, Leute zu empfangen, Briefe zu lesen und zu beantworten – nichts anderes. Seit mehr als einer Woche habe ich meine Übersetzung[1] nicht mehr angerührt. T hat mir ihr Heft mit Fragen geschickt: erst nach zwei Wochen konnte ich antworten.[2] Und so ist nichts für das Bulletin fertig. Wir haben nur das, was du vorbereitet hast.

---

1. Die *Synthese des Yoga*, von der Mutter jeden Tag ein wenig übersetzte.
2. Eine junge Schülerin stellte Mutter schriftlich Fragen zu Sri Aurobindos *Thoughts and Aphorisms*. Bald zog Mutter es aber vor, unsere Fragen verbal zu beantworten, denn so konnte sie ihre Erfahrungen erzählen, ohne durch den Rahmen einer

Es ist aber ärgerlich, daß du keine Zeit für deine eigene Arbeit hast.

Nicht einmal für die Übersetzung... Und das war noch eine Erholung für mich: wenn ich müde war, ein wenig zu übersetzen. Dagegen, wenn... ach! all diese Briefe! Die besten sind noch idiotisch. Nun... Und stell dir vor, auf dem Weg hierher wollte mich jemand sprechen; ich hab ihm gesagt: um 11 Uhr. Und jetzt warten 700 Leute auf mich, draußen beim Samadhi.[1]

Aber jetzt Schluß mit der Quengelei – an die Arbeit!

*
* *

(Später im Gespräch macht Mutter folgende Bemerkung:)

Für das Verständnis der *Synthese* ist es äußerst einfach: ich brauche nur eine Minute ruhig zu sein, dann ist Sri Aurobindo da.

Siehst du, es ist nicht das Verständnis meines Körpers: Sri Aurobindo ist da!

10. Januar 1961

Ich hab so einen Stapel ungelesener Briefe, und einen noch größeren, die ich zwar gelesen habe, aber die noch zu beantworten sind. Ich kann diese Arbeit mit den Aphorismen nicht machen, wenn ich ständig von Leuten belästigt werde, die „ziehen", weil sie mir geschrieben haben – wenn ich ihnen nicht sofort antworte meinen sie (sie sprechen es nicht aus): „Nun, warum antworten Sie nicht!" So steht es.

Das sind keine günstigen Verhältnisse.

Alles befindet sich in einem fürchterlichen Durcheinander.

(Schweigen)

Wie lautet der nächste Aphorismus ?

---

schriftlichen Antwort eingeengt zu sein. Zum Teil wurden diese „Kommentare über die Aphorismen" im *Bulletin* gedruckt. Wir geben sie hier vollständig und an ihrem chronologischen Platz wieder.
1. Sri Aurobindos Grab im Innenhof des Ashrams.

49 – Den Gott der Schönheit und der Güte auch im Häßlichen und Bösen zu empfinden und zu lieben, und sich dennoch in vollkommener Liebe danach zu sehnen, ihn von seiner Häßlichkeit und Bosheit zu heilen, das ist die wahre Tugend und Moralität.

Hast du eine Frage?

Wie kann man bei der Heilung des Bösen und Häßlichen, das man überall sieht, mitwirken?... Lieben? Was ist die Kraft der Liebe? Und wie kann eine Änderung in einem individuellen Bewußtsein auf die restliche Menschheit wirken?

Wie man bei der Heilung des Bösen und Häßlichen mitwirken kann?... Man kann sagen, es gibt Stufen der Mitwirkung oder des Handelns; eine negative Mitwirkung und eine positive Mitwirkung.

Zuerst die Methode, die man negativ nennen könnte. Sie wird von den buddhistischen und ähnlichen Religionen angewandt: nicht zu sehen. Erst einmal in einem Zustand ausreichender Reinheit und Schönheit zu sein, um das Häßliche und Böse nicht zu empfinden – es ist wie etwas, das euch nicht berührt, weil es in euch nicht existiert.

Das ist die Vollendung der negativen Methode.

Es ist eine sehr primitive Methode: das Böse nie bemerken, nie über das Böse in anderen sprechen, diese Schwingung nicht dadurch verbreiten, daß man es beobachtet, kritisiert oder ihm übermäßig Aufmerksamkeit schenkt. So lehrte es der Buddha: jedesmal, wenn du ein Übel erwähnst, trägst du dazu bei, es zu verbreiten.

Aber das geht dem Problem aus dem Weg.

Dennoch sollte man sich eine Regel daraus machen. Aber die Kritiker haben eine Antwort, sie sagen: „Wenn du das Böse nicht siehst, kannst du es niemals heilen. Wenn du jemanden in seiner Häßlichkeit läßt, wird er nie darüber hinweg kommen." (Das ist nicht wahr, aber so rechtfertigen sie ihr Benehmen.) Hier beantwortet Sri Aurobindo diese Einwände im voraus: du übersiehst das Böse nicht aus Unwissenheit, aus Unbewußtheit oder aus Gleichgültigkeit, du kannst es sehr wohl sehen und sogar empfinden, aber du weigerst dich, mit der Kraft deiner Aufmerksamkeit oder mit der Unterstützung deines Bewußtseins zu seiner Verbreitung beizutragen. Dafür mußt du dich selber jenseits dieser Empfindung oder dieses Gefühls befinden; du mußt Böses und Häßliches sehen können, ohne darunter zu leiden oder davon betroffen oder gestört zu sein. Du siehst es von einer Höhe, auf der diese Dinge nicht existieren, aber du bist dir ihrer bewußt – du bist jedoch nicht davon berührt, du bist frei. Das ist ein erster Schritt.

Ein zweiter Schritt ist, POSITIV der höchsten Güte und Schönheit bewußt zu sein, die hinter allem sind und alles aufrecht erhalten, allem überhaupt ermöglichen zu existieren. Wenn du *Das* siehst, kannst du es auch hinter dieser Maske, hinter dieser Entstellung erkennen – sogar hinter dieser Häßlichkeit, dieser Gemeinheit; selbst dieses Böse ist eine Verkleidung von Etwas im wesentlichen Schönem, Gutem, Leuchtendem, Reinem.

Und damit erreicht man die WAHRE Mitarbeit, wenn du nämlich diesen Blick, diese Erkenntnis hast, wenn du mit diesem Bewußtsein lebst, gibt dir das auch die Kraft, *Das* in die Schöpfung, auf die Erde zu ZIEHEN, und *Das* mit dem in Berührung zu bringen, was bis jetzt noch entstellt und verhüllt ist – derart, daß diese Entstellung und Verkleidung nach und nach durch den Einfluß der dahinter steckenden Wahrheit verwandelt wird.

Dies ist die höchste Stufe der Mitarbeit.

So gesehen braucht das Prinzip der Liebe nicht in die Erklärung einzugehen. Wenn man aber die Beschaffenheit der Kraft oder der Macht, die diese Verwandlung ermöglicht und vollbringt, verstehen oder kennen will (vor allem, wenn es sich um das Böse handelt, aber in begrenztem Maße auch beim Häßlichen), dann sieht man, daß die Liebe natürlich von allen Kräften die mächtigste, die umfassendste ist – umfassend in dem Sinn, daß sie in allen Fällen anwendbar ist. Sie ist sogar mächtiger als die Kraft der Reinheit, die böse Willen auflöst und irgendwie Meister über die widrigen Kräfte ist, die aber nicht die direkte transformierende Kraft hat. Die Kraft der Reinheit löst ERST auf, und formt dann etwas neues, während die Liebe nicht erst auflösen muß, um zu transformieren: sie hat die Kraft, direkt zu transformieren. Die Liebe ist wie eine Flamme, die etwas Hartes formbar macht, und sogar dieses Formbare zu einer Art reinen Hauch verfeinert – sie zerstört nicht, sondern verwandelt.

Die Liebe ist in ihrem Wesen, von ihrem Ursprung her, eine weiße Flamme, die ALLE widerstände überwältigt. Man kann das selber erfahren: welche Schwierigkeit auch immer man in sich hat, wie groß auch immer das Gewicht der angesammelten Fehler, der Dummheiten, der Schwächen und der schlechten Willen, in einer einzigen SEKUNDE dieser Liebe – rein, essentiell, vollkommen – ist es aufgelöst wie in einer allmächtigen Flamme. In einem einzigen Augenblick kann eine ganze Vergangenheit verschwinden. Einen Augenblick BERÜHRT man *Das* in seinem Kern, und eine ganze Last ist erlöst.

Man kann leicht erklären, wie jemand, der diese Erfahrung hat, sie verbreiten kann, auf andere wirken kann, denn um diese Erfahrung zu haben, muß man den Einen, Höchsten Ursprung berühren – den

Anfang und Ursprung, die Quelle und Wirklichkeit von allem Bestehenden – und damit betritt man sofort die Ebene der Einheit: dort gibt
es keine Trennung zwischen den Individuen mehr, alles ist eine einzige
Schwingung, die sich ewig in der äußeren Form wiederholen kann.[1]

Wenn man sich hoch genug erhebt, ist man im Herzen aller Dinge.
Und was immer in diesem Herz hervorgebracht wird, kann auch
in allen anderen Dingen hervorgebracht werden. Das ist das große
Geheimnis, das Geheimnis der göttlichen Inkarnation in einem individuellen Körper. Denn normalerweise wird das, was sich im Zentrum
manifestiert, erst durch das Erwachen und durch die ANTWORT des
Willens in der individuellen Form auf der äußeren Ebene verwirklicht.
Wenn der zentrale Wille aber beständig und dauernd in einem Menschen vertreten ist, kann dieser Mensch als Zwischenglied zwischen
diesem Willen und den anderen Menschen dienen und er kann FÜR SIE
wollen. Alles, was dieser Mensch erkennt, und alles, was er in seinem
Bewußtsein dem Höchsten Willen darbietet, wird beantwortet, als
käme es von jedem einzelnen. Und wenn die Einzelnen aus irgendeinem Grund ein mehr oder weniger bewußtes oder gewolltes Verhältnis
zu dem Stellvertreter haben, dann verstärkt das seine Ausführungs-
kraft. In dieser Weise kann die Handlung von Oben viel konkreter
und dauerhafter auf die Materie einwirken. Dies ist der Grund für
diese Bewußtseinsherabkünfte – man könnte sie „polarisiert" nennen,
weil sie immer mit einem wohldefinierten Ziel auf die Erde kommen,
für eine besondere Verwirklichung, mit einer Mission, eine vor der
Inkarnation entschiedene, bestimmte Mission. Das sind die großen
Schritte der Inkarnation des Göttlichen auf der Erde.

Wenn dann schließlich der Tag der Verkörperung der Höchsten
Liebe gekommen ist – eine konzentrierte, kristallisierte Verwirkli-
chung der Höchsten Liebe –, dann ist es die Zeit der Transformation.
Denn *Dem* wird nichts widerstehen können.

Aber gerade weil sie allmächtig ist, bedarf es einer gewissen Empfänglichkeit auf der Erde, damit die Auswirkungen nicht katastrophen-
haft sind... Sri Aurobindo erklärte das in einem seiner Briefe. Jemand
fragte ihn: „Warum kommt das nicht jetzt sofort?" Sri Aurobindo
antwortete ungefähr so: Wenn die göttliche Liebe sich konzentriert
auf der Erde manifestierte, wäre es wie ein Zerplatzen, denn die Erde

---

1. Satprem fragte Mutter später: „Ist es eine Schwingung, die sich ewig *wiederholen
kann* oder die sich ewig *wiederholt*?" Mutter antwortete: „Ich wollte verschiedenes
zugleich ausdrücken. Diese Schwingung besteht überall statisch, aber wenn man
sich ihrer gewahr wird, hat man die Macht, sie nach Belieben überall zu aktivieren;
das heißt nicht, daß man etwas „bewegt", sondern der Druck des Bewußtseins
aktiviert sie überall, wohin man sein Bewußtsein richtet.

ist zu unplastisch und zu unempfänglich, um sich auf die Weite dieser Liebe ausdehnen zu können. Die Erde muß sich erst öffnen und auch weiten und biegsam werden – die Materie ist noch zu starr, sogar die Substanz des physischen Bewußtseins ist zu starr.

*
* *

Wäre es nicht gut, wenn du diese Fragen über die Aphorismen immer verbal beantworten könntest?

Oh, das ist immer besser! Wenn ich da mit Papier und Bleistift sitze, und mich aufs Schreiben konzentrieren muß, hält mich das nämlich zurück, es ist eine Fessel.

Natürlich – warum erzählst du es nicht? T oder Z könnte kommen und dir zuhören, sie wären sicher entzückt.

Aber nein! Du verstehst die Sache nicht! Um sprechen zu können, brauche ich eine empfängliche Stimmung. Säße ich alleine in meinem Zimmer, käme ich nicht auf die Idee zu sprechen! Siehst du? Die Laute kämen gar nicht: das kommt so, direkt – und wenn ich die Hand zum Mitschreiben einschalten kann, dann funktioniert es; aber es zieht die Sache ein bißchen hinab. Ich kann dabei mit irgend etwas anderem beschäftigt sein, das ist egal, solange es etwas ist, um das ich mich nicht kümmern muß, zum Beispiel morgens, während ich mich kämme. Aber ich käme nie auf den Gedanken, auch nur ein Wort auszusprechen! Nur wenn ich eine Aufnahmefähigkeit vor mir habe, an die ich mich wenden kann.

Und das, was ich den Leuten sage, hängt vollkommen von ihrem aktuellen Zustand ab. Das war ja mein großes Problem drüben auf dem Sportplatz,[1] die Atmosphäre war so fürchterlich gemischt! Ich mußte KÄMPFEN, um eine Aufnahmefähigkeit zu finden, zu der ich sprechen konnte. Wenn die Leute, die ich vor mir habe, nichts verstehen, kann ich kein Wort aussprechen! Wenn andere kommen, die im Gegenteil bereit sind, etwas zu empfangen, dann sprudelt es plötzlich nur so hervor – aber meistens ist dann gerade kein Bandgerät da!

Ich gab alle möglichen Antworten und Erklärungen über die Schule und World Union,[2] über die wahre Industrie (wie eine wahre Industrie sein sollte), über Unmengen von Dingen! Das ergäbe ganze Schriften,

---

1. Zur Zeit der *Entretiens* [„Gespräche"], als Mutter zweimal wöchentlich auf dem Ashramsportplatz die Fragen der versammelten Schüler beantwortete.
2. Eine „Bewegung" oder Gruppe, *Die Einheit der Welt*, die aus der persönlichen Initiative eines Schülers entstanden war.

wenn man es sammelte! Manchmal sprach ich eine dreiviertel Stunde lang zu Leuten, die mit Interesse zuhörten – sie waren empfänglich – aber vollkommen unfähig, sich später zu erinnern, um es aufzuschreiben. Da hätte ich eins eurer Bandgeräte brauchen können! Aber wenn man so etwas im voraus organisiert, kann es passieren, daß überhaupt nichts kommt.

Alles Intellektuelle blockiert die Dinge. Und wenn ich T vor mir habe, kann ich ihr nichts sagen, weil sie nicht versteht. Es ist schon schwierig genug, ihr zu schreiben (es erniedrigt das, was ich sagen will, ein wenig), aber wenn sie hier wäre und ich sprechen müßte, brächte ich überhaupt nichts hervor!

Nein, wenn es etwas Interessantes gibt, und sie über einen Aphorismus keine Fragen stellt (oder keine unmögliche Frage), machen wir das so, daß ich hier spreche. Für mich ist das viel leichter. Und es kommen Dinge auf, die ich vorher nicht gesehen hatte. Wenn ich es hinschreibe, kommen meist Dinge, die ich schon vorher sah (nicht daß ich sie zurück ins Gedächtnis rufe: sie sind da, und deshalb kommen sie wieder) – bei einem neuen Kontakt hingegen kommt immer etwas neues.

*
* *

(Etwas später macht Mutter folgende Bemerkung über die Agenda vom 13. Dezember 1960, wo sie vom „Disbelief", der Ungläubigkeit des physischen Intellekts gesprochen hatte, wie seine defätistischen Reaktionen eng mit den Krankheiten des Körpers verbunden sind:)

Dieser defätistische Intellekt ist immer noch da! Voll im Gange! Wenn wir den überwinden...

Ich möchte eben erreichen, ohne seine Unterstützung handeln zu können. Sri Aurobindo sagte : ihn loswerden.

12. Januar 1961

Wie lautet der nächste Aphorismus?

50 – Den Sünder zu hassen ist die schlimmste Sünde, denn es bedeutet, man haßt Gott – und dennoch schwelgt der, der sie begeht, in seiner höheren Tugend.

Hast du eine Frage?

Wenn man einen gewissen Bewußtseinszustand erreicht, sieht man deutlich, daß wir zu allem fähig sind, daß es im Grunde keine einzige Sünde gibt, die wir nicht selbst begehen könnten. Stimmt dieser Eindruck? Und dennoch lehnt man sich gegen bestimmte Dinge auf, man empfindet Abscheu; es gibt immer irgendeinen Punkt, irgendwo, den man nicht zuläßt. Warum? Was ist die richtige, die wirksame Haltung gegenüber dem Bösen?

Es gibt keine Sünde, deren wir nicht fähig wären...

Man hat diese Erfahrung, wenn man aus irgendeinem Grund (das wechselt von Fall zu Fall) mit dem universellen Bewußtsein in Berührung kommt (nicht in seiner Unendlichkeit, sondern auf irgendeiner materiellen Ebene). Das Atom hat ein Bewußtsein, das heißt, es gibt ein rein materielles Bewußtsein, und es gibt, viel weiter, ein allgemeines psychologisches Bewußtsein. Man kann durch Verinnerlichung, durch Abstraktion von seinem Ego, diese Bewußtseinsregion berühren: das psychologische irdische Bewußtsein oder das kollektive menschliche Bewußtsein. (Das ist nicht dasselbe : „kollektiv menschlich" ist eine Einschränkung – „irdisch" schließt noch viele Regungen der Tier- und selbst der Pflanzenwelt ein; aber wir reden hier über das moralische Konzept von Fehler und Sünde, und das gehört ausschließlich dem menschlichen Bewußtsein an, deshalb sagen wir besser „kollektives psychologisches Bewußtsein der Menschheit".) Wenn man das berührt (eben durch diese Identifikation), fühlt oder sieht oder weiß man sich jeder menschlichen Regung fähig, überall. Das ist wie ein Wahrheits-Bewußtsein: der egoistische Begriff „dies gehört mir", „das gehört nicht mir", „dies kann ich tun", „jenes darf ich nicht tun", all das verschwindet dort. Man merkt, daß der Aufbau des menschlichen Bewußtseins derart beschaffen ist, daß jeder Mensch zu allem fähig ist. Gleichzeitig zeigt einem das Wahrheits-Bewußtsein, daß Verurteilung, Abscheu oder Ablehnung absurd sind: ALLES ist potentiell in uns. Es gibt bestimmte Kräfteströme – gewöhnlich kann man ihnen nicht folgen: man sieht sie kommen und gehen, aber meistens kennt man ihren Ursprung und ihre Richtung nicht –, und wenn eine dieser Kräfte euch beeinflußt, kann sie euch Beliebiges machen lassen.

Wenn man diesen Bewußtseinszustand ständig aufrecht erhalten könnte, und wenn man die Flamme von Agni, die Flamme der Reinigung und des Fortschrittes, in sich hält, kann man nach einiger Zeit nicht nur verhindern, daß solche Bewegungen eine aktive Form in uns nehmen und sich materiell ausdrücken, man könnte sogar auf die Beschaffenheit der Bewegung einwirken und sie verwandeln. Aber es ist klar, daß es fast unmöglich ist, diesen Bewußtseinszustand lange aufrecht zu erhalten, wenn man nicht eine sehr hohe Verwirklichung erreicht hat. Man fällt fast sofort zurück ins egoistische Bewußtsein des getrennten Ich – also kommen auch all die Probleme wieder: Abscheu, Auflehnung gegen gewisse Dinge, das Entsetzen, das sie in uns hervorrufen, usw.

Bis man selbst vollkommen transformiert ist, sind diese Regungen von Abscheu und Auflehnung wahrscheinlich (sogar sicherlich) notwendig, damit man IN SICH SELBST handelt, um diesen Dingen den Zugang zu verwehren – schließlich geht es darum, sie sich nicht manifestieren zu lassen.

Sri Aurobindo sagt in einem anderen Aphorismus (ich weiß die genauen Worte nicht mehr), daß die Sünde einfach etwas ist, das nicht an seinem Platz ist. Nichts wiederholt sich in dem ewigen Werden, und manche Dinge verschwinden sozusagen in der Vergangenheit. In dem Moment, wo ihr Verschwinden nötig wird, erscheinen sie unserem allzu begrenzten Bewußtsein als schlecht, widerwärtig. Wir lehnen uns gegen sie auf, weil ihre Daseinszeit abgelaufen ist. Hätten wir aber die Übersicht über das Ganze, könnten wir Vergangenheit, Gegenwart und Zukunft auf einmal in uns halten (so wie es irgendwo da oben ist), dann würden wir die Relativität der Dinge erkennen und sehen, daß uns vor allem die fortschreitende Evolutionskraft diesen Ablehnungswillen eingibt, daß diese Dinge dort, wo sie ihren Platz hatten, vollkommen erträglich waren. Aber ausgenommen man hat eine totale Sicht – das heißt die Sicht, die nur der Herr hat! – ist es fast unmöglich, diese Erfahrung zu haben. Folglich muß man sich zuerst mit dem Höchsten vereinigen, und danach kann man, unter Beibehaltung der Vereinigung, zu einem genügend materiellen Bewußtsein zurückkehren und dann die Dinge so sehen, wie sie sind. Das ist die Vorgangsweise, und entsprechend dem Maß, in dem man sie verwirklichen kann, erreicht man einen Bewußtseinszustand, wo man alles mit dem Lächeln der Gewißheit betrachten kann, daß alles so ist, wie es sein muß.

Leute, die nicht tief genug denken, werden natürlich sagen: „Oh, aber wenn wir sehen, daß „alles so ist, wie es sein soll", dann wird sich nichts mehr ändern." Aber nein! Es gibt kein Sekundenbruchteil, wo die Dinge sich nicht bewegen! Das ist eine ständige und totale

Metamorphose, eine Bewegung, die nicht stehenbleibt. Nur weil es uns schwerfällt, das zu fühlen, glauben wir, in manchen Bewußtseinszuständen ändere sich nichts. Selbst wären wir in einer scheinbar totalen Reglosigkeit, würden sich die Dinge immer noch verändern – und wir mit ihnen!

Regungen wie Abscheu, Auflehnung, Wut, alle diese Regungen der Gewalt sind im Grunde immer Regungen von Unwissenheit, von Begrenztheit, und sie haben die ganze Schwäche, die Begrenztheit mit sich bringt. Auflehnung ist eine Schwäche – es ist das Gefühl eines machtlosen Willens, also eine Schwäche. Man hat das Gefühl oder man sieht, daß die Dinge nicht so sind, wie sie sein sollten, und man lehnt sich gegen das auf, was unserer Sicht widerspricht; aber wären wir allmächtig, wäre unser Wille und unsere Sicht allmächtig, dann hätten wir keinen Anlaß, uns aufzulehnen! Denn wir würden immer erkennen, daß alle Dinge so sind, wie sie sein müssen. Das ist Allmächtigkeit.[1] Und diese Regungen, all die Regungen der Gewalt, werden nicht nur überflüssig, sondern zutiefst lächerlich.

Folglich gibt es nur eine Lösung: sich durch Aspiration, Konzentration, Verinnerlichung und Vereinigung mit dem Höchsten verschmelzen. Das bedeutet zugleich Allmächtigkeit und vollkommene Freiheit – und dies ist die einzige Allmächtigkeit und die einzige Freiheit: alles andere sind Annäherungen oder Teilstücke, aber nicht die Ganzheit.

Wenn man diese Erfahrung hat, merkt man, daß diese höchste Freiheit und Macht auch einen vollkommenen Frieden und eine beständige Erhabenheit mit sich bringen. Empfindet man etwas, das nicht wahr ist, eine Auflehnung, eine Abscheu, etwas, das man nicht zulassen kann, dann ist der Grund dafür IN UNS: ein Teil in uns ist noch nicht transformiert, ist noch auf dem Weg, hat das alte Bewußtsein behalten – sonst nichts.

Sri Aurobindo spricht hier von denen, die den Sünder hassen: man soll den Sünder nicht hassen.

---

1. Als Satprem Mutter später nach der Bedeutung dieses etwas rätselhaften Satzes fragte, antwortete sie: „Es gibt zwei Stufen. Die erste ist eine intellektuelle (vielleicht intuitive) Vision der Zukunft (möglicherweise der unmittelbaren Zukunft), und das nennen wir „die Dinge sehen, wie sie sein sollen". Der zweite Schritt ist die Vereinigung mit dem höchsten Willen; dort erkennt man, daß alles in jedem Augenblick genau so ist, wie der Höchste es will: es ist der präzise Ausdruck des Höchsten. Das eine ist eine fortgeschrittene Sicht im voraus, die dann sagt: „Aber so muß es sein." Und wir lassen den Weg zwischen jetzt und dann unbeachtet. Aber wenn wir ganz nach oben gehen und uns mit dem Bewußtsein des Höchsten Willen vereinigen, dann sehen wir in jeder Sekunde, in jedem Augenblick des Universums, daß alles genau so ist, wie es sein muß – genau so, wie der Höchste es will. Das ist Allmächtigkeit."

Das ist das gleiche Problem von einem anderen Gesichtspunkt. Aber die Lösung ist dieselbe.

Aber die Schwierigkeit liegt nicht so sehr darin den Sünder nicht zu hassen, sondern nicht den Tugendhaften zu hassen! Das finde ich viel schwerer. Die armen Sünder kann man schließlich gut verstehen (!) – aber die Tugendhaften...

Nun ja, aber eigentlich haßt man ihre Selbstgefälligkeit, das ist der Grund. Schließlich haben sie Recht, nichts Schlechtes zu tun – dafür kann kann man sie nicht tadeln! Nur halten sie sich deshalb für überlegen, und das ist schwer zu dulden; dieses Überlegenheitsgefühl, die Art, wie sie mitleidig auf die armen Teufel herabsehen... die auch nicht schlechter als sie sind!

Oh, ich habe da herrliche Beispiele erlebt!

Nimm zum Beispiel eine Person, die Freunde hat; ihre Freunden schätzen sie, weil sie besondere Fähigkeiten in ihr sehen, weil sie ihre Gegenwart als angenehm empfinden, weil sie von ihr lernen können. Dann, durch eine Wendung der Umstände, wird diese Person plötzlich aus der Gesellschaft verstoßen: weil sie mit einem anderen Mann gegangen ist, oder weil sie mit einem Mann lebt, mit dem sie nicht verheiratet ist... wegen irgendeiner dieser gesellschaftlichen Konventionen, die keinerlei wahren Wert haben. Und all die Freunde (nicht die, die sie wirklich lieb haben), alle ihre Bekannten, alle, die sie vorher so freundlich empfingen und ihr auf der Straße zulächelten, drehen jetzt den Kopf weg und gehen an ihr vorbei – das ist hier im Ashram passiert. Ich übergehe die Einzelheiten, aber es ist mehrere Male passiert, daß eine Person gegen die gewohnten gesellschaftlichen Konventionen verstieß, und all die Leute, die ihr vorher so viel Zuneigung und Sympathie zeigten... oh, manchmal sagten sie: „Sie ist ein gefallenes Mädchen!"

Ich muß zugeben, wenn so etwas hier geschieht, gibt mir das immer einen kleinen Schock. In der Außenwelt erscheint mir das ganz normal, aber hier sage ich mir: „Die stecken also auch noch da drin!"

Sogar Menschen, die vorgeben, großzügig zu denken und über diesen „Konventionen" zu stehen, fallen sofort in die gleiche Falle. Und dann beruhigen sie ihr Gewissen, indem sie sagen: „Mutter läßt dies nicht zu. Mutter erlaubt jenes nicht. Mutter verbietet das!" Und so fügen sie noch eine Torheit zu allem anderen hinzu.

Dieser Zustand ist sehr schwer zu überwinden. Ah, das ist wirklich Pharisäertum! Das Gefühl der Selbstgerechtigkeit. Aber es ist nur eine Engstirnigkeit; jeder, der etwas intelligent ist, fällt nicht so leicht in dieses Loch! Zum Beispiel Leute, die in der Welt gereist sind, die gesehen haben, daß all diese sozialen Regeln unmittelbar vom Klima, von den Rassen, den Gewohnheiten und noch stärker von der Zeit, von den Epochen abhängen, die können das mit einem Lächeln durchschauen. Aber diese Konformisten... uff!

Das ist eine Mindeststufe. Solange ihr dieses Stadium nicht überwunden habt, seid ihr untauglich für das Yoga. In diesem Zustand ist man wirklich zum Yoga nicht zu gebrauchen. Es ist ein primitives Stadium.

*
* *

Etwas später:

Am 21. ist Saraswati Puja,[1] da gehe ich nach unten. Sie haben ein Heftchen mit einem langen Zitat aus Savitri und fünf Fotos von meinem Gesicht aus verschiedenen Winkeln vorbereitet.

Der Titel des Heftchens ist der Vers aus Savitri, der mir aus dem ganzen Buch die mächtigste Erfahrung gab. Ich erzählte dir ja, daß ich wirklich LEBTE was ich las: die Erfahrungen, die ich las, lebte ich gleichzeitig. Und als ich zu diesem Vers kam... diese eine Zeile... war ich plötzlich wie ergriffen von einer... („einer" ist schlecht, „der" ist schlecht – weder noch: etwas anderes) zeitlosen Wahrheit. Es war... Alles war aufgehoben, außer dies:

> For ever love, O beautiful slave of God[2]

Das allein existierte.

---

1. Saraswati verkörpert den Aspekt des Wissens und des künstlerischen Schaffens der universellen Mutter. Zu diesem Anlaß kommt Mutter in die „Meditationshalle" im Erdgeschoß; die Schüler gehen still an ihr vorbei, und Mutter verteilt eine Botschaft an sie. Dieses Jahr besteht die Botschaft aus dem Heftchen mit den fünf Fotos.
2. *Für immer die Liebe, O wunderschöner Sklave Gottes* (Savitri, XI.I.702)

Undatiert

(Über das Ego und die alten religiösen Initiationen, wo es heißt:
„Du bist Das" oder „Du bist das All")

Es gibt einen Punkt, wo es unmöglich wird, über sich selbst zu denken.

Sogar in Ausdrucksweisen wie „das All ist du" oder „du bist das All" (und dementsprechend auch in „du bist das Göttliche" und „Das Göttliche ist du"), selbst da gibt es noch etwas, das betrachtet.

Ab einem gewissen Punkt – das beginnt in flüchtigen Momenten und ist schwer aufrecht zu erhalten – da denkt nur das All, weiß nur das All, fühlt nur das All, lebt nur das All. Es bleibt nicht einmal der Eindruck, daß ihr diesen Punkt erreicht habt.

Dann ist es gut.

Aber bis dahin gibt es immer irgendwo einen kleinen Zipfel [von ich] – meistens der Zuschauer, der Zeuge in uns.

(Schweigen)

Lohnt es sich das aufzuheben?... Oder vielleicht heben wir es für später auf. Es ist ein bißchen zu viel: man muß schrittweise vorgehen.[1]

17. Januar 1961

Aphorismus 51 – Wenn ich von einem gerechten Zorn reden höre, erstaune ich mich über des Menschen Fähigkeit, sich selbst zu betrügen.

Was hast du zu sagen?

Man ist immer guten Glaubens, wenn man sich selbst betrügt!
Man handelt immer für das Wohl der anderen oder im Interesse
der Menschheit, und um dir zu dienen (das versteht sich von
selbst!). Wie betrügen wir uns dann eigentlich?

---

1. Möglicherweise stammt dieses Fragment noch von 1958.

Jetzt möchte ich dir eine Frage stellen! Denn man kann deine Frage auf zwei Arten verstehen. Man kann sie in dem gleichen ironischen, humoristischen Ton verstehen, den Sri Aurobindo anschlägt, wenn er sich über des Menschen Fähigkeit, sich selbst zu betrügen, erstaunt. Das heißt, du versetzt dich an die Stelle desjenigen, der sich betrügt, und sagst: „Aber ich bin doch guten Glaubens! Ich bemühe mich immer um das Wohl der Anderen, das Interesse der Menschheit... und dem Göttlichen zu dienen, das versteht sich von selbst! Wie kann ich mich da betrügen?"

Im Grunde gibt es zwei sehr verschiedene Arten, sich zu betrügen. Man kann wohl über manche Dinge empört sein, aber nicht aus persönlichen Gründen, sondern eben in seinem guten Glauben und Eifer, dem Göttlichen zu dienen: wenn man Menschen sieht, die sich schlecht benehmen, die egoistisch oder untreu sind, die Verräter sind. Und in einem bestimmten Stadium hat man diese Dinge zwar in sich selbst überwunden und erlaubt ihnen nicht mehr, IN SICH zu wirken, aber sofern man noch mit dem gewöhnlichen Bewußtsein und Gesichtspunkt, dem gewöhnlichen Leben und Denken, Verbindung hat, besteht ihre Möglichkeit noch, sie sind noch versteckt da, denn sie sind die Kehrseite der guten Eigenschaften, die man sich wünscht. Diese Gegensätzlichkeit der beiden bleibt immer – solange, bis man darüber hinausgegangen ist und weder die gute noch die schlechte Eigenschaft mehr in sich hat. Solange man eine Tugend hat, hat man immer ihr verstecktes Gegenteil. Das verschwindet erst, wenn man jenseits von Tugend und Fehler steht.

Bis dahin entstammt diese Empörung, die man fühlt, der Tatsache, daß man selbst noch nicht ganz darüber steht: man ist noch in der Periode, wo man ganz und gar dagegen ist und es selber nicht machen könnte. Hier gibt es nichts dagegen zu sagen, solange man der Empörung keinen äußeren, gewalttätigen Ausdruck gibt. Wenn sich Zorn einmischt, ist der Grund ein totaler Widerspruch zwischen dem Gefühl, das man haben will, und der Reaktion, die man gegenüber den Mitmenschen zeigt. Denn der Zorn ist eine Entstellung der Kraft des Vitals[1] – ein dunkles, sehr unentwickeltes Vital, das noch allen gewöhnlichen Einflüssen und Reaktionen unterliegt. Wird diese vitale Kraft von einem unwissenden und egoistischen Willen gelenkt und trifft dieser Wille auf den Widerstand der anderen individuellen Willen der Umgebung, so verwandelt sich die Kraft unter dem Druck

---

1. Für Sri Aurobindo und Mutter umfaßt das „Vital" die Bewußtseinsbereiche oder -zentren unterhalb des Mentals zwischen Kehle und Geschlechtszentrum, also der ganze Bereich der Emotionen, Gefühle, Leidenschaften usw., welche die verschiedenen Ausdrücke der Lebens-Energie darstellen.

des Widerstandes in Zorn und versucht mit Gewalt zu bewirken, was durch den alleinigen Druck der Kraft nicht erreicht werden kann.

Im Übrigen ist der Zorn, wie alle Formen von Gewalt, ein Zeichen der Schwäche, der Machtlosigkeit und Unfähigkeit.

Hier liegt der Selbstbetrug nur in der Einwilligung, die man dem Zorn gibt, oder in dem schönen Wort, mit dem man ihn verkleidet – denn der Zorn kann nie anders als blind, unwissend und asurisch sein, das heißt dem Licht entgegengesetzt.

Aber dies ist noch der bestmögliche Fall.

Dann gibt es noch die andere Seite: Leute, die ohne es zu wissen, oder weil sie es nicht wissen WOLLEN, immer ihrem Eigeninteresse, ihrer Vorliebe, ihrer Neigung und Ansicht folgen; sie sind nicht vollkommen dem Göttlichen gewidmet und bedienen sich der yogischen und moralischen Begriffe, um ihre persönlichen Motive zu verbergen. Diese Leute betrügen sich zweifach – sie betrügen sich nicht nur in ihren äußeren Handlungen und in ihrem Verhältnis zu den anderen, sondern sie betrügen sich selbst, in ihren persönlichen Motiven: anstatt dem Göttlichen zu dienen, dienen sie ihrem Egoismus. Und das passiert ständig, die ganze Zeit! Man dient seiner eigenen Person und dem Egoismus, während man vorgibt, dem Göttlichen zu dienen. Das ist nicht nur Selbstbetrug, sondern reine Heuchelei.

Das ist diese intellektuelle Gewohnheit, alles mit einem sehr wohlwollenden Anschein zu überziehen, allen Regungen eine günstige Erklärung zu geben – oft ist das so kraß, daß es niemanden täuscht außer sich selbst, aber manchmal ist es subtil genug, um den anderen etwas vormachen zu können. Das ist diese Gewohnheit, alles zu entschuldigen, die Gewohnheit, allem, was man tut, sagt und empfindet, eine wohlwollende intellektuelle Entschuldigung oder Erklärung zu geben. Jemand, zum Beispiel, der keine Selbstkontrolle hat, gibt einem anderen in großer Empörung eine Ohrfeige, und dann bezeichnet er das fast als Zorn Gottes! „Rechtschaffen" drückt es sehr schön aus! Denn „rechtschaffen" bringt sofort das Element der puritanischen Moralität hinein – herrlich!

Die Fähigkeit, sich zu betrügen, ist ungeheuerlich – die Kunst, die der Verstand hat, für jede beliebige Unwissenheit und Dummheit eine vorzügliche Rechtfertigung zu finden.

Diese Erfahrung hat man nicht nur gelegentlich, man kann das in jeder Minute bemerken. Und im allgemeinen erkennt man es viel besser bei den anderen! Aber wenn man sich genau beobachtet, erwischt man sich Tausende Male am Tag dabei... nur etwas günstig zu betrachten:

„Oh, aber das ist NICHT DASSELBE!" Bei sich selbst ist es NIE dasselbe wie beim Nachbarn!

19. Januar 1961

Ich werde dir die Arbeit überlassen. Ich kann nicht arbeiten. Ich bin etwas... seit zwei Tagen esse ich nichts, also... nicht sehr glänzend.

Wird es dich nicht ermüden, wenn ich dir diese Texte vorlese?

Nein. Es ist rein physisch. Das kommt daher, daß die Leute... Als ich nach unten kam, ging es mir noch gut, aber sie lassen mich da ewig lange stehen. Wenn ich sitze, geht es. Nur: sprechen fällt mir nach einiger Zeit auch schwer.

*
* *

Nach der Arbeit

So, ich glaube es wäre vernünftiger, ich gehe jetzt wieder nach oben... oh, aber wenn ich hier zu früh weggehe, dann erwarten mich Leute unterwegs und dann muß ich mich mit ihnen befassen, bevor ich nach oben gehe... Wir könnten ein wenig meditieren – sobald ich in Meditation bin, geht es mir gut!

(Meditation)

22. Januar 1961

(Seit einigen Tagen geht es Mutter nicht gut,
hier spricht sie über die Ursachen.)

Ah! wie geht es dir?

Das sollte ich dich fragen!

Mir geht es gut.

Gut?

Letzte Nacht sah ich es... Es war, oh, wie ein künstlicher Orkan, von halbmenschlichen Wesen (das heißt Wesen menschlicher Form, die aber nicht Menschen waren) in der Welt erzeugt, um mich von „meinem Haus" fern zu halten. Und alles, überall, war gestört – es muß schon recht lange so gegangen sein.

Aber letzte Nacht war es schließlich recht lustig. Ich versuchte immer, zu „meinem Haus" zu gelangen, das war ganz weit oben, und jedesmal, wenn ich versuchte, einen Weg dahin zu finden, füllte sich alles mit... stell dir vor, mechanische und elektrische, künstliche Orkane, dann Dinge, die einstürzten. Alles war künstlich, nichts war echt, aber das machte es nicht weniger gefährlich.

Schließlich befand ich mich auf einem großen Platz mit einer Reihe von Häusern und allen mögliche Objekten, und ich mußte unbedingt nach oben zurückkehren. Plötzlich kam eine undeutliche Form auf mich zu – etwas dunkel, lichtlos – und sagte zu mir: „Oh, geh nicht dorthin, das ist sehr schlecht, es ist sehr gefährlich. Die haben das alles schrecklich organisiert, niemand kann dem widerstehen! Du darfst nicht hingehen, warte ein wenig. Und falls du irgend etwas brauchst, komm mit mir – weißt du, ich hab alles nötige! *(lachend)* Es ist etwas alt und staubig, aber du wirst schon damit zurechtkommen." (!) Dann führte sie mich in eine riesige, mit übereinandergestapelten Sachen angefüllte Halle, und in einer Ecke zeigte sie mir... eine Badewanne – mein Kind, es war ein Prachtstück! Eine wunderbare Badewanne aus rosa Marmor. Aber sie war alt, unbenutzt und staubig. Und dieses Wesen sagte mir: „Die werden wir dir etwas abstauben, dann kannst du sie benutzen"! Sie zeigte mir noch andere Räume für die Toilette und alles, was man nur brauchen konnte: „Das kannst du alles benutzen – nur, geh nicht da oben hin." Da schaute ich sie genau an: sie machte den Eindruck, ein winzig kleines Gesicht zu haben, seltsam – es war keine Form... keine Form und doch eine Form! Etwas Ungenaues. Dann umarmte ich sie und rief aus: *Mother you are nice!*

[Mutter, du bist lieb!] *(lachend)* Da wußte ich, daß es die materielle Mutter Natur war.

Danach fühlte ich mich vollkommen wohl. Die Schlacht war vorüber – EINSTWEILEN vorüber: die machten auf der anderen Seite weiter ihren Radau, aber ich mußte jetzt nicht mehr dorthin gehen.

Es ist nur aufgeschoben, denn ich war ja noch unten. Ich war immer noch nicht nach oben zurückgekehrt. Aber nun...

Sie sind wütend. Anscheinend gibt es eine ganze Formation von Kräften (wahrscheinlich aus dem Vital) zwischen hier und... nun, meinem Bereich. Sie sind wütend! Sie verursachen Explosionen, Einstürze... Und man konnte ihre Gebilde sehen – es war alles künstlich, es gab nichts Wahres daran, aber deshalb war es nicht weniger gefährlich!

Alles in allem war es jedoch eher komisch.

Du störtest sie bei ihrer Arbeit...?

Ja, ich störe ihre Arbeit – das weiß ich sehr wohl, daß ich ihre Weltherrschaft störe! Sie haben die gesamte Materie in Besitz genommen *(Mutter berührt ihren Körper)* und das Leben, die Handlung – all diese Wesen aus dem Vital haben daraus ihr Reich gemacht, das ist klar. Aber es sind Wesen des niederen Vitals, weil man diesen Eindruck von Künstlichkeit hatte – sie drückten keine höhere Form aus: sie brachten eine Art künstliche Mechanik, künstlichen Willen, künstliche Organisation zum Ausdruck; das entsprang alles ihrer eigenen Vorstellung, gar nicht einer höheren Inspiration.[1] Das Symbol war sehr deutlich.

Ich konnte meinen Bereich sehen; durch sie hindurch und durch alles hindurch, sah ich meinen Bereich und sagte mir: „Aber ich sehe es doch!" Nur, sobald ich mich aufmachte, um hinzugehen, verlor sich der Weg, ich sah ihn nicht mehr. Ich konnte nicht mehr erkennen, wohin ich ging. Es war fast unmöglich, sich darin zurechtzufinden: Hunderttausende Leute, Sachen, Verwirrungen. Eine zusammenhanglose Unermeßlichkeit – und gewalttätig, so eine Gewalt!

Letzte Nacht fühlte ich etwas...

Ja, es war letzte Nacht.

Ich fühlte extrem gewaltsame Schwingungen.

---

1. Scheinbar handelt es sich um die Kräfte, die die Mechanismen und unterbewußten Reaktionen des Körpers bestimmen: die ganze durch die Evolution und durch den Atavismus angesammelte Mechanik, was man die evolutionären Gewohnheiten nennen könnte. Dies ist der „herabsteigende Weg", von dem Mutter vierzig Jahre vorher gesprochen hatte (oder der „Sprung ins Physische", von dem Sri Aurobindo sprach), um zum reinen Zellbewußtsein zu gelangen.

Ah, du hast das gleiche gefühlt!...

Einmal ergriff mich das hier, in der Bauchgegend, als ob es etwas ausreißen wollte.

Ja-ja. Oh, es war gewalttätig! eine Wut!

Erst dachte ich, daß es von dir kommt (!) Als versuchtest du, etwas Unerwünschtes aus mir zu entfernen.

Oh, nein! *(Mutter lacht)* So gewaltsame Mittel verwende ich nicht! Nein-nein!

Das war seltsam... Als es über mich herfiel (vor vier oder fünf Tagen, ich weiß nicht mehr), war alles, was ich materiell errungen hatte, verschwunden! Alles, was erobert und beherrscht war, sogar das, was angefangen hatte, sich zu verändern, sogar Fehlverhalten, die ganz aufgehört hatten, alles, was in Ordnung und unter Kontrolle gekommen war: nichts mehr! futsch! vollkommen weg. Auf einen Schlag war alles wieder wie vorher.

Ich blieb vollkommen ruhig – es gab keinen anderen Ausweg: ich wußte, daß es eine Schlacht ist. Ich war sehr ruhig, aber ich konnte nichts mehr essen, ich konnte mich nicht mehr ausruhen, ich konnte das Japa[1] nicht mehr machen, nicht mehr gehen, und der Kopf fühlte sich an, als ob er platzen würde. Das einzige, was ich machen konnte, war, mich hinzugeben *(Mutter breitet die Arme in Ergebung aus)*, in eine sehr tiefe Trance gehen, ein sehr tiefes Samadhi – das kann man immer tun, aber hier war es das einzige, was mir blieb. Die Gedanken und all das waren so klar wie immer (das ändert sich nicht, das steht darüber), aber der Körper... elend. Und... ein Kampf, ein Kampf, ein Kampf in jeder Sekunde! Die geringste Bewegung, einen Schritt zu machen war ein Kampf – es war eine schreckliche Schlacht.

Aber letzte Nacht sah ich das Symbol, das Bild der Sache – es war... was wohl? Etwas in der materiellsten Materie,[2] denn es war ganz unten, und trotzdem waltete Mutter Natur dort: sie kannte alles, wußte alles, verfügte über alles – wirklich die materiellste Natur. Sie selbst war etwas lichtlos, aber sehr, sehr... mit einer verborgenen, unsichtbaren Macht.

---

1. *Japa:* ständiges Wiederholen eines Mantras. Mutters Mantra ist ein Gesang der Zellen, das einzige materielle, physische Mittel, das sie anwandte, um die Körperzellen zu erwecken und die supramentale Kraft in ihrem Körper zu festigen. Sie wiederholte es beim Gehen in ihrem Zimmer.
2. Später erläuterte Mutter: „Es waren die Elemente der materiellen Substanz, die gänzlich von den widrigen Kräften besessen sind und die sich der Transformation entgegensetzen."

Und jedesmal, wenn ich ihren Bereich verlassen wollte, um nach oben zu gehen, löste es einen Orkan aus. Schließlich entschloß sie sich, mich anzusprechen (denn jedesmal, wenn ich irgendwo vorbeikam, löste es dort einen Orkan aus), also kam sie, und sehr freundlich, sehr sanft und unaufdringlich, sagte sie mir: „Nein, geh nicht hin, geh nicht hin! Versuch nicht, zu deinem Bereich zu gehen. Sie haben einen schrecklichen Orkan veranstaltet." Es war künstlich, aber wie Bombenexplosionen, überall, und noch schlimmer, wie Donnerschläge. Und man erkannte die künstlichen, elektrischen Vorrichtungen, mit denen sie den Donner erzeugten. Aber von gigantischen Ausmaßen.

Es ist noch nicht vorbei.

Ich hatte nur eingewilligt, vorerst dort unten zu bleiben – „Du wirst alles Nötige haben. Bleib hier und sei ruhig"! Und sie hatte solche schönen Sachen! Unbenutzt und staubig (wer weiß? das waren sicherlich Symbole sehr alter Verwirklichungen, Verwirklichungen der alten Rishis und derartiges). Oh, es waren hervorragende Sachen! Aber vollkommen vernachlässigt, unbenutzt, voller Staub, wie Dinge, die niemand verwendete – die niemand zu verwenden WUSSTE. Sie stellte sie mir zur Verfügung: „Sieh, sieh hier, ich zeig dir all das." Es war eine ungeheure Ansammlung von Sachen in einer derartigen Unordnung, daß man nichts erkennen konnte. Aber sobald sie mich in einen Winkel der Halle führte, um mir etwas zu zeigen, rückten all die anderen Sachen wunderbarerweise sofort zur Seite, und der gewünschte Gegenstand blieb allein vor uns liegen. Dann, oh, ein Prachtstück! Aus rosa Marmor! Eine rosa Marmorbadewanne einer mir unbekannten Form: nicht römisch, nicht antik (und nicht im entferntesten modern!) sondern... eine Art Gebilde – oh, wahrhaft schön! So war alles sehr gut angelegt: diese Halle war voll all dieser aufgetürmten Sachen in großem Durcheinander, aber sobald sie mir etwas zeigen wollte, ordneten sich die Gegenstände, rückten an ihren Platz, und es war aufgeräumt. Sie sagte: „Du brauchst es nur ein wenig abzustauben"! *(Mutter lacht)*
Das wundert mich gar nicht, daß es auch über dich hergefallen ist.

Oh, ich fühlte es. Dreimal kam es über mich. Ich sagte mir: „Da führt aber jemand eine Säuberung aus!" Ich hatte das Gefühl, etwas wurde mir entrissen, das nicht da sein sollte. Aber beim dritten Mal bekam ich doch Zweifel, daß du es warst, denn es war sehr brutal (hauptsächlich in der Bauchgegend, als ob man mir etwas ausreißen wollte). Seltsam... nur Schwingungen, nichts als sehr-sehr gewaltsame Schwingungen.

Bei mir geschah es im Kopf (nicht gestern Nacht, aber die letzten Tage), sobald ich versuchte, das Japa zu machen: oh, als ob es platzen würde. Alle Nerven waren angespannt *(Mutter deutet auf ihren Nakken)*, mehr noch: wie verkrampft. Der Kopf fühlte sich, als ob man siedendes Öl hineingoß, das Gefühl, er würde zerplatzen... und ich konnte nicht mehr deutlich sehen.

Offensichtlich wollte das unbedingt verhindern, daß ich für die Verteilung nach unten komme.[1] Ich setzte meine Willenskraft durch und ging hin. Ich sagte mir: „Ich werde es tun." Aber es war nicht leicht. Zuweilen flüsterte es mir zu: „Jetzt wirst du in Ohnmacht fallen." Dann: „Jetzt wirst du nicht mehr gehen können. Jetzt..." So ging es die ganze Zeit. Also mußte ich... Ich wiederholte die ganze Zeit mein Japa. Bis zum Schluß war es knapp an der Grenze... Am Ende erkannte ich die Leute gar nicht mehr: ich sah nur noch vage Silhouetten, die an mir vorbeigingen, sonst nichts. Als es vorbei war, stand ich auf (ich wußte, daß ich aufstehen mußte), ohne zu wanken; ich verließ den Sessel, ohne zu stolpern. Aber ich war nicht vorsichtig genug: als ich dem Licht der Halle den Rücken zukehrte, um zur Treppe zu gehen, sah ich plötzlich überhaupt nichts mehr – Blackout. Aber nicht der Blackout eines Ohnmachtsanfalls: die Augen konnten nicht mehr sehen. Ich sah nur noch Schatten. Da fragte ich mich: „Wo ist die Treppe?!" Und um nicht die Stufe zu verfehlen, klammerte ich mich ans Geländer – das verursachte einen Wirbel! Champaklal sprang herbei, weil er glaubte, ich würde fallen!

Nun...

Erst hinterher, viel später, konnte ich wieder sehen. Offensichtlich war es der Einfluß von etwas, das NICHT WILL. Wann wird es nachgeben?... Ich kann es nicht sagen; gewonnen ist es noch nicht, noch lange nicht. Es ist gleich geblieben: im Status quo.

Wahrscheinlich muß es wieder aufgegriffen werden – aber unter welcher Form?

All diese Kräfte des Vitals sind es natürlich gewohnt, die Erde zu beherrschen... (letzte Nacht hatte es die Ausmaße der Erde – es war nicht universell, sondern auf die Erde beschränkt), sie wollen von nichts hören. Denen gefällt, was ich tue, überhaupt nicht.

Verstehst du, die Lösung des persönlichen *Surrender* [Ergebung] und der Hingabe wirkt Wunder... für den Einzelnen, aber es funktioniert nicht für die Gemeinschaft. Sobald ich alleine bin und, sagen wir, im Bett ruhe: Friede. (Ah, jetzt fällt es mir wieder ein, sie hatten noch etwas erfunden: meine Herzschläge unregelmäßig zu machen. Da blieb es alle drei, vier Schläge stehen. Dann ging es plötzlich wieder

---

1. Am Vortag, dem 21. Januar, war Saraswati Puja, und Mutter verteilte eine Botschaft an alle Schüler.

los, wie ein Faustschlag. Drei, vier Pulse, ein ganz schwacher Puls, und es blieb stehen – dann, peng! Es gab solche Schläge... Schläge wie... Das hatten sie erfunden. Und noch anderes Außergewöhnliches mehr.) Aber sobald ich mich hinlege, einen vollkommenen *Surrender* mache, in allen Zellen – keine Bewegung mehr, nichts – da geht alles gut. Aber ich bin zur Erkenntnis gekommen, daß der *Surrender* nur dann einen Einfluß auf die Handlung hat, wenn der Höchste Herr die Handlung schon entschieden hat, und diese Bewegungen erstrecken sich über lange Zeiträume:[1] alles mögliche kann noch geschehen, bis der endgültige Sieg errungen ist. Denn unser Maßstab ist so winzig klein – selbst wenn er sich über die ganze Erde erstreckte, wäre es noch ein winziger Maßstab. Wie ist dann erst der Maßstab des Universums... Diese Kräfte haben einen Platz, einen Zweck und Wirkungsbereich, und solange sie ihren Platz und Zweck haben, werden sie hier bleiben. Bevor das erschöpft oder unnötig wird, kann noch vieles passieren...

Aber individuell ist es eine fast sofortige Glückseligkeit. Nur löst das nichts... Es ist eine indirekte Lösung, die nur über lange Zeiträume hinweg wirkt.

Um die wahre Beherrschung hier zu erreichen, muß das alles überwunden werden.

Das ist genau die Verwirrung all derer, die das, was sie ihr „persönliches Heil" nennen, für das Heil der Welt hielten – das stimmt absolut nicht! Das ist nicht wahr, es ist ein PERSÖNLICHES Heil.

(Schweigen)

Aber das ist alles-alles wunderschön und genau in *Savitri* dargestellt und ERKLÄRT. Man muß es nur zu lesen wissen! Der ganze letzte Teil, von dem Punkt an, wo sie sich auf die Suche nach Satyavan im Tod macht (das ist der Anlaß), die ganze Beschreibung der Ereignisse entspricht GENAU meine Erfahrung. Und am Ende, genau all die Angebote, die ihr gemacht werden, alles, was sie zurückweisen muß, um ihr Werk für die Erde fortzusetzen...

---

1. Später, am 27., bemerkte Mutter noch: „Gerade zu diesem Thema las ich gestern in *Das Geheimnis des Veda* die erste Hymne, die Sri Aurobindo übersetzt [der Dialog zwischen Indra und Agastya, Rig Veda I.170, siehe *The Secret of the Veda*, S. 241], das zeigte mir den Kern des Problems. In dieser Hymne streiten sich Indra und Agastya, weil der Rishi zu schnell fortschreiten will, ohne erst über Indra zu gehen [Indra: der Gott des Intellekts], Indra hält ihn an und schließlich einigen sie sich. Sri Aurobindos Kommentar ist sehr interessant: wenn man die Macht hat, INDIVIDUELL direkt fortzuschreiten, aber dadurch die Stadien, die die Gemeinschaft noch durchschreiten muß, vernachlässigt, dann wird man angehalten – das stimmt genau mit meiner Erfahrung überein."

Savitri ist eine Verdichtung, eine Bündelung der universellen Mutter – der ewigen universellen Mutter, die Mutter von allen Universen und allen Zeiten – in einer irdischen Person, für das Heil der Erde. Und Satyavan ist... die Seele der Erde, das Jiva der Erde. Und wenn der Herr zu Savitri sagt: „Der, den du liebst und auserwählt hast", bedeutet das genau die Erde.

Es stimmt in allen Einzelheiten! Und als sie wieder zurückkommt, nachdem der Tod nachgegeben hat, als alles wieder in Ordnung ist, und der Herr ihr sagt: „Geh, geh mit dem, den du gewählt hast" – wie beschreibt Sri Aurobindo das? Er sagt, sie nimmt Satyavans SEELE sorgfältig in ihre Arme, wie ein kleines Kind, um all die Bereiche zu durchqueren und zur Erde zurückzukommen. Es ist alles da! Er hat kein einziges Detail ausgelassen, um es leicht verständlich zu machen – für den, der es zu verstehen weiß. Und als sie auf der Erde ankommen, nimmt Satyavan wieder seine volle menschliche Gestalt an.

24. Januar 1961

Jetzt möchte ich dir etwas sagen... Arbeiten können wir später.

Vorgestern Nacht, mitten in der Nacht, wachte ich auf (oder besser, kehrte in ein äußeres Bewußtsein zurück), mit dem Eindruck, ein viel größeres Wesen in meinem Körper zu haben, als ich es gewohnt bin (größer, im Sinne von massig, voluminös), viel größer und viel mächtiger. Es war fast zu groß für meinen Körper: es überragte ihn; und es war SO GEBÜNDELT MÄCHTIG, daß es fast unangenehm war – in etwa der Eindruck: was anfangen, mit all dem?

Es blieb die ganze restliche Nacht, und den ganzen folgenden Tag empfand ich große Mühe, diese überquellende Macht in Zaum zu halten. Sie rief spontan Reaktionen [in mir] hervor, die alle Proportionen eines menschlichen Körpers übertrafen, sie veranlaßte mich zu sprechen... Wenn irgend etwas verkehrt war: peng, die Antwort kam unmittelbar und mit solcher Kraft! Ich machte den Eindruck, wütend zu sein! Es fiel mir schwer, diese Bewegung zu beherrschen: am Morgen war es mir schon passiert, und am Nachmittag fast noch einmal. Ich sagte mir schon: „Dieser letzte Angriff hat mich arg geschwächt! Ich bin nicht mehr stark genug, um die Macht zu halten; es fällt schwer,

ruhig und beherrscht zu bleiben." Das war mein erster Gedanke. Also
legte ich die Betonung auf Ruhe.

Gestern Nachmittag, als ich noch oben kam, um zu gehen,[1] ereigne-
ten sich einige Dinge – nicht persönlicher Art, sondern von allgemeiner
Relevanz – zum Beispiel über bestimmte Bräuche in Bezug auf Frauen
und ihren Aufbau (physisch, nicht psychologisch), und andere solche
alten Vorstellungen, die ich schon immer für vollkommen idiotisch
hielt, die jetzt aber plötzlich eine vergleichsweise übergroße Mißbil-
ligung hervorriefen. Dann passierten noch einige andere Dinge,[2] in
Bezug auf bestimmte Leute und Umstände. (All das hat nichts mit mir
persönlich zu tun: es kam so, von hier und da.) Dann sah ich plötzlich
eine Kraft kommen („kommen": sich manifestieren), gleich der, die ich
in mir fühlte, aber noch viel größer, und sie begann über der Erde und
in den Gegebenheiten zu kreisen... oh, aber wie... wie ein Wirbelsturm
von gebündelter Macht, der mit der Absicht daherging, daß all das –
alles – sich ändert! Es mußte sich ändern, um jeden Preis!

Ich stand wie gewöhnlich darüber (*Mutter deutet über ihren Kopf,
um das höhere Bewußtsein zu bezeichnen*), ich sah mir das an (*Mutter
beugt sich vor, wie um die Erde unter sich zu betrachten*), und sagte mir:
„Jetzt fängt es an, gefährlich zu werden. Wenn das so weitergeht, wird
es am Ende einen Krieg oder eine Revolution oder eine Katastrophe,
eine Flutwelle oder ein Erdbeben geben." Also versuchte ich, das höchste Bewußtsein, das Bewußtsein der vollkommenen Erhabenheit her-
abzuziehen. Es wurde mir besonders deutlich, daß dieses Bewußtsein
die Mission hat, mittels dem Supramental, der supramentalen Kraft,
die Erde zu transformieren, aber soweit als möglich, ohne Katastro-
phen zu verursachen; soweit es die Erde erlaubt, das Werk harmonisch
und leuchtend zu vollbringen – notfalls etwas langsamer. Das war
das Prinzip, und damit versuchte ich, ein Gegengewicht zu diesem
Wirbelsturm zu bilden.

(Schweigen)

Ich muß sagen, als ich danach wie jeden Abend *Das Geheimnis des
Veda* las... Seit ich dieses Buch lese, steht mir die vedische Welt sehr

---

1. Mutter schreitet beim Japa in ihrem Zimmer im ersten Stock auf und ab.
2. Später fragte Satprem, was diese „Dinge" bedeuten. Mutter antwortete: „Das war
   zum Beispiel die Haltung eines Mannes gegenüber dem Leben und Gott, was er
   von sich hält, usw. Verstehst du, es kam eine Ansammlung von Wesenszügen und
   einer Handlung dieses Mannes, danach kam etwas anderes. Wie kann ich das
   beschreiben? Das sind ARBEITSPUNKTE, die so zu mir kommen: Dinge erscheinen
   in der Atmosphäre, damit ich sie sehe – ich sehe diese Dinge, und sie sind zu
   bearbeiten."

nah: ich sehe Wesen, höre Sätze... Das alles bewegt sich in einem unterschwelligen Bewußtsein, das vieles der alten vedischen Überlieferungen enthält. (Nebenbei bemerkt, bin ich sogar zum Schluß gekommen, daß diese rosa Marmorbadewanne, die Mutter Natur mir anbot und von der ich dir letztes Mal erzählte, der vedischen Welt entstammte, einer Zivilisation jener Epoche.[1]) Es kamen (und kommen ständig) Worte, Sätze, sogar ganze Dialoge in Sanskrit... Das, was ich gesehen hatte und dir letztes Mal erzählte, und das von gestern – dieser ganze Bereich –, das ist alles sehr interessant, und ich sehe, daß es mit den *Dasyus* des Veda zu tun hat, die *Panis* und die *Dasyus*[2], die Feinde des Lichtes. Und diese Kraft war ganz offensichtlich wie die von Indra,[3] nur viel größer, viel-viel mächtiger, und sie kämpfte überall gegen alles Dunkle, so *(Mutter malt einen Kräftewirbel in die Luft, der hier und da Punkte in der Welt angreift)*, alles Düstere. Alles: Vorstellungen, Leute, Bewegungen, Ereignisse, die Flecken waren – Schattenflecken –, wurde von dieser Kraft angegriffen. Das ging nur so daher: eine ungeheure Macht, so mächtig, daß sie meine Hände zu geballten Fäusten machte. Als ich dann las (es fügte sich, daß ich gerade das Kapitel über den Kampf gegen die Dasyus las), interessierte mich die Ähnlichkeit, denn meine Erfahrung war überhaupt nicht intellektuell oder mental – keine Vorstellungen, keine Gedanken.

Der Rest des Abends verging wie sonst auch, und ich ging zu Bett. Genau eine Viertelstunde vor Mitternacht stand ich auf und hatte den Eindruck, daß diese „Gegenwart" in mir noch stärker geworden war und doch etwas ungeheuer wurde... Ich mußte viel Frieden und Vertrauen in meinen Körper einflößen, er empfand das als... nicht leicht zu ertragen. Also konzentrierte ich mich und sagte ihm, ruhig zu sein und sich vollkommen gehen zu lassen.

Um Mitternacht war ich wieder im Bett. Von Mitternacht bis ein Uhr... (ich war vollkommen wach, ich weiß nicht, ob meine Augen

---

1. Drei Tage später berichtigte sich Mutter: „Ich habe die Erfahrung nochmals betrachtet, und erkannte, daß es nicht vedisch sondern prä-vedisch ist. Die Erfahrung brachte mich in Verbindung mit einer älteren Zivilisation als der Veda: die Rishis und der Veda repräsentieren einen Übergang zwischen dieser verschwundenen Zivilisation und der indischen Zivilisation, die der vedischen entsprang. Gestern wurde mir das klar – sehr interessant.
2. In den Veden personifizieren die Dasyus und Panis Wesen und Kräfte, die die Reichtümer und Lichter (symbolisiert durch Kuhherden) geraubt haben und sich in unterirdischen Höhlen verstecken. Der arische Krieger muß diese verlorenen Schätze, „die Sonne in der Dunkelheit", zurückholen – mit der Hilfe der Götter, indem er die Opferflamme entfacht. Das ist der Weg des unterirdischen Hinabstiegs.
3. Indra ist in der indischen Mythologie der König der Götter, er ist Herr über die intellektuelle Kraft befreit von allen Einschränkungen und Schatten des physischen Bewußtseins.

offen oder geschlossen waren, aber ich war NICHT IN TRANCE: ich konnte alle Geräusche hören, die Uhren, usw.), ich lag flach im Bett, und mein ganzer Körper, aber ein etwas vergrößerter Körper, der über die rein physische Form hinausging, wurde zu EINER extrem schnellen und gebündelten, aber reglosen, Schwingung. Ich weiß nicht, wie du das erklären kannst: es bewegte sich nicht räumlich, und dennoch war es eine Schwingung (also nicht starr), aber unbewegt im Raum. Und genau die Form des Körpers wurde ein absolut blendend weißes Licht des höchsten Bewußtseins – des Bewußtseins DES höchsten. Es war IM körper; in JEDER zelle war eine Schwingung, und alle zusammen bildeten einen Schwingungs-BLOCK. Es ging um so viel über den Körper hinaus *(Geste von ca. zehn Zentimetern rund um den Körper)*. Ich lag vollkommen bewegungslos in meinem Bett. Dann fing es an, OHNE DASS ICH MICH BEWEGTE, bewußt nach oben zu steigen – ich blieb bewegungslos: *(Mutter hält die Hände vor ihrer Stirn zusammen, wie wenn der ganze Körper im Gebet aufsteigt)* – ein bewußtes Aufsteigen des Körperbewußtseins zum Höchsten Bewußtsein.

Mein Körper lag flach ausgestreckt.

Eine Viertelstunde lang stieg es weiter und weiter, ohne eine Bewegung, stieg weiter und weiter, bis... die Vereinigung vollbracht war.

Eine vollkommen wache, bewußte Vereinigung: NICHT IN TRANCE.

Da wurde das Bewußtsein zu dem EINEN bewußtsein, vollkommen, ewig, außerhalb aller Zeit, außerhalb des Raumes, außerhalb aller Bewegung, außerhalb... außerhalb von allem, in... ich weiß nicht, einer Ekstase, einer Seligkeit, etwas Unbeschreibliches.

(Schweigen)

Es war das Bewußtsein DES KÖRPERS.

Diese Erfahrung hatte ich früher schon, aber in Trance; dieses Mal war es DER KÖRPER, das Bewußtsein des Körpers.

Es blieb so für einige Zeit (die Uhr schlug, so wußte ich, es war eine Viertelstunde), aber die Erfahrung stand außerhalb aller Zeit – eine Ewigkeit.

Dann begann ich, mit derselben Präzision, derselben Ruhe, demselben gewollten, klaren und gesammelten Bewußtsein (überhaupt NICHTS INTELLEKTUELLES) wieder herabzusteigen. Und als ich herabstieg, merkte ich, daß die ganze Schwierigkeit, mit der ich neulich kämpfen mußte und die diese Krankheit gebracht hatte, voll-kom-men bewältigt war, AUFGEHOBEN – überwunden. Nicht nur überwunden: es gab nichts mehr zu überwinden, nurmehr DIE schwingung, von oben bis unten. Und es gab kein Unten und Oben und all das mehr.

Das dauerte einige Zeit an.

Danach, immer noch OHNE JEGLICHE BEWEGUNG, kehrte alles langsam in die einzelnen Zentren des Körpers zurück. (Ah, hier muß ich noch dazusagen, daß es ÜBERHAUPT NICHT der Aufstieg einer Kraft wie die Kundalini war, es hat überhaupt nichts mit dem Aufstieg der Kundalini durch die Zentren zu tun, absolut nicht.) Beim Herabstieg versetzte das Höchste Bewußtsein, OHNE DIESEN ZUSTAND ZU VERLASSEN, ohne diesen STÄNDIG BEWUSSTEN zustand zu verlassen, die einzelnen Zentren wieder in Bewegung, erweckte sie sozusagen wieder: erst hier *(Zentrum über dem Kopf)*, dann hier und hier und hier *(Scheitel, Stirn, Kehle, Brust usw.)*. Bei jedem Zentrum hielt es inne, während die neue Verwirklichung dort alles ordnete. Sie ordnete und traf die nötigen Entscheidungen (bis ins Detail, manchmal ganz kleine Einzelheiten: das muß man in so einem Fall machen, dies muß man in jenem Fall sagen), aber alles ZUSAMMEN – gleichzeitig, nicht eins nach dem anderen –, alles sofort und zusammen gesehen. So kam es herab (ich bemerkte viele interessante Einzelheiten), weiter und weiter herab, bis nach unten. Alles blieb gleichzeitig, zur selben Zeit, und gleichzeitig organisierte das Höchste Bewußtsein jedes Einzelne für sich.[1]

Diese herabsteigende Neuordnung dauerte genau bis ein Uhr, bis die Uhr eins schlug. Da wußte ich, daß ich in Trance gehen mußte, um die Arbeit zu vervollkommnen (aber bis dahin war ich vollkommen wach).

Also lies ich mich in die Trance gleiten.

---

1. Später erklärte Mutter: „Alle Erfahrungen kamen nacheinander, aber jede neue löschte die vorhergehenden nicht aus. Das Bewußtsein, diese Höchste Einigkeit, blieb die ganze Zeit bis zum Ende, auch als die anderen Zentren wieder wach wurden. Jedes erwachende Zentrum brachte etwas hinzu, aber nahm dem vorhergehenden nichts weg. Also war am Ende alles gleichzeitig: eine Art globales, totales und gleichzeitiges Bewußtsein von allem... Siehst du, beim Aufstieg (ich muß „aufsteigen" und „herabsteigen" sagen, sonst können wir uns nicht verständigen), beim „Aufstieg" zu diesem Höchsten Bewußtsein wurde alles andere aufgehoben: das alleine blieb; nachdem das Höchste Bewußtsein erreicht war, BLIEB ES DIE GANZE ZEIT, ununterbrochen, bis zum Ende – es rührte sich nicht –, aber während dem erwachten die anderen Zentren, eines nach dem anderen. Jedes erwachte Zentrum nahm seinen Platz ein, ohne irgend etwas vom vorhergehenden oder vom folgenden wegzunehmen – als ich zum Ende kam, war auf diese Weise das Ganze zusammen und gleichzeitig: das Höchste Bewußtsein." Als Satprem fragte, ob dieses Höchste Bewußtsein das „neue Bewußtsein" sei, antwortete Mutter: „Nicht 'neu'! Man kann nicht 'neu' sagen: 'das Höchste Bewußtsein'." Diese ganze Erfahrung und Mutters Betonung, daß all das, im Gegensatz zur Erfahrung des Aufstiegs der Kundalini, „ohne eine Bewegung" geschah, führt uns zur Ansicht, daß in dieser Erfahrung das supramentale Bewußtsein in der Tiefe der Zellen irgendwie aus seiner Verborgenheit zutage trat, alle Schichten durchquerte und sich mit dem materiellsten Körperbewußtsein vereinigte.

Aus der Trance erwachte ich zwei Stunden später, um drei Uhr morgens. Während diesen zwei Stunden sah ich, JETZT aber mit einem neuen Bewußtsein, mit einer neuen Sicht, und vor allem MIT EINER NEUEN MACHT das gesamte Werk: all die Menschen, Dinge, Gefüge, alles. Es hatte... eine andere Erscheinung (das liegt nur daran, daß die Erscheinung von den augenblicklichen Erfordernissen abhängt), aber es hatte vor allem eine andere MACHT – beträchtlich anders. Beträchtlich. Die Macht war nicht mehr die gleiche.[1]

Wirklich, eine WESENTLICHE Änderung im Körper.

Ich sehe, daß der Körper... sich mit dieser neuen Macht sozusagen vertraut machen muß, sich noch an sie gewöhnen muß. Aber grundsätzlich ist die Änderung vollbracht.

Es ist nicht, bei weitem nicht, die endgültige Änderung, bei weitem nicht. Aber man kann sagen: es ist die bewußte und vollständige Gegenwart der supramentalen Kraft im Körper.

(Schweigen)

Als ich heute morgen aufstand und das alles geistig nachvollzog, war mein erster Impuls, nicht darüber zu sprechen, abzuwarten und zu sehen, was geschehen wird; aber dann kam ein ganz präziser Befehl, es dir noch heute morgen zu sagen. Es mußte genau so, wie es geschah, notiert und aufbewahrt werden.

Jetzt hat der Körper eine ganz deutliche... nicht nur Gewißheit, eine Art Gefühl, daß eine gewisse Allmächtigkeit nicht mehr fern ist: daß bald, wenn er... („er"! – du weißt schon, es gibt nur noch einen „Er" in dieser ganzen Geschichte, und das ist weder „er" noch „sie" noch...) wenn er sieht, daß etwas sein soll, dann wird es automatisch sein.

Das ist noch ein weiter-weiter Weg. Aber der erste Schritt ist getan.

*
* *

(Kurz darauf, über eine Grippeepidemie, die um sich greift:)

Eine schreckliche Epidemie greift im Land um sich, eine dreifache Epidemie.

Kommt eine Hilfskraft zu dir ins Haus?... Ist niemand in ihrer Familie krank? Siehst du, was geschieht: sie wollen weder ihre Stellung noch ihr Gehalt verlieren, deshalb warnen sie euch nicht. Sie haben Pocken, Masern oder Windpocken und treffen nicht die geringsten

---

1. Mutter wiederholte später nochmals: „Die Macht, die jetzt wirkte, war eine ganz andere als vorher."

Vorsichtsmaßnahmen, sich zu waschen oder andere Kleider anzuziehen, bevor sie kommen. So kommen sie und bringen euch das alles mit. Und die Krankheitsfälle werden immer häufiger. Ich wollte auch schon Pavitra sagen, mit seinem kleinen Kerl vorsichtig zu sein, den mag ich schon sonst nicht hier herumwandern sehen... Es ist seltsam, wie das die Atmosphäre trübt – unvorstellbar, fast bei allen!

Das ist etwas ganz anderes als in Europa, Amerika oder den anderen westlichen Ländern. Dort sind alle Leute aus demselben Stoff beschaffen, aber hier ist das nicht so! Der Grund ist, daß sich das hier schon seit Jahrhunderten nicht mehr verändert hat: die Brahmanen blieben immer Brahmanen, die Kshatryas blieben immer Kshatryas und ihre Bediensteten waren auch Kshatryas. Es blieb sozusagen in der Familie, in jeder Kaste waren die Bediensteten aus derselben Kaste (meist ein armer Verwandter). Vom sozialen Standpunkt ist das vielleicht nicht sehr schön, aber in Hinsicht auf die Atmosphäre war das sehr gut so. Das änderte sich zuerst mit der muselmanischen, hauptsächlich aber mit der britischen Besetzung.

Schließlich wurden die Engländer immer von Parias bedient (und „Paria" haben erst wir, die Europäer, sie genannt!). Aber sie waren nicht Paria von Geburt, sondern AUS GEWOHNHEIT.

Ich habe dieses Problem sehr genau studiert (denn als Europäer kommt man mit all seinen europäischen Vorstellungen – man weiß wirklich nichts, man versteht nichts von diesen Dingen). Ich kam sofort mit allen möglichen Leuten in Berührung, mit Bediensteten, die Brahmanen waren, und mit Parias. Und... ohne es zu wissen – ich wußte nicht, daß die einen Brahmanen waren und die anderen Parias – je nachdem, mit wem ich zusammen war und wo man mich hinführte... *(Geste, etwas sehr Konkretes zu berühren)*, selbst ohne physische Berührung! Es war so unterschiedlich, daß ich zu Sri Aurobindo sagte: „Aber was ist das denn?" Da erklärte er mir alles.

Ursprünglich waren die „Parias" die Leute, die ihre Freude, ihr Vergnügen, in Schmutz, Lüge, Verbrechen, Gewalt und Diebstahl fanden. Das war ihr Vergnügen. Sie hatten ihre eigenen Kasten: in der Gegend hier gibt es noch eine Räuberkaste (einmal war ich in ihrem Dorf, um zu sehen: eine Kaste von Räubern). Leute, die immer einen Dolch mit sich haben. Ihr größtes Vergnügen ist, mit dem Dolch zu spielen. Sie stehlen nicht so sehr aus Not, als aus Vergnügen. Und schmutzig! Eine Abscheu vor Sauberkeit. Und aus reinem Spaß lügen sie, selbst wenn sie sich in derselben Viertelstunde widersprechen müssen, nur zur Freude.

Das gibt eine... greifbare Atmosphäre.

Hier war einmal eine Frau, die unter diesen Menschen geboren wurde. Sie war als Kind von Thomas (der französische Musiker, der die Komödie *Mignon* komponierte) aufgenommen worden: sie waren hier in Indien und hatten sie als kleines Mädchen aufgesammelt; sie war dreizehn, sah nett aus und war recht lieb, und sie hatten sie als Kindermädchen angestellt. Dann nahmen sie sie mit nach Frankreich und behandelten sie dort wie ein eigenes Kind, kümmerten sich um sie und bildeten sie aus; sie gaben ihr alles-alles, wie einem Familienmitglied. Zwanzig Jahre blieb sie dort. Sie war begabt und hatte sogar gewisse Fähigkeiten der Wahrsagung: sie konnte wunderbar in den Händen lesen. Einige Zeit arbeitete sie auch in einem Konzert-Café, im Moulin-Rouge, glaube ich, als „Hindu Seherin"! Natürlich war sie dort eine Maharani mit fabelhaften Juwelen! Sie war auch wirklich hübsch. Kurz, sie hatte alle ihre Angewohnheiten von hier hinter sich gelassen.

Dann kam sie zurück nach Indien, und ich nahm sie hier auf. Ich behandelte sie auch hier fast wie eine Freundin, half ihr, ihre Begabungen zu entwickeln... Mein Kind, nach einiger Zeit fing sie an, so schmutzig zu sein, zu lügen und zu stehlen – ohne den geringsten Grund! (Sie hatte genug Geld, wurde gut behandelt, aß das gleiche wie wir auch – es gab also wirklich keinen Grund dafür!) Als ich sie dann fragte: „Aber warum nur?" (da war sie schon nicht mehr ganz jung), sagte sie: „Als ich hierhin zurückkam, überwältigte es mich, es ist stärker als ich." Das war mir eine Erleuchtung! Denn es widerstand ihrer ganzen Ausbildung.

Wir haben die Vorstellung, daß diese Leute sind, was sie sind, weil das Milieu und die Erziehung schlecht sind, weil die Bedingungen schwierig sind, daß darin die Gründe liegen – es ist nicht wahr!

Im universellen Gefüge VERKÖRPERN sie etwas, einen bestimmten Typ von Kraft und Schwingung. Und das muß entweder aufgelöst oder verwandelt werden... verwandeln? – das ist vielleicht... Vielleicht wird das zusammen mit den widrigen Kräften verschwinden, vielleicht wenn alles transformiert ist – wann, weiß ich nicht.

Auf jeden Fall versuchte ich wirklich mein Bestes, mit meiner ganzen Kraft und mit meinem ganzen Wissen. Und ich mochte sie wirklich gern, ich tat es nicht aus Wohltätigkeit, ich fand sie sehr interessant, aber ich mußte wirklich mit einer Art Grauen mitansehen, daß es sie wieder ergriff, von Tag zu Tag, mehr und mehr... bis wir sie schließlich fortschicken mußten, ihr sagen mußten: „Geh." Sie antwortete: „Ja, ich verstehe. Ich kann nicht bleiben."

Verstehst du, sie war in Frankreich, seit sie dreizehn war! Mit allem, was diese Leute für sie getan hatten (Ambroise Thomas, der war es!

jetzt fällt es mir wieder ein). Sie waren so gut zu ihr. Natürlich hatte sie sehr gute Manieren angenommen, der ganze Anschein war gut.

All das, um dir zu sagen, daß es ungute Kontakte gibt. Ich kenne das sehr genau: ich konnte es nicht aushalten, daß solche Leute in mein Zimmer kamen – ich würde manchmal Stunden brauchen, um die Atmosphäre wiederherzustellen.

Man muß vorsichtig sein.

Hier hatten wir lange Zeit nur ein Minimum an Bediensteten, und die blieben immer getrennt: wir hatten nie eine Epidemie. Ich weiß nicht, wieviele Jahre lang (Jahre über Jahre, als Sri Aurobindo hier war), hatten wir keine einzige Epidemie. Das fing damit an, daß Leute mit Kindern hierhin zogen; sie brachten notwendigerweise Haushaltshilfen mit, und die gingen zum Basar oder ins Kino und dieses und jenes. Da begann all das.

Jetzt sieht die Lage schlecht aus: an die dreißig Masernfälle, vier oder fünf von Pocken und auch Windpocken. Paß auf dich auf, ich brauche dich in guter Gesundheit, sonst kommt die ganze Arbeit zum Stillstand!

Es gab solche Orte: plötzlich kam alles zum Erliegen. Keine Schule mehr, keine Post, kein Zugverkehr. Ich erinnere mich an ein kleines armes Dorf in Japan, wo sie eine Grippeepidemie hatten, die erste. Sie wußten nicht, was es war, und das ganze Dorf wurde krank. Es war im Winter und das Dorf war eingeschneit, ohne Verbindung zur Außenwelt (die Post kam nur alle zwei Wochen dorthin). Als der Postbote dann kam, waren alle gestorben, unterm Schnee vergraben.

Ich war in Japan, als das passierte.

Ein kleines verschneites Tal – niemand mehr.

27. Januar 1961

*Über die moralistischen Reaktionen einer Person,
die glaubt diese oder jene Tat „verärgert" Gott:)*

Ja, sie glauben nur allzu gerne, daß Gott sich über sie „ärgert"! Ich versuche, diese Einstellung so weit als möglich abzuschaffen, denn es stimmt nicht – es ist einfach nicht wahr.

(langes Schweigen)

Dieses Mal ist wirklich etwas vollbracht worden.

Seit der letzten Erfahrung [vom 24. Januar] sehe ich es jeden Tag. Am nächsten Tag war ich ziemlich krank, wahrscheinlich hatte es mit der Weiterentwicklung und Anpassung des Körpers zu tun; man hätte es normalerweise „schmerzhaft krank" genannt: der Körper litt beträchtlich, oder HÄTTE sehr gelitten, wäre er im gewöhnlichen Bewußtsein, dem Bewußtsein von vorher, gewesen. Und das zeigte mir den Unterschied – ein phantastischer Unterschied!

Ich war mir vollkommen bewußt (mit „ich" meine ich jetzt den Körper, nicht das ganze höhere Bewußtsein), der Körper war sich seiner Leiden und deren Gründe und Ursachen vollkommen bewußt, aber er hatte keine Schmerzen. Verstehst du, die zwei Empfindungen bestanden gleichzeitig. Der Körper sah die Störung und das Leiden, wie er es vor einigen Wochen empfunden hätte, er sah all das („sah", „wußte"... ich weiß nicht, wie ich es ausdrücken soll – er war sich all dessen bewußt, *it was aware*) und dennoch fühlte er keine Schmerzen. Er hatte beide Empfindungen[1] absolut gleichzeitig. Und dabei ein SEHR PRÄZISES Wissen des ganzen inneren Vorgangs von allen Dingen und was jeweils zu tun war. Das entwickelt sich jetzt wie eine aufblühende Knospe, weißt du: ein Blütenblatt öffnet sich, dann noch eines und noch eines, es braucht einige Zeit, und langsam öffnet sich die Blüte – so geschieht es auch hier, mit dieser Macht.

Ich hatte eine interessante Erfahrung, ich glaube es war gestern, es kam, wie um mir den Unterschied, die Änderung zu zeigen, als Beweis: jemand hatte einen Traum über mich, der ihm aus bestimmten Gründen von den widrigen Kräften zugeflüstert wurde (ich übergehe die Einzelheiten). Der Traum hatte ihn sehr belastet, so schrieb er ihn auf und gab ihn mir. Erst steckte ich den Brief wie gewohnt mit den anderen ein, dann wußte ich, daß ich ihn sofort lesen mußte. Also las ich. Da sah ich die ganze Sache mit einer solchen Klarheit, Präzision und Genauigkeit: genau, wie es sich ereignet hatte, wie der Traum zustande gekommen war und wie er diese Person beeinflußt hatte – die ganze Wirkungsweise dieser Kräfte. Während ich las und sich das vor mir entfaltete, tat ich das Nötige für ihn (er war anwesend), um aufzulösen, was diese Kräfte angerichtet hatten. Schließlich, als ich am Ende war und alles gesagt und erklärt hatte, was es war und was zu tun war, da kam etwas so ENTSCHIEDENES in mich (ich kann diese Erfahrung nicht beschreiben, aber das nenne ich den „Unterschied"

---

1. Mutter präzisierte: „Auf Englisch würde ich sagen *the two awarenesses*".

der Macht: etwas Entschiedenes), ich nahm den Brief, sprach einige Worte, die ich nicht wiederhole, und sagte dann: „Siehst du, das ist so: dies ist dafür", und ich riß den Brief durch, „dann das dafür", und ich zerriß ihn ein zweites Mal... und so weiter. Fünfmal riß ich das Papier durch, und beim fünften Mal sah ich, daß ihre Kraft zerstört war.

So etwas hatte ich schon früher gemacht – dieses Wissen hatte ich schon –, und wenn ich es tat, hatte es immer eine Wirkung, ich gehe also nicht von Machtlosigkeit zu Macht über, nichts dergleichen. Aber dieses... Ja, etwas Endgültiges, verstehst du, etwas Absolutes – etwas Absolutes in der Sicht, im Wissen, in der Handlung und BESONDERS in der Macht – etwas Absolutes, das die Hindernisse und Widerstände nicht einmal zu überwinden braucht, weil es sie automatisch AUFLÖST. Da erkannte ich wirklich, daß sich etwas geändert hat.

(Nach einer Abschweifung gibt Mutter
ein weiteres Beispiel der Änderung:)

Ich erzählte dir etwas über die Macht des Willens... oder nicht?

Gestern sah ich R. Er stellte mir Fragen über seine Arbeit, insbesondere über die Kenntnis der Sprachen (du weißt, er ist ein Gelehrter, der die alten Überlieferungen sehr gut kennt). Das brachte mich in Beziehung mit dieser ganzen Welt, und ich fing an, ihm etwas von meiner Erfahrung mit dem Veda zu erzählen (was ich dir hier gesagt hatte). Da kam es plötzlich auf die gleiche Weise wie damals, als ich Verbindung zu dieser Welt bekam; ein ganzer Bereich eröffnete sich, ein ganzes Wissensgebiet in Bezug auf die Sprachen, das Wort und die wesentliche Schwingung: jene, die das supramentale Bewußtsein bringen würde. All das kam so klar-klar-klar und leuchtend, unbestreitbar – leider war kein Tonbandgerät bereit!

Es ging um das Wort, den Urton. Sri Aurobindo spricht davon in Savitri : das reine Wort, wie es sich ausdrücken würde, und wie es zur Möglichkeit einer supramentalen Ausdrucksweise führen wird, die unsere Sprachen ersetzt... Ich hatte damit angefangen, über die verschiedenen Sprachen und ihre Begrenzungen und Fähigkeiten zu sprechen, und ich warnte ihn vor den Entstellungen, die man den Sprachen versetzt, mit dem Glauben, daß sie dadurch flexibler würden, etwas neues auszudrücken. Ich sagte ihm, daß all das lächerlich ist und überhaupt nicht der Wahrheit entspricht. Dann gelangte ich nach und nach zum Ursprung. Dort hatte ich gestern wieder diese selbe Erfahrung: eine ganze Welt von Wissen und Bewußtsein und von GEWISSHEIT, es gibt nicht die geringste Möglichkeit von Widerspruch, Diskussion oder Einspruch: das GIBT ES NICHT, das gibt es nicht. Der Intellekt war dabei vollkommen schweigend und reglos und hörte sogar mit sichtlicher Freude zu, denn diese Dinge waren mir noch nie ins Bewußtsein gekommen; ich hatte mich nie dafür interessiert. Das war gänzlich neu – nicht neu in Prinzip, aber in seiner Wirkung.

Die Erfahrungen vermehren sich.

Ein Ton, der die supramentale Kraft bringen kann?

Ja, verstehst du, als ich sprach, kam ich zum Ursprung des Tons (Sri Aurobindo beschreibt das vorzüglich in Savitri : der Ursprung des Tons, der Punkt, wo „Das Wort" Ton wird). Ich hatte eine Art Erkenntnis des reinen Tons, bevor er materieller Ton wird, und ich sagte mir: „In dem Augenblick, wo dieser reine Ton ein materieller Ton wird, wird eine neue Ausdrucksweise geschaffen sein, die die supramentale Welt ausdrückt." In dem Moment hatte ich die direkte Erfahrung. All das sagte ich auf Englisch, und Sri Aurobindo war sehr gegenwärtig, sehr konkret, fast greifbar.

Jetzt ist es nicht mehr da.

(Schweigen)

Ah, noch ein kleines Beispiel: du kennst die Fotos, die ich am 21. für Saraswati Puja verteilt hatte. Amrita sagte mir, er wolle sie X.[1] schikken. Ich antwortete: „Nein, besser nicht." (Der 21. war ein schrecklicher Tag für mich. Alle *Dasyus* der Welt waren in Aufruhr gegen mich und versuchten, mich zu behindern – später verstand ich! Nachdem ich diese Dinge gesehen hatte,[2] sagte ich mir: „Ja klar, das war es!") Dann, nach der Nacht des 24., als ich zum Balkon ging,[3] sagte ich Amrita mit einer derartigen Gewißheit, wie ein Klotz: „Heute können Sie die Fotos schicken", einfach so, ohne Erklärung, nichts, mit dem Gefühl einer Gewißheit – wie etwas Endgültiges, Absolutes: DAS IST SO.

Das ist eine Änderung, eine wirkliche Änderung.

---

1. Satprems Tantra Guru.
2. Die vedische oder prävedische Welt (mit dem künstlichen Orkan und der rosa Marmorbadewanne).
3. Bis 1962 trat Mutter früh jeden Morgen auf den Balkon der ersten Etage vor die auf der Straße versammelten Schüler.

29. Januar 1961

Meine Beine sind müde...

(Mutter studiert Ts Fragen zu Sri Aurobindos Aphorismen:)

53 – Die Streitigkeiten zwischen religiösen Sekten ähneln dem Streit von Töpfen, von denen jeder das alleinige Recht beansprucht, den Nektar der Unsterblichkeit zu enthalten. Laß sie sich streiten. Für uns ist das Wichtige, den Nektar zu finden, egal in welchem Topf, und die Unsterblichkeit zu erlangen.

Was ist dieser Nektar der Unsterblichkeit?

Das Bewußtsein der Unsterblichkeit... WIR werden uns nur der Bereiche bewußt, in denen die Unsterblichkeit bereits besteht; aber um die Unsterblichkeit ins physische Bewußtsein zu bringen, ist es nötig, nicht nur das physische Bewußtsein zu ändern, sondern auch die physische Substanz. Und das...

*
* *

(Über die letzte Unterhaltung, in der Mutter vom wesentlichen Ton sprach, vom „Wort" der vedischen Rishis:)

Ich versprach Nolini, ihm das zu zeigen.

Ja, Mutter, das berührt ein Problem... Oft, wenn du diese so wichtigen Dinge erzählst, sage ich mir, daß es mir recht eigennützig zu Gute kommt – kann das nicht gelegentlich auch Pavitra gezeigt werden? Möchtest du, daß es vollkommen geheim bleibt, oder darf ich es ab und zu Pavitra zeigen?

Das kommt darauf an... Sujata kannst du alles sagen.

Ich hab niemandem etwas gesagt, kein Wort.

Du kannst ihr alles sagen, was du willst, das macht überhaupt nichts – sag ihr nur, sie soll es für sich behalten.

Aber ansonsten... Manches, was du aufschreibst, hebe ich einfach auf. Manches zeige ich Nolini. (Nolini ist derjenige, der von allen am besten verstehen kann.) Manche Sachen gebe ich ihm zu lesen. Aber ansonsten, nein. Zwischen uns ist das etwas vollkommen anderes (das sagte ich dir schon), etwas vollkommen anderes. Wenn es dir zu Gute kommt, um so besser! Wenn dir das in deiner inneren Weiterentwicklung hilft, habe ich nichts dagegen, im Gegenteil. Das ist ganz natürlich, eine natürliche Konsequenz unserer Zusammenkünfte.

Und wenn du im Gespräch mit Sujata das Gefühl hast, daß etwas ihr helfen kann, dann habe ich nichts dagegen, daß du es ihr erzählst – sag ihr nur, daß es unter euch bleiben soll.

Bis jetzt habe ich nichts weitergesagt. Du kennst mich, ich sage kein Wort.

Ja. Oh, ja. Das ist besser. Man muß sehr vorsichtig sein. Aber, wie gesagt, bei ihr habe ich nichts dagegen.

*
* *

Etwas später:

Es geht weiter. Jetzt fangen sie an, meine Beine anzugreifen – sie müssen immer etwas Neues finden!

Hast du Schmerzen in den Beinen?

Seit langer Zeit. Seit Mitte November fing diese Sache an. Das Symbol dieser Schlacht sah ich erst vor kurzem,[1] aber die Schlacht selbst fing schon Mitte November an.

(Schweigen)

Du darfst nicht zu sehr darunter leiden.

Ich fühle alle möglichen…

Ja, ja, natürlich, das ist unvermeidlich. Aber rufe die Stille herab, das ist die einzige Hilfe… Es kommt von allen Seiten. Aber wenn du so etwas fühlst, wenn es schlecht geht, du dich unbehaglich fühlst, alles verwirrt ist, dann erinnere dich daran, die Stille herabzurufen.

Aber es geht über dich, gegen dich: alle möglichen Einflüsterungen, die mich…

Die dich von mir trennen wollen. Das weiß ich sehr wohl. Nicht nur dich: das ist bei allen so.

Wir müssen natürlich bis zum Ende durchhalten; das ist alles, es gibt keinen anderen Weg.

---

1. Erfahrung vom 22. Januar, der künstliche Orkan.

31. Januar 1961

(Bezüglich der Erfahrung, die Mutter am 24. Januar beschrieben hatte, in der die supramentale Kraft die Tätigkeit der Bewußt-seinszentren neuorganisierte. Die Erfahrung endete mit einer tiefen Trance: „Ich floß in die Trance...")

Ich vergaß, dir etwas sehr Wichtiges zu sagen.

Im Augenblick, als ich aus der Trance kam, hatte ich eine sehr konkrete, entscheidende Erkenntnis (aber es war kein intellektuelles Verständnis, es kam nicht von dem intellektuellen Teil des Wesens, das alles versteht und erklärt – ich glaube, Indra symbolisiert das –, es war nicht Ausdruck dieses höheren Intellekts, es war nicht mental), eine Erkenntnis (nicht wirklich ein Gefühl, mehr als ein Gefühl), eine Art Erkenntnis, wie nahezu vollkommen unwichtig die äußere, materielle Erscheinung ist, die das körperliche Befinden ausdrückt: ob die äuße-ren, physischen Anzeichen nun so oder anders sind, war dem Bewußt-sein DES KÖRPERS vollkommen gleichgültig (das Bewußtsein hatte die Erfahrung der Einigkeit). Das Bewußtsein des Körpers erkannte die EXTREME RELATIVITÄT des materiellsten Ausdrucks.

Ich übersetze, um mich verständlich zu machen (zum Zeitpunkt der Erfahrung war es nicht so). Angenommen, irgendein Teil des Körpers ist gestört (nicht eigentlich krank, denn eine Krankheit bedeutet etwas wichtiges Inneres: ein Angriff, die Notwendigkeit einer Transforma-tion, vieles Verschiedenes), aber der äußere Ausdruck einer Störung, zum Beispiel geschwollene Beine oder Schmerzen in der Leber (keine Krankheit: eine Störung, eine Funktionsstörung). Nun, das hat über-haupt keine Bedeutung, ES ÄNDERT NICHTS AM WAHREN BEWUSSTSEIN DES KÖRPERS. Dagegen sind wir es gewohnt, daß der Körper, wenn er krank ist oder etwas nicht gut geht, sehr gestört ist – das ist nicht mehr so.

Er ist nicht gestört im Sinne, wie wir es sonst verstehen.

Aber was ist dann gestört, wenn nicht der Körper?

Oh, das physische Mental, dieses idiotische Mental! Alle Probleme stammen von ihm, immer.

Überhaupt nicht vom Körper?

Aber nein! Der Körper ist SEHR ausdauernd.

Aber was leidet dann?

Das geschieht auch über dieses physische Mental. Wenn man diesen Wicht beruhigt, leidet man nicht mehr! Das ist ja gerade, was ich erlebte.

Weißt du, das physische Mental bedient sich der nervlichen Substanz; entfernt man es aus der nervlichen Substanz, fühlt man nichts mehr. Es gibt einem die Empfindung des Schmerzes. Man weiß, daß etwas nicht richtig ist, aber man leidet nicht mehr darunter.

Das war etwas sehr Wichtiges, eine sehr wichtige Erfahrung. Später, vor allem seit gestern nachmittag und heute morgen, merkte ich nach und nach, daß dieses objektive Losgelöstsein eine WESENTLICHE BEDINGUNG ist, damit die Wahre Harmonie in der materiellsten Materie wirksam werden kann – in der äußersten, materiellsten Materie *(Mutter kneift die Haut ihrer Hand)*.

Diese Erfahrung war wie ein Schritt – ein unerläßlicher Schritt für die vollkommene Losgelöstheit; unerläßlich, damit sich die Harmonie des Körperbewußtseins (mit der Erfahrung des Göttlichen, die es hatte) auf den äußersten, oberflächlichsten Teil des Körpers auswirken kann.

(Schweigen)

Es ist die logische Folge meiner langen Forschung über die Ursachen der Krankheiten und den Weg, sie zu überwinden.

Schreib das auf, es ist wichtig. Und es erscheint mir um so wichtiger seit zwei Tagen: ich hatte eine ganze Serie von Erfahrungen seit gestern abend, und heute morgen kam ich zu einem gewissen Schlußergebnis, und ich sah, daß der Ausgangspunkt in dieser Erfahrung nach der Trance lag.

Der Rest wird später kommen.

Es kam genau im Moment, als ich um drei Uhr morgens die Trance verließ. Ich kam damit[1] aus der Trance: das war mein erster Eindruck. Ich hatte vergessen, es dir zu sagen, weil es erst vor sehr kurzer Zeit Wichtigkeit bekam.

*
* *

(Etwas später geht es um die Fotos, die Mutter am 21. nicht an X. schicken wollte, dann aber am 25. mit „blockartiger" Bestimmtheit doch schicken ließ:)

X hat geantwortet. Er sagte ungefähr dies (Amrita hat es übersetzt): „Ich habe Ihre Sendung erhalten, es ist eine…" (ich weiß nicht mehr, ob

---

1. Damit>mit der Erkenntnis, wie nahezu vollkommen unwichtig die äußere, materielle Erscheinung ist, die das körperliche Befinden ausdrückt.

er Erleuchtung oder Flamme sagte) „... die zur Wahrheit aufsteigt, zur Wahrheit führt." Diesen Eindruck gab es ihm. Es führte also zu etwas.

Es ist gut. Er hat es so empfangen, wie ich es sandte.

Aber hätte es wirklich einen Unterschied ausgemacht, die Fotos am 21. zu schicken, wie Amrita es wollte, oder später?

Ah, ja! (Wie soll ich sagen?...) Am 21. hätte die Sendung noch eine gewisse Schwierigkeit in Xs Bewußtsein erzeugen können, eine halbbewußte Schwierigkeit, und zwar wegen all der Widerstände, all der Widersprüchlichkeiten: weißt du, alles was da kämpfte – er ist diesen Dingen gegenüber sehr empfindlich. Ich wollte ihn nicht damit in Berührung bringen. Später hingegen war es... diese Dinge hatten einen Schlag auf den Kopf bekommen *(Mutter schlägt mit beiden Händen nach unten)*, und sie blieben ruhig. Da sagte ich: „Gut, Sie können es schicken."

Ich vermeide es immer, ihn mit den Bereichen der Kämpfe und Widersprüche in Berührung zu bringen, weil er äußerst sensibel ist und ihm das Schwierigkeiten bereitet. Deshalb hatte ich zuerst gesagt: „Nein, besser nicht."

Und später war es sehr gut!

(Schweigen)

Jetzt habe ich angefangen, diese Hymnen[1] zu lesen... Oh, jetzt verstehe ich! All das war eine Vorbereitung, die Sri Aurobindo mir gab. Jetzt verstehe ich das! („verstehen" soll besagen, daß es hilft, einen Fortschritt zu machen, das nenne ich verstehen.) Ich verstehe die Beschaffenheit gewisser Hindernisse und Schwierigkeiten. Und ich verstehe sehr gut, was gewissen Kräften ermöglicht, sich zu widersetzen.

Ich habe erst zwei Hymnen gelesen. Wenn ich zum Ende komme... dann werde ich wahrscheinlich etwas gefunden haben.

*
* *

(Nach der Arbeit spricht Mutter über ihre Übersetzung von „The Synthesis of Yoga")

Diesbezüglich hatte ich vor einigen Tagen eine Erfahrung. Seit langer Zeit konnte ich nicht arbeiten, weil es mir nicht gut ging und meine Augen müde waren. Vor zwei oder drei Tagen machte ich mich dann wieder an die Übersetzung und merkte plötzlich, daß ich es jetzt alles anders sehe! In dieser Zeit ist etwas geschehen. Wie soll ich das sagen...

---

1. Sri Aurobindos Übersetzung der vedischen Hymnen (*On the Veda*, 241 ff).

Die Stellung gegenüber der Übersetzung ist anders. Also nahm ich den letzten Satz meiner Übersetzung noch mal auf (mehr hatte ich nicht bei mir, weil ich meine Papiere immer sofort einordne), und verglich ihn mit dem englischen Originaltext – „Oh!" sagte ich mir, „sieh, so gehört das!" Und ich verbesserte alles, ganz selbstverständlich. Es war wirklich wie eine andere Stellung.

Als ich es dann später durchlas, sah ich (es ist noch nicht perfekt, es ist noch im Werden), sah ich wirklich, daß ich das Stadium überschritten habe, wo man versucht, etwas dem gegebenen Originaltext Entsprechendes zu finden, also einen Ausdruck, der paßt und dem Text genügend nahe ist (das war meine Stellung vorher). Jetzt ist es anders! Die Übersetzung kommt wie spontan: dies auf Englisch, das auf Französisch. Ganz anders. Manchmal ist es sehr wörtlich. Und es gab etwas Interessantes: du weißt, Sri Aurobindo gefiel die französische Sprachkonstruktion enorm (er sagte, daß sie dem Englischen eine viel bessere, klarere, mächtigere Struktur gibt, als die englische Konstruktionsweise), und wenn er etwas auf Englisch schrieb, verwendete er oft ganz natürlich eine französische Satzstruktur. In solchen Fällen paßt sich die Übersetzung ganz von selbst an: es macht fast den Eindruck, daß es auf Französisch geschrieben wurde. Aber bei einer englischen Satzstruktur kam mir immer etwas Äquivalentes. Jetzt aber ist es fast so, als ob etwas „von oben denkt" und sagt: „So ist das Englische, so ist es auf Französisch."

So war es, offensichtlich. Aber es ist noch nicht beständig, es ist erst ein Anfang. Ich hoffe, daß es sich nach einiger Zeit festigen wird, dann gibt es keine Schwierigkeiten mehr.

Unterdessen interessiert es mich, die Arbeitsweise davon in deinem Mental zu sehen... ich glaube, in einiger Zeit, vielleicht in nicht allzu langer Zeit, werden wir auf sehr interessante Art zusammen arbeiten können...

Das Problem ist der Zeitmangel. Die Zeit ist zu knapp![1]

Oh, das ist sehr, sehr ärgerlich, mein Kind. Mir brauchst du das kaum zu sagen! Mein ganzes Leben lang habe ich nie genug Zeit gehabt. Was immer ich mache, ob ich mit jemandem spreche, etwas ordne, eine Arbeit verrichte, die Zeit ist immer zu kurz. Ich habe immer das Gefühl: „Oh, könnte ich das nur in Ruhe tun!" Alles, was immer es ist, wird interessant, wenn man es in Ruhe, mit der richtigen Haltung und der nötigen Konzentration tun kann. Aber man wird immer von der darauffolgenden Sache gehetzt.

---

1. Satprem hat neuerlich wieder sieben Stunden Japa täglich zu verrichten.

Aber das, das ist ein Mangel. Und ich weiß es – ich weiß es, und ich werde eine Lösung finden. Das wäre…

Aber die Zeit läßt sich nicht dehnen! Das wäre wunderbar, wenn die Tage drei Stunden länger wären.

Nun ja. Aber das ist nur so, weil wir noch zu stark an die äußerste Form gebunden sind. Du kannst dir kaum vorstellen, was für einen Unterschied das macht! Man tut DAS GLEICHE, auf die gleiche Art, mit denselben Gesten, und im einen Fall nimmt es Zeit in Anspruch und im anderen nicht.

Das habe ich konkret erfahren: heute morgen zum Beispiel hatte ich sehr wenig Zeit, um zum Balkon zu gehen; die Zeit ist sehr begrenzt, vorbestimmt und kurz. Und ich muß eine gewisse Anzahl von Dingen erledigen, rein materielle Dinge. Da glaubt man, daß die dafür benötigte Zeit natürlich immer die gleiche sein muß – das stimmt nicht. Es ist nicht wahr, ich wundere mich selber darüber!

Beim Japa gibt es denselben Kontrast, es ist wirklich erstaunlich: ich habe das Gefühl, ich sage die Worte auf die gleiche Weise, mit der gleichen Intonation, genau dem gleichen Rhythmus – aber manchmal, mit einer bestimmten inneren Einstellung, ist die chronometrische Zeit unterschiedlich! Und wir, so gebunden an unsere physische Materie, haben dennoch den Eindruck, daß es die gleiche Zeit braucht! Diese außerordentliche Relativität zur chronometrischen Zeit ist wirklich seltsam.

Das wollten sie wohl ausdrücken, als sie sagten, Joschua hielt die Sonne an.

Da gibt es etwas… zu finden. Etwas Außerordentliches. Wenn das gefunden ist, wird es fabelhaft sein.

So gibt es einige Geheimnisse – ich empfinde es als Geheimnisse. Und von Zeit zu Zeit ist es, als gäbe man mir ein Beispiel: „Siehst du, so ist es." – Es verblüfft mich… weißt du, im normalen Sprachgebrauch würde man sagen: „Es ist ein Wunder" – das ist etwas, das wir finden müssen.

Wir werden es finden![1]

---

1. In den Gleichungen von Einsteins Relativitätstheorie sind so „unveränderliche" Größen, wie die Masse eines Körpers, die Frequenz einer Schwingung oder die Zeit zwischen zwei Ereignissen abhängig von der Geschwindigkeit des Bezugsrahmens, in dem das Experiment abläuft. Experimente im Weltraum haben es erlaubt, Einsteins Gleichungen zu bestätigen. So wird zum Beispiel eine Uhr an Bord eines die Erde umkreisenden Satelliten 60 Sekunden zwischen zwei Signalen messen, während eine identische, auf der Erde verbliebene Uhr 61 Sekunden zwischen denselben Signalen mißt: die Zeit „verkürzt" sich mit steigender Geschwindigkeit. Die Abweichung wird um so größer, je mehr man sich der Lichtgeschwindigkeit

So ist es, mein Kind.

---

nähert. So geht es auch in Geschichten, wo ein Weltraumfahrer weniger gealtert zur Erde zurückkehrt als seine Zeitgenossen: er befand sich in einem anderen „Bezugsrahmen". Es ist bemerkenswert, daß Mutters Erfahrungen im Körper sich sehr oft mit Theorien der modernen Physik überlappen – als wären die mathematischen Gleichungen ein Beschreibungsmittel für gewisse komplexe oder von der Realität entfernte Phänomene, die Mutter spontan in ihrem Körper lebte... vielleicht mit „Lichtgeschwindigkeit".

Februar

4. Februar 1961

Hier, ich habe dir zwei Blumen mitgebracht. Sie haben einen verschiedenen, aber beide sehr typisch indischen Duft: diese hier ist die „Aufrichtigkeit"[1], und hier die „Schlichtheit"[2]. Den Duft dieser *(Mutter reicht die „Schlichtheit")* empfand ich immer als reinigend! Wenn man das einatmet, oh, alles wird rein, rein – fabelhaft! *(Mutter atmet den Duft der Blume)* Einmal habe ich mich damit von einem beginnenden Schnupfen geheilt – man muß es ganz am Anfang nehmen. Das füllt alles, Nase, Kehle... Und dies *(Mutter reicht die „Aufrichtigkeit")* liegt ganz am anderen Ende des Spektrums. Ich finde das sehr, sehr stark – seltsam, nicht?

Überhaupt nicht süßlich!

Oh, nein! Es ist sehr mächtig.

Zum Großteil gab ich den Blumen ihre Namen wegen ihrem Duft... Das war ein interessantes Studium für mich. Es entspricht etwas VOLLKOMMEN WAHREM in der Natur.

Einmal brachte mir jemand, ohne etwas zu sagen, einen Zweig Basilikum[3]. Ich roch daran und sagte: „Oh, Hingabe!" Es war... absolut eine Schwingung der Hingabe. Erst danach sagte man mir, daß es genau die Pflanze der Hingabe zu Krishna ist, sie ist Krishna gewidmet.

Ein anderes Mal brachte man mir diese großen Blumen – eigentlich sind es keine Blumen: sie sehen etwas wie Maiskolben aus, mit langen, sehr stark riechenden Stengeln[4] – als ich das roch, sagte ich: „Ah, asketische Reinheit!", einfach so, wegen dem Duft. Erst später hörte ich, daß es die Blume von Shivas *Tapasya*[5] ist.

Diese Menschen haben ein altes Wissen. Sie haben das alte vedische Wissen bewahrt. Und es bedeutet, daß es etwas KONKRET WAHRES ist: es hängt überhaupt nicht vom Mental, von den Gedanken ab, nicht einmal von den Empfindungen – es ist eine Schwingung.

Und diese Blume, diese langen mais-ähnlichen Stengel?

Das ist Shiva. Ja, wenn er seine Tapasya macht.

Noch etwas sehr Interessantes: die Schlangen lieben diesen Duft ungeheuer. Sie kommen von sehr weit her, um ihr Nest in diesen Büschen zu machen – wegen dem Duft. Du weißt, daß die Schlange

---

1. *Ixora arborea.*
2. *Hymenantherum,* eine winzige gelbe Blume, wie eine kleine Gänseblume.
3. *Ocimum Sanctum.*
4. *Pandus tectorius,* Keora oder Screw Pine.
5. *Tapasya:* asketische oder yogische Disziplin.

die Evolutionskraft ist, sie ist Shivas Tier: er trägt immer Schlangen auf dem Kopf oder um den Hals, weil sie die Evolutionskraft sind, die Transformationskraft. Und die Schlangen lieben diese Blumen; sie wachsen oft in der Nähe eines Flusses, und wenn man einen Busch davon sieht, kann man sicher sein, daß dort Schlangen sind.

Ich finde das sehr interessant, denn es bedeutet, daß nicht WIR das so entschieden haben: es sind bewußte Schwingungen in der Natur. Der Duft, die Farbe, die Form sind alle einfach der spontane Ausdruck einer wahren Bewegung.

Was stellt die Schlange denn physisch dar? Was verkörpert sie in der materiellen Welt?

Sie ist die Schwingung der Evolution.

Ich meine nicht symbolisch, sondern physisch, rein materiell: das Tier.

Oh, es ist eine ungeheure Bündelung von Vitalität. Von allen Tieren hat die Schlange die stärkste Vitalität! – eine Energie, eine fortschreitende Energie der Bewegung (fortschreitend im mechanischen Sinne). Man hat daraus eine psychologische Bedeutung gemacht, aber es ist die Kraft der Bewegung.

Aber warum hat man bei diesem Tier immer so einen Eindruck von Bösartigkeit?

Die Christen sagen, es ist der Geist des Bösen.
Aber das ist alles ein Mangel an Verständnis.
Theon sagte mir immer, daß die wahre Bedeutung der biblischen Geschichte (des Paradieses und der Schlange) die sei, daß der Mensch von einem Zustand der Göttlichkeit des Tieres, wie die Tiere sind, zum Zustand der bewußten Göttlichkeit vordringen wollte, indem er sein Mental weiterentwickelte, daß dies das Symbol des Essens vom Baum des Wissens sei. Und diese Schlange (er sagte immer, es war eine in allen Regenbogenfarben schillernde Schlange) war überhaupt nicht der Geist des Bösen: es war die Evolutionskraft – die Kraft, die Macht der Evolution; es war ganz einfach die Evolutionskraft, die sie dazu bewegte, vom Baum des Wissens zu kosten.

Und nach Theon war Jehova der König der Asuras,[1] der höchste Asura: der egoistische Gott, der alles beherrschen wollte, alles unter seiner Macht halten wollte. Der wurde natürlich wütend, denn diese

---

1. *Asura:* Dämon der Mentalebene, der die Kräfte der Teilung und Dunkelheit verkörpert.

Tat erlaubte dem Menschen, mittels der Kraft der Evolution seines Bewußtseins ein Gott zu werden! Und deshalb verjagte er die Menschen aus dem Paradies.

Da ist viel Wahres dran, sehr viel. Das ist eine etwas kindliche Art, es zu erzählen, aber diese Geschichte enthält viel Wahres.

(Schweigen)

Man könnte fast sagen, daß die Schlangen von allen Tieren am empfindlichsten gegen hypnotische, magnetische Kräfte sind. Wenn du solche Kräfte hast (die magnetische Kraft entstammt dem materiellsten Vital), dann kannst du sehr leicht Schlangen bändigen. All die Leute, die Schlangen gerne mögen, haben diese Kraft, und damit können sie sie lenken... Auf diese Weise konnte ich mir in Tlemcen bei der Begegnung mit der Kobra behelfen. Du kennst die Geschichte? – Theon hatte mir von diesen Kräften erzählt, und ich kannte sie und bediente mich ihrer mit diesem Tier: es gehorchte und verschwand. Nach diesem Ereignis besuchte mich (das habe ich auch schon erzählt) der König der Schlangen, das heißt, der Geist der Schlangenspezies. Nach diesem Ereignis suchte er mich in Tlemcen auf – nach noch einem anderen Ereignis, wo ich einer Katze half, eine kleine Natter zu besiegen (dort gibt es sehr gefährliche Nattern, wie Kleopatras). Es war eine große, rote Angorakatze: sie fing an, mit der Natter zu spielen, und wurde dann natürlich wütend. Die Natter sprang auf sie zu, und die Katze... (ich sah dem mehr als zehn Minuten lang zu, es war erstaunlich), die Katze sprang so schnell zur Seite, daß die Natter an ihr vorbeiflog, und in dem Moment gab die Katze ihr jedesmal einen Schlag mit gespreizten Krallen. Jedesmal kratzte sie die Schlange, die nach und nach ihre Kräfte verlor, bis schließlich... ich hielt sie davon ab, die Schlange zu fressen, weil es ekelhaft war.

Nach diesen zwei Ereignissen besuchte mich eines nachts der König der Schlangen – er hatte eine fabelhafte Krone auf dem Kopf! All das ist natürlich symbolisch, aber nun, der Geist der Spezies. Er hatte die Gestalt einer Kobra... wunderbar! Er kam und sagte, nachdem ich meine Macht über seine Spezies gezeigt hatte, wollte er einen Pakt mit mir schließen, zu einem Einverständnis kommen. Ich fragte ihn: „Was willst du?" Er antwortete:„Ich verspreche, daß sie dir nicht nur kein Leid antun, sondern dir auch gehorchen werden. Aber du mußt mir ein Versprechen geben: nie eine Schlange zu töten." Ich überlegte und sagte ihm dann: „Nein, diese Verbindlichkeit kann ich nicht eingehen, denn wenn jemals eine der deinen einen der meinen (das heißt ein Wesen, das von mir abhängt) angreift, dann könnte ich ihn wegen dieser Verpflichtung dir gegenüber nicht mehr verteidigen... Ich kann dir aber versichern, daß ich keinen bösen Willen hege und nicht beabsichtige, irgendwen zu töten – Töten steht nicht auf meinen Programm! – aber ich kann keine Verpflichtung eingehen, weil es meine Entscheidungsfreiheit beeinträchtigen würde." Er verschwand, ohne zu antworten. Es bleibt der Status quo.

Ich hatte mehrere Erfahrungen, die deutlich zeigten, daß ich Macht über die Schlangen habe (nicht in dem Maße, wie über die Katzen: dort ist es außergewöhnlich!). Vor langer Zeit fuhr ich oft mit dem Auto hinaus, dann ließ ich es stehen und ging etwas zu Fuß. Einmal, als ich nach meiner Wanderung wieder ins Auto stieg und gerade losfahren wollte (die Tür war noch offen), kam eine ziemlich große, sehr wütende Schlange genau von der Stelle, wo ich vorher gestanden hatte. Sie kam direkt auf die offene Tür zu, um sich auf mich zu werfen, richtig in Kampfesstimmung (zum Glück war ich allein, weder Pavitra noch der Fahrer war da, sonst...). Die Schlange kam also, und als sie ganz nah war, sah ich sie scharf an und sagte ihr: „Was willst du? Warum kommst du hierhin?" Da hielt sie inne. Dann lies sich sich platt auf den Boden fallen und verschwand. Ich hatte keine Bewegung gemacht, nur gesagt: „Was willst du? Warum kommst du hierhin?" Und, weißt du, sie haben eine Art, sich schlapp fallen zu lassen wie ein Lappen: ganz plötzlich und prrt, verschwunden!

Aber in Tlemcen, da gab es Erfahrungen!... Du hast sie sicher schon gehört – warst du dabei, als ich die Geschichte von der großen Kröte erzählte? So eine große Kröte, überdeckt mit Warzen. Du hast sie nicht gehört?... Oben in Theons Haus war ein Wohnzimmer, und das Haus stand auf einem Hang, so daß auf gleicher Höhe wie das Wohnzimmer eine kleine Terrasse auf der Hügelspitze war – verbunden mit großen Türen. Im Wohnzimmer war ein Klavier, auf dem ich jeden Tag spielte. Eines Tages sah ich eine riesige schwarze Kröte durch die offene Tür kommen – riesig! Sie setzte sich auf die Türschwelle und blähte ihre Kehle: puff! puff! Die ganze Zeit, während ich Klavier spielte, blieb sie sitzen und machte puff! puff! Als ich fertig war, drehte ich mich um: da machte sie ein letztes Mal „puff!" für mich, und dann ging sie wieder weg.

Das war wirklich komisch.

Theon lehrte mich auch, wie man Blitze abwendet.

Kann man das?!

Oh, ja! – er tat es.

Aber dazu braucht man eine ungeheure Kraft!

Oh! *(lachend)* Er hatte eine ungeheure Kraft. Theon hatte ein ungeheure Kraft... An einem stürmigen Tag (dort gab es schreckliche Gewitter), stieg er auf die oberste Terrasse, über dem Wohnzimmer. Ich sagte ihm: „Das ist nicht gerade der beste Moment, um da hinaus zu gehen!" Er lachte und antwortete: „Kommen Sie, haben Sie keine Angst." Ich ging mit ihm. Oben fing er an, Beschwörungen auszusprechen, und ich sah ganz deutlich einen Blitzstrahl auf uns zukommen, der dann UNTERWEGS abwich. Man würde meinen, das ist unmöglich, aber ich sah es mit eigenen Augen. Er schlug in einen Baum weiter weg ein. Ich fragte Theon: „Haben Sie das getan?" Er nickte.

Aber dieser Mann war furchterregend. Er hatte eine ungeheure Kraft – aber äußerlich war er sehr nett!

Hast du sein Foto gesehen? Nein? Oh, ich muß es dir zeigen! Er war ein stattlicher Mann. An die sechzig Jahre alt, zwischen fünfzig und sechzig.

Weißt du, wie er mich empfing, als ich dort ankam?... Es war das erste Mal in meinem Leben, daß ich alleine reiste und das Meer überquerte. Dann folgte noch eine längere Zugfahrt von Oran nach Tlemcen – kurz, ich kam zurecht. Er holte mich am Bahnhof ab, und wir fuhren mit seinem Auto weiter (es war ziemlich weit). Schließlich kamen wir bei seinem Besitz an – ein Wunder! Man kam unten an (der Besitz erstreckte sich über den ganzen Hügel, man überblickte das ganze Tal von Tlemcen) und gelangte dann auf breiten Alleen nach oben zum Haus. Ich sagte nichts (vom materiellen Gesichtspunkt war es wirklich ein Erlebnis). Als das Haus in Sicht kam, blieb er stehen: „Das ist mein Haus." – Es war rot! Rot angestrichen. Und er fügte hinzu: „Als Barlet kam" (Barlet war ein französischer Okkultist, der Theons erster Schüler gewesen war und mich mit ihm in Verbindung gesetzt hatte) „... als Barlet kam, fragte er mich: „Warum haben Sie Ihr Haus Rot angestrichen?!"" Da kam etwas Schelmhaftes in Theons Augen und ein etwas höhnisches Lächeln: „Ich antwortete Barlet: „Weil das Rot so schön zum Grün paßt!"" Plötzlich begann ich den Herrn zu verstehen... Dann gingen wir etwas weiter, bis er sich plötzlich ohne Warnung umdrehte, vor mich hinstellte und mir sagte: „Jetzt sind Sie mir ausgeliefert. Haben Sie keine Angst?" Einfach so. Ich sah ihn an, lächelte, und antwortete: „Ich habe nie Angst. Ich habe das Göttliche hier." *(Mutter berührt ihr Herz)*

Da wurde er wirklich blaß.

Es gab alle möglichen Geschichten in diesem Land, schreckliche Geschichten...

Eines Tages werde ich sein Foto wiederfinden, dann zeige ich es dir: er ist da mit einem großen Hund, den er „Little Boy" genannt hatte

– ein Hund, der seinen Körper verlassen konnte... Dieser Hund hatte fast eine Verehrung für mich. Das war so: jeden Nachmittag zu einer bestimmten Zeit ging ich in Trance, eine Meditation und eine Trance. Danach ging ich mit Theon spazieren, und der Hund kam mit uns; meistens holte er mich in meinem Zimmer ab. Eines Tages lag ich auf meinem Sofa in Trance, als ich die kühle Nase des Hundes in meiner Hand fühlte, der kam, um mich aufzuwecken. Ich machte die Augen auf: kein Hund. Aber ich hatte ganz deutlich seine kühle Nase gefühlt, wie er mich anstieß, um mich aufzuwecken. Ich machte mich fertig, ging die Treppe hinunter, und wen sehe ich auf der Stiege? Meinen Hund, in tiefem Schlaf, auch er war in Trance!... Er war in seinem Schlaf gekommen, um mich abzuholen! Als ich kam, schüttelte er sich, stand auf und ging.

Das war ein interessantes Leben...

Wir gingen in der Umgebung spazieren und besuchten die Grabstätten dort (das Land ist gänzlich moslemisch). Diese muselmanischen Grabstätten sind immer bewacht (ich erinnere mich nicht an den arabischen Namen, aber da ist immer ein Weiser, der Wächter des Grabes, wie die Fakire hier, fast wie ein Priester, der für die Erhaltung der Grabstätte verantwortlich ist) und Pilger kommen dorthin. Einer dieser Wächter war mit Theon befreundet. Theon sprach oft mit ihm und erzählte ihm Dinge (da sah ich das Schelmhafte in seinen Augen). Einmal nahm er mich mit (den muselmanischen Bräuchen folgend, hätte ich mich vollkommen verdeckt kleiden müssen – ich ging in einer Art Kimono hin!). Theon sprach mit dem Priester auf Arabisch, ich konnte nicht verstehen, was er sagte, aber der Mann stand auf und verbeugte sich sehr höflich, dann ging er ins nächste Zimmer und brachte Tassen mit gezuckertem Pfefferminztee – nicht Tassen: wie kleine Gläschen, mit sehr stark gesüßtem Tee, wie ein Sirup, mit Pfefferminze. Er sah mich an, also mußte ich trinken...[1] In Tlemcen geschah auch die Geschichte mit den Tannen.

Jemand wollte Kiefern pflanzen, Föhren glaube ich. Aber statt den Kiefern bestellte er versehentlich norwegische Tannen! Stell dir vor, es fing an zu schneien!... Es hatte dort noch nie geschneit (verständlich, einige Kilometer von der Sahara, eine Hitze! 45° im Schatten im Sommer, 56° in der Sonne). Eines nachts, als Madame Theon in ihrem Bett schlief, wurde sie von einem kleinen Wesen geweckt: wie ein Gnom, ein norwegischer Gnom! Mit Zipfelmütze und Schuhen

---

1. Die Geschichte scheint hier nicht zu enden; wahrscheinlich wollte Mutter nicht mehr sagen.

mit hochgebogenen Spitzen, und er war bedeckt mit Schnee, der im Zimmer zu schmelzen begann und auf den Boden tropfte!

Sie sah ihn an: „Was machst du denn hier? Du bist ja ganz naß und verdirbst meinen Parkettboden!"

„Ich komme, um dir zu sagen, daß man uns gerufen hat und daß wir auf dem Berg sind."

„Und wer bist du?"

„Ich bin der Herr des Schnees."

„Gut," sagte Madame Theon, „ich werde mich darum kümmern, wenn ich aufstehe; jetzt geh, du machst mein Zimmer naß."

Und der Kleine verschwand.

Aber als sie aufwachte, war eine Wasserpfütze auf dem Boden! Sie hatte nicht geträumt: die Pfütze war noch da. Sie schaute aus dem Fenster: die Hügel waren mit Schnee bedeckt!

Es war das erste Mal (sie lebten schon seit Jahren dort und hatten nie Schnee gesehen).

Und seitdem schneite es jeden Winter.

(Schweigen)

Weißt du, wenn die Menschen selber in diesem okkulten Bewußtsein leben, dann ist alles möglich – das bewirkt eine Atmosphäre, in der ALLES MÖGLICH IST. Auch, was für unseren europäischen „gesunden Menschenverstand" unmöglich ist... alles ist möglich.

Sie war Engländerin. Und er... ich weiß nicht, ob er polnisch oder russisch war, jedenfalls war er jüdischen Ursprungs und hatte deshalb seine Heimat verlassen müssen. Sie waren beide Europäer.

Aber das war eine interessante Welt. Da sah ich wirklich... wenn man dort weggeht, fragt man sich richtig: habe ich jetzt geträumt? – So verrückt erscheint all das!

Erst als ich all das Sri Aurobindo erzählte, erklärte er mir, daß es selbstverständlich ist: wenn man selbst diese Kraft hat, dann schafft man eine Atmosphäre um sich herum, in der diese Dinge möglich sind.

Denn all das ist schon vorhanden, es ist nur nicht zur Oberfläche gebracht worden.

So, jetzt ist es Zeit zu gehen, und wir haben nicht gearbeitet, ich habe wieder einmal geschwatzt!... Aber das brauchst du nicht aufheben, das erzähle ich nur für dich, für dein persönliches Vergnügen.

Aber da sind viele Dinge bei, die alle interessieren!

Nein, und dann sind da Dinge... Dinge, die ich nicht sagen will (ich habe sie auch nicht gesagt), weil... schließlich hat er mich viel gelehrt.

(langes Schweigen)

So, mein Kind... Sri Aurobindo sagte immer, daß das größte Hindernis für das wahre Verständnis und für die Teilnahme am Werk der gesunde Menschenverstand ist. Er sagte, das sei der Grund, daß die Natur hin und wieder Verrückte hervorbringt! – Das sind jene, die nicht stark genug sind, um der Entfesselung dieses idiotischen kleinen „gesunden Menschenverstands" zu widerstehen.

So, jetzt ist es Zeit. Möchtest du etwas sagen?

Manchmal bin ich etwas besorgt, weil ich nicht das Gefühl habe, große Fortschritte zu machen oder Erfahrungen zu haben... Verstehst du, ich habe das Gefühl, es geschieht gar nichts. Das ist etwas entmutigend. Ich frage mich, warum das so ist?

Die ganze letzte Zeit vergehen die Nächte in einem Bereich des Unterbewußten, der unbedingt gelichtet werden muß. Es ist gerade ein Bereich, wo man sich machtlos, idiotisch und unwissend fühlt, gar nicht fortschreitend, durch alle möglichen Dummheiten gefesselt. All das muß gelichtet werden.

All diese Nächte hatte ich Erfahrungen, die sehr entmutigend wären, wenn ich nicht all das wüßte, was ich weiß, und nicht die Erfahrungen gehabt hätte, die ich hatte – der Eindruck: wie kann man nur aus all dem herauskommen? Genau diesen Eindruck hatten all die Sucher immer: wir sind unheilbar idiotisch. Und sie hatten immer nur eine Lösung: dem Leben entfliehen, um dieser Dummheit zu entkommen. Doch ich sehe das jetzt von einem anderen Gesichtspunkt...

Aber es ist wirklich eine Bürde.

So bin ich beschäftigt, die Arbeit zu machen. Meine Empfehlung für all jene, die die Fähigkeit und die Möglichkeit haben, mir zu folgen, ist: bleib sehr still, beunruhige dich nicht, mach dir keine Sorgen. Und wenn du so einen etwas deprimierenden Eindruck hast: achte nicht darauf, lebe jede Minute in Ruhe, ohne dir irgendwelche Sorgen zu machen – ES WIRD VORÜBERGEHEN.

Es wird vorübergehen.

Und je ruhiger und vertrauender man ist, um so schneller wird es natürlich vorübergehen. Das ist alles.

Daß du sicher verankert bist, kann ich dir garantieren! Sehr gut sogar. Meine ganze Vorwärtsbewegung zieht dich automatisch mit. Deshalb mach dir keine Sorgen. Fang dein Buch über Sri Aurobindo an.

Aber ich muß erst alles noch einmal lesen!

Du hast doch schon einiges wieder gelesen.

In zehn Monaten konnte ich nur zwei Bücher lesen!

Aber das macht doch nichts! Schreibe deine Notizen auf. Manche Dinge weißt du schon, die du sagen willst. Schreib all das auf. Ich versichere dir, es wird dir gut tun. In den letzten Tagen sah ich das mehrere Male, und ich wollte es dir sagen: Fang doch dein Buch über Sri Aurobindo an! – Egal wo, egal an welchem Ende: in der Mitte, am Ende, am Anfang, das ist egal! Die Dinge, von denen du fühlst, daß du sie sagen willst, schreibe hin. In diesen Zeiten ist es gut, mit so etwas beschäftigt zu sein. Und für unsere weiteren Zusammenkünfte kannst du etwas von der *Synthese* vorbereiten, dann sehen wir es zusammen durch... anstatt daß du mich immer reden läßt! Ich vermehre deine Arbeit, so wird es kein Ende nehmen. Wenn das so weitergeht, wird es kein Ende haben!

Aber zum Glück!

Gut, mein Kind, jetzt mach dir keine Sorgen, DU BIST SICHER, nicht nur fortzuschreiten, sondern auch zum Ziel zu kommen. Und deinen besorgten Denkapparat beschäftigst du mit dem Buch über Sri Aurobindo.

Auf Wiedersehen, Kind. Sei nicht beunruhigt.

5. Februar 1961

> O mein Herr,
> Wenn dieses Schwellen der Beine Deinem Werke dienen kann,
> soll es so sein.
> Aber falls es nur ein Ergebnis meiner Dummheit ist,
> bitte ich Dich innigst, mich schnell von dieser Dummheit
> zu heilen. [1]

---

1. Handgeschriebene Notiz von Mutter.

7. Februar 1961

*(Mutter liest folgenden Brief auf Englisch vor,
den sie einer Schülerin schickt:)*

„Sie fragen mich, was Sie tun sollen. Es wäre besser zu fragen, was Sie sein sollen, denn die Umstände und Handlungen im Leben haben keine große Bedeutung. Das Bedeutsame ist unsere Haltung ihnen gegenüber."

Hier geht's los…

„Die Natur des Menschen ist derart beschaffen, daß, konzentrieren Sie sich auf Ihren Körper, werden Sie krank; konzentrieren Sie sich auf Ihr Herz und Ihre Gefühle, so werden Sie unglücklich; konzentrieren Sie sich auf Ihren Verstand, dann verstehen Sie überhaupt nichts mehr."

(Lachend) Und das ist vollkommen wahr!

„Es gibt zwei Wege aus diesem Dilemma.
Der eine ist sehr schwierig: eine strenge und beständige Askese. Das ist der Weg der Starken, die dazu vorbestimmt sind.
Der andere besteht darin, etwas zu finden, das es wert ist, sich darauf zu konzentrieren, und das Sie von Ihrem eigenen kleinen Selbst ablenkt. Am wirksamsten ist ein großes Ideal, aber in diese Kategorie fallen unzählig viele Dinge. Am häufigsten wählen die Menschen die Heirat, weil sie am leichtesten zu finden ist *(Mutter lacht)*. Jemanden zu lieben und Kinder zu lieben beschäftigt Sie und zwingt Sie, Ihr eigenes Selbst ein wenig zu vergessen. Aber dies ist nur selten erfolgreich, weil Liebe etwas Seltenes ist.
Andere wenden sich der Kunst zu, andere der Wissenschaft, manche wählen ein gesellschaftliches oder politisches Leben usw., usw.
Aber auch hier hängt alles von der Aufrichtigkeit und Ausdauer ab, mit der man dem gewählten Weg folgt, denn auch hier sind Schwierigkeiten und Hindernisse zu überwinden.
Man erreicht also nichts im Leben ohne Anstrengung und Kampf. Wenn Sie nicht bereit sind, die Anstrengung und den Kampf zu liefern, dann ist es besser, Sie akzeptieren, daß das Leben fade und unbefriedigend sein wird und fügen sich dieser Tatsache."

Das ist für die Jammerer.

(langes Schweigen)

Es ist absolut wahr – wahr in jedem Stadium und auf allen Ebenen. Welche Ebene auch immer man erreicht hat, selbst die höchste: wenn man sich auf den Körper konzentriert, ist es vorbei! Selbst eine Konzentration, um das Licht und die Kraft hineinzubringen – yogische Konzentration selbst –, das löst all die Schwierigkeiten überhaupt erst aus.

Es scheint also... wenn man sich seiner Person, seines Körpers bedienen will, um die Ganzheit zu verwandeln, das heißt wenn man seine körperliche Gegenwart benutzen will, um auf die universelle Körpersubstanz einzuwirken, dann gibt es kein Ende. Kein Ende der Schwierigkeiten, kein Ende der Schlacht... SCHLACHT!

(Schweigen)

Man hat diejenigen, die ein spirituelles Leben führen wollen, immer mit Kriegern verglichen (darüber gibt es altüberlieferte Texte). Man muß wirklich ein Kämpfer sein – „Kämpfer" ist richtiger als „Krieger"; man bekriegt niemanden: alles bekriegt euch! Alles... *(Geste wie eine Lawine, die auf Mutters Kopf fällt)* mit einem derart ungebändigten Widerstand!... Aber nun.

(Schweigen)

Verstehst du, solange es innen noch Wirbel gibt – Wirbel im Vital oder im Mental – sagt man sich: diese Wirbel verursachen all die Schwierigkeiten. Aber wenn da nichts mehr ist!? Wenn da ein erhabener und unbewegter Friede ist, und trotzdem... Oh, es greift einen derart grimmig an. Das kannst du dir nicht vorstellen.

(Schweigen)

Seit... seit Mitte November macht mein Körper alle nur möglichen Schwierigkeiten durch, eine nach der anderen, eine nach der anderen – manchmal alle gleichzeitig. Und mit einer derartigen Besessenheit, einer Gewalt!...

Es hat ihm gut getan (nicht äußerlich, aber innerlich, das heißt seinem Bewußtseinszustand: dem Körperbewußtsein), es tat ihm gut, aber... Jetzt ist er so *(Mutter öffnet ihre Hände in einer Geste der vollkommenen Ergebung)*. Bei jedem Schlag, den er bekommt (Hammerschläge, mein Kind!), bei jedem Schlag ist er so *(gleiche Geste)*. Gestern schrieb ich etwas, um ihn zu erfreuen (über seine letzte Schwierigkeit): „Wenn das nützlich ist..." (der Körper spricht zu dem Herrn, und der Herr ist... Das ist eine ständige Anbetung: alle Zellen schwingen, schwingen mit der Freude der Liebe, und trotzdem...), „wenn diese

65

oder jene Schwierigkeit Deinem Werk nützlich ist, sei es. Aber wenn es ein Ergebnis meiner Dummheit ist" (der Körper spricht), „wenn es ein Ergebnis meiner Dummheit ist, dann bitte ich dich innigst, mich von meiner Dummheit zu heilen."

Er bittet nicht, von seiner Krankheit geheilt zu werden! Das erbittet er nicht, er ist bereit zu allem, er sagt: „Gut. Solange ich noch gehen kann, werde ich gehen. Solange ich durchhalten kann, werde ich durchhalten. Aber darum geht es mir nicht: ich bitte, von meiner Dummheit geheilt zu werden." Ich glaube das ist es, was ihm erlaubt... ja, was ihm die nötige Ausdauer verleiht.

Gut.

Das reicht. Ich hatte mir vorgenommen, nichts zu sagen! Siehst du, wie du bist?... Drüben sage ich mir immer: „Heute, nichts. Ich will nicht anfangen, Unangenehmes zu erzählen." Und dann...

Unangenehmes?

Ja, es ist besser von Sieg zu sprechen, als... *(Mutter lacht)*als von Schwierigkeiten!

(Schweigen)

Sri Aurobindo sagte mir, als wir über all diese Dinge und die Schwierigkeiten des Weges sprachen: „Aber..." (er verglich seinen Körper mit meinem), „aber ich habe nicht das Zeug zu dieser Ausdauer; ich bin nicht so gebaut – dein Körper ist solide!" *(Geste wie Eisen)*

Was für Sachen er nicht alle durchgemacht hat!... Und er ist lieb. Er ist lieb und beschwert sich nicht.

So, mein Kind, wenn also dein Körper ein wenig Schwierigkeiten hat, denk dir, daß es aus Sympathie zu meinem ist! *(Mutter lacht)* Du brauchst dir keine Sorgen zu machen.

11. Februar 1961

> *Aphorismus 55* – Sei weit in mir, O Varuna; sei mächtig in
> mir, O Indra; O Sonne, sei sehr hell und leuchtend; O Mond,
> sei bezaubernd und voller Süße. Sei grimmig und schreck-
> lich, O Rudra; seid stürmisch und schnell, O Maruts; sei
> stark und kühn, O Aryama; sei üppig und liebenswürdig, O
> Bhaga; sei zart und gut und liebevoll und leidenschaftlich,
> O Mitra. Sei hell und offenbarend, O Morgendämmerung;
> O Nacht, sei festlich und ergiebig. O Leben, sei voll, bereit
> und heiter; O Tod, führe meine Schritte von Bleibe zu Bleibe.
> Bring all diese in Einklang, O Brahmanaspati. Laß mich
> nicht diesen Göttern unterworfen sein, O Kali.[1]

Er beschwört all diese Götter (das sind all die vedischen Götter) und
sagt jedem, er soll ihn in Besitz benehmen, dann, DANACH, sagt er Kali,
sie soll ihn von ihren Einflüssen befreien! Das ist sehr lustig.

Es steht dort schwarz auf weiß geschrieben, aber die Leute lesen,
ohne zu verstehen, was sie lesen, das ist schade. Dann muß man ihnen
sagen: Wissen Sie, das, das bedeutet das!

> *T fragt: „Warum sind die Götter nicht eine Hilfe? Warum unter-
> werfen sie uns?"*

So meint Sri Aurobindo das nicht. Er möchte ausdrücken, daß
er nicht von den Göttern BEGRENZT sein will, nicht einmal von ihren
Gaben. Er will umfassender sein als die Götter – umfassender, absoluter, vollständiger als sie. Es geht nicht darum, ihren Einfluß aufzuheben, sondern fähig zu werden, darüber hinaus zu gehen.

(Schweigen)

Für Sri Aurobindo war das Wichtige immer die Mutter. Wie er
es selber erklärt, hat die Mutter verschiedene Aspekte, und manche
Aspekte sind überhaupt noch nicht in der Manifestation verkörpert.
Wenn er also die Mutter hier besonders durch Kali dargestellt hat, ist
das meiner Meinung nach in Bezug auf all diese Götter. Denn, wie er
in *Die Mutter* schrieb, hängen die jeweils verkörperten Aspekte vom
Zeitpunkt, den Notwendigkeiten und der zu vollbringenden Aufgabe
ab... Er sagte immer, daß man nur dann wirklich am Werk in der Welt
teilnehmen kann, wenn man den Kali-Aspekt von Grund auf versteht

---

1. Kali stellt den Zerstörer oder Kämpfer-Aspekt der universellen Mutter dar: sie
trennt alle Bindungen oder Fesseln... aus Liebe.

und empfindet. Er hatte immer den Eindruck einer ängstlichen Schwäche in den Leuten, daß sie vor diesem schrecklichen Aspekt zurückweichen.

*
* *

Und du, wie geht es dir?... Gut?

Ja. Aber du?

Ah, es geht!

Es geht gut, weil es immer gut geht! Aber...

Nun, das macht nichts.

Das Ärgerliche ist, daß es die Arbeit behindert *(Mutter deutet auf ihre Beine)* – nicht oben! Dort geht es im Gegenteil sehr gut, vollkommen gut: klar, präzise... Erst gestern übersetzte ich *Die Synthese*, das war so erfreulich. So erfreulich.

Aber ich kann nicht lange stehen, verstehst du, und all diese Leute zwingen mich unweigerlich, stehen zu bleiben... Ich kann nicht lange stehen, alles ist gestört – aber nun, das macht nichts, es wird vorübergehen.

> *Gestern abend hatte ich einen Traum über dich, der einen sehr lebhaften Eindruck in mir hinterließ. Wahrscheinlich ist es absurd, aber es schien derartig echt!... Du hattest mich rufen lassen, weil du deinen Körper verlassen wolltest: du hattest dich entschlossen zu gehen und wolltest sozusagen Abschied nehmen. Aber es schien so wahr! Ich kam also zu dir. Da nahmst du meinen Kopf auf deinen Schoß: ich wurde erfüllt von Licht, es war sehr sanft. Aber gleichzeitig wußte ich, daß es wie ein Abschied war, daß du deinen Körper verlassen würdest... und ich weinte im Traum. Danach setzte ich mich in eine Ecke des Zimmers, weil noch andere Leute da waren, die dich wahrscheinlich auch sehen wollten. Ich blieb in der Ecke sitzen, wie betroffen – es schien so wahr, verstehst du! Auf einmal kam ein Mann ins Zimmer, den ich nicht kannte, ein Fremder (ich begriff, daß er Franzose war), er schien in schwarz gekleidet zu sein und machte viel Lärm im Zimmer, und er rauchte eine Pfeife.[1] Er war ein sehr grober Mensch und wollte alle Anwesenden, die Schüler, aus dem Zimmer vertreiben...[2] Aber es war so*

---

1. Die Pfeife ist offensichtlich ein Symbol.
2. Tatsächlich „vertrieb" man uns alle 12 Jahre später, im Mai 1973, von Mutter.

wirklich! Plötzlich wachte ich auf und rief beinahe: „Ah! Es ist ein Traum! Es ist nur ein Traum!"

Oh! So lebensecht!

Ja, so lebensecht. Es war im ersten Schlaf, um zwanzig vor Mitternacht. Es war sehr, sehr lebendig. Plötzlich wachte ich auf und sagte mir: „Ah! Es ist ja ein Traum!..." Verstehst du, es schien wahr. Sehr beeindruckend. Danach blieb ich lange wach und fragte mich, was das bedeuten könnte... Du hattest ein ganz schmales Gesicht (du warst in Weiß gekleidet), ein ganz schmales Gesicht, fast so, als hättest du Schmerzen.

(Mutter schweigt lange Zeit, dann antwortet sie:) Es ist klar, daß die feindlichen Kräfte nicht nur alle Leute hier sondern auch mich selbst überzeugen wollen, daß es so enden wird.

Ich habe noch keine Andeutung davon erhalten.

Ich habe gebeten, gewarnt zu werden, aus Gründen... (Es kann jederzeit geschehen, ich bin immer bereit. Für die Arbeit kann ich nicht mehr tun, als ich jetzt schon tue, und konkret brauche ich keine Vorkehrungen treffen, weil ich sie schon alle getroffen habe, das ist also nicht der Grund.) Es ist um... verstehst du, um SOWEIT ALS MÖGLICH all das aus dem Körper zurückzuziehen, das hineingegeben wurde. Der Körper enthält eine solche Ansammlung von Kraft, Bewußtsein und Macht, oh!... alle Zellen sind durchtränkt, und es wird Zeit brauchen, um das alles zurückzuziehen.

Ich hatte keine Andeutung, weder tags noch nachts, weder wachend noch in Trance: keine Andeutung. Die Andeutungen sind eher über alles, was geklärt, gereinigt werden muß: den Körper befreien, damit er fähig ist, das zu bewahren, was er mit dieser Erfahrung [vom 24. Januar 1961] empfangen hatte.

Vom gewöhnlichen Standpunkt gesehen scheint es gefährlich zu sein, denn... *(lachend)* der Arzt weigert sich, mir die möglichen Folgen zu sagen. Ich habe ihn gefragt, aber er wollte es mir nicht sagen. Folglich muß es so sein! Aber ich habe wirklich überhaupt keine Andeutungen und... ich hoffe „man" wartet nicht bis zur letzten Minute, um mir zu sagen: „Jetzt, es ist Zeit zu gehen."

Der Körper ist wirklich sehr lieb, er bittet nicht einmal, daß seine Leiden aufhören: er findet sich damit ab. Aber vor allem die Kontakte mit den Leuten erschweren die Dinge: wenn ich alleine oben bin, geht alles gut, sehr gut. Wenn ich aber nachmittags eine Stunde, eineinhalb Stunden lang Leute empfangen muß, bin ich hinterher entkräftet. Das erschwert die Sache natürlich... Aber der Körper beklagt sich nicht. Er

beklagt sich nicht, und er ist bereit. Neulich, als ich nach oben zurückkam, war er ziemlich am Ende – am Ende, an der äußersten Grenze
seiner Widerstandskraft –, da sagte er dem Herrn (er sagte es so deutlich, es war, als spräche das Bewußtsein der Zellen, ich schrieb es auf):
„Wenn diese..." (ich kann es nicht Krankheit nennen – er hat keine
Krankheit! es ist eine allgemeine Störung) „wenn dieser Zustand für
Deine Arbeit notwendig ist, dann gut, soll es so sein, soll es so weitergehen. Aber wenn es das Ergebnis meiner Dummheit ist..." (verstehst
du, DER KÖRPER selbst sagt: „Wenn es so ist, weil ich nicht verstehe oder
mich nicht anpasse oder nicht das Nötige tue oder nicht die passende
Einstellung habe..."), „... wenn es die Folge meiner Dummheit ist,
dann bete ich wirklich, daß..." Er möchte sich ja nur ändern! Erfahren
und sich ändern. Er hängt an nichts, an keiner seiner Gewohnheiten,
keiner seiner Eigenheiten, an nichts. Mit aller Aufrichtigkeit sagt er:
„Ich bitte nur um das Licht und mich zu ändern." Das ist so. Er ist
so. Er hat nie gesagt: „Oh, ich bin müde, ich habe genug!" Pah! So ist
er nicht. Er hängt an nichts – seit sehr, sehr langer Zeit hat er keine
Wünsche mehr –, er hängt absolut an nichts. Es gibt nichts, von dem
er sagen würde: „Ah, ohne das kann ich nicht auskommen." Das gibt es
nicht. Es ist ihm gleich: kommt es, nimmt er es – kommt es nicht, denkt
er nicht weiter daran. Er hat also wirklich einen guten Charakter. Aber
wenn das nicht genügt, dann weiß er nicht und sagt: „Wenn ich irgend
etwas nicht kann oder nicht weiß oder nicht tue...", er möchte ja nichts
lieber, als die erforderliche Anstrengung liefern!

(Schweigen)

Es begann mit äußerst heftigen Angriffen. Wenn dein Traum also
nicht vorhersagend ist, dann ist er eine Folge „ihrer" Formation, soweit
als möglich überall die Überzeugung einzuflüstern, daß das Ende
gekommen ist... Vor zwei Jahren war ich gezwungen, mich nach oben
zurückzuziehen, da gab es eine ungeheure Kampagne gegen alle Leute
im Ashram. Alle, die etwas empfänglich waren, hörten ganz deutlich,
entweder im Traum oder als Eingebung: „Am 9. Dezember dieses Jahres [1958] wird Mutter gehen; es ist selbstverständlich, es ist sicher."
Und mir wurde es auch gesagt: „Es ist zu Ende, du wirst gehen." Es
wurde allen wiederholt, allen. So viele Leute hatten es gehört – man
erwartete es schon fast. Und deshalb (du weißt, wie krank ich damals
war: da war ich wirklich krank), deshalb hatte ich nicht darauf rea-
giert; aber trotzdem bin ich nicht hingegangen *(zu einem See, den
Mutter am 9. Dezember besuchen wollte)*, denn ich sagte mir: wenn dort
etwas passierte, wäre es unangenehm, besser nicht hingehen.

Aber ich wußte, daß es nicht stimmte, ich wußte es. Jetzt haben solche Angriffe aufgehört, jetzt ist es anders. Es gibt Wesen, die Träume zuflüstern (zum Beispiel an Z, du weißt, sie ist eine gute Seherin), Wesen gaben ihr Träume, in denen sie sagten, sie würden mich „zerstückeln". Sie war davon sehr heftig berührt, ich mußte eingreifen. Ist dein Traum also so etwas? Oder ist er... prophezeit man es dir? Ich weiß es nicht, ich kann es nicht sagen... Wenn man den Arzt fragte, würde er vielleicht sagen, daß, wenn es so weitergeht, natürlich... (weißt du, eins nach dem anderen wird gestört), wie lange wird der Körper das aushalten, wenn es so weitergeht?

Aber der Körper selbst fühlt so deutlich, daß er überhaupt nur existiert, weil die göttliche Macht in ihm ist. Die ganze Zeit, beim geringsten Anlaß, hat er nur ein Hilfsmittel (er denkt nicht daran, sich auszuruhen, oder dieses oder jenes aufzugeben, oder Medikamente und sonstiges zu nehmen), sein einziges Mittel ist zu rufen, den Höchsten zu rufen – er wiederholt ständig sein Mantra. Und sobald er in Ruhe das Mantra sagt, ist er vollkommen zufrieden. Vollkommen zufrieden.

(Schweigen)

Vor zwei Nächten sah ich eine Formation von Krankheit über dem ganzen Ashram, wie eine feindliche Formation. Es wollte mich hindern, mein Zimmer zu verlassen, und ich mußte mich verstecken, um hinauskommen zu können, ich mußte heimlich hinausgehen. Es war... oh, eine schreckliche Atmosphäre, so schwer, so grau, und alle waren krank. Es hatte auch wirkliche Auswirkungen, denn viele Leute wurden krank, die sonst nie krank sind. Es ist eine feindliche Formation, und es gibt keinen Grund hinzunehmen, daß sie erfolgreich ist. Natürlich ist es einfach etwas, das verhindern will, daß wir zum Ziel kommen, folglich brauchen wir dem keine Bedeutung zu schenken.

Das Unglück ist... wäre ich dreißig oder vierzig Jahre alt, würden die Leute nicht darauf hören. Aber unglücklicherweise denken sie die ganze Zeit, daß ich alt bin und... Das schafft eine schlechte Atmosphäre. Sie sagen ständig: „Schließlich ist Mutter alt und..." Den ganzen gewöhnlichen Blödsinn.

Aber ich weiß sehr genau, und mein Körper weiß es auch – für mich sind das alles bedeutungslose Albernheiten. Zum Beispiel, als Vinoba Bhave mich besuchte[1] (dieser Mann, der sich um die Armen kümmert), sah er mich an und sagte: „Oh, Sie werden hundert Jahre leben!" Ich sagte ja. Es schien vollkommen natürlich. In dem Moment

---

1. 1956.

gab es nichts (wie soll ich sagen?), das auch nur glaubte, es könne einen Zweifel daran geben. Sicherlich, es ist eine geläufige Redewendung, aber er hat es gesagt; später sagte er den anderen, daß er es so empfunden hatte. Es scheint ganz natürlich. Und ich weiß, wenn der Körper bis zum hundertsten Jahr durchhält, also noch zwanzig Jahre (etwas weniger), dann haben wir es geschafft, die Schwierigkeiten werden vorbei sein.

Gut. Ich habe eher den Eindruck, daß dein Traum noch ein Teil von diesem umfassenden Angriff ist, aber...

> *Da ist noch ein seltsames Detail, eine Kleinigkeit: jemand sagte mir, du würdest weggehen, weil du etwas verschluckt hattest. Es schien mir, daß du ein „Reiskorn" verschluckt hattest und daß du deswegen gehen mußtest! Du hattest etwas verschluckt... und das zwang dich, zu gehen.*

(Nach einem langen Schweigen) Dann wären es eher diejenigen, die meinen Mangel an Asketismus mißbilligen. Dann käme es also von dieser Richtung, von diesen Kräften.

Vielleicht ist es eine Fortsetzung dieses massiven Angriffs... Weißt du, es ist eine seltsame Wechselfolge (dies würde darauf hinweisen). Vorletzte Nacht, zwischen Mitternacht und halb eins, fand ein ungeheurer Angriff statt. Dann, als ich da herauskam, hatte ich den Eindruck, etwas wäre aufgelöst, daß ein Sieg errungen war, und gleichzeitig einer Verbesserung des Körperbefindens. Das kommt so, der Horizont klärt sich, und eine große Gewißheit mit... (seine Gegenwart ist immer da – fast jede Nacht ist Sri Aurobindo bei mir –, aber in der Nacht, als ich diese Formation sah, diese Krankheitswelle über dem Ashram, da sah ich Sri Aurobindo in seinem Bett, schwer krank, wie ich ihn 1950 gesehen hatte). Wenn sich das auflöst, geht alles gut: es herrscht wieder die Harmonie, die Freude, die Kraft, die... alles geht weiter, die Bemühung geht bewußt weiter. Aber es ist wie eine Wechselfolge: einige Zeit oder mehrere Stunden geht es so weiter, dann, trübt sich alles plötzlich, es setzt... ja, eine Müdigkeit ein. Ich kann nicht sagen, daß sie fast unerträglich ist, denn im Bewußtsein empfindet nichts die Müdigkeit als unerträglich, aber es bewirkt, daß ich so bin *(Mutter hält ihre Faust gespannt, in einer großen Anstrengung „durchzuhalten")*. Zum Beispiel, wenn ich abends um fünf Uhr nach oben gehe, nachdem ich eineinhalb Stunden hier mit Leuten beschäftigt war, dann ist es eine Mühsal, die Treppenstufen hochzusteigen, und wenn ich oben ankomme, bin ich zum Zerreißen gespannt. Kurz danach beginne ich zu gehen (ich mache keine Pause, ich ruhe mich nicht aus), ich fange sofort mein Japa an, und nach einer halben Stunde, puff! ist es überwunden.

Aber die Müdigkeit des Körpers vergeht nicht: sie ist noch da – sie ist beherrscht, aber noch da.

Doch ich habe nicht im Geringsten den Eindruck, daß der Horizont versperrt ist: daß es vorüber ist, daß die Verhältnisse geändert werden müssen, daß die Arbeit auf einer anderen Ebene und auf andere Weise von vorne zu beginnen ist, daß all das, was hier versucht wurde also nur eine Vorbereitung für... später gewesen wäre. Diesen Eindruck habe ich noch nicht. Wenn es dazu kommt, werde ich sagen: „Gut, ist mir auch recht", aber so weit ist es noch nicht. Wird es so kommen?... Ich weiß es nicht – gewöhnlich *(lachend)* weiß ich die Dinge! Ich weiß zum Beispiel mit Gewißheit, wenn jemand sterben wird, selbst bevor es die geringsten Anzeichen gibt. Folglich...

Im gegenwärtigen Fall sagt der Körper selbstverständlich immer: „Ich bin zu allem bereit, ich tue alles." Aber ich kann nicht sagen, er hat diese... Er versucht, vollkommen „rein" entsprechend dem spirituellen Konzept zu sein, das heißt, er hat nicht das Gefühl seiner getrennten Person: seit vielen, vielen Jahren und mehr und mehr bemüht er sich, nur die göttliche Gegenwart in sich zu fühlen, nur das göttliche Leben, die göttliche Kraft, den göttlichen Willen, nur das in sich zu fühlen, und daß er ohne dies nichts ist, nicht existiert. In seinem Bewußtsein (im bewußten Teil) ist das vollkommen verwirklicht. Aber im Unterbewußten und Unbewußten[1] natürlich... da ist es noch nicht verwirklicht, sonst... sonst dürfte er logischerweise nicht krank sein.

Es ist offensichtlich, daß diese ganze Störung vom Unter- und Unbewußten herstammt, um so mehr, als sie von Hinweisen begleitet war (Hinweise von den feindlichen Kräften, aber wenn man aufmerksam ist, sind sie immer nützlich), die sagten: „Ja, ja, deine höheren Zentren und all das ist in Ordnung, aber..." (denn die verschiedenen Angriffsstellen folgten deutlich den Zentren). Dann, vor vier oder fünf Tagen, vielleicht acht, bevor diese letzte Schwierigkeit kam, sah ich kleine Wesen aus dem Unterbewußten kommen, die sagten: „Ah, es ist schon lange her, daß die Beine krank waren, jetzt sind die unteren Zentren an der Reihe!" So etwa. Natürlich fegte ich das sofort weg, aber...

---

1. Sri Aurobindos und Mutters Terminologie weicht von der westlichen Psychologie ab. Sri Aurobindo definiert das „Unbewußte" und das „Unterbewußte" folgendermaßen: „Alles auf der Erde basiert auf dem sogenannten Unbewußten, obwohl es eigentlich gar nicht unbewußt ist, sondern eher gänzlich 'Unter'-bewußt, ein unterdrücktes oder verdecktes Bewußtsein, in dem alles enthalten ist, aber nichts differenziert oder ausgedrückt ist. Das Unterbewußte liegt zwischen diesem Unbewußten und dem bewußten Mental, Leben und Körper." (Cent. Ed. XXII.354).

Wenn man das so betrachtet, könnte es bedeuten, daß dieser ganze Bereich einer etwas drastischeren Vorbereitung bedarf, um in den gewünschten Zustand zu gelangen.

(Schweigen)

Der heftigste Angriff kam sofort nach dieser Erfahrung [vom 24. Januar]. Aber diese Erfahrung war die wunderbarste von allen, die ich je in meinem ganzen Leben hatte! – denn sie war NICHT EINMAL die Folge einer Aspiration, nicht einmal eine Aspiration des Körpers: sie kam direkt, wie der Höchste Wille, peng! *(Mutter senkt ihre Hände in einer unwiderstehlichen Geste)*. Und dann gab es nichts mehr, nichts als... DIE sache, OHNE DIE GERINGSTE PERSÖNLICHE TEILNAHME: kein Wille, keine Aspiration, nicht einmal eine Befriedigung daran – nichts. Es war... Ich (ich, in meinem höheren Bewußtsein) stand selbst in Bewunderung vor der UNUMSCHRÄNKTHEIT der Erfahrung. Es kam wie etwas VORBESTIMMTES und Ewiges: so *(gleiche unwiderstehliche Geste)*.

(Schweigen)

Danach kam, wie ich dir schon sagte, diese Losgelöstheit (was natürlich unbedingt notwendig ist), und sobald die Losgelöstheit erreicht war, fing alles an, gestört zu sein. Nun, die Losgelöstheit mußte wohl erreicht werden, um... eigentlich war mein erster Eindruck: damit ich mich nicht sorge, damit ich nicht sage: „ah, jetzt wird's nicht mehr funktionieren, jetzt kommt das Ende", damit ich mich nicht beunruhige. Also sagte ich: „Gut, kümmere dich nicht darum." *(Geste der Ergebung, Hände nach oben geöffnet)* Und so blieb es die zwei, drei nächsten Tage: ich war vollkommen losgelöst von allem, sah zu und kümmerte mich nicht darum. Erst bei diesem letzten Angriff auf die Beine... Denn alles andere machte mich zwar müde und krank, aber es behinderte nicht die Arbeit; dagegen jetzt, diese Störung in den Beinen erschwert die Dinge.

Wir werden schon sehen, mein Kind, was?! Wir werden schon sehen, was geschieht. *(Mutter lacht)*

> *Aber in dieser Hinsicht habe ich keine Zweifel! Es kam einfach so, nicht weil ich mir bewußt Sorgen um deine physische Zukunft machte. Dieser Traum kam einfach derart unerwartet und mit solcher Lebhaftigkeit...*

Nein, nein, ich weiß! Ich sage dir, es kann nur zwei Ursachen haben: entweder ein fester Tritt des Feindes, der noch eine Unterstützung in jemandes Bewußtsein sucht, oder eine Vorhersagung.

Hoffentlich nicht!

Das Reiskorn läßt mich eher ans andere denken – daß es eher aus dieser Richtung stammt.

Wir werden sehen, wir werden sehen! Wir brauchen nur abzuwarten. Eines Tages werden wir es sicher wissen!

(Schweigen)

Ich weiß mit Gewißheit, daß wenn ich bis 1964 durchhalte, dann... Das ist nicht mehr lange, aber bis 1964 wird es gefährlich sein. Noch die Jahre 61, 62... 63 ist schon besser, 64 ist merklich besser, und ab 1965 sind wir über dem Berg.

Aber im Grunde genommen, sobald man das gewöhnliche Denken verläßt, ist kein einziges äußeres Anzeichen ein Beweis mehr, kein einziges. Man kann sich an nichts orientieren, weder an einer blendenden Gesundheit und guten Ausgewogenheit, noch an einer fast allumfassenden Störung – das sind keine Beweise. Alles hängt AUS-SCHLIESSLICH, ausschließlich davon ab... was der Herr entschieden hat. Ausschließlich. Folglich muß man, wenn man ganz ruhig ist, erfahren können, was Er entschieden hat.

Wenn ich ganz ruhig bin, lebe ich sofort in einer seligen Freude, in der sich keine Fragen stellen – es gibt keine Fragen! Man fragt nicht! – Man LEBT. Man lebt in Freude, und das ist alles. Da gibt es kein „wird es so sein oder wird es anders sein" – das erscheint so kindisch! Es gibt keine Fragen, die Fragen stellen sich nicht. Man ist eine verkörperte Seligkeit.

Alles andere ist bedeutungslos.

Im Grunde, wenn man fähig wäre... Das Problem ist... Wenn ich oben in meinem Zimmer bin, ist es sehr leicht, sehr leicht: das kommt und... schwieriger ist, wieder aus diesem Zustand herauszukommen. Weißt du, ich bin da *(Geste der seligen Hingabe)*, und wenn ich dann merke, es ist Zeit, nach unten zu gehen, oder ich habe etwas zu tun oder das Mittagessen wird gebracht oder sonst etwas, dann ist es ein wenig schwierig. Sonst bin ich so *(gleiche Geste)*. Aber das Schwierige sind die Kontakte mit den Ashram-Leuten: sobald ich nach unten gehe und... allein, da stehen zu müssen, um den Leuten Blumen zu geben... und sie sind so unbewußt egoistisch! Wenn ich nicht bei jedem die gewohnte Konzentration mache, fragen sie sich: „Was ist denn, woran fehlt's denn? Habe ich etwas Falsches getan?" Und... es ergibt eine ganze Geschichte.

Ansonsten ist die Konzentration sehr gut und ermüdet mich nicht – wenn mein Körper nicht entkräftet ist, und nicht ständig nur deshalb merkt, daß er existiert, weil er Schmerzen hier hat, und dort, und dort und dort (der Schmerz zeigt ihm, daß er existiert). Aber sonst, wenn er sich selbst vergessen kann, dann geht es gut, ohne Schwierigkeiten. Und die Kraft fließt jetzt, ohne Müdigkeit hervorzurufen – früher, vor Jahren, wenn es zu viel wurde, brachte das eine Spannung, jetzt nicht mehr, ganz im Gegenteil: der Körper fühlt sich besser, wenn viel Kraft durch ihn fließt.

Ich weiß nicht –wir werden schon sehen.

(Schweigen)

Eines ist sicher: um das zu verwirklichen, was zu verwirklichen ist, ist es unerläßlich, VOLLKOMMEN frei von allen Bindungen mit dem gewöhnlichen lügenhaften Bewußtsein der Körpermaterie zu sein – das Bewußtsein der SUBSTANZ des Körpers, des Unterbewußten und des Unbewußten. Das muß nicht nur überwunden werden (denn überwunden ist es schon seit langem), sondern man muß vollkommen unabhängig davon sein: daß es nicht mehr die Macht hat, auch nur die geringste Reaktion hervorzurufen. Das ist noch nicht erreicht, es ist noch nicht so; und solange das noch nicht erreicht ist, sind wir nicht „auf der sicheren Seite". Erst wenn alle Zellen des Körpers, selbst in ihren unterbewußtesten Reaktionen wissen, was ich weiß, nämlich daß der Höchste allein existiert, dann ist es gut – nicht vorher. Sie haben noch diese gewöhnlichen Reaktionen, die ich eben beschrieb: „Wenn ich lange stehe, werde ich müde sein..." (nicht in Gedanken: ich muß mich in Worten ausdrücken, aber es sind keine Gedanken), „wenn ich zu viel arbeite, werde ich müde; wenn ich dies tue, wird das folgen; wenn ich..." Diese Art automatischer, idiotischer, kleiner Mechanismus. Es ist noch nicht DAS, noch nicht das!

Natürlich gibt es dann noch das ganze Problem, das all den Gedanken entstammt, die von außen, von den Mitmenschen kommen – ständig.

Aber mein Bewußtsein ist jetzt soweit, daß ich diese Dinge von außen kommen sehe – ich sehe sie objektiv *(Geste, als ob Mutter die Schwingungen kommen und vor ihren Augen stehenbleiben sieht)* automatisch und objektiv sehe ich alles, was den Schwingungen der Umgebung entstammt: fern, nah, hoch, niedrig, alles. Die Schwingungen erscheinen MIT DEM WISSEN. Das heißt, sie werden nicht erst empfangen und absorbiert, und erst dann weiß ich, was es ist, nein, sie kommen mit dem Wissen. Das ist eine große Hilfe. Nach dieser Erfahrung [vom 24. Januar] ist diese Erkennungsfähigkeit viel stärker und genauer geworden, sehr viel – das hat einen großen Unterschied gemacht.

Aber vielleicht bedarf es noch vieler solcher Erfahrungen, bevor die Arbeit vollbracht ist. Es ist möglich.

Etwas [von der Erfahrung des 24. Januar] ist geblieben, eine Auswirkung, sozusagen in der Schwingung. Aber die Gesamtheit der Erfahrung ist nicht immer da, es ist noch nicht gefestigt. Eine Nacht hatte ich eine Erinnerung daran, aber es blieb nicht lange: plötzlich, für eine kurze Zeit, kam dieselbe Schwingung, und mein ganzer Körper war nur noch diese Schwingung.

Es blieb nicht lange, eine Viertelstunde, und es war nicht so vollständig.

(Schweigen)

Letztes Jahr war diese Periode auch sehr schwierig,[1] aber das war wegen dem 29. Februar [erster Jahrestag der supramentalen Manifestation von 1956]: ein ungeheurer Widerstand. Aber das ist jedesmal so: kurz vor Darshan[2] oder besonderen Segnungen kommt ein Ausbruch von feindlichen Angriffen, immer.

So ist es, mein Kind. Jetzt haben wir nichts getan und nur geredet! Es ist Zeit zu gehen, und wir haben nichts getan!

Eine Frage würde ich dir gerne stellen… Wie kann diese ganze Arbeit, die du an deinem Körper machst, diese Arbeit des Bewußtseins, wie kann das auf die Körpersubstanz außerhalb von dir wirken? Wie erreicht es Allgemeingültigkeit?

Immer auf die gleiche Weise, denn… denn die Schwingung breitet sich aus! So funktioniert das.

Zum Beispiel jedesmal, wenn ich etwas überwinden konnte, also die wahre Lösung einer „Krankheit" oder Störung fand (die WAHRE LÖSUNG, das heißt nicht nur eine mentale Lösung oder ein gewöhnliches Wissen, sondern die spirituelle Lösung: die Schwingung, die das Übel AUFLÖST oder die einen wieder gesund macht), dann konnte ich immer sehr leicht das Gleiche in anderen Leuten heilen – durch die Ausstrahlung eben dieser Schwingung.

So funktioniert das. Weil alle Substanz EINS ist. Alles ist eins, du verstehst – das vergessen wir immer! Wir haben immer das Gefühl der Trennung – das ist eine vollkommene Lüge. Wir richten uns nach dem,

---

1. Schon drei Jahre früher, 1958, hatte Mutter Satprem gesagt, daß die Monate Februar-März „schlecht" sind, sie sprach von zyklischen Variationen in der Natur wie im individuellen Bewußtsein, eine Wechselfolge von schwierigen und progressiveren Perioden.
2. Viermal im Jahr zum „Darshan" kamen Scharen von Besuchern zum Ashram, um der Reihe nach an Mutter (und früher auch Sri Aurobindo) vorbeizugehen und ihren Blick zu empfangen.

was unsere Augen sehen, nach... *(Mutter deutet auf ihre Hände und Arme, als hätte der Körper Grenzen, die ihn von den anderen trennen)*, das ist wirklich die Lüge. Sobald man sein Bewußtsein ein wenig ändert, merkt man... Weißt du, das ist wie ein Anschein, den man über etwas geklebt hat. Aber das stimmt nicht, es ist ÜBERHAUPT NICHT WAHR. Selbst in der materiellsten Materie, selbst in einem Stein – selbst in einem Stein –, sobald man sein Bewußtsein ändert, verschwindet die Trennung vollkommen. Das sind nur... (wie kann man das ausdrükken?) verschiedene Konzentrationsarten (das ist es nicht, aber so etwas ähnliches), Schwingungsarten INNERHALB DER GLEICHEN SACHE. [1]

(Die Uhr schlägt) Ah, jetzt gehe ich!

(Schweigen)

Seit ich ruhig geblieben bin, geht es meinen Beinen wieder besser! *(Mutter lacht)*

Jedenfalls, das brauche ich dir ja nicht sagen, die beste Haltung gegenüber diesem Traum ist: „Möge Dein Wille geschehen" und ruhig, ruhig, ruhig.

Und du kannst die Antwort selbst empfangen, erfahren, woher dieser Traum kommt, wenn du so bist *(Geste)*, dich der höchsten Weisheit zuwendest, so bleibst *(ruhig)* und sagst: „Möge Dein Wille geschehen."

---

1. Seit der Jahrhundertwende, als „Bohrs Atom" mit seinen um einen Atomkern kreisenden Elektronen für das mathematische Modell des kleinsten Bausteins der Materie gehalten wurde, haben die Kernphysiker eine Unmenge neuer Elementarteilchen im Universum entdeckt: von Leptonen zu Baryonen, über Neutrinos, Pions, Kaons, Psi und Khi Partikel! Eine neuere, vereinigende (!) Theorie des amerikanischen Nobelpreisträgers Murray Gell-Mann, würde diese etwas abschreckende Aufzählung auf vernünftigere Maßstäbe reduzieren, indem ein einziges Unter-Teilchen, das Quark eingeführt wird. Es würde jedoch verschiedene Sorten von Quarks geben („strange", „charmed", „gefärbt" in Rot, Gelb und Blau), um die verschiedenen Arten von Materie zu erklären. Ein Proton würde zum Beispiel aus drei Quarks bestehen: rot, gelb und blau. Es muß dennoch festgehalten werden, daß die Quarks bis jetzt nur ein mathematisches Konzept und eine Zwischenstufe zur leichteren Erklärung bestimmter, bisher unerklärlicher Experimente sind. Weiter bleibt immer noch die Frage, selbst wenn es die Quarks gäbe: „Woraus bestehen die Quarks?" Ein anderes mathematisches Modell einer neueren Theorie gibt eine Darstellung unseres materiellen Universums an, die in seltsamer Weise Mutters Erkenntnis ähnelt, denn es beschreibt ein Universum, das ausschließlich aus elektromagnetischen Schwingungen sehr hoher Frequenz besteht. Nach dieser Theorie ist die Materie eine „Verdichtung" dieser Wellen, wenn sie eine bestimmte Frequenzschwelle überschreitet. Unsere Empfindungen von Leere, Fülle, Härte oder Transparenz entstammen schließlich nur noch unterschiedlichen Schwingungsfrequenzen — „Schwingungsweisen in der gleichen Sache". Aber was ist diese „gleiche Sache"? Letztlich ist die *Agenda* einfach Mutters langer Weg auf der Suche nach der Wahrheit der Materie: was ist die Materie... wirklich? Vielleicht besteht die „Transformation" einfach darin, zu „ent-decken" was wirklich da ist.

Das muß sehr hoch, sehr hoch gehen, bis ganz oben, bis zu dem, das höchste Freiheit ist. Dann, wenn du vollkommen still bist, wirst du selbst, nicht einen Gedanken oder ein Wort, aber wenigstens eine Art Empfindung haben, und dann wirst du es wissen.

Für mich entspricht dein Traum zur Zeit keiner genauen Tatsache. Auf Wiedersehen, mein Kind.

(Mutter steht auf, dann dreht sie sich plötzlich auf der Türschwelle um, sieht Satprem mit diamantenen Augen an und sagt mit einer Stimme, wie er sie noch nie gehört hatte, als wäre es ein Befehl von Oben:)

Jedenfalls eines vergiß nie: was wir zu tun haben, werden wir tun, und wir werden es zusammen tun, denn wir haben es zusammen zu tun, das ist alles – ob so oder so, auf diese Weise oder auf die andere *(Mutter neigt ihre Hand nach rechts und nach links, um diese Seite der Welt und die andere anzudeuten, das „Leben" und den „Tod")*, das hat keine Bedeutung. Dies ist die Tatsache, mein Kind... die wahre.

14. Februar 1961

Sri Aurobindo spricht an dieser Stelle von „higher soul".[1] Das können wir aber doch nicht mit „höherer Seele" übersetzen, als gäbe es eine „niedere Seele"?

Sri Aurobindo möchte unterscheiden zwischen der fortschreitenden Seele (das heißt die Seele, die Erfahrungen macht und von Leben zu Leben Fortschritte macht), die man „niedere Seele" nennen könnte, und der „höheren Seele", also die ewige, unveränderliche, göttliche Seele – die im wesentlichen göttliche Seele.

Er schrieb das, als er mit den theosophischen Schriften in Berührung kam, bevor er Theons Vokabular kennenlernte, das ich mitbrachte. Für Theon gibt es das „göttliche Zentrum", das die ewige Seele darstellt, und das „psychische Wesen". Um jetzt nicht in beiden Fällen dasselbe Wort zu verwenden, spricht Sri Aurobindo vom „psychischen

---

1. The Synthesis of Yoga, *II.IV.49.*

Wesen" und vom göttlichen Zentrum oder „zentralen Wesen", das die eigentliche Seele ist.

> *Könnten wir sagen: der „höhere Teil der Seele" anstatt die „höhere Seele"?*

Das gäbe den Anschein einer Teilung der Seele!

*
* *

> *(Als Mutter nach der Arbeit im Begriff ist aufzustehen, macht sie folgende Bemerkung:)*

Es wird viel zu sagen geben, später.

> *(Schweigen)*

Oh, wenn wir durchhalten, oder besser gesagt, wenn wir durchgehalten haben werden, wird es viel Interessantes zu sagen geben...

18. Februar 1961

> *(Mutter reicht Satprem eine Blume, die sie „Supramentale Handlung"[1] genannt hat)*

Kannst du glauben, wie schön sie ist! So lebendig, das vibriert!... Schön, findest du nicht?

Oh, neulich hatte ich Zinnias *(„Ausdauer")*, die waren wirklich ein Kunstwerk, als wäre jedes einzelne Blütenblatt gemalt worden. Ein so harmonisches Ganzes und zugleich so vielfältig! Diese Natur ist wirklich bewundernswert... Im Grunde genommen sind wir nur billige Nachmacher! Und ungeschickt obendrein.

> *(Nach einem kurzen Schweigen:)*

Das ist alles. Die Lage bleibt sich gleich.

> *Und wie geht es deinen Beinen?*

---

1. Barringtonia speciosa.

Mitten im Unterbewußten, und ein Unterbewußtes... oh! zum Verzweifeln schwach, banal und... (wie kann ich sagen?) so vielem unterworfen – ALLEM unterworfen. Oh, Nacht um Nacht, Nacht um Nacht läuft das vor mir ab, damit ich es sehe. Die Nacht von gestern war unbeschreiblich. Und es geht weiter, man hat den Eindruck, das kennt keine Grenzen. Der Körper spürt natürlich die Folgen, der arme Kerl! Das ist sein Unterbewußtes, aber nicht persönlich – es ist persönlich und nicht persönlich: es wird persönlich, sobald es in ihn eindringt.

Man kann sich nicht vorstellen, wieviele Eindrücke man in sich aufnimmt und die dort angesammelt bleiben, in Schichten angehäuft. Äußerlich hat man es nicht einmal bemerkt: das wache Bewußtsein bemerkt nichts davon, aber es kommt, kommt, kommt, häuft sich an – abscheulich!

Wir werden sehen, wie lange das so weitergeht... Jetzt kann ich verstehen, warum die Leute nie versucht haben, das zu ändern! Dieses Schlammloch umrühren – nein, danke! Das erfordert viel... *(lachend)* viel Geduld. Es ist so leicht, dem auszuweichen, oh, so leicht zu sagen: „Das geht mich alles nichts an. Ich gehöre dort oben hin, das hier geht mich nichts an."

Jedenfalls ist offensichtlich, daß es noch niemandem gelungen ist. Bisher hat es kein einziger geschafft – und ich verstehe, warum! Man muß sich fragen... Wenn man damit konfrontiert wird, sagt man sich: „Was wird das nur überstehen können?!"... Mein Körper war gut gebaut, solide, voller Ausdauer, oh, er hatte eine ungeheure Energie, und jetzt spürt er, daß es nicht leicht ist.

(Schweigen)

Und du, was hast du mir zu sagen? Ich habe nichts zu sagen. Solange es so ist, geht es eben so weiter. Wir werden schon sehen.

Aber muß man denn auf die gleiche Ebene wie diese unterbewußten Dinge hinabsteigen? Kann man nicht von oben agieren?

„Von oben agieren", mein Kind, seit mehr als dreißig Jahren agiere ich von oben! Aber das ändert gar nichts – das ändert... Das transformiert nicht.

Man muß also auf diese Ebene hinabsteigen?

Ja. Sonst kann man die Dinge zwar festhalten, sie reglos halten, verhindern, daß sie unangenehme Initiativen ergreifen, aber das bedeutet nicht... Transformieren heißt transformieren.

Solange es selbst um eine Beherrschung geht, kann man das von oben erreichen, sogar sehr leicht. Aber für die Transformation muß man hinabsteigen, und das ist schrecklich... Sonst würde es nie transformiert werden, es würde bleiben, wie es ist.

Man kann sogar den Schein geben, Übermensch zu sein! *(Mutter lacht)* Aber es bleibt so *(Geste in der Luft)*, das ist nicht die nächste Schöpfung, es ist nicht die nächste Stufe der irdischen Evolution.

Man könnte auch sagen: „Warum habt ihr es so eilig? Wartet bis die Natur es vollzieht." Die Natur wird einige Millionen Jahre brauchen, und sie wird Unmengen Menschen und Dinge vergeuden. Ihr bedeuten die Jahrmillionen nicht viel – ein Atemzug.

(Schweigen)

Aber schließlich wurde ich geschickt, um es zu tun, also versuche ich, es zu tun, das ist alles. Ich hätte... Ansonsten wäre ich einfach mit Sri Aurobindo gegangen. Das ist der einzige Grund, daß ich blieb: weil das zu tun war und er mir auftrug, das zu tun, und ich es tue... Ansonsten ist man sehr viel uneingeschränkter ohne Körper, wenn man vollkommen bewußt ist: man kann hundert Leute zur selben Zeit besuchen, an hundert verschiedenen Orten, so wie Sri Aurobindo es jetzt tut.

Wenn ich so sagen kann, ist Sri Aurobindo sich der materiellen Dinge sehr bewußt geblieben?

Völlig. *(Mutter verbessert sich)* Ah, nicht der ganz materiellen: nur durch mich. Das Bewußtsein der materiellen Dinge hat er durch mich, nicht direkt. Aber im Subtilphysischen ist er sehr bewußt; allerdings ist das nicht ganz dasselbe. *(Mutter macht eine verschwommene Geste)* Es gibt einen Unterschied.

Als Beispiel etwas Seltsames: es gab eine... (wie sagt man auf Französisch?) *spell – spell of illness* [Krankheitswelle] im Ashram, die hauptsächlich von den Gedanken der Leute verursacht wurde, von ihrer Art zu denken. Sie war sehr verbreitet und schrecklich (wirklich düster) in ihrer Angst, Kleinheit und blinden Unterwerfung. Da erwarteten alle, daß...[1] Kurz, die Atmosphäre war so: man wollte mich daran hindern, mein Zimmer zu verlassen, und ich mußte mich verstecken, um aus meinem Zimmer herauszukommen! Wirklich abscheulich. Nun, in der Nacht, als ich diesen *Spell* über dem Ashram sah, lag Sri Aurobindo

---

1. Einige Tage zuvor (in der Nacht vom 12. Februar, um genau zu sein) hatte eine Schülerin einen sehr sprechenden symbolischen Traum, in dem sie die Schüler mit ernster Miene vor dem Ashramtor versammelt sah, so als wäre Mutter etwas zugestoßen.

krank in seinem Bett. Er war so, wie ich ihn sah, als er krank war. (Sonst verbringen wir fast alle Nächte zusammen und tun Dinge, reden – eine Art Doppelexistenz, die das Leben angenehm macht – fast alle Nächte verbringen wir damit, dies zu tun, das zu sehen, jenes zu richten, miteinander zu sprechen.) Aber an dem Tag, als ich mich verstecken mußte, um mein Zimmer zu verlassen, weil man mich hindern wollte hinauszugehen (ich mußte im Nachthemd hinausgehen!) und die Leute nach mir suchten... *(lachend)* um mich wieder ins Bett zu stecken (!), da lag er auch krank in seinem Bett – das überraschte mich sehr. Das bedeutet also, daß es doch einen Einfluß auf sein Bewußtsein nimmt. Er war in einer Art Trance, und es ging ihm gar nicht gut. Es dauerte nicht lange, aber dennoch...

Aber was sich dort alles ansammelt,[1] puah!

(Schweigen)

Ich hoffe, du notierst nicht all diese unangenehmen Dinge, die ich gerade erzähle. Denn sie sind wirklich nicht ermutigend.

Sie sind nicht ermutigend, aber nützlich. Sie sind Teil der Schlacht.

Oh, das ja, gewiß! *(Mutter lacht)*

Wenn man nur vom Erfolg spräche... Und außerdem teilen wir auch diese Schwierigkeiten, mehr oder weniger.

Unendlich interessant wird es an dem Tag werden, wo der Sieg errungen wird. Aber warum von all diesen Dingen sprechen, wenn der Sieg nicht errungen wird? Das ergibt nur eine weitere lange Beschreibung von... *failures* [Fehlschlägen].

Ich glaube nicht an die „failures".

Von einem Scheitern... wie ein Boot![2]

Ein Scheitern?

Ah, es ist kein Scheitern. Es ist kein Scheitern *(Mutter betont sehr energisch)*, es ist kein Scheitern.

Ein Rückschlag.

---

1. Im Unterbewußtsein.
2. Das französische Wort *échouer* bedeutet zugleich „scheitern" und „auf Grund laufen".

Etwas, das nicht vollendet wird, weil der Augenblick der Vollendung noch nicht gekommen ist; aber das, was getan ist, ist getan. Es ist kein Scheitern: das, was gewonnen ist, ist gewonnen.

Ich glaube überhaupt nicht, daß es nicht vollendet werden wird! Es wird notwendigerweise vollendet werden.

Bis jetzt ist mir das noch nicht gesagt worden. Wir werden sehen. Niemand (ich meine, niemand mit Autorität) hat mir angekündigt, daß es ein Scheitern wäre. Aber wir werden sehen.

Die äußere Entwicklung der Dinge vollzieht sich so schnell – ich meine die wissenschaftlichen Abläufe –, daß es nicht möglich ist, es um Jahrmillionen zu verzögern. Das Innere muß das alles nachholen?

Ja, sicherlich, oh, ja!

Notwendigerweise.

*
* *

(Kurz danach geht es um das Buch über Sri Aurobindo, das Satprem schreiben soll)[1]

Hast du Bharatidi gesehen?[2]

Nein. Weißt du, ich gehe nicht viel aus.

Sie hat deine Verleger in Paris gesehen, sie sagten ihr, daß sie dein Buch über Sri Aurobindo mit Ungeduld erwarten *(Mutter macht sich lustig)*...

Schön wäre es!

... daß sie darauf zählen, daß es weltweit „ein großer Erfolg" sein wird, usw. Sie haben den *Orpailleur* als Versuchsballon genommen und scheinen zufrieden zu sein. Sie sind sehr ungeduldig: sie sagen, jetzt ist der Augenblick. „Jetzt ist der Augenblick" – mehr und mehr wird es der Augenblick sein, sie wissen gar nicht, wie es ist! Es fängt gerade erst an, der Augenblick zu sein.

---

1. *Sri Aurobindo oder die Transformation der Welt,* ein Buch, um das ein französischer Verlag Satprem gebeten hatte, der es dann aber später unter dem Vorwand ablehnte, daß es nicht dem „Geist der Bücherreihe" entspräche. Dieses Buch wird nie das Tageslicht erblicken. Später schrieb Satprem dann *Das Abenteuer des Bewußtseins.*
2. Eine alte Schülerin, Suzanne Karpelès, Mitglied der Französischen Schule des Fernen Ostens.

Neulich sagtest du mir, ich sollte diesen „Sri Aurobindo" an irgendeinem Ende anfangen...

Ja. Kannst du so nicht schreiben?

Ich weiß nicht, vielleicht ist das ein Vorurteil, aber ich habe den Eindruck, dieses Buch müßte von Anfang bis Ende kommen.

Gestern oder vorgestern mußte ich einen Satz über Sri Aurobindo schreiben. Es war auf Englisch, so etwas wie: „In der Geschichte der Welt bedeutet Sri Aurobindo keine Lehre, nicht einmal eine Offenbarung, sondern eine entscheidende HANDLUNG, die direkt vom Höchsten kommt."

(Schweigen)

Ich erzähle dir das, weil gerade, als wir von diesem Buch sprachen und du sagtest, es würde auf einmal und zusammenhängend kommen, sah ich eine Kugel, wie eine Sonne – eine blendend helle Sonne, die sich glitzernd verbreitete (die Sonne bewegte sich, und die Sonnenstäubchen verbreiteten sich vor ihr). Sie bewegte sich auf dich zu, und dann umkreiste sie dich, wie um zu sagen: „So ist die Bestimmung." Wirklich wunderbar! Es enthielt eine solche schöpferische Wärme! Ähnlich der Sonnenwärme, das heißt eine Kraft von Wahrheit. Und darin hatte ich wieder den gleichen Eindruck: Das, was Sri Aurobindo brachte, ist keine Lehre, es ist NICHT EINMAL eine Offenbarung, sondern es ist eine UNGEHEURE Tat, die direkt vom Höchsten kam.

Es ist wie etwas, das sich über die Welt ergießt.

Und diesen Eindruck sollte dein Buch geben – ohne es auszusprechen. Den Eindruck geben, das heißt vermitteln: dieses Sonnenlicht vermitteln.

(Schweigen)

Es ist wahr, daß wir sehr beschränkt sind. Denn wenn das, was ich gerade sah (und jetzt noch sehe), übertragen werden könnte... das ergäbe einen absolut wunderbaren Umschlag für dein Buch! Aber alles, was wir tun können, ist flach, flach, flach. Unsere Mittel sind arm!

*
* *

(Nach einer Abschweifung kommt Mutter wieder auf ihre Erfahrung vom 24. Januar 1961 zu sprechen, die als Rückschlag all diese unterbewußten Schwierigkeiten verursachte:)

Nach dieser Erfahrung wurde mir sehr klar... Denn es war der Ausgangspunkt eines solchen *turmoil* [Durcheinander], daß ich mich sogar physisch gefragt hätte: „Träumte ich oder war das wirklich?" Denn danach kamen solche Stöße... Mehr und mehr verstehe ich, daß es die UNERLÄSSLICHE vorbereitung des materiellsten Teils der materiellen Welt ist, damit diese Erfahrung dort dauerhaft werden kann, sich äußerlich ausdrücken und dauernd ausdrücken kann.

Das ist offensichtlich.

Wenn das [diese Erfahrung] in beständiger Weise bliebe, würde es beinahe an eine Allmächtigkeit grenzen. Während der Erfahrung hatte ich das Gefühl, daß absolut nichts unmöglich ist, wirklich das Gefühl einer Allmächtigkeit – es ist keine, denn es gibt stets eine größere Allmächtigkeit (aber das wissen wir, oben), doch in der materiellen Welt war das offensichtlich etwas sehr, sehr, SEHR anderes als alles, was wir gesehen-erlebt haben, und alles, was uns in allen Überlieferungen erzählt wird – all das macht den Eindruck von Kindergeschwätz im Vergleich dazu. In dem Augenblick war es: dieses „Etwas" sieht, entscheidet, und es ist getan.

(Schweigen)

Es ist nicht geblieben.

Es blieb „so", dort oben, aber nicht hier. Das gab dem physischen Bewußtsein eine Art Zusicherung, insofern als, wenn ich jetzt etwas sehe, dann sehe ich es mit einer Gewißheit. Es gibt kein Zögern mehr: „Ist das richtig oder ist das nicht richtig? Ist das wahr, ist das..." – All das ist verschwunden: wenn ich sehe, herrscht Gewißheit. Das heißt, im materiellen BEWUSSTSEIN ist wirklich eine Veränderung eingetreten, aber nicht... nicht diese ungeheure Macht. Ich sage dir: wenn das hier geblieben wäre, wenn ich die ganze Zeit so wäre, wie ich in diesen Stunden der Nacht war, dann wären offensichtlich viele Dinge anders.

Das muß als Vorbereitung gekommen sein. Viele Dinge müssen aus dem Weg geräumt werden, damit „das" hier beständig werden kann. Das ist logisch, sehr natürlich.

Das Ärgerliche ist natürlich auch, daß die Leute nichts wissen, nichts verstehen, selbst jene, die mich ständig sehen, wie der Arzt zum Beispiel: ihm ist es noch nicht gelungen zu verstehen, und plötzlich wurde er besorgt, er bildete sich ein, ich würde auf die andere Seite gehen. All das verdirbt die Atmosphäre schrecklich! Was überhaupt nicht hilft. Ihr Glaube ist nicht genügend... erleuchtet, um unbewegt zu bleiben und einfach zu sagen: „Gut, wir werden sehen", ohne Fragen. Sie stehen noch nicht jenseits der Fragen. Das kompliziert die Dinge.

Ich habe das deutliche Gefühl (aber das sind alte Ideen), wenn ich ganz alleine irgendwo wäre und mich nicht um Leute und Sachen kümmern müßte, dann wäre es leichter. Aber das wäre nicht DAS WAHRE. Denn als ich die Erfahrung hatte [am 24. Januar], waren all die Dinge zugegen, um die ich mich kümmere: es war, als wohnte die gesamte Erde der Erfahrung bei. Das ist keine Individualität *(Mutter deutet auf ihren Körper)*, die Individualität kann ich jetzt nur noch mit Mühe finden, selbst in meinem Körper. In diesem Körper finde ich unterbewußte (bewußte und unterbewußte) Schwingungen von einer ganzen WELT, einer Welt von Dingen. Folglich kann es NUR auf einem großen Maßstab geschehen, sonst ist es dieselbe alte Geschichte... Aber dann ist es nicht die Macht HIER: man entschwindet. Oh! Das ist... Diese Leute habe keine Ahnung! Sie machen so viel Aufhebens um ihren „Abschied", sie wollten uns weiß machen, daß es etwas so Außergewöhnliches ist – das ist kindisch. Das ist ein Kinderwerk, gar nichts. Weggehen! Es genügt, pluff zu machen! Wie im Wasser, ein Stoß mit den Beinen, und dann steigt man auf, das ist alles, vorbei. *(Mutter lacht)*

Genauso ist es mit all ihren Geschichten von Bindungen, Begierden – meine Güte! All das ist gar nichts!... Denn, stell dir vor, in all diesem Horror des Unterbewußten, bei allem, was sich auf meinen Körper bezieht, begegnete ich noch KEIN EINZIGES Mal der Konsequenz einer Begierde – es sind stets die Konsequenzen des Kampfes gegen den unbewußten und boshaften Widerstand des Lebens. Kein einziges Mal kam es so *(Geste einer Sache, die von unten hervorkommt)*, um mir zu sagen: „Siehst du, du hattest eine Begierde, und hier das Ergebnis davon." Kein einziges Mal. Ganz und gar aufrichtig.

Das ist aber nicht die eigentliche Schwierigkeit – die Schwierigkeit ist, daß die Welt nicht bereit ist! Die Substanz, aus der wir beschaffen sind *(Mutter berührt ihren Körper)*, ist an der mangelnden Bereitschaft der Welt beteiligt – natürlich! Es ist ja dasselbe, überall dasselbe! Es ist überall dasselbe. Vielleicht ist in diesem Körper ein klein wenig mehr Licht, aber so wenig, daß es kaum der Rede wert ist – es ist alles dieselbe Substanz... Oh! Eine abscheuliche Sklaverei.

(Schweigen)

Ich möchte, daß du Zeit hast, dein Buch zu schreiben, denn ich fühle, daß Sri Aurobindo daran interessiert ist: diese Sonne eben kam von ihm. Ich fühle, daß er interessiert ist und Vertrauen hat, daß du es tun kannst.

Was hast du bisher wieder durchgelesen?

„The Essays on the Gita".

Ah, das ist ein Schatz, eine Goldmine!

*Teilweise „The Secret of the Veda", und dann zwei andere Bücher,
weil sie viele von Sri Aurobindos Briefen enthalten: Zs Buch
über Sri Aurobindo und...*

Ja, nur hat er leider daran herumgebastelt, *he has tampered with it*
[er hat es verfälscht].

... Die Briefe?!

In seinen Briefen machte Sri Aurobindo Aussagen über mich, und Z
hat sie entfernt. (Aber für dein Buch macht das nichts, denn mir liegt
gar nicht daran, daß Aussagen über mich erscheinen.)

Aber Z ist nicht ehrlich. Er war überhaupt nicht ehrlich... Ein, zwei
Mal mußten wir eingreifen, weil er so viel entfernte, daß der Sinn
entstellt wurde. Deshalb sagten wir ihm (für das Buch, das hier herauskam): „Wir veröffentlichen das nur, wenn Sie es wiederherstellen."

(Schweigen)

Dann habe ich die „Evening Talks" von Purani wieder gelesen.

Oh! Dort sind auch viele... Ich war nicht dabei, deshalb weiß ich
nicht, was Sri Aurobindo sagte; ich habe nur so ein Gefühl... Aber neulich wollten sie in *Mother India*[1] dasselbe von mir drucken, „Gespräche"
notiert von A. Zum Glück schickten sie es mir vorher: ich habe ALLES
gestrichen. Das war von einer ALBERNHEIT, mein Kind! Abscheulich.
Ich sagte: „Das ist unmöglich. Ich habe NIE so gesprochen, niemals!"
Fürchterlich platt, so buchstäblich und oberflächlich aufgenommen!
Schrecklich... Was durch die Leute geht, wird schrecklich erniedrigt
– vulgarisiert, erniedrigt. Nun... Nur Sri Aurobindo kann über Sri
Aurobindo sprechen. Ihre Aufzeichnungen sind trotz allem ein Sri
Aurobindo à la Z oder Sri Aurobindo à la A. Um so mehr, als Sri
Aurobindo sehr unterschiedlich schrieb, je nachdem, an wen er sich
adressierte *(Geste auf verschiedene Ebenen)*.

*Jedenfalls, wenn du meinst, die „Zeit" wird sich finden lassen,
dann wird sie sich finden.*

Ich meine es nicht nur, sondern ich bin entschieden.

---

1. Eine monatliche Zeitschrift, die im Ashram erscheint.

(Mutter steht auf, um zu gehen)

Morgen komme ich nach unten: Verteilung von Taschentüchern[1] – um die Tränen zu trocknen! *(Mutter lacht wie ein verschmitztes Mädchen und geht hinaus.)*

21. Februar 1961

(Botschaft zu Mutters Geburtstag)

Wenn die Verbindung zwischen dem Supramental und dem menschlichen Bewußtsein einmal hergestellt ist, wird das psychische Wesen *die prompteste Antwort* geben – prompter als das Mental, das Vital oder das Physische. Es mag hinzugefügt werden, daß es auch eine reinere Antwort ist; das Mental, das Vital und das Physische erlauben möglicherweise anderen Dingen, sich ihrer Aufnahme des supramentalen Einflusses beizumischen und seine Wahrheit zu verderben. Das Psychische ist rein in seiner Antwort und erlaubt keine solche Vermischung.
Die supramentale Veränderung kann nur stattfinden, wenn das Psychische wach ist und zur Hauptstütze der herabkommenden supramentalen Kraft gemacht wird.

Sri Aurobindo

---

1. Am Sonntag vor jedem Darshan (am 21. Februar wird Mutter 83) verteilt Mutter Saris, Servietten oder Taschentücher an die Schüler.

25. Februar 1961

(Mutter verteilt Blumen:)

Das ist die „ständige Erinnerung an das Göttliche" [Geißblatt], das ist die „Lebensenergie" [gelbe Chrysantheme] und die „geläuterte Lebensenergie" [weiße Chrysantheme]. Und dann die „Treue" [*Quisqualis indica*]: der „Frieden der Treue" – Treue für das Göttliche natürlich, selbstverständlich! Das ist die „göttliche Fürsorge" [rote Hibiskusknospen], das ist die „Sehnsucht nach der Transformation" [Blute der Korkeiche], und das ist die Antwort: sieh, wie schön sie ist! In Samt! Das ist das „Versprechen der Verwirklichung" [Kapuzinerkresse]. Und das „Licht ohne Dunkelheit" [Amazonas Lilie] und dann die „Verwirklichung" [Flamboyant], die erste Blüte des Baumes bei Nanteuil[1].

Mit den Blumen lassen sich sehr schöne Reden halten. Und mir ist aufgefallen: das ersetzt durchaus die alten vedischen Bilder, die für uns keinen Sinn mehr ergeben, und die mehrdeutigen Aussagen der alten Initiationen – dies ist viel besser. Viel besser, weil es die Kraft enthält. Es enthält die Kraft, weil es äußerst plastisch ist: weil es nicht in Worten ausgedrückt wird, kann jeder es entsprechend seiner Fähigkeit anordnen und aufnehmen. Damit kannst du eine große Rede halten!

Jetzt habe ich nichts zu sagen, außer, daß es weitergeht!

Das Darshan selbst verlief recht gut, besser als erwartet, aber die zwei Tage danach waren ziemlich schwierig hier [im Körper]. Eine Nacht (ich weiß nicht mehr welche) habe ich ein wenig… ich kann nicht sagen „gestöhnt", aber nun (nicht mein Körper: er ist so lieb, er beschwert sich nicht), doch mir erscheint das manchmal… ich fand es etwas übertrieben an dem Tag; ich sagte: „Das ist trotz allem etwas viel von ihm verlangt." *(Mutter lacht)* Jedesmal, wenn ich in dieser Nacht aufwachte und schaute (nicht mit diesen Augen), sah ich Schlangen: sie standen alle aufrecht im Kreise (prächtige Kobras, mit weißem Bauch, perlgrauem Rücken und kleinen Goldflecken auf dem Kopf!), sie standen rings um mich herum und sahen mich an. Absolut, als wollten sie mir sagen: „Aber alle nötige Energie ist hier! Keine Sorge!" Folglich kam ich zum Schluß, daß die ganze Angelegenheit[2] einen Nutzen haben muß, daß es nicht nur eine Unfähigkeit des Körpers ist, ein Mangel an Plastizität, um zu empfangen. Das muß einen Nutzen haben – welchen?… Ich verstehe es noch nicht. Vielleicht werde ich später eine Erklärung haben, wenn es vorbei ist.

---

1. Eines der Ashramhäuser.
2. Die physische Störung, die hauptsächlich Mutters Beine angriff.

Am Tag darauf, als ich nachmittags mein Bad nahm, schloß ich die Augen und sah... aber diese war riesig, herrlich! Sie sah mich fast lächelnd an und streckte die Zunge heraus. Da sagte ich mir: „Gut, in Ordnung! *(lachend)* Wir brauchen nur durchzuhalten."

Das ist alles, was ich im Moment zu sagen habe.

Und du? Nichts zu sagen?

(langes Schweigen)

In Madras wohnt ein Amerikaner, anscheinend ein ziemlich bedeutender Herr und sehr eng befreundet mit Kennedy, dem neuen amerikanischen Präsidenten. Er hat alle Bücher von Sri Aurobindo mehrmals gelesen und ist äußerst interessiert, er schrieb Kennedy, er solle kommen, daß er ihn zum Ashram bringen wolle. Dieser Mann stellte eine sehr interessante Frage. Er zog einen Vergleich und sagte: im Wald läuft ein Reh vorbei, um zu trinken, und niemand merkt etwas. Aber jemand mit einer besonderen Jagdausbildung kann an den Spuren erkennen, daß ein Reh vorbeikam, und nicht nur welcher Art es angehört, sondern auch sein Alter, seine Größe, sein Geschlecht usw. Desgleichen muß es Leute mit einem vergleichbaren spirituellen Wissen geben, die erkennen können, wenn jemand eine Beziehung mit dem Supramental hat, während die normalen Menschen nichts davon wissen und es nicht bemerken. So fragte er, an welchen Zeichen sie es erkennen können.

Eine sehr intelligente Frage.

Ich gab eine sehr kurze Antwort auf Englisch. Ich habe sie nicht mitgebracht, aber ich kann dir sofort sagen, daß es zwei Zeichen gibt: zwei sichere, unfehlbare Zeichen. Ich weiß es aus persönlicher Erfahrung, weil es zwei Dinge sind, die NUR mit dem supramentalen Bewußtsein eintreten: ohne das kann man sie nicht haben – alle yogischen Bemühungen, alle Disziplinen, alle Tapasyas können euch das nicht geben, während es mit dem supramentalen Bewußtsein fast automatisch kommt.

Das erste Zeichen ist der vollkommene Gleichmut, wie Sri Aurobindo ihn beschreibt (du weißt, in *The Synthesis of Yoga* ist ein Kapitel über den Gleichmut, *samatâ*), genau, wie er es beschreibt, seine Beschreibung ist von wunderbarer Präzision! Aber dieser Gleichmut (der kein „Gleichmut der Seele" ist) ist eine Art besonderer ZUSTAND, wo man mit allen Dingen, äußeren wie inneren, dieselbe Beziehung hat und für alle auf dieselbe Weise. Das ist wirklich ein vollkommener Gleichmut: die Vibrationen, die von den Dingen, den Leuten, den Kontakten ausgehen, haben nicht die Macht, diesen Zustand zu verändern.

Das stellte ich an den Anfang meiner Antwort. Ich gab nicht all diese Erklärungen, sondern drückte es nur in wenigen Worten aus, gerade als eine Art Test seiner Intelligenz: etwas kryptisch, um zu sehen, ob er verstehen würde.

Das zweite Zeichen ist ein Gefühl des ABSOLUTEN im Wissen. Wie ich dir schon sagte, hatte ich das mit meiner letzten Erfahrung. Diesen Zustand KANN MAN NICHT herbeiführen, durch keinen Bereich selbst des erleuchtetsten und höchsten Mentals. Es ist eine… keine Gewißheit, sondern *(Mutter senkt ihre Hände wie ein unwiderstehlicher Quader, der auf einmal herabkommt)* eine Art Absolut – ohne auch nur die Möglichkeit (von Zweifel kann keine Rede sein), ohne Zögerung oder was es auch sei. Und ohne (wie soll ich sagen?)… Alles mentale Wissen, selbst das höchste, ist sozusagen ein „folgerndes" Wissen: es kommt als Folgerung, zum Beispiel einer Intuition (eine Intuition gibt euch ein Wissen, und dieses Wissen ist wie die Folgerung der Intuition), sogar bei Dingen, die man als Offenbarung empfängt, sind es immer Folgerungen. All das sind Folgerungen – mir kommt das Wort „Folgerung", ich kann es nicht anders erklären. Bei der supramentalen Erfahrung hingegen ist es nicht das: es ist eine Art Absolut. Das Gefühl dabei ist ganz und gar außerordentlich: es liegt weit über einer Gewißheit… *(selbe unwiderstehliche Geste)*, es ist eine TATSACHE, die Dinge sind TAT-SACHEN. Das ist äußerst schwierig zu erklären. Aber wenn man das hat, dann… damit hat man natürlich eine vollständige Macht – die beiden Dinge gehen stets Hand in Hand (aber in meiner Antwort sprach ich nicht von „Macht", denn die Macht ist fast eine Konsequenz, und ich wollte nicht von Konsequenzen sprechen). Doch die Tatsache ist dies: eine Art Absolutheit des Wissens, die natürlich von der Vereinigung stammt. Man IST die Sache, die man weiß, die man kennt. Man ist sie. Man kennt sie, weil man sie ist.

Wenn diese beiden Zeichen da sind (es erfordert beide: das eine ist unvollständig ohne das andere), wenn man beide sieht, dann kann man sicher sein, daß jemand in Verbindung mit dem Supramental steht – aber nichts geringeres. Doch all die Leute, die euch erzählen, daß sie das Licht empfingen!… *(lachend)* Sie haben den Mund voll davon. Aber mit diesen beiden Zeichen ist man sich seiner Wahrnehmung sicher.[1]

---

1. Hier ist der vollständige Text von Mutters Antwort: Zwei unwiderlegbare Zeichen beweisen, daß man in Beziehung mit dem Supramental steht: i) Ein vollkommener und ständiger Gleichmut. ii) Eine absolute Gewißheit des Wissens. Um vollkommen zu sein, muß der Gleichmut unveränderlich, spontan, mühelos sein, angesichts aller Umstände, aller Ereignisse, aller Berührungen, seien sie materiell oder psychologisch, unabhängig von ihrer Beschaffenheit und ihren Auswirkungen. Die absolute und indiskutable Gewißheit eines unfehlbaren Wissens durch Vereinigung. Mutter fügte folgende Bemerkung über die „Auswirkungen" der Umstände, Ereignisse

(Schweigen)

Es ist ganz offensichtlich, daß man mit diesen beiden Dingen wirklich... wie Sri Aurobindo sagt: *you step into another world* [man betritt eine andere Welt], man verläßt diese ganze Hemisphäre und dringt in eine andere ein. Das ist die Empfindung.

Am Tag, wo das erreicht worden ist, wird es gut sein.

(Schweigen)

Und es ist nicht das Ergebnis einer Aspiration oder einer Suche oder einer Anstrengung oder einer Tapasya, nichts: es kommt, wumm! *(selbe unwiderstehliche Geste)*. Und wenn es weggeht, bleibt etwas... wie ein Abdruck im Sand – im Bewußtsein. Das Bewußtsein ist wie eine Sandschicht: das hinterläßt einen Abdruck. Rührt man zu sehr, verschwindet der Abdruck; bleibt man sehr ruhig... Aber es ist nur ein Abdruck.

Das läßt sich nicht nachahmen. Das ist das Wunderbare, man kann es nicht nachahmen! Alles andere, zum Beispiel alle asketischen Verwirklichungen kann man nachahmen, aber nicht das... es hat kein Äquivalent, nirgends.

Wie in meiner Erfahrung jener Nacht [24. Januar], der Eindruck war außerordentlich: die Individualität, selbst in ihrem höchsten Bewußtsein, selbst was sie als *Atman*[1] und Seele bezeichnen, hatte überhaupt nichts damit zu tun: das kommt *(selbe Geste)*, mit einer Absolutheit. KEINERLEI individuelle Teilnahme: eine Entscheidung, die vom Höchsten kommt.

Alles andere ist gleichgültig: all eure Aspiration, all eure Tapasya, all eure Anstrengungen, alles Individuelle: überhaupt keinen Einfluß – das kommt, ist da.

Ihr könnt nur eines tun, und zwar euch SO WEIT ALS MÖGLICH AUSLÖSCHEN. Könnt ihr euch vollkommen auslöschen, so ist die Erfahrung vollkommen. Und könnte man dieses Auslöschen in beständiger Weise aufrecht erhalten, so bliebe die Erfahrung dauernd hier – aber das liegt noch fern... Ich weiß nicht, ob all dies... *(Mutter betrachtet ihren Körper)*

---

usw. hinzu: „Es besteht nicht mehr dieser Gegensatz zwischen angenehmen und unangenehmen Auswirkungen. Es gibt nichts „Angenehmes" und „Unangenehmes" mehr: nur noch Vibrationen, die man wahrnimmt. Meistens, wenn den Leuten ein Schlag widerfährt, machen sie so *(Geste des Zurückschnellens)*, dann denken sie nach, konzentrieren sich, und so finden sie wieder ihren Frieden. Aber das ist es überhaupt nicht! Es ist überhaupt nicht so: dieser Zustand muß spontan, beständig und unveränderlich sein."

1. *Atman:* das Ich oder der Geist.

(Schweigen)

Offensichtlich benötigte der Körper einen Test (ich will nicht „Prüfung" sagen, wie man es auf Französisch versteht), einen SEHR RIGORO-SEN Test, weil… Das ist die einzige Erklärung, die ich vom persönlichen Standpunkt für all diese Störungen finden kann. Vom allgemeinen Standpunkt gibt es viele Erklärungen, aber das… Am Tag, wo man es mir sagt, werde ich es jedenfalls wissen, denn alle Vorstellungen nützen nichts. Doch aus persönlicher Sicht… Verstehst du, seit langem (mehr als ein Jahr, wahrscheinlich fast zwei) spürt dieser Körper nicht mehr seine Grenzen.[1] Er ist überhaupt nicht mehr wie gewohnt: er ist kaum noch mehr als eine Konzentration, eine Art Ballung von etwas; es ist kein Körper in einer Haut – überhaupt nicht. Eine Art Ballung, Konzentration von Vibrationen. Und sogar das, was gewöhnlich als „Krankheit" bezeichnet wird (es ist jedoch keine Krankheit, das sind keine Krankheiten, sondern Funktionsstörungen), selbst diese Funktionsstörungen haben für diesen Körper nicht mehr dieselbe Bedeutung wie zum Beispiel für den Arzt oder die normalen Leute – es ist nicht so, er spürt das nicht so. Er empfindet das als… eine Art Schwierigkeit der Anpassung an eine neue vibratorische Anforderung.

(Schweigen)

Wenn er früher seine Arbeit nicht tun konnte, empfand er eine Art Ungeduld, das heißt, er hatte dieses Gefühl seiner Aspiration und seines guten Willens, das passende Instrument zu sein, und daß diese Dinge den Weg versperrten – sogar das ist völlig verschwunden.

So empfindet er eine Art außerordentliches Lächeln, für alles. Selbst am Ende des Tages, mit dieser ganzen Ansammlung von Dingen wegen all den Leuten, die ich sah, und all der Arbeit, die ich tat, und ich mich ziehen und schieben muß, um die Stufen hinaufsteigen zu können, weil die Beine wie… willenlose Eisenstücke geworden sind (das ist das schlimmste: sie gehorchen nicht mehr, sie gehorchen dem Willen nicht mehr), wenn ich mehr durch meine Arme als mit den Beinen nach oben gehe, selbst dann protestiert er nicht – er beschwert sich nicht. Oben beginnt er sofort, für das Japa zu gehen, und nach einer halben Stunde des Gehens, ist es unendlich besser. *(Mutter bezeichnet durch eine Geste, wie die Kraft in ihren Körper herabkommt)*

(Schweigen)

---

1. Allmählich geht Mutter in Trance, und der Rest dieses Gesprächs verläuft in Trance.

Doch er weiß nicht, warum das geschah, er weiß nicht... Im Grunde findet er, daß es nicht notwendig ist, zu versuchen zu wissen: es ist so, weil es so ist. Und wenn man ihn fragt, sagt er: „Gut, wenn es anders sein soll, wird es anders sein."
Das ist genau seine Einstellung.

(Schweigen)

Offensichtlich war es notwendig.
Wir werden sehen.

(Schweigen)

In meinem Bewußtsein ist diese ganze Sammlung [das Ashram, die Welt] und dieses grundlegende Mitgefühl, das sich auf alle Dinge, alle Schwierigkeiten, alle Hindernisse richtet. Wenn die Leute zu mir kommen (ich bekomme die Briefe in Dutzenden, wie du weißt, die Leute kommen jeder mit einem kleinen Elend oder einer kleinen Schwierigkeit, entweder innerlich oder äußerlich – sie haben ein kleines Wehwehchen, und es wird... ein Gebirge), aber das innere Bewußtsein antwortet immer auf dieselbe Weise mit... genau diesem Gleichmut, einem Mitgefühl für alles. Aber wenn die Leute mit mir sprechen oder ich einen Brief lese und mein Körper sich bewußt wird, was für ein „Aufhebens" sie über ihr Elend machen, dann hat er ein Gefühl (ich meine ein Gefühl in den Zellen): „Aber warum fassen sie die Dinge so auf! Sie machen alles viel schwieriger." – Er versteht. Er versteht, daß diese so blinde, egoistische und *self-centered* [egozentrische] Art, die geringste Schwierigkeit aufzunehmen, seine Schwierigkeiten vervielfacht!
Das ist recht lustig, eine Empfindung (zugleich Empfindung und Gefühl), daß die gewöhnliche menschliche Einstellung gegenüber den Dingen die Schwierigkeiten zu PHANTASTISCHEN Proportionen aufbläst und vervielfacht! Wenn sie nur die wahre Einstellung hätten – eine NORMALE Einstellung, etwas einfacher, ohne Komplikationen – uff, das ganze Leben wäre leichter!
Denn der Körper spürt die Vibrationen (genau die Vibrationen, die sich bündeln, um einen Körper zu bilden), spürt ihre Beschaffenheit und sieht, wie eine Reaktion, die er normal nennt, eine friedliche und vertrauende Reaktion, wie das die Dinge erleichtert! Sobald hingegen diese Erregung der Besorgnis, der Angst, der Unzufriedenheit eintritt, die Reaktion des Willens, der das „nicht zulassen will", und all diese... oh, augenblicklich fängt alles an zu zischen und zu pfeifen wie kochendes Wasser! Wie Maschinen. Begegnet man der Schwierigkeit aber mit

Vertrauen und Einfachheit, verringert sie das auf ihr Minimum – ich meine rein materiell, in der materiellen Vibration.

Beinahe (ich sage beinahe, weil er nicht alle Erfahrungen hatte), beinahe alle Schmerzen können auf etwas völlig Vernachlässigbares reduziert werden (manche Schmerzen erlebte er natürlich noch nicht, aber eine genügende Anzahl), denn die Besorgnis dieser halb-mentalen Vibration (es ist der Anfang des Mentals) bewirkt, daß... verkompliziert alles! Zum Beispiel diese Schwierigkeit, von der ich sprach, um die Stufen zu steigen: im Bewußtsein des Arztes oder von sonst jemandem stammt das von den Schmerzen – weil der Schmerz (nach ihren Überlegungen) die Nerven und die Muskeln anspannt, kann man nicht gehen – aber das ist völlig FALSCH! Der Schmerz hindert meinen Körper an nichts, was es auch sei. Das ist kein Faktor; das ist ein Faktor, den er leicht handhaben kann. Das ist es nicht. Die Materie (wahrscheinlich die Materie der Zellen) verliert die Fähigkeit, dem Willen zu gehorchen, der Kraft des Willens zu gehorchen. Warum? – Ich weiß es nicht. Das hängt von der Störung ab. Warum ist das so? Weiß nicht... Jetzt suche ich jedesmal, wenn ich die Treppe steige, das Mittel, den Willen in solcher Weise einzuflößen, daß die Abwesenheit der Antwort nicht bestehen kann – ich habe es noch nicht gefunden. Dennoch ist hier diese ganze Ansammlung (eine ungeheure Ansammlung!) der Kraft, der Macht, des Willens – ich BADE darin, der Körper, all das badet darin! – und dennoch bewirkt irgend etwas, daß es nicht gehorcht: eine Gruppe von Zellen hier oder dort gehorcht nicht; das kann nicht wirken. Deshalb muß etwas gefunden werden...

(Schweigen)

Aber auch hier, in dem, was ich jetzt gerade sage, ist noch das Gefühl der Tapasya. Das ganze innere Bewußtsein läßt den Körper die Tapasya machen. Doch mein Wissen und meine Gewißheit (was ICH WEISS) besagt, daß dies vielleicht eine notwendige Vorbereitung ist, aber es ist NICHT DAS, was die Arbeit leisten wird[1]: etwas macht so *(Mutter wendet plötzlich ihre Hand, um eine Zustandsumkehrung anzudeuten)*. Wenn das „so" macht, ist es vorbei, alles ist getan – alles ist getan.

Sind diese Störungen notwendig, damit wir dorthin gelangen, wo es „so" macht? – Ich bezweifele es. Ich bezweifele es. Aber das läßt sich nicht aussprechen, denn würde man es aussprechen, würde es an einen Fatalismus grenzen, der keinerlei Wahrheit beinhaltet – es

---

1. Daß die eigentliche Veränderung also nicht durch die Anstrengung oder Tapasya vollzogen wird.

handelt sich überhaupt nicht um Fatalismus, überhaupt nicht. Was ist es?... Etwas, das man nicht sagen kann.

(Schweigen)

Sogar der Körper, der Körper selber fühlt diese ständige Empfindung wie... in der KONKRETEN göttlichen Gegenwart zu baden, in ihrer Schwingung. Folglich gibt es selbstverständlich vom psychologischen Standpunkt nicht den geringsten Schatten im Bild. Sogar vom materiellen Standpunkt ist es da. Und obwohl es hier ist, empfunden, wahrgenommen, verspürt, bleibt doch die Störung! (Ich nenne es Störung.)

(langes Schweigen)

Ein großes Mysterium... oh!...

(Schweigen)

Alles ist ein großes Mysterium.

(Schweigen)

Was Sri Aurobindo „das Große Geheimnis" nennt – ein GROSSES GEHEIMNIS.
Am Tag, wo wir das gefunden haben... werden die Dinge sich ändern.

(Schweigen)

Man sieht so deutlich, es wird so klar, daß sogar die ALLERHÖCHSTE, die leuchtendste Intelligenz nichts verstehen kann, nichts – allein der Versuch ist idiotisch.

(Schweigen)

Alle unsere Aspiration, unsere Suche, unsere Aufstiege erinnern mich immer an diese Blume, die ich dir neulich gab[1]: es ist so *(verschwommene und ätherische Geste)*, schwingt, schwingt, schwingt, sehr leuchtend, sehr zart, im wesentlichen sehr schön... *(Schweigen)* aber es ist nicht DAS *(selbe Geste der Hand, um eine plötzliche Umkehrung anzudeuten)*. Es ist nicht das.

(Schweigen)

---

1. *Barringtonia speciosa*, „Supramentale Handlung".

97

Die EIGENTLICHE BESCHAFFENHEIT ändert sich, das ist... etwas anderes.

Und stets, wenn das kommt (auf welchem Gebiet auch immer), macht es den Eindruck eines Absoluten – absolut. Das trägt ALLES in sich, es ist...

(Schweigen)

„Absolut" ist nicht einmal stark genug *(Geste eines massives Blocks, der herabkommt)*. Deshalb spricht man von unwiderruflicher, unabwendbarer Absolutheit... Ich weiß nicht, wie ich sagen soll. NICHTS besteht außerhalb dieses Absoluten, nichts anderes existiert. Es gibt nur das.

Alles liegt dort.

Wenn das kommt, wird es gut sein.

(Schweigen)

So mein Kind, ich habe die ganze Zeit geredet, und wir habe noch nichts getan, wieder ein Tag ohne Arbeit! *(Mutter lacht)*

Das ist eine seltsame Sache... Darüber zu sprechen, hilft mir offensichtlich, die Erfahrung zu verfolgen. Und ich kann nicht dort oben zu mir selber sprechen! Und ein Tonbandgerät nützt nichts. Bis jetzt ist sicher, daß es mit dir am besten kommt, bei weitem. Mit anderen habe ich es nicht versucht, obwohl ich manchmal Nolini etwas erzähle, aber die Aufnahmefähigkeit ist verschwommen (ich weiß nicht, ob du diesen Eindruck verstehst: als würde es in Watte eindringen). Einmal sprach ich mit R, das erzählte ich dir, und dort hatte ich das Gefühl, daß Dreiviertel völlig verloren gingen. Das ist eine Tatsache. Doch wenn ich mit dir bin, fange ich an zu SEHEN, und die Notwendigkeit zu formulieren konzentriert mich auf die Vision. Das habe ich mit dir stärker, als ich es je mit einem anderen hatte. Folglich...

Folglich trägst du die Folgen!

Gut. Du brauchst nichts?... Nichts?... Kind, wenn ich esse und man mir etwas besonders Gutes gibt, möchte ich es immer dir geben!...

28. Februar 1961

Ich habe dir den genauen Text dieses Satzes von Sri Aurobindo gebracht, den ich dir neulich sagte.[1] Es war als Antwort auf einen Brief...

Das ist eine mentale Gewohnheit (die Leute halten es für mentale Überlegenheit!), immer alles auf dieselbe Ebene zu stellen: alle Lehren, alle Propheten, alle Sekten, alle Religionen, alle... Du kennst diese Gewohnheit: „Wir sind unparteiisch, wir haben keine Vorurteile, all das ist DASSELBE." – Eine schreckliche Verwirrung!

Darin liegt eine der größten mentalen Schwierigkeiten unserer Zeit.

Meine Antwort auf diese Dummheiten lautete jedenfalls: „Euer Fehler ist genau, daß ihr zur Theosophischen Gesellschaft (zum Beispiel) mit derselben Offenheit geht, wie ihr zur christlichen Religion oder zur buddhistischen Lehre geht oder wie ihr ein Buch von Sri Aurobindo lest – Resultat: ihr seid in Verwirrung und durcheinander und versteht überhaupt nichts mehr."

Die Antwort kam mit großer Kraft, etwas ergriff mich und zwang mich fast zu schreiben: *In der Geschichte der Welt bedeutet Sri Aurobindo keine Lehre, nicht einmal eine Offenbarung, sondern eine entscheidende* HANDLUNG *, die direkt vom Höchsten kommt.*[2]

Das kam nicht von mir. Es kam so *(Geste von oben)*. Aber das gefiel mir.

---

1. Siehe Gespräch vom 18. Februar: „Sri Aurobindo bedeutet eine Handlung..." (S. 80)
2. Mutter fügte hinzu: Und ich versuche lediglich, diese Handlung zu vollstrecken.

März

4. März 1961

(Mutter gibt Satprem eine gefranste, malvenfarbige Petunie:) Sieh, das
ist der „Enthusiasmus"! Er ist schön. Er muß sofort ins Wasser gestellt
werden, sonst... Er braucht vitale Kraft – das Wasser ist vitale Kraft.
Schön! Welche Phantasie! Und dann das *(eine doppelte, hell-rosa Hibis-
kus)*, das ist das „Bewußtsein vereinigt mit dem göttlichen Bewußtsein",
aber supramentalisiert – es fängt an, sich zu supramentalisieren. Und
das ist ein sehr schönes „Versprechen der Verwirklichung" *(Kapuziner-
kresse)*, sehr schön, mit... „Ausgewogenheit" *(Begonie)* – Ausgewogenheit. Und der „Frieden der Treue" *(Portlandia)*.
Hast du Fragen?

(Schweigen)

Oh, es ist schrecklich, jeder... *(Mutter meint die Schüler)*... Was tun.
Allzu spät bin ich ja nicht gekommen.
Was hast du zu sagen?

Sagen?

Zu sagen, arbeiten, tun, entscheiden, ordnen, egal was!

Eines Tages, wenn du Zeit hast, will ich dir eine Frage stellen.

Stelle sie.

*Keine persönliche Frage, sondern etwas, das mich beunruhigt.
Über World Union[1]...*

Oh! World Union... Was beunruhigt dich?
Hör zu mein Kind, du brauchst gar nicht fragen, ich will es dir
sofort sagen: Sri Aurobindo schrieb irgendwo, daß die Bewegung für
die Transformation der Welt doppelt ist: zuerst macht das Individuum
eine Sadhana und stellt eine Verbindung mit den höheren Dingen her;
aber gleichzeitig bildet die Welt eine Grundlage, und die Welt muß sich
ein bißchen erheben und sich vorbereiten, damit die Verwirklichung
sich erfüllen kann (nun, das ist eine Ausdrucksweise, um zu vereinfa-
chen). Manche Leute existieren ausschließlich so, oberflächlich – verstehst du, sie leben nur, wenn sie sich aufregen: alles, was in ihnen
geschieht (wenn etwas geschieht!), drückt sich sofort durch Aufregung
aus. Und diese Leute, wie J zum Beispiel, haben immer das Bedürfnis
nach äußerer Tätigkeit. So griff er diesen Satz von Sri Aurobindo auf,
„World Union", und erklärte mir...

---

1. *Eine „Bewegung" für die „Vereinigung der Welt", organisiert von einigen Schülern.*

Von Anfang an war er so *(Geste der Erregung)*, er versuchte… eine Vielzahl von Dingen! Ihm ist auch nichts gelungen: er hat keine Methodik, keine Ordnung, er versteht es nicht, eine Arbeit zu organisieren. So ist World Union einfach, um ihn machen zu lassen, wie man ein Pferd galoppieren läßt.

Auf einer seiner Reisen (ich schickte ihn auf Besuch zu den verschiedenen Zentren – denn irgend etwas mußte er ja tun! Also besuchte er sie, redete… ich weiß nicht, worüber), jedenfalls begegnete er auf einer seiner Reisen Z (in Delhi). Z war von der indischen Regierung nach Rußland entsandt worden, und dort hielt er anscheinend eine außerordentliche Rede (sie muß außerordentlich sein, denn von allen Seiten, auch von Amerika, erhalte ich Briefe, die um den Text dieser sensationellen Rede bitten, in der er von der „menschlichen Einheit" sprach). So kehrte er mit der Idee zurück, ein „World Union" zu machen. Und die beiden, J und Z, begegneten einander. Darüber hinaus wurden sie von S.M.[1] bestärkt und sogar vom Premierminister [Nehru], der wahrscheinlich eine besondere Sympathie für Z hat und ihn sehr ermutigte. So fing das an.

Ich betrachtete das als etwas völlig Nebensächliches und Bedeutungsloses – ich lasse die Leute laufen, wenn sie laufen wollen (aber Z kannte ich nicht). Dann machten die beiden zusammen eine Reise nach Afrika. Dort fingen die Dinge an, schief zu gehen, weil Z auf eine Weise tat und J auf eine andere; schließlich stritten sie sich mehr oder weniger und sagten mir: „Dieses World Union fängt gut an: mit einem Streit!" *(Mutter lacht)* Z sagte: „Nichts kann erreicht werden, wenn wir uns nicht AUSSCHLIESSLICH auf die Lehre von Sri Aurobindo und Mutter basieren und sie hinter uns stehen, um uns zu unterstützen." Der andere sagte: „Nein, nein! Wir sind nicht sektärerisch! Wir lassen alle Ideen und alle Theorien zu." Ich antwortete, und es trifft sich, daß ich Z recht gab, jedoch mit einer Berichtigung, denn er sagte, die Leute müßten uns als ihren Guru akzeptieren – ich sagte: „Nein, das ist völlig überflüssig. Nicht nur überflüssig, sondern ich weigere mich; ich will überhaupt nicht der Guru von irgend jemandem sein. Die Leute müssen lediglich wissen, daß die Dinge auf der Grundlage von Sri Aurobindos Denken geschehen sollen."[2]

---

1. Ein Politiker, Anhänger von Sri Aurobindo und Freund von Nehru.
2. Hier ist der Wortlaut von Mutters Antwort: „Ich las Zs Bericht und Ihren Brief zu dem Thema. Er muß im Glauben seiner Hingabe erschüttert worden sein. Wahr ist in dem, was er sagt, daß jede Idee, WAS AUCH IMMER die Summe ihrer enthaltenen Wahrheit, wirkungslos ist, wenn sie nicht auch die von der Verwirklichung und einer effektiven Veränderung im Bewußtsein stammende Macht enthält. Und wenn der Verfechter dieser Idee nicht selber die Verwirklichung besitzt, dann muß er versuchen, die Macht von denen zu empfangen, die sie haben. Was Sie hingegen

Folglich zieht jeder in seine Richtung. Aber nun, sie versuchten, etwas aufzustellen (das übrigens weder Hand noch Fuß hatte), und schließlich schrieben sie mir ein wenig deutlicher (ein Mann darin ist sehr nett, das ist Y: nicht sehr intellektuell, aber mit viel Vernunft und einem treuen Herzen, jedenfalls ein sehr guter Mann). Y stellte mir einige direkte Fragen, ohne leeres Geschwätz. Ich antwortete direkt: „World Union ist etwas völlig Oberflächliches, ohne Tiefe, das auf der Tatsache basiert, daß Sri Aurobindo sagte, man müsse der 'Masse' helfen, der Bewegung der 'Elite' zu folgen – nun gut, sollen sie nur! Wenn sie das lustig finden, sollen sie nur!"... Ich sagte es nicht ganz so offen, sondern etwas höflicher (!), aber das ist der Inhalt.

Daraufhin ist alles flach gefallen. Sie setzen ihre kleinen Geschäfte fort, aber das hat überhaupt keine Bedeutung. Sie haben eine kleine Zeitschrift. (V schrieb für sie und ist bei weitem nicht dumm. Sie ist recht intelligent, und ich habe eine gewisse Kontrolle über sie: ich werde verhindern, daß sie Dummheiten schreibt.)

Plötzlich hatten sie auch die geniale Idee, sich der „Sri Aurobindo Society" anschließen zu wollen. Aber die Sri Aurobindo Society hat überhaupt nichts damit zu tun; das ist etwas völlig Äußerliches, von Geschäftsleuten organisiert, um Geld zu beschaffen – AUSSCHLIESSLICH. Das heißt, sie wollen die Leute in eine Lage versetzen, wo sie sich veranlaßt fühlen, Geld zu spenden (bis jetzt gelingt es ihnen, und ich glaube, es wird ihnen weiterhin gelingen). Aber das hat überhaupt nichts mit einem ideellen Werk zu tun: es ist GANZ UND GAR praktisch.[1] World Union hatte der Sri Aurobindo Society natürlich nichts zu bieten, sie könnten höchsten ihr Geld abschöpfen. Deshalb sagte ich ihnen: „Nichts da, kommt nicht in Frage!"

Aber sie sagten: „Ihr Name ist dort als Präsident der Sri Aurobindo Society." – Mein Name ist dort, um eine gänzlich materielle Garantie

sagen, ist wahr. Eine Idee muß aufgrund der Summe ihrer enthaltenen Wahrheit akzeptiert werden, nicht aufgrund der Persönlichkeit, die sie aussprach, wie groß auch diese Persönlichkeit sei. Diese beiden Wahrheiten oder Aspekte der Frage sind gleichermaßen wahr, aber auch gleichermaßen partiell: das ist nicht die ganze Wahrheit. Sie müssen beide akzeptiert werden und mit vielen anderen Aspekten der Frage verbunden werden, wenn Sie sich auch nur geringfügig der dynamischen Verwirklichungsmacht nähern wollen. Sehen Sie nicht die Lächerlichkeit der Lage: drei Menschen guten Willens kommen zusammen in der Hoffnung, die Menschen die Notwendigkeit einer „Vereinigung der Welt" zu lehren, und sie sind nicht einmal fähig, eine annehmende und annehmbare Vereinigung unter sich zu bewahren, weil sie den Vorgang zur Verwirklichung ihres Plans alle unter einem anderen Gesichtspunkt sehen?"

1. Nachdem sie Geld für die Bedürfnisse des Ashrams und von Auroville gesammelt hatten, erklärte sich diese „völlig äußerliche Sache", die „überhaupt nichts mit einem ideellen Werk zu tun hat" nach Mutters Abschied kaltblütig zum Besitzer und Leiter von Auroville.

zu geben, daß die gespendeten Gelder wirklich für das Werk eingesetzt werden und nicht für etwas anderes – eine moralische und rein praktische Garantie, nichts anderes. Von diesen Leuten wird nicht einmal erwartet, daß sie Sri Aurobindos Werk verstehen: man bittet sie nur zu helfen. Die anderen, von World Union, sind eine andere Kategorie: sie stellen sich auf eine gänzlich ideelle Ebene, sie wollen die Welt darauf vorbereiten *(lachend)*, das Supramental zu empfangen! – Sollen sie vorbereiten! Das macht nichts, sie werden nichts ausrichten oder sehr wenig. Das hat keine Bedeutung. Dies ist mein Standpunkt. Ich habe es ihnen auch gesagt.

Ich sagte ihnen auch, es wäre vorzuziehen, daß sie hier nichts tun – daß sie es in Tapogiri, im Himalaja, tun oder sonst wo. Das ist abgemacht. Es gab ein „Seminar" hier (das übrigens ein vollkommenes Fiasko war), aber das war vorher organisiert worden, lange im voraus: sie hatten Leute eingeladen, die versprochen hatten zu kommen (ich glaube es waren sehr wenige), und das hat eine völlig nebensächliche Bedeutung. Aber ich sagte ihnen: „Dies ist das letzte Mal: nicht mehr hier. In Tapogiri, so viel ihr wollte: das ist ein schöner Ort, in den Bergen, dorthin geht man im Sommer, macht eine Frischluftkur und... tauscht Albernheiten aus"!

Was mich schockierte... Du weißt, daß ich mein Zimmer selten verlasse, aber wenn ich zum Ashram komme, an einem Darshan oder um dich zu besuchen, sehe ich jedesmal zufällig J in einer Ecke mit einem europäischen Besucher reden. Die Wiederholung dieser Zufälligkeit machte mich nachdenklich. Ich sagte mir: aber was tut er bloß mit all diesen Europäern, die hier zu Besuch sind, systematisch?! Das schockierte mich, weil ich mich in die Lage dieser Besucher versetzte und mir sagte: stell dir vor, du kommst zum ersten Mal ins Ashram, sehr offen, auf der Suche nach einer großen Wahrheit, und du gerätst diesem Herrn in die Hände, der dir sagt: Sri Aurobindo>World Union. Meine erste Reaktion wäre zu sagen: „Ich gehe, das interessiert mich nicht."

Das ist ein Test, mein Kind, ein sehr guter Test! Es gibt viele solche Dinge...

Hier ist eine Person, Mridou, die du kennst (das „Faß"![1]), wenn es keinen Klatsch gibt, erfindet diese Frau ihn! (Lange Zeit hatte sie viele „Kunden", denn sie bereitete indische Süßigkeiten zu, und die Europäer gingen zu ihr, um zu kosten.) Alle Abscheulichkeiten, die man erzählen

---

1. Sri Aurobindos frühere Köchin, rund wie ein Faß.

kann, erzählt sie allen Leuten, die kommen. Man machte mich darauf aufmerksam. Ich erinnere mich, als Sir Akbar aus Hyderabad kam, warnte er mich: „Wissen Sie, das ist die zweite Mutter im Ashram, passen Sie auf!" Ich erwiderte: „Das ist ein guter Test: Leute, die nicht sofort merken, was das ist, sind es nicht wert, hier zu sein."

Mit J ist es dasselbe – vom intellektuellen Standpunkt ist es dasselbe: Leute, die sich davon einnehmen lassen, zeigen, daß sie ÜBERHAUPT NICHT bereit sind.

Aber die Gefahr ist nicht, davon „eingenommen" zu werden, sondern angewidert zu werden!

Angewidert? Aber das ist dasselbe!

Man wird sagen: das ist also Sri Aurobindo!

Dann beweist es, daß sie nie etwas von Sri Aurobindo gelesen haben. Völlig bedeutungslos. Nein, es ist sogar besser als bedeutungslos: das ist ein Test.

Wir sind voller Tests hier, voll, voll, voll! Die Leute wissen es nicht…

Man sieht es: als wäre es absichtlich getan, um die Leute zu vergrämen (es ist nicht „absichtlich", aber es ist so). Das beschützt mich vor einer Fülle von Taugenichtsen! Mir ist nicht daran gelegen, viele Leute hier zu haben.

Etwas anderes schockierte mich in ihrer Zeitschrift…

Ich habe sie nicht gesehen – voller Eseleien?

Erschreckend! Als erstes bedienen sie sich Sri Aurobindos Namens, dann stellen sie alles auf dieselbe Ebene wie Vinoba Bhave, Dr. Schweitzer und ich weiß nicht mehr, welcher andere mehr oder weniger Weise. Und am Ende richten sie einen Appell an die Leser, „beizutreten"!… Da sagt man sich: „Trotzdem, Sri Aurobindo…" Alles wird durcheinandergebracht, verringert.

Ich schrieb ihnen einen Brief, wo ich ihnen ihre Dummheiten vor die Nase hielt.

Hör dir diesen Appell an: „Wenn die Chance, die unsere Bewegung anbietet, Sie anzieht, wenn Sie das Gefühl haben, zu jenen zu gehören, die für die Mitarbeit an diesem spirituellen Abenteuer vorbereitet wurden, laden wir Sie ein, uns zu schreiben, um Mitglied von World Union zu werden…"

Das werde ich V schicken und ihn unschuldig fragen: „Ist das in Ihrer Zeitschrift erschienen? Denn es wäre besser, wenn nicht: wir machen keine Propaganda." Oh, ich bin streng mit ihnen, weißt du!

Aber das macht nichts, man muß stets das Lächeln bewahren, mein Kind. Schließlich wendet sich all das zum Besten – es ist eine Auswahl! Ein hervorragendes Sieb, hervorragend.

Im Grunde gibt es SEHR WENIGE Leute, die bereit sind, hier zu sein, sehr wenige. Wir haben alle möglichen Leute aufgenommen – aufgenommen, aufgenommen, aufgenommen –, und danach wird gesiebt. Die Auswahl wird immer enger. Im Grunde wird alles genommen, die ganze Erde, und dann... das *churning (Geste des Durchrührens)*. Und alles Unnütze geht weg.

Die Gegensätze werden offensichtlich immer extremer – was ein gutes Zeichen ist, denn es bedeutet, daß wir fortschreiten. Aber die Umstände werden immer schwieriger: die geringste Kleinigkeit wird zum Anlaß für eine Darbietung von schlechtem Willen und Feindseligkeit – von Seiten der Regierung, von Seiten der Leute, usw. –, das heißt, oberflächlich gesehen, sitzen wir immer tiefer in der Patsche. Mir frohlockt dabei das Herz! Ich nehme es als Anzeichen, daß wir uns nähern.

Deshalb darf man sich nicht davon berühren lassen, man muß stets lächeln. Lächeln, VOLLKOMMEN über all dem stehen, vollkommen.

(Schweigen)

Ich sagte ihnen... Denn die Leute von World Union fragten mich, was sie falsch gemacht hätten (sie stellten die Frage nicht so deutlich, sondern indirekt), und ich antwortete (auch nicht so deutlich, vielleicht nicht indirekt, aber allgemeiner), daß ihr Fehler war, untreu gewesen zu sein. Und ich erklärte ihnen, daß untreu sein bedeutet, alles auf dieselbe Ebene zu stellen (das war der Anlaß gewesen, ihnen diesen Satz zu schicken[1]). Ich sagte ihnen: „Ihr Fehler war zu sagen: „Eine Lehre unter anderen; seien wir deshalb freisinnig, nehmen wir alle Lehren an."" – Und mit allen Lehren nehmen sie alle möglichen Eseleien an.

Aber wenn jemand davon eingenommen wird, dann beweist es, daß er ein Einfaltspinsel ist und nicht bereit ist.

Oh, ich hatte die verschiedensten Beispiele!... Alle Fehler sind Tests. Nimm zum Beispiel P: lange Zeit, wenn jemand von außen kam und um Erklärungen bat, schickte man ihn zu P (nicht ich, aber die Ashramleute sagten ihnen: „Reden sie mit P"). Und P ist der Sektierer par

---

1. „... Was Sri Aurobindo bedeutet, ist keine Lehre, nicht einmal eine Offenbarung, sondern eine AKTION, die direkt vom Höchsten kam." (Gespräch vom 18. Februar).

excellence! Er erklärte den Leuten: „Wenn Sie nicht anerkennen, daß Sri Aurobindo DER EINZIGE ist, der die Wahrheit besitzt, taugen Sie nichts"! Natürlich *(lachend)* protestierten viele Leute! Und die anderen erkannten, daß es nicht so geschickt war und es vielleicht besser wäre, die Besucher nicht zu P zu schicken. (Man tut es immer aus Faulheit – weil man sich nicht die Mühe machen will, den Leuten zu antworten, sagte man ihnen: „Reden Sie mit diesem, reden Sie mit jenem." – man entzieht sich der Arbeit!) Viele Leute wurden so abgeschreckt. Doch im Grunde... Man sagte es mir später, ich erwiderte: „Aber sollen sie doch lesen und FÜR SICH SELBST sehen, ob es ihnen gefällt oder nicht. Was kann das schon ausmachen, daß sie abgeschreckt werden! – Wenn sie abgeschreckt werden, heißt das, daß sie es BRAUCHTEN! Später werden wir sehen." Manche machten einen Kreisbogen und kehrten zurück, andere kamen nie wieder – weil sie nicht zurückkommen sollten. Das ist so. Im Grund hat das KEINERLEI Bedeutung. Oder man kann es noch anders ausdrücken: alles ist vollkommen gut so.

(Schweigen)

Jeder von UNS muß seine Lektion lernen – das ist etwas anderes: WIR sind nicht vollkommen gut so, weil wir besser sein können. Doch die Umstände sind nur die Entfaltung von dem, was wir sind, nichts anderes. Wir haben uns keine Sorgen zu machen – ich mache mir keine Sorgen!

Nochdazu belustigt mich das! Ich finde das so komisch! Von einem gewissen Punkt an sind all diese Dinge SO kindisch, so dumm, so... *meaningless* [bedeutungslos]. Was kann das schon ausmachen! – Solange die Leute auf dieser Ebene stehen, sind sie dort! Am Tag, wo sie herauskommen, werden sie auch lächeln!

Natürlich trage ich eine gewisse Verantwortung, weil von mir erwartet wird, daß ich alles organisiere. Daher versuche ich, die Dinge AN IHREN PLATZ zu stellen. Und deshalb sagte ich ihnen, es wäre besser, sie halten ihre „Seminare" nicht hier, weil das den Anschein gibt... ich sagte nicht „giftig", aber es gibt den Anschein *(lachend)* eines Pilzes auf der Eiche!

*
* *

(Mutter beginnt ihre Arbeit. Ein Moskito sticht sie.
Nebenbei bemerkt sie:)

Oh, das mag ich nicht! Denn in den Beinen habe ich die Filariose. Ja, ich glaube schon, es gibt allen Grund, es zu glauben! *(Mutter lacht)*

Aber das macht nichts! Es wird weggehen... glaube ich. Ich laß mich nicht gerne stechen, wegen der Krankheitserreger; aber tagsüber haben sie nichts zum Aufsammeln: erst gegen Mitternacht sammeln sie die Keime auf.

Oben dulde ich keine Moskitos!

Gut.

*
* *

(Beim Hinausgehen, auf der Türschwelle:)

Jedesmal, wenn ich eine „Fröhlichkeit" *(Kokardenblume)* habe, werde ich sie dir bringen. Das ist eine GROSSE KRAFT, eine große Kraft.

Die Dinge stehen sehr schlecht: Horden von Feinden befallen mich, Freunde lassen uns im Stich – jedenfalls steht es äußerst schlecht. Gestern abend, als ich beim Japa auf und ab ging und all diese „guten Nachrichten" eingetroffen waren, sagte ich dem Herrn: „Hör zu, Herr, du hast Indra[1], um den guten Leuten zu helfen: ich bitte dich, ihn mir zu schicken, damit er gute Arbeit leistet!" *(Mutter lacht)* Dann wurde mein Gehen so amüsant! Ich ging auf und ab, und ich sah sie alle kommen, Indra und die verschiedenen Götter, und sie arbeiteten. Sehr erfreulich!

⚘

7. März 1961

(Mutter kommt mit Verspätung... wie gewohnt. Sie brauchte fast eine Stunde, um den Flur zu überqueren, wie im Dschungel:)

Wie lange habe ich gebraucht...? Oh, es ist schändlich! Ich müßte um 9 Uhr nach unten kommen. Aber dann kann ich oben nichts tun, das ist das Ärgerliche.

Aber Mutter, je früher du nach unten kommst, um so länger werden sie dich aufhalten!

Was tun...

---

1. Der König der Götter.

Ich habe dir einen Vortrag mitgebracht! *(Mutter verteilt Blumen:)* zuerst das Ziel der Veden: die Unsterblichkeit [violetter Amarant]. Das war ihr Ziel: die Wahrheit für die Unsterblichkeit. Das war ihr Ehrgeiz: die Unsterblichkeit. Aber ich weiß nicht, ich glaube nicht, daß es eine physische Unsterblichkeit war – das ist nicht sicher, denn sie sprachen von den *forefathers* [den Vorvätern], und die Vorväter der Menschen, das bedeutet die Initiation, die den Veden und auch der Kabbala vorherging; und dort war die Rede von Unsterblichkeit auf Erden: auf der transformierten Erde – Sri Aurobindos Idee. Vielleicht wußten sie es also, sagten es aber nicht.

(Mutter gibt weitere Blumen:) Das ist die persönliche Seite: die „Freundschaft mit dem Göttlichen" [rote Kanna mit kleinen Blüten], freundliche Beziehungen mit dem Göttlichen – man versteht sich, fürchtet sich nicht, gute Freunde also! Und das ist ein Wunderwerk! *(Mutter gibt „die göttliche Liebe, die die Welt beherrscht", Brownea coccinea),* und wie stark sie ist! Freigebig, überfließend, ohne Enge, ohne Kleinheit, ohne Begrenztheit – wenn das kommen wird...

*
* *

Am Ende des Gesprächs, nach der Arbeit:

Ich bin im Moment sehr faul! Ich bekam eine abscheuliche Flut von Briefen, von denen dreiviertel unnütz sind – aber ich muß sie ansehen, um herauszufinden, ob sie unnütz sind oder nicht (!), das verschlingt meinen Morgen, bevor ich nach unten komme. Meistens übersetzte ich nachmittags *La Synthèse* oder beantwortete Fragen, aber jetzt gehe ich in Konzentration: ich tue nichts. Ich will das heilen [die Beine].

Ich habe mir in den Kopf gesetzt, mich zu heilen – man sagte mir, das wäre unheilbar. Die Ärzte vergiften euch (wie sie die arme S vergifteten), um euch zu heilen – das ist keine Heilung! Wenn sie sich nicht gerade vor dem Patienten hochspielen, geben sie auch völlig zu, daß es überhaupt nicht sicher ist, daß es euch heilt: es macht euch nur unschädlich für die anderen. Doch ich glaube nicht an all das – ich glaube nicht an die Ärzte, ich glaube nicht an ihre Heilmittel, ich glaube nicht an ihre Wissenschaft (sie sind sehr nützlich, sie haben einen großen sozialen Nutzen (!), aber für mich selbst glaube ich nicht daran).

Ich merkte es, als das kam: es war auf dem Sportplatz[1]. Bestimmte Leute vergifteten mich mit einem Moskitostich. Als ich gestochen

---

1. Bis 1958 kam Mutter jeden Tag auf den Sportplatz und blieb von 5 bis 9 oder 10 Uhr abends dort, um Leute zu empfangen und an die zweitausend Schülern ihre direkte

wurde, erfuhr ich das, denn es trifft sich, daß ich ein wenig bewußt bin! Doch ich hielt es so (*Geste, die Krankheit zu unterdrücken, wie man etwas beherrscht*) und sie konnte sich nicht regen. Wahrscheinlich hätte sie sich nie geregt, wenn ich nicht diese Erfahrung [am 24. Januar] gehabt hätte und es erforderlich wurde, daß der Körper bereit ist. Ein „bereiter Körper" kann nicht einen Haufen Dinge in sich bewahren, die den *Dasyus* angehören, wie die Veden es ausdrücken! Das sind kleine gemeine Dasyus! (*lachend*) Sie müssen verjagt werden!

Als es wiederkam, sagte ich mir: „Gut, das heißt, es muß... *dealt with in a new way*" [auf eine neue Weise behandelt werden].

(Schweigen)

Der Körper ist dabei, eine prächtige Schlacht zu liefern, oh, eine prächtige Schlacht. Er stellt es sehr gut an.

Das kann lange dauern, denn es ist eine etwas schwierige Angelegenheit – ich will nicht, daß es wieder untertaucht und beim nächsten Angriff von diesem oder jenem wieder hervorkommt. Deshalb gehe ich behutsam vor, was bedeutet, daß es mich Zeit kostet: ich konzentriere mich und „arbeite" eine Stunde jeden Tag nach dem Mittagessen. (Vorher machte ich während dieser Zeit meine Übersetzung, aber ich habe mindestens zwei oder drei Jahre Vorsprung vor dem *Bulletin*, da macht es nichts, ich halte die Arbeit nicht auf! Ich bin fast fertig mit dem „Yoga der Hingabe", bleibt nur noch das „Yoga der Selbst-Vervollkommnung" – das ist eine Angelegenheit, oh!... Das fehlt mir: diese Übersetzung war meine Freude.) Aber nun, diese Arbeit [am Körper] ist nützlich – man muß im Leben etwas versuchen, wir sind hier, um etwas neues zu tun, oder?

Aber war es ein „Unfall", daß du dort gestochen wurdest?

Nein, nein, kein Unfall. Es ist, weil...

Mein Kind, ich habe nicht die Einbildung, vollkommen universell zu sein, aber ich bin jedenfalls offen genug, um einiges zu empfangen... Aufgrund der Ansammlung von Materie, die ich in mein Bewußtsein aufgenommen habe, empfängt der Körper die Konsequenzen, ganz natürlich. Es gibt nichts, keine einzige falsche Bewegung, die der Körper nicht spürt[1]; nur wird es meistens automatisch geregelt (*Geste der automatischen Reinigung und Beherrschung aller Vibrationen, die Mutter erreichen*). Doch manchmal – besonders wenn es mit einer Auf-

---

spirituelle Hilfe zu geben, während sie einzeln vor ihr antraten.

1. Mutter spricht von den guten oder schlechten Bewußtseinsregungen all jener, die sie als Schüler akzeptierte und in ihr Bewußtsein aufnahm.

ruhr der gegnerischen Kräfte zusammenfällt, die nicht wollen, daß man sie ihres Gebiets beraubt, und die mit aller Macht in den Kampf treten –, dann, muß ich gestehen, ist es hart... Wenn ich Stunden des Alleinseins hätte, wäre es leichter. Vor allem während der Zeit des Sportplatzes wurde ich arg bedrängt: eine Sache nach der anderen, eine Sache nach der anderen, mir blieb fast nichts von der Nacht – meine Nächte dauerten nur zweieinhalb oder drei Stunden. Das reicht nicht aus, man hat nicht genug Zeit, die Dinge zu ordnen.

Das ist also der Grund. Alles, was ich tun konnte, war, es so zu halten *(selbe Geste, die Krankheit zu knebeln oder zu unterdrücken).*

Aber trotzdem war es ein Moskito, das dich stach?

Es war ein Moskito.

Es war ein Moskito, aber augenblicklich gab es eine lokale Vergiftung, AUGENBLICKLICH. Das war... schrecklich! Wie ich sagte: ich wußte, daß ich gestochen worden war, ich bemühte mich; aber es war auf dem Sportplatz, ich war beschäftigt und konnte mich erst eine Stunde später darum kümmern. Da war es zu spät, das war schon im Blutkreislauf.

Dreimal wurde ich so gestochen, aber es war nicht dasselbe. Bei diesem letzten Stich wußte ich, daß es dies war [Filariose]. Das war am Arm. Meine Beine sind bedeckt, wenn ich nach draußen gehe, die Beine hatten nichts, aber die Arme...

Einmal vor sehr langer Zeit, als Sri Aurobindo noch hier war, wurde ich von einer Mücke gestochen, die von... (wie sagt man?) von einem Leprakranken kam. Ein Leprakranker hatte sich dort an die Straßenecke gesetzt (ich wußte nichts davon, ich war in meinem Badezimmer, gegenüber). Plötzlich wurde ich hier am Kinn gestochen, und AUGENBLICKLICH wußte ich: „Lepra!" – Einige Sekunden war es schrecklich, fürchterlich! Ich tat sofort das Notwendige (im Badezimmer hatte ich alles Nötige). Dann kam mir der Gedanke, aus dem Fenster zu schauen – dort saß ein Leprakranker. Ich verstand: die Mücke war direkt von ihm zu mir gekommen, freundlicherweise. Aber dort konnte ich es sofort aufhalten (das dauerte drei, vier Tage), ich sage „aufhalten", denn man sagt, Lepra braucht manchmal fünfzehn Jahre, um herauszukommen, deshalb... Aber es sind schon mehr als fünfzehn Jahre! *(Mutter lacht)* Dann ist es vorbei.

Nein, der große Unterschied liegt darin, bewußt zu sein, dann ist die Sache sofort GEWUSST, und man kann reagieren.

Gestern schickte ich dir etwas (nicht viel, nur zum Probieren): das war Pistazien-Püree, das man mir macht! Konzentrierte Nahrung[1]. Das ist amüsant! Ich habe mir in den Kopf gesetzt, dich zum Schlemmer zu machen! *(Mutter lacht)* Auf Wiedersehen, mein Kind.

11. März 1961

Guten Morgen!

Ich mußte kämpfen, um dort wegzukommen, weißt du! Ich begann, sie alle auszuschimpfen, ihnen zu sagen, daß sie meine Zeit vergeuden. Dann konnte ich kommen. Sonst ist es unmöglich.

(Satprem legt ein Kissen unter Mutters Füße)

Das ist schon fast Luxus jetzt!

Wann war es?... Nicht letzte Nacht, sondern die Nacht davor, ich war irgendwo mit dir, und während ich mit dir war, hörte ich die Uhr schlagen. Ich zählte nicht und sagte mir: „Es ist vier Uhr." Ich sprang aus meinem Bett... und eine Stunde später merkte ich, daß es vier war! Ich war um drei aufgestanden. Um drei Uhr morgens waren wir ziemlich lange zusammen. Ich war... Wo? Ich weiß nicht. Ich lebte irgendwo (sicherlich irgendwo im Mental) und wir waren zusammen, wir hatten zusammen gearbeitet, verschiedene Sachen erledigt, lange zusammen gelebt, sicherlich während... ich weiß nicht, wieviel Zeit, denn die Zeit ist dort nicht dieselbe.

Dann sollte ich hierher zurückkehren, zu meinem Platz in Indien (nicht mein Platz irgendwo anders, sondern in Indien, das heißt bei Sri Aurobindo, ich sollte zu Sri Aurobindos Platz zurückkehren). Pavitra war auch dort, aber das hatte nicht mit ihm zu tun: er war dort mit etwas beschäftigt, und als er merkte, daß ich wegging, kam er und versuchte es zu verhindern, und du halfst mir im Gegenteil. Ich fragte mich: „Soll ich etwas mitnehmen oder nicht? – Ich brauche nichts, ich werde alleine gehen." Das besorgte dich ein wenig, wegen der Reise, du sagtest: „Die Reise bedeutet viele Komplikationen..." Ich antwortete *(lachend):* „Das macht nichts."... Aber wenn du wüßtest, wie lebendig

---

1. Mutter war bereits auf der Suche nach dieser „anderen Nahrung".

das war, konkret! Und die Eindrücke waren so... Der Eindruck, eine lange Reise zu machen – eine LANGE Reise, als überquerte ich das Meer (aber es war nicht physisch), eine lange Reise. Und ich erinnere mich, im Vorbeigehen (ich war mit dir zusammen, du warst dort) sagte ich mir: „Endlich ist er da! Endlich finde ich einen Vernünftigen, der mich nicht hindern will, das zu tun, was ich zu tun habe!" Ich hatte... *(lachend, verschmitzt)* eine sehr hohe Meinung von dir, deshalb erzähle ich es dir!

Ich wachte plötzlich mit den Schlägen der Uhr auf (ohne sie zu zählen), und beim Aufwachen war mein Eindruck: „Er ist aber wirklich lieb! Das ist ein guter Kamerad, er ist wirklich lieb."

Aber ich stand eine Stunde zu früh auf![1]

Oh! *(Mutter bemerkt die Blumen, die sie noch in den Händen hielt)* Das ist die „Supramentale Schönheit" [lachsfarbene Hibiskus], dies ist der „Supramentale Sieg", und dies ist die „Ausdauer" [Zinnie], um ihn zu erlangen! Und das „Versprechen" [Kapuzinerkresse]. Dann die Lilien von hier *(Mutter schaut lange)*... und hineingelegt habe ich die „Anhänglichkeit für das Göttliche" [eine violette Orchidee]. Ich brachte sie dir, weil sie schön ist.

Was tun wir jetzt? *(Mutter betrachtet Sri Aurobindos „Aphorismen")*... Ich habe schon angefangen zu antworten!

Schon!

Ja! Oh, weißt du, ich lese und dann kommt es vrrm! Als öffnete man einen Wasserhahn! *(Mutter liest:)*

> 56 – Wenn du in einer Debatte gewonnen hast, O erbitterter Verfechter, bist du sehr zu bemitleiden, denn du hast eine Gelegenheit verpaßt, dein Wissen zu erweitern.

Wie schön! Dazu ließen sich viele Dinge sagen...

Wozu nützen Diskussionen? – Jene, die gerne diskutieren, sind meistens die, denen es zur Klärung ihrer Ideen der Stimulation des Widerspruchs bedarf.

Das ist etwas, das ich beinahe ständig erlebe: ich bin von solchen Leuten umgeben!

Das ist offensichtlich das Zeichen eines sehr elementaren intellektuellen Stadiums.

---

1. Diese rätselhafte Erfahrung war tatsächlich sehr wichtig, wie Mutter später (am 17. März) erklärte: sie verließ die Unterwerfung der mentalen Abläufe, symbolisiert durch diesen Ort, in dem sich Pavitra befand.

Aber wenn man einer Diskussion als unparteiischer Zuschauer „beiwohnen" kann (selbst wenn man daran beteiligt ist), kann man es stets nutzen, um eine Frage oder ein Problem von mehreren Gesichtspunkten zu betrachten, und durch den Versuch, die entgegengesetzten Standpunkte zu vereinen, kann man seine Ideen weiten und sich zu einer umfassenderen Synthese erheben.

Aber welches ist die beste Art, anderen deutlich zu machen, was man für wahr hält?

Es zu LEBEN – es gibt keine andere Art.

*
* *

Lies mir einen anderen Aphorismus vor.

58 – Das Tier, bevor es korrumpiert wird, hat noch nicht vom Baum des Wissens von Gut und Böse gegessen; der Gott ließ ihn stehen und zog den Baum des ewigen Lebens vor; der Mensch steht zwischen dem höheren Himmel und der tieferen Natur.

Hast du eine Frage?

Gab es wirklich ein irdisches Paradies? Warum wurde der Mensch daraus vertrieben?

Vom historischen Standpunkt (nicht psychologisch, sondern historisch), rein aufgrund meiner Erinnerungen (ich kann es aber nicht beweisen, man kann nichts beweisen, und ich glaube nicht, daß es irgendeinen wirklich historischen Beweis gibt: nichts blieb erhalten – jedenfalls wurde noch nichts gefunden), aber nach meiner Erinnerung… *(Mutter schließt die Augen, als verfolgte sie ihre Erinnerung, und spricht die ganze restliche Zeit mit geschlossenen Augen)* In einer gewissen Epoche der irdischen Geschichte gab es sicherlich eine Art „irdisches Paradies" im Sinne eines vollkommen harmonischen und natürlichen Lebens, das heißt die Manifestation des Mentals stand in Einklang – stand NOCH in völligem Einklang – mit dem aufsteigenden Fortlauf der Natur, in völliger Harmonie, ohne Perversion und ohne Entstellung. Dies war das erste Stadium der mentalen Manifestation in den materiellen Formen.

Wie lange dauerte das an? – Schwer zu sagen. Aber für den Menschen war das ein Leben, das einem Aufblühen des Tierlebens glich. Meine Erinnerung ist die eines Lebens, in dem der Körper vollkommen an seine natürliche Umgebung angepaßt ist, das Klima an die

Bedürfnisse des Körpers und der Körper an die Anforderungen des Klimas. Das Leben war vollkommen spontan und natürlich, wie es ein leuchtenderes und bewußteres Tierleben wäre; aber es hatte absolut nichts von den Komplikationen und Entstellungen, die das Mental in seiner späteren Entwicklung brachte.

Die Erinnerung an dieses Leben hatte ich – ich hatte sie, als ich mir des gesamten irdischen Lebens bewußt wurde. Aber ich kann nicht sagen, wie lange das anhielt und wie weitverbreitet es war – ich weiß es nicht. Ich erinnere mich nur an die Bedingungen, die Zustände der materiellen Natur, der menschlichen Form und des menschlichen Bewußtseins zu dieser Zeit, und an diese Harmonie mit allen anderen Elementen der Erde: Harmonie mit dem Tierleben und eine so große Harmonie mit dem Pflanzenleben – es gab eine Art spontane Kenntnis der Anwendung der Naturprodukte, der Eigenschaften der Pflanzen, der Früchte und allem, was die pflanzliche Natur spenden konnte. Und keine Aggression, keine Angst, keine Widersprüche oder Reibungen, und KEINE Perversion – das Mental war rein, einfach, leuchtend, unkompliziert.

ALL die Komplikationen, all die Entstellungen begannen sicherlich mit dem Fortschreiten der Evolution, dem Weiterlauf der Evolution, als das Mental sich FÜR SICH SELBST zu entwickeln begann, in sich selbst. Derart, daß diese scheinbar so kindische Geschichte der Genesis sicher eine Wahrheit enthält. In den alten Überlieferungen wie die der Genesis war es wie die Veden: jeder Buchstabe[1] war das Symbol eines Wissens, war die bildhafte Zusammenfassung des Wissens dieser Zeit. Aber darüber hinaus hatte auch das Symbol eine Realität, im Sinne, daß es wirklich eine Epoche des Lebens auf der Erde gab (die erste Manifestation der mentalisierten Materie in menschlichen Formen), die noch in vollkommenem Einklang mit allem Vorhergehenden stand. Und erst später...

Der Baum des Wissens symbolisiert diese Art Wissen... das nicht mehr göttlich ist, sondern ein materielles Wissen, das vom Gefühl der Trennung stammt und das anfing, alles zu verderben. Wie lange dauerte diese Epoche? (Denn meine Erinnerung ist auch wie an ein fast unsterbliches Leben, und es erscheint wie eine Art Fehltritt der Evolution, daß die Auflösung der Formen zur Notwendigkeit für den Fortschritt wurde.) Deshalb kann ich nicht sagen, wie lange das anhielt. Und wo? – Nach gewissen Eindrücken (aber das sind nur Eindrücke) war es anscheinend in der Gegend von... ich bin nicht sicher, ob es auf dieser Seite von Ceylon und Indien war oder auf der anderen

---

1. Die hebräischen Buchstaben in der Genesis.

(Mutter deutet auf den indischen Ozean, entweder westlich von Ceylon und Indien oder im Osten, zwischen Ceylon und Java), aber sicherlich ein Ort, der nicht mehr existiert, wahrscheinlich versank er im Meer. Die Vision dieses Ortes und des Bewußtseins dieses Lebens und seiner Formen ist sehr deutlich, aber rein materielle Angaben kann ich nicht geben. Dauerte es Jahrhunderte an, war es...? Ich weiß nicht. Um die Wahrheit zu sagen, als ich diese Augenblicke wiedererlebte, verspürte ich keine Neugier für diese Einzelheiten (man ist in einem anderen Geisteszustand, es besteht keine Neugier für diese materiellen Angaben: alles verwandelt sich in psychologische Faktoren). Es war etwas so... Einfaches, Leuchtendes, Harmonisches, außerhalb all unserer Besorgnisse – eben all unsere Besorgnisse über Zeit und Ort. Ein spontanes Leben, äußerst schön, und der Natur sehr nahe! Wie ein natürliches Erblühen des Tierlebens. Es gab keine Gegensätze oder Widersprüche und all das – alles geschah auf bestmögliche Weise.

(Schweigen)

Unter verschiedenen Umständen hatte ich wiederholt eine ähnliche Erinnerung (nicht genau dieselbe Szene und dieselben Bilder, denn es war nicht etwas, das ich sah, sondern ein Leben, das ich führte). Eine Zeitlang sah ich in einer bestimmten Trance, sowohl nachts als auch tagsüber, ein Leben, das ich gelebt hatte, und ich hatte das volle Bewußtsein, daß es ein Aufblühen der menschlichen Form auf der Erde war – die ersten menschlichen Formen, die fähig waren, das göttliche Wesen von oben zu verkörpern. Es war das: das erste Mal, daß ich mich in einer irdischen Form verkörpern konnte, in einer bestimmten Form, einer individuellen Form (kein allgemeines Leben, sondern eine individuelle Form), das heißt das erste Mal, daß die Verbindung zwischen Dem Wesen von oben und dem Wesen von unten mit Hilfe der Mentalisierung dieser materiellen Substanz zustande kam. Das erlebte ich mehrere Male, aber immer in einem ähnlichen Rahmen und mit einem völlig ähnlichen Gefühl, einer SO freudigen EINFACHHEIT, ohne Komplikationen, ohne Probleme, ohne all diese Fragen, es gab nichts, absolut nichts von all dem! Das Erblühen einer Lebensfreude, nichts anderes als das... in einer allgemeinen Liebe, einer allgemeinen Harmonie: die Blumen, die Steine, die Tiere, alles befand sich in vollkommenem Einverständnis.

Erst LANGE ZEIT DANACH (aber das ist ein persönlicher Eindruck), lange Zeit danach... verdarben die Dinge. Wahrscheinlich weil bestimmte mentale Kristallisierungen notwendig, unvermeidlich für die allgemeine Evolution waren, damit das Mental sich auf etwas anderes vorbereiten konnte. Dort wurde... pah! Das erscheint wie ein Sturz in ein Loch – in eine Häßlichkeit, eine Düsternis. Danach wird alles so düster, so häßlich, so schwierig, so schmerzlich. Wirklich... das macht wirklich den Eindruck eines Sturzes.

(Schweigen)

Theon behauptete, es war nicht... unvermeidlich. In der vollkommenen Freiheit der Manifestation ist diese willentliche Trennung vom Ursprung der Grund für das ganze Chaos. Aber wie das erklären? – Die Worte sind so arm, daß man diese Dinge nicht erklären kann. Wir können sagen, es war „unvermeidlich", weil es eingetreten ist! Aber wenn man die Schöpfung verläßt, ist eine Schöpfung, in der dieses Chaos nicht eintrat, vorstellbar (oder wäre vorstellbar gewesen). Gemäß Sri Aurobindo war es ungefähr das gleiche: eine Art „Unfall", wenn man will, aber ein „Unfall", der eine sehr viel größere und umfassendere Vollkommenheit der Manifestation ermöglichte als sonst der Fall gewesen wäre – aber das liegt im Bereich der Vermutungen, und Vermutungen, die zumindest unbestätigt sind. Die Erfahrung, das Gefühl, ist jedenfalls das: ein... *(Geste eines harten Sturzes)* oh! Auf einmal.

Für die Erde geschah es wahrscheinlich so, auf einmal: eine Art Aufstieg, dann der Sturz. Aber die Erde ist eine winzige Konzentration. Universell ist es eine andere Sache.

(Schweigen)

Die Erinnerung an diese Zeit blieb irgendwo im irdischen Gedächtnis erhalten, in diesem Bereich, wo sich die Erinnerungen der Erde einprägen, und jene, die fähig sind, damit in Verbindung zu treten, können behaupten, das irdische Paradies existiere noch irgendwo.[1] Aber es existiert nicht materiell... Ich weiß nicht, ich sehe es nicht.

(Schweigen)

Offensichtlich gibt es stets eine symbolische Erklärung für die Dinge. Diese Geschichte, der Mensch wäre aus dem Paradies „verjagt" worden, erklärte Theon folgendermaßen: sobald das Wesen – das feindliche Wesen – die Stellung des höchsten Herrn gegenüber der

---

1. Das ist der Ursprung all dieser Legenden wie die von *Shangri-la*. Aber meistens verwechseln diese „Seher" zwei Wirklichkeitsebenen und schreiben ihren SUBTILEN Visionen eine physische Wirklichkeit zu, die sie nicht haben oder nicht mehr haben: sie traten lediglich mit der Erinnerung eines Ortes in Verbindung. Denn die Orte haben wie die Wesen ein Gedächtnis.

irdischen Verwirklichung eingenommen hatte, gefiel es ihm nicht, daß die Menschheit den mentalen Fortschritt machte, der ihr das Wissen gäbe, mit dem sie ihm nicht mehr zu gehorchen hätte!... Das war Theons okkulte Erklärung.

Nach Theon war die Schlange überhaupt nicht der Geist des Bösen, sondern die Kraft der Evolution. Und dem stimmte Sri Aurobindo völlig zu, er sagte dasselbe: die Macht der Evolution, die mentale Macht, führte den Menschen zum Wissen, einem Wissen der Trennung. Und es ist eine Tatsache, daß der Mensch seiner selbst bewußt wurde, mit dem Gefühl für Gut und Böse. Das verdarb natürlich alles, und sie konnten nicht bleiben: sie wurden durch ihr eigenes Bewußtsein verjagt – sie konnten nicht bleiben.

Aber wurden sie von Jehovah verjagt oder durch ihr eigenes Bewußtsein?

Das sind nur zwei Anschauungsweisen derselben Sache!

Meiner Meinung nach haben all diese alten Schriften und Überlieferungen einen vielschichtigen Inhalt (*Geste verschiedener Verständnisebenen*), und je nach der Epoche, den Leuten, den Notwendigkeiten, schöpfte man daraus und benutzte das eine oder andere Symbol. Aber dann kommt ein Punkt, wo man all diese Dinge hinter sich läßt und sie von der „anderen Hemisphäre" betrachtet, wie Sri Aurobindo es nennt, wo man erkennt, daß dies nur Redeweisen sind, um eine Verbindung herzustellen – eine Art Brücke, Verbindungsstück, zwischen der niedrigeren Anschauungsweise und dem höheren Wissen.

Da kommt ein Augenblick, wo die Leute, die diskutieren und behaupten: „Ah, nein! Es ist so und nicht so", zutiefst lächerlich erscheinen! Schon allein die spontane Antwort so vieler Leute: „Oh, das ist unmöglich!", allein das Wort ist so komisch! Denn das geringste, sogar das primitivste intellektuelle Entwicklungsstadium läßt euch wissen, daß ihr es nicht einmal denken könntet, wenn es nicht möglich wäre!

(Schweigen)

Gut, mein Kind, wir haben ein wenig geplaudert!
Geht es dir gut?... Ja?
Oh! Wenn wir das wiederfinden könnten, aber wie?[1]

Im Grunde haben sie die Erde verdorben. Sie haben die Atmosphäre verdorben, alles verdorben! Und damit es wieder so etwas wird [wie das irdische Paradies], erfordert es, ooh, einen weiten Weg! Vor

---

1. Zuerst hatte Mutter gesagt: „Aber das ist unmöglich." Dann bat sie mich lachend, das Wort zu streichen.

allem einen psychologischen Weg. Aber sogar die Struktur der Materie *(Mutter fühlt die Luft)*, mit ihren Bomben und Versuchen und... oh, sie haben ein Schlamassel daraus gemacht!... Sie haben wirklich ein Schlamassel aus der Materie gemacht.

Wahrscheinlich – nein: nicht wahrscheinlich, es ist vollkommen gewiß, daß es notwendig war, um sie zu bearbeiten, durchzurühren, vorzubereiten, damit sie fähig wird, *das* aufzunehmen, das Neue, was noch nicht manifestiert ist.

Sie war sehr einfach und sehr harmonisch und sehr leuchtend – aber nicht komplex genug. Und diese Komplexität verdarb alles, aber... sie wird eine UNENDLICH bewußtere Verwirklichung bewirken – unendlich bewußter. Wenn dann die Erde wieder so harmonisch, so leuchtend, so rein wird – einfach, rein, rein göttlich –, mit dieser Komplexität, dann kann wirklich etwas damit angefangen werden.

(Mutter steht auf, um zu gehen)

Das macht nichts. Das macht im Grunde nichts. Gestern, während ich ging... Ich ging in einer Art Universum, das AUSSCHLIESSLICH das Göttliche war – es war greifbar, fühlbar: innen, außen, überall. Während einer dreiviertel Stunde NUR das, überall. Ich versichere dir, in diesem Augenblick gab es keine Probleme mehr, das ist gewiß! Und diese Einfachheit! Nichts zu denken, nichts zu wollen, nichts zu entscheiden – SEIN! Sein! Sein!... *(Mutter scheint zu tanzen)* In einer unendlichen Komplexität von vollkommener Einheit sein: alles war dort, aber nichts war getrennt; alles war in Bewegung, und nichts bewegte sich fort. Das war wirklich eine Erfahrung.

Wenn wir so sein werden, wird es sehr einfach sein.

Auf Wiedersehen, mein Kind. Ich amüsiere mich, jeden Tag!

(Mutter erblickt eine leuchtend violette Kanna Blume in einer Vase:)

Von genau solchen Blumen gab es viele in der Landschaft des irdischen Paradieses, rot, so schön!

14. März 1961

Ich habe nichts getan, nicht gearbeitet, keine Fragen beantwortet, nichts für das *Bulletin* vorbereitet, überhaupt nichts getan.

Neulich, als ich hier wegging, hast du gesehen, daß Leute im Flur warteten: sie hielten mich eine dreiviertel Stunde dort, und als ich schließlich nach oben kam, war ich krank. Nicht krank, aber unwohl. So ist alles wieder in Frage gestellt.

> *(Mutter schreitet zur Arbeit und hört sich ein altes „Entretien"* vom 26. September 1956 für das Bulletin an, wo sie von den Augenblicken der Öffnung im Yoga spricht: „An manchen Tagen ist man in Verbindung mit dem göttlichen Bewußtsein, mit der Gnade, dann färbt sich alles durch diese Gegenwart, und Dinge, die sonst trübselig erschienen, werden charmant, angenehm... alles lebt, alles schwingt. In anderen Augenblicken ist man verdunkelt, verschlossen, dann fühlt man nichts mehr, alle Dinge verlieren... Man ist wie ein wanderndes Stück Holz.")*

Das kommt und geht auf dem Weg, man hat es nicht in endgültiger Weise. Da ist es, als durchquere man einen bestimmten parfümierten Bereich, dann ist er vorbei – für den Augenblick vorbei. Eine vorübergehende Liebkosung.

*
* *

Nach der Arbeit:

Vom allgemeinen Gesichtspunkt ist der Fortschritt unverleugbar, aber das Physische ist... es hat ein ungeheures Bedürfnis nach Ruhe. Das ist ärgerlich, es hindert mich an der Arbeit.

Wie das erklären?... Es ist recht seltsam: die Einstellung der Zellen und ihr Bewußtseinszustand ändert sich mit außerordentlicher Schnelligkeit, und doch zeigt sich vom gewöhnlichen Blickpunkt der „Gesundheit" kein entsprechender Fortschritt, im Gegenteil. Aus gewöhnlicher Sicht würde man sagen, daß es nicht gerade glänzend geht. Aber ich sehe deutlich, daß dies nicht wahr ist. Ich sehe, daß es nicht wahr ist, daß es nur ein Anschein ist – die beiden in Einklang zu bringen, ist das Schwierige.

(Schweigen)

Ich bin mit einer Form von Filariose beglückt, die vielleicht nicht in einem Fall unter einer Million auftritt... Der Arzt rauft sich nicht die Haare, weil das nicht seine Art ist, aber er ist perplex.

Und die Zellen spüren so vollkommen deutlich... Alle Erfahrungen im Unterbewußten, nachts, liefern so offensichtliche Beweise, daß es eine Art... Entrümpelung von einer Welt von Dingen ist, von Vibrationen, alle Vibrationen, die sich der Transformation der Zellen widersetzen. Aber was kann ein armer kleiner Körper bei dieser Arbeit schon ausrichten! Er hat wirklich das Gefühl, eine Art Ansammlung und Bündelung von Dingen zu sein, aber es ist notwendigerweise eine Auswahl *(Mutter lacht)*, denn wenn alles in einem einzigen Zentrum geschehen müßte [in Mutters Körper], dann wäre es unmöglich! Wenn du wüßtest, wie tief diese Zellen – jede einzeln und in ihrer Gesamtheit, in ihren Gruppen und Untergruppen – überzeugt sind, daß alles nicht nur vom Göttlichen bestimmt sondern auch ausgeführt wird. Sie haben eine Art ständige Wahrnehmung, so voller... bewußtem Vertrauen in Seine unendliche Weisheit, selbst wenn es für das gewöhnliche Bewußtsein den Anschein eines Leidens oder Schmerzes hat – für sie ist es das nicht! Es ist etwas anderes. Das Ergebnis davon ist ein Zustand... ja, ein Zustand friedlichen Kämpfens. Das Gefühl des Friedens, die Schwingung des Friedens, und zugleich der Eindruck... der Wachsamkeit in einem ständigen Kampf. All das zusammen ergibt eine recht seltsame Lage.

Darin vollziehen sich... Die ganze Zeit ist es ähnlich wie diese Färbungen, von denen ich sprach, wie Wellen, die vorbeiziehen, einen berühren, wie diese Freude des Lebens, aber anstatt... In manchen Augenblicken war der Körper in einem gewissen Gleichgewicht (was wir in unserem gewohnten äußeren Bewußtsein als „Gleichgewicht" bezeichnen) – wenn der Körper im Gleichgewicht ist, das heißt in guter Gesundheit, ist diese Freude beständig, wie Wellen auf einem schwellenden Meer *(Mutter malt große Wogen):* das zieht vorbei, wie ein Hintergrund. Das kommt, taucht auf, und dann verschwindet es. In den WINZIG KLEINEN Dingen des Lebens – ja, des materiellen Lebens –, die Freude dieser Dinge, die Freude, die das Leben enthält, diese Schwingung (eine besondere leuchtende Schwingung), sie zeigt sich, wie um auszudrücken, daß sie da ist – daß sie da ist, daß man sie nicht vergessen darf – aber es überwiegt diese... Anspannung.

Dann, von Zeit zu Zeit, scheint alles wie am Rande eines Abgrunds zu sein, es fällt nicht, weil es sein Gleichgewicht behält, aber wäre man nicht in diesem höheren Zustand vollkommenen Vertrauens, würde man fallen.

All das besteht gemeinsam, und das ergibt ein... ziemlich seltsames Ganzes![1]

(langes Schweigen)

Das Gefühl, daß alle Dinge in einem Rhythmus geordnet, konzentriert, angelegt sind, und wenn es einem gelingt, das Gleichgewicht dieses Rhythmus zu bewahren, bewirkt das eine Permanenz.

(Mutter bleibt in sich vertieft) Das Gleichgewicht dieses Rhythmus, das fortschreitende, aufsteigende Gleichgewicht dieses Rhythmus, das muß es sein, was der Materie das Gefühl der Unsterblichkeit gibt.

Dennoch...

17. März 1961

Aphorismus 57 – Weil der Tiger entsprechend seiner Natur handelt und nichts anderes kennt, ist er göttlich, und in ihm ist kein Übel. Wenn er sich Fragen stellte, wäre er ein Verbrecher.

Was wäre der wirklich „natürliche" Zustand des Menschen? Warum stellt er sich Fragen?

Der Mensch ist auf der Erde[2] ein Übergangswesen, und folglich durchlebt er im Laufe seiner Evolution der Reihe nach verschiedene Naturen, die einer aufsteigenden Kurve folgten und solange folgen werden, bis er die Schwelle der supramentalen Natur erreicht und sich in den Übermenschen verwandelt. Diese Kurve ist die Spirale der mentalen Entwicklung.

Wir neigen dazu, jede spontane Manifestation als „natürlich" zu bezeichnen, die nicht das Ergebnis einer Wahl oder einer vorbestimmten

---

1. Die Koexistenz oder Gleichzeitigkeit der Freude und der Anspannung, des Kampfes und des Friedens, des Fortschritts im Zellbewußtsein und der physischen Störung bildet ein seltsames Gesamtes.
2. Als Satprem später fragte, ob dieses „auf der Erde" nicht überflüssig wäre, antwortete Mutter: „Diese Angabe ist nicht überflüssig: ich sagte „auf der Erde", weil der Mensch essentiell ein universelles Wesen ist, aber er hat eine besondere Manifestation auf der Erde."

Wahl ist, das heißt ohne Eingreifen der mentalen Tätigkeit. Wenn der Mensch eine sehr wenig mentalisierte vitale Spontaneität zeigt, erscheint er uns deshalb „natürlich" in seiner Einfachheit. Aber das ist eine dem Tier sehr nahe Natürlichkeit und liegt ganz unten auf der evolutionären Stufenleiter des Menschen. Diese Spontaneität ohne mentalen Eingriff wird er erst wiederfinden, wenn er die supramentale Stufe erreicht, das heißt, das Mental überschreitet und in der höheren Wahrheit auftaucht.

Bis dahin sind alle seine Seinsweisen in natürlicher Weise natürlich! Aber mit dem Mental wurde die Evolution... man kann nicht sagen verfälscht, aber entstellt, denn aufgrund seiner Beschaffenheit stand das Mental der Perversion offen und wurde fast von Anbeginn pervertiert (wurde von den asurischen Kräften pervertiert, um genauer zu sein). Und dieser Zustand der Perversion gibt uns jetzt den Eindruck, nicht natürlich zu sein. Jedenfalls ist es eine Entstellung.

Du fragst, warum er sich Fragen stellt? Aber weil das die Eigenschaft des Mentals ist!

Mit dem Mental trat die Individualisierung auf, mit einem sehr scharfen Gefühl der Trennung und einem mehr oder weniger genauen Eindruck einer Wahlfreiheit – all das, all diese psychologischen Zustände sind die natürliche Folge des mentalen Lebens und öffnen all dem die Tür, was wir jetzt sehen, von den Aberrationen bis zu den rigorosen Prinzipien. Und dieser Eindruck des Menschen, daß er zwischen einer Sache und einer anderen wählen kann, ist die Entstellung eines wahren Prinzips, das erst mit dem Auftreten der Seele oder des psychischen Wesens im Bewußtsein vollkommen verwirklicht werden kann: wenn die Seele die Herrschaft des Wesens in die Hand nimmt, dann wird das Leben des Menschen wirklich der individuelle, bewußte Ausdruck des Höchsten Willen sein. Aber im normalen menschlichen Zustand ist das noch eine äußerst seltene Ausnahme, die dem gewöhnlichen menschlichen Bewußtsein überhaupt nicht natürlich erscheint – sie erscheint fast übernatürlich!

Der Mensch stellt sich Fragen, weil dieses mentale Instrument geschaffen wurde, um alle Möglichkeiten zu sehen, und der Mensch unter dem Eindruck steht, die Freiheit der Wahl zu haben... die sofortige Konsequenz ist der Begriff von Gut und Böse, Richtig und Falsch, und alles Elend, das daraus folgt. Man kann es nicht als etwas Schlechtes bezeichnen: es ist ein Zwischenstadium – kein sehr angenehmes Stadium, aber nun... sicherlich war es unvermeidlich für die volle Entwicklung.

*
* *

Heute morgen zwischen zwei und drei Uhr hatte ich eine Erfahrung... etwas aus dem Unterbewußten: schrecklich, mein Kind! Eine solche Darbietung (*disclosure* ist das wahre Wort) einer fürchterlichen Wirkungslosigkeit! Schamhaft.

Die Erfahrung geschah in einem Ort wie hier [das Hauptgebäude des Ashrams], aber riesig, die Räume waren zehnmal größer als hier, jedoch völlig... man kann nicht sagen leer: sie waren nackt. Nicht, daß in ihnen nichts war, sondern nichts war geordnet. Alle Dinge lagen dort, wo sie nicht sein sollten: es gab keine Möbel, deshalb sah man die Dinge überall herumliegen – eine Unordnung! Fürchterlich. Die Dinge wurden zu Zwecken benutzt, für die sie nicht bestimmt waren, und das Nötige für einen bestimmten Zweck war nie vorhanden. Der ganze Teil, der die Erziehung betraf [die Ashramschule], befand sich in fast totaler Finsternis: es gab keine Lichter oder man konnte sie nicht einschalten und die Leute gingen umher und machten mir zusammenhanglose und idiotische Vorschläge. Ich versuchte, eine Ecke zu finden, um mich auszuruhen (nicht weil ich müde war, sondern um mich ein wenig zu konzentrieren und zu versuchen, in all dem etwas klar zu sehen), und es war unmöglich – keiner ließ mich in Ruhe. Schließlich stellte ich einen wackeligen Sessel und einen Hocker für die Füße nebeneinander und versuchte mich „auszuruhen", doch augenblicklich kam jemand (ich weiß wer, aber ich sage den Namen absichtlich nicht) und sagte mir: „Oh, das geht überhaupt nicht! Das KANN NICHT so hingestellt werden!" und er fing an, Lärm, Bewegungen, Unordnung zu machen – jedenfalls war es fürchterlich.

Schließlich kam ich in Sri Aurobindos Zimmer – ein riesiges Zimmer, riesig! – aber in demselben Zustand. Er schien sich in einem ewigen Bewußtsein zu befinden, vollkommen losgelöst von allem, aber mit einer sehr klaren Wahrnehmung unserer völligen Unfähigkeit.

Er hatte nichts gegessen (wahrscheinlich, weil man ihm nichts gegeben hatte), und als ich eintrat, fragte er mich, ob es möglich wäre, ein Frühstück zu bekommen. Ich sagte: „Ja, ja! Ich werde es holen" – ich glaubte, ich würde es fertig vorfinden. Aber ich mußte eine ganze Jagd machen, um etwas zu finden: es war in Schränke gestopft (falsch noch dazu), alles in Unordnung – abscheulich, wirklich abscheulich. Ich rief jemanden (der schlief und mit schläfrigen Augen kam) und bat ihn, Sri Aurobindos Frühstück zuzubereiten, aber dann hatte er seine festen Ideen und Prinzipien (genau wie er im Leben ist). Ich sagte ihm: „Machen Sie schnell, Sri Aurobindo wartet." Sich beeilen? Unmöglich! Die Dinge mußten gemäß seiner Auffassung geschehen. Mit einer Ungeschicktheit, einer schrecklichen Unfähigkeit. Kurz, es dauerte endlos, um ein ziemlich ungeschicktes Frühstück aufzuwärmen.

Dann kam ich mit meinen Tellern bei Sri Aurobindo an. Sri Aurobindo sagte mir: „Oh, das hat so lange gedauert, jetzt will ich erst
baden." Da schaute ich mein armes Frühstück an und dachte mir:
„Jetzt hatte ich so viel Mühe, es warm zu bekommen, und nun wird es
kalt werden." All das war so trist und TRAURIG.

Und er war, als lebte er in einer Ewigkeit. Aber vollkommen bewußt
von... unserer völligen Unfähigkeit.

Es war so traurig zu sehen, wie wir zu nichts taugten, daß es mich
aufweckte, besser gesagt, ich hörte die Uhr schlagen (wie neulich, als
ich nicht zählte und aus meinem Bett sprang, dann merkte ich, daß
es erst drei Uhr war, und legte mich wieder hin). Da begann ich zu
„schauen" und sagte mir: „Also wirklich, wenn wir aus dieser... Unfähigkeit herauskommen müssen, bevor irgend etwas wirklich Nützliches getan werden kann, dann haben wir noch einen Weg vor uns!"
Beklagenswert, beklagenswert (zuerst auf mentaler Ebene, dann auf
materieller Ebene), wirklich beklagenswert. Und ich hing von diesen
Leuten ab! (Sri Aurobindo hing von mir ab, und folglich von ihnen), ich
hing von diesen Leuten ab und sagte mir: „Um Gottes Willen! Wenn
ich nur wüßte, wo die Dinge sind! Hätte man mich die Sache wirklich
DURCHARBEITEN lassen, wäre es schnell getan worden." – Aber nein! Es
war nötig, über all diese Leute zu gehen! (Wie es auch im Leben ist:
man hängt immer von Vermittlern ab.)

Das gab mir zu denken.

(Schweigen)

Letztes Mal, als ich dir diese Erfahrung erzählte [am 11. März], wo
ich dir nachts begegnete und dir „Auf Wiedersehen" sagte, erzählte ich
dir einen äußerst wichtigen Punkt nicht, eigentlich das Wichtigste: ich
verließ endgültig – endgültig – die Unterwerfung unter die mentalen
Abläufe. Das war die Bedeutung meiner „Abreise".

Seit sehr langer Zeit sehe ich alle Phasen der Unterwerfung unter
die mentalen Abläufe (seit sehr langer Zeit), eine nach der anderen
löst sich auf. Und in jener Nacht war es das Ende, die letzte Phase:
ich verließ die Unterwerfung unter die mentalen Abläufe, um mich in
einen Bereich der Freiheit zu erheben. Du hattest mir sehr geholfen,
du warst sehr, sehr lieb, das sagte ich dir. Aber heute war es etwas
anderes! Es hielt mir unsere Unfähigkeit unter die Nase.

Du siehst, wie es geht!

Eine Sache nach der anderen, eine nach der anderen! Dieses Unterbewußte ist... endlos, endlos, wenn du wüßtest... Und ich erspare dir
die Einzelheiten, oh, von einer Idiotie! Jener, der das Frühstück so

ungeschickt zubereitete, den ich nicht nenne, sagte mir: „Oh, ja, heute ist Sri Aurobindo etwas... verdrießlich, er ist deprimiert." Ich hätte ihn ohrfeigen können: „Idiot! Du verstehst also überhaupt nichts!" Und Sri Aurobindo schien sich nicht manifestieren zu wollen, war sich aber vollkommen unserer Unfähigkeit bewußt.

(Schweigen)

Jetzt muß ich dazusagen (wenn das ein Trost ist), daß jedesmal, wenn so etwas nachts in das Bewußtsein hochkommt, dann geht es hinterher besser. Das geschieht nicht vergeblich, eine Arbeit wird dadurch geleistet – säubern, säubern, säubern. Aber es gibt viel davon!

Hat das trotzdem eine Auswirkung auf das Bewußtsein der Leute – ich meine auf ihr äußeres Bewußtsein?

Ah!... Nicht viel!

Ja und nein, denn es gelingt mir, einen allgemeinen Fortschritt zu erreichen. Manche sind individuell empfänglich (manche sind sogar erstaunlich empfänglich: sie empfangen die genau Suggestion, genau auf dem betroffenen Punkt), aber das ist einer unter hundert – das ist noch eine Übertreibung.

Doch eine gewisse Macht über die Umstände wird mir gegeben: als würde ich mich darüber erheben und hätte die Macht, dieses Unterbewußte etwas durchzukneten. Das hat natürlich eine Auswirkung: ganze Bereiche werden beherrscht. Das ist das Wichtigste. Danach erhalten die Individuen die Rückwirkungen, denn sie sind sehr... verhärtet! Ein Mangel an Plastizität.

Zum Beispiel der Junge, den ich nicht nennen will, mit ihm arbeite ich seit... sicherlich mehr als dreißig Jahren, trainierte ihn für die Arbeit – aber mir ist nicht gelungen, ihn die Dinge spontan entsprechend den Notwendigkeiten des Augenblicks tun zu lassen, ohne seine vorgefaßten Ideen (an diesem Punkt sitzt sein Widerstand). Wenn dann zu einer gegebenen Zeit etwas schnell getan werden muß, folgt er seiner gewohnten Regel, und es dauert... es nimmt kein Ende! Letzte Nacht wurde das in sehr hervorstechender Weise illustriert! Ich sagte ihm: „Aber sehen Sie: das steht dort – DORT – machen Sie schnell, wärmen Sie es etwas, und ich laufe damit." Ah! (Er protestierte nicht, er sagte nichts)... Aber er tat GENAU, wie es seiner Auffassung entsprach. Eine schreckliche Versklavung an dieses niedrige Mental. Und das ist so weitverbreitet! Oh! All, all die Geschichten mit der Schule und der Erziehung, all diese Professoren...[1] schrecklich, schrecklich, schreck-

---

1. Hier ließ Mutter eine Passage entfernen.

lich! Und ich versuchte, die Lichtschalter zu betätigen, ich wollte Licht schaffen – kein einziger funktionierte!

Natürlich sind dies etwas übertriebene Bilder, weil sie sich getrennt vom Rest zeigen: in der Gesamtheit überkreuzen sich viele Dinge und vervollständigen einander, die einen verringern die Bedeutung der anderen. Doch dort, in einer Erfahrung wie letzte Nacht, wird es herausgenommen, isoliert betrachtet, wie unter einem Vergrößerungsglas. Jedenfalls ist es... eine gute Lehre.

Die Wirkungslosigkeit...

Gut.

Und all das VOR ALLEM, weil jeder in seiner kleinen persönlichen Formation eingeschlossen ist *(Mutter zeichnet eine Kapsel)*, Formation des ordinärsten Mentals, des Mentals, das den Aufbau des täglichen Lebens bildet, wie in einem engen Gefängnis.

21. März 1961

Letzte Nacht hatte ich zwei aufeinanderfolgende Erfahrungen, die auf mehr als eindeutige Weise zeigten, daß der Ursprung von all dem [die allgemeinen und persönlichen Schwierigkeiten, im Ashram und in Mutters Körper] in magischen Praktiken liegt.

Zuerst sah ich auf der Mentalebene (das physische Mental, das materielle Mental) ein Individuum... Ich bin mir seiner Identität nicht vollkommen sicher (als ich ihn diese Nacht sah, verband ich ihn mit niemand Bestimmtem), aber es ist offensichtlich jemand, der nach seinen äußeren Anzeichen ein Sannyasin ist. Er verfolgte mich: er versperrte mir den Durchgang und wollte mich an der Ausführung meiner Arbeit hindern (das war eine lange Geschichte). Aber ich war sehr bewußt, ich will sagen, ich sah alles, was er anstellen wollte, im voraus, deshalb hatte es keine Wirkung. Nach ziemlich langer Zeit ging ich hinaus, weil ich etwas zu tun hatte, dann kehrte ich zurück zu meinem Zimmer, und er versteckte sich, um mich zu fangen, aber es gelang ihm nicht, er konnte nichts ausrichten. Und ich wußte, daß die Aktivitäten dieses Individuums schon seit langem andauerten.

Dann wachte ich auf (ich wache jede Nacht immer drei- oder viermal auf), und als ich mich wieder hinlegte, bekam ich einen Angriff von dem, was der Arzt und ich für Filariose halten – aber eine Filariose mit der seltsamen Eigenschaft, daß ich sie an einer Stelle beherrschen kann und sie alsbald an einer anderen wieder auftaucht; beherrsche ich sie dort, kommt sie wieder an einer anderen. Letzte Nacht kam es im Arm (zwischen halb drei und vier Uhr morgens, also sehr lange), aber diesmal war ich völlig bewußt, und jedesmal, wenn der Angriff kam, tat ich so *(Mutter streicht über ihre Arme, um das Übel wegzujagen)*, so daß meine Arme nichts abbekamen. Schließlich drang ich vollkommen bewußt in das materiellste Subtilphysische, das heißt, das, was direkt nach dem Körper kommt. Dort saß ich in „meinem Zimmer" (ein riesiges quadratisches Zimmer) und las oder schrieb gerade etwas, als ich hörte, wie die Tür sich öffnete und wieder schloß (aber ich war beschäftigt und schenkte dem keine Aufmerksamkeit: ich glaubte es wäre jemand, der hier arbeitet). Dann verspürte ich plötzlich eine so unangenehme Empfindung in meinem Körper, daß ich den Kopf hob und schaute. Vor mir sah ich eine Person (weißt du, wie die Zauberer in Europa sich kleiden, mit kurzen Samthosen und einem Hemd... etwas derartiges), ein Inder, ziemlich dunkelhäutig, jung, was man gewöhnlich als einen „schönen Jungen" bezeichnen würde, die Haare mit Pomade glattgekämmt, ziemlich groß, aber er war wie gezogen[1], denn er blickte ins Leere (er schaute mich nicht an: er blickte ins Leere), und er stand dort vor mir. Als ich ihn sah, hatte ich in allen meinen Zellen dasselbe Gefühl wie bei dieser „Filariose" (ein besonderer leichter Schmerz), und zugleich empfanden alle Zellen eine Abscheu! Ein ungeheurer Wille der Abweisung! Da richtete ich mich auf (ich blieb sitzen und erhob mich nicht, sondern richtete mich nur auf) und sagte ihm mit aller Macht: *How dare you come in here!* [Wie wagen Sie, hier einzutreten!] Ich sagte es mit solcher Kraft, daß es ein Geräusch machte und mich aufweckte!

Folglich weiß ich nicht, was geschah. Aber danach ging es besser.

Als ich dieses Individuum sah, erfuhr ich gleichzeitig auch, daß er nur ein Instrument war, aber ein Instrument, dem man sehr viel Geld gab, jemand bezahlte ihn SEHR TEUER, um dies zu tun – ich würde ihn unter Hunderten wiedererkennen, ich sehe ihn noch deutlich... dort sieht man deutlicher als im Physischen. Ein Mann ohne Intelligenz, nur ein Instrument, er hat keinerlei persönliche Feindlichkeit und wurde nur bezahlt – sehr teuer bezahlt. Jemand versteckt sich hinter ihm und bedient sich seiner als Schutzschild.

Vorher hatte ich auch Halsschmerzen bekommen (das war Teil des Angriffs). Ich glaubte nicht, daß sie vergehen würden, sie verschwanden

---

1. Mutter meint, von einer Kraft gezogen, die nicht die seine war.

erst heute morgen gegen halb zehn, als ich für die Meditation mit X [dem Tantra-Guru] nach unten kam. Aber das ist überhaupt nichts. Die ganze Zeit, während ich mit X war (sogar vorher, als ich auf ihn wartete), hörte es völlig auf – alles hörte dort auf. Erst als er wegging und ich hierher kam, fing es an. Aber das ist nichts.

Heute morgen dachte ich, es wäre besser, daß X es weiß (denn er sagte mir, er tue etwas für mich in seinen Pujas[1] – anscheinend seit Dezember!). Ich schickte ihm eine diesbezügliche Nachricht durch Amrita. Er antwortete Amrita, dies bestätige seine Gewißheit, daß Z seit Dezember Schwarze Magie gegen mich machte. Man habe ihm gesagt, er mache Schwarze Magie in Kaschmir. Ist das die Person, die ich damals sah [während des Magie-Angriffs im Dezember 1958]? Denn es war jemand, der seine Identität verbarg, deshalb kann ich es nicht sagen. Aber es war eine Silhouette in einem Sannyasinsgewand – vielleicht ist er es, ich habe keine Ahnung. Ich will noch kein Urteil fällen, weil ich es persönlich nicht weiß. Aber das ist, was X sagt, und daß er seine Anstrengungen verdoppeln werde.

So ist die Lage.

Heute morgen sprach ich mit dem Arzt. Er sagte mir: „In der Tat fehlen bei Ihrer Filariose manche Symptome, und manche andere gibt es sonst nicht." Er war etwas besorgt und verstand nicht, denn es ist nicht verständlich, was das sein könnte, wenn es keine Filariose ist. Ich sagte ihm, es wäre möglich, daß der Magie-Angriff diesen Stützpunkt angenommen hat (weil ich vor einigen Jahren Filariose hatte, sie aber beherrschte, wie ich dir erzählte).

Anscheinend zeigen sich manche der Symptome sonst nie bei Filariose. Vor allem überraschte den Arzt meine Beherrschung: es begann in den Füßen, dort beherrschte ich es; dann stieg es höher, dort beherrschte ich es; dann stieg es noch höher, und dort beherrschte ich es weiter. Schließlich versuchte es neulich, in den Armen zu kommen, aber dort konnte es sich nicht halten – und letzte Nacht war es ein großes Massaker!... *(Mutter lacht)* Deshalb ist es vielleicht die Entstellung oder die Verschiebung irgendeiner mantrischen Anstrengung, wie letztes Mal, 1958, als mir so übel wurde und man erreichen wollte, daß ich all mein Blut von mir gebe, aber nur die Nahrung betroffen wurde. Wahrscheinlich ist es etwas Analoges. Ich habe das Gefühl, schon seit dem Anfang, daß sie versuchten, mir eine Thrombose zu geben (weißt du, wenn der Kreislauf durch einen Blutklumpen unterbrochen wird). Anscheinend fragte X auch den Arzt, ob es sich um eine

---

1. *Puja* (gesprochen Pudscha): Zeremonie oder Invokation eines Gottes (hier das tantrische Ritual).

Blutvergiftung handele; das heißt, er muß diese Möglichkeit gesehen haben. Nichts derartiges geschah, aber es versuchte, den Kreislauf in den Venen zu unterbrechen, deshalb ist es wahrscheinlich eine „Anpassung" des Magieversuchs. Aber das wird von all den gewohnten Dingen begleitet: all die gewohnten Suggestionen, all die gewohnten „Prophezeiungen" [über Mutters Tod]. Aber all das sind für mich die normalen Lebensumstände, das ist alles. Ich bin daran gewöhnt. Das hat keine Bedeutung.

Glaubst du wirklich, Z könnte hinter diesem Zauberer stecken, den du sahst?

Es ist möglich.

Ich dachte überhaupt nicht daran – überhaupt nicht. Ich sah Zs Gedanken mehrere Male, aber nicht in dieser Form: ein äußerst wütender Gedanke, aber er versuchte... mein Interesse auf sich zu lenken.[1] Das war etwas anderes. X sagte, was er sah. Er schien diesem Zauberer, den ich sah, nicht die geringste Bedeutung zuzuschreiben – diese Person war nur ein Schirm, das ist offensichtlich. Es muß jemand sein, der sich auskennt, der Magie gelernt hat, und der jemand anderem als Instrument dient. Aber ich muß sagen, heute morgen, als ich das sah, dachte ich kein einziges Mal an Z. Nur X behauptete das.

Aber Z... ich weiß nicht, wie ich mein Verhältnis zu ihm beschreiben soll... Er steht im Licht meines Segens. Denn als er hier war, öffnete ich ihm die Tore zu einer Verwirklichung, derer er nicht fähig war, die ihn weit überstieg, aber das gab ihm einen schrecklichen Ehrgeiz. Das verdarb alles. Von diesem Gesichtspunkt ist es ein großer Segen (für ihn); selbst wenn aus ihm ein fürchterlicher Asura wird, wird es gut ausgehen! – Das macht nichts, das hat keine Bedeutung. Sogar heute morgen, als ich die Antwort von X bekam, war es deshalb dasselbe: das große Licht der höchsten Mutter ging zu Z. – Das hat keine Bedeutung. Wenn er damit spielt, dies zu tun, ist es schade für ihn. Aber das geht mich nichts an: das geht X an, und X tut das Nötige, und *(lachend)* ich glaube, er schlägt kräftig zu![2]

(Schweigen)

---

1. Z war Satprems erster Guru, als er Sannyasin wurde. Dann wollte Z ihn unter seine Beherrschung zwingen und prophezeite Mutter, daß Satprem nie im Ashram bleiben würde. Schließlich brach Satprem mit ihm, und Z ging wütend fort.
2. Ich möchte bemerken, daß ich persönlich keinen Augenblick lang glaube, daß Z Magie gegen Mutter machte. Es mußt etwas anderes oder jemand anders gewesen sein.

Als ich heute morgen herunter kam, wollte ich nur nicht, daß dieser Schnupfen uns während der Meditation mit X stört, deshalb kam diese Art Unbewegtheit *(Mutter senkt ihre geballten Fäuste wie eine solide Masse, die herabkommt)*. Das ist sein Mittel, um zu heilen. Und ich muß sagen, das ist auch, was mir passiert, auch wenn es nicht von ihm kommt: eine Kraft, die alles nimmt und alles anhält – es gibt keine Vibrationen mehr, eine Unbewegtheit.

Ich hatte N gesagt, er solle an die Tür klopfen, wenn er mit X ankommt, aber er tat es nicht. Zum Glück hörte ich die Tür aufgehen, da stand ich in diesem Zustand auf... fast wäre ich gefallen! X muß geglaubt haben, ich wäre in einem Zustand der Schwäche oder ich weiß nicht was (!), denn ich hielt mich an der Armlehne fest und meine Hände zitterten, als ich seine Blumen nahm – ich war nicht in meinem Körper. Danach herrschte eine solche Konzentration! (Wir blieben ungefähr fünfunddreißig Minuten.) Es war SOLIDE! Eine außerordentliche Festigkeit. Ich wollte nicht abwarten, daß es sich legt, bevor ich herkam, weil ich keine Zeit verlieren wollte: du hast gesehen, daß ich wie eine Schlafwandlerin hier ankam! Unterwegs sagte ich den Leuten [im Flur]: „Ich komme zurück, ich komme zurück!..." Mehr konnte ich nicht sagen. Wie eine Idiotin.

(Schweigen)

Jedenfalls wollte ich dir das erzählen, weil es ein Hinweis ist. Es ist besser, die Sache sofort nachher zu erzählen, so ist sie am genauesten.

Dieser idiotische Schnupfen... mitten in der Nacht. Das war der Anfang des Angriffs.

Und jetzt steht noch dazu die Tür offen, das ist auch nicht ideal! (Satprem steht auf, um sie zu schließen)

(Mutter lacht) Nein! Mir ist nicht kalt, mir ist heiß!

Ja, aber das verursacht einen Luftzug!

Mir ist heiß! Ich habe einen Hitzestau.

Wir werden sehen, ob die Entdeckung von letzter Nacht ein Ergebnis bewirkt... Fehlte nur noch dieser Schnupfen! Vollkommen lächerlich.

Aber ich bin nicht derjenige, der dir das geschickt hat, oder?

Hast du einen Schnupfen?

Nein, nein! Aber etwas schlechte Laune.

Ja, das habe ich gemerkt...

Was nützt eine schlechte Laune?

Etwas bedrängt von... zu vielen Dingen.

Zu viel Arbeit.
Nein, diese Arbeit solltest du nicht tun.[1]

Aber wer kann sie sonst machen? Hier ist sonst niemand. Deshalb wollte ich, daß die Leute aufpassen, wenn sie Sri Aurobindos Texte veröffentlichen...

Ja, das ist das Ärgerliche. Deshalb sage ich dir auch nicht uneingeschränkt, es nicht zu tun, denn schließlich sollten sie ihn nicht massakrieren!

Ja, verstehst du, ich kann das nicht leichtfertig tun. Das kann ich nicht, das ist nicht möglich.

Nein, aber... Nun, wir werden es versuchen.
Du kannst dir nicht vorstellen, wie schwierig die Dinge im Moment sind! Man muß sich so anklammern: alles, alles, alles ist schwierig. Das ist keine individuelle Frage: alles, alles knirscht, überall, als wäre Sand in allen Getrieben. Und die Dinge haben jetzt eine Art Höhepunkt erreicht.
Da muß man sich einfach anklammern und durchhalten – nicht wanken. Für die Krankheit ist es dasselbe Mittel: nicht bewegen.[2]
Es wird vorübergehen.
Ich stecke alles, was ich kann, in deine Nahrung – nur nicht meinen Schnupfen!

---

1. Satprem versuchte, die französischen Übersetzungen von Sri Aurobindos Werken zusammenzuflicken, die einige wohlmeinende aber wenig begabte Schüler machten, die natürlich um jeden Preis „veröffentlichen" wollten.
2. Die „massive Unbewegtheit", von der Mutter sprach.

25. März 1961

(Am Vorabend hatte Satprem einen Brief an Mutter geschrieben,
wo er sich über seinen Mangel an konkreten Erfahrungen
beschwerte. Hier ist Mutters Antwort nach einer gemeinsamen
Meditation:)

Es ist nicht so, daß du keine Erfahrungen hättest! Du hast sogar
Zugang zu Regionen, die die Leute sehr selten erreichen: du bist fähig,
das Licht zu haben, Intuitionen, Offenbarungen – aber wahrscheinlich
ist das etwas Gewohntes für dich, und du schenkst dem keine Aufmerksamkeit. Jedenfalls wollte ich absichtlich mit dir meditieren, um
zu sehen, was dich daran hindert, bewußt zu sein... Und ich sah auf
deiner rechten Seite eine Art Kristallisierung... ein wenig, als wärest
du in einer Statue.

Es war wie durchscheinender Alabaster, hart, härter als Stein. Das
Ergebnis einer Individualisierung – das war mein Eindruck. Eine Individualisierung, die sich sehr... härtete, und die sich völlig transparent
machen wollte, aber in keinen fühlbaren Kontakt mit den Dingen tritt:
das dringt nur durch die Bereiche von oben ein, durch die intellektuelle Wahrnehmung – nicht intellektuell: eine Art mentale Vision. Und
ich begann darauf einzuhämmern!

Hauptsächlich dort, auf der rechten Seite – ich behämmerte es. Aber
seltsamerweise zerbrach es nicht... es wurde weicher, aber dann verlor
es seine Schönheit (es war wirklich schön, wie gemeißelt!). Ich versuchte durchzudringen, aber anstatt durch diese Ebene zu gehen *(auf*
Brusthöhe), die psychische Ebene, die Schwingung der Seele, mußte
ich nach oben gehen und dann wieder herunterkommen, um das zu
tun (das war das Interessante daran). Schließlich drang ich ein, ohne
es zu merken! Kraft meiner Konzentration drang ich ein. Dort, auf
der Ebene des Vitals, des emotiven Vitals *(auf Höhe des Solarplexus)*
befand ich mich buchstäblich darin, und ich legte dort zwei Blumen
hin: eine sehr große Blume der „Ausdauer" im materiellsten Vital [Zin-
nie] und eine andere wie die, die X mir brachte [Kosmee], aber größer
und völlig weiß (das betrifft die geschlechtlichen Regungen: „Das
Licht in den geschlechtlichen Regungen"). Aber das Seltsame war, daß
ich durch eine Trance hineindrang; ich war sehr damit beschäftigt,
das fließender zu machen, als ich plötzlich mit einem Schlag drinnen landete, aber durch eine Trance, deshalb wurde es ganz und gar
objektiv: es gab keinerlei Gedanken mehr, nichts. Ich sah, daß ich
diese zwei Blumen hierher gelegt hatte *(Geste auf Höhe des Bauches*
und der Brust), die eine auf die aktive Seite (eine sehr große Blume

der Ausdauer, dunkelviolett), und eine andere viel kleinere, weiß, rein weiß, ein wenig tiefer. Als ich das betrachtete, schlug, glaube ich, die Uhr, etwas zog mich, da verlosch alles.

Aber mich interessierte das. Als ich gestern abend deinen Brief bekam, konzentrierte ich mich einen Augenblick, fast aus Neugierde: „Warum hat er überhaupt nicht den Eindruck, eine Erfahrung zu haben? Warum fühlt er nichts?" Ich wollte eben wissen, welche Sorte Erfahrung dir den Eindruck geben würde, daß du eine Erfahrung hast!

> *Wenn ich das Licht empfinge: daß ich dieses Licht SEHE; wenn ich die Unermeßlichkeit vor mir sähe...*

Dann liegt es im Bereich der Visionen, der bewußten Wahrnehmung.

> *Ja, eine bewußte Wahrnehmung, eine Vision, sonst passiert nie etwas!*

Ich habe wohl verstanden! Aber gestern, als ich mich konzentrierte, hatte ich wieder das Gefühl, vor dir zu sitzen, und auf dieselbe Weise behämmerte meine linke Seite dieses Etwas, das völlig starr war, auf deiner Rechten. Ich war erstaunt, ich fragte mich: „Warum hämmere ich?" (Ich hatte keinerlei derartige Absicht!) Das war seltsam. Deine linke Seite ist nicht so, nur hier *(rechts).*

Jetzt habe ich Scherben verursacht!

(Schweigen)

Seltsam ist, daß ich dieselbe Beschwerde von S bekam. Er sagte: „Ich habe keine Erfahrungen." Da fragte ich ihn: „Welche Erfahrungen?" Er antwortete: „Ich setzte mich in Meditation, und es kommt Frieden, Frieden, Frieden... immer dasselbe!" (Manche Leute wären damit sehr glücklich! Aber er...) Ich fragte ihn: „Welche Erfahrungen hätten Sie gerne?" Er sagte: „Aber bewußt zu sein – des Göttlichen bewußt zu sein, der Göttlichen Gegenwart bewußt zu sein!" Darauf antworte ich stets: „Das ist, weil Ihr Mental blockiert ist" *(Mutter zeichnet eine geometrische Figur).* Er ist so überzeugt, daß er weiß! Er sagte mir: „Aber nein! Das ist es nicht." – Er glaubt mir nicht!

Jedenfalls komme ich bei ihm zu keinem Resultat, und bei X auch nicht.

Mehrmals in meinem Leben spürte ich ein bestimmtes Phänomen oder machte eine absolut außergewöhnliche und einzigartige Erfahrung, und hatte gleichzeitig das Gefühl, daß ein Teil meines Wesens es nicht merkte! Und ich sagte mir: „Sieh an, wenn ich nicht gleichzeitig hier und dort gewesen wäre *(Mutter bezeichnet zwei verschiedene Ebenen ihres Bewußtseins)*, hätte ich all diese Erfahrungen machen können (denn das war nicht nur einmal, sondern viele Male), ohne es je zu wissen! Absolut einzigartige Erfahrungen, wie manche alte vedische Erfahrungen – absolut einzigartig. Als ich sie Sri Aurobindo erzählte, sagte er mir: „Oh, das ist äußerst selten! Manche Leute bemühen sich ihr ganzes Leben lang, das zu haben." Das passierte mir häufig, nicht nur einmal: die Erfahrung lag dort *(Geste nach oben)*, etwas dort wußte es, aber ein anderer Teil war hier, und der hätte es nicht erfahren, wenn das andere dort es nicht erfahren hätte *(Mutter bezeichnet zwei verschiedene Teile ihres Bewußtseins)*. Dennoch war... die Erfahrung hier, vollständig.

Das ist sehr schwer zu erklären, es ist äußerst subtil.

Aber das läßt mich vermuten, daß es etwas ähnliches mit den anderen Leuten sein muß. Denn die Erfahrungen gebe ich euch! Ohne zu prahlen.

Gewiß, ihr seid völlig berechtigt, mir zu antworten: „Wozu nützt das, wenn wir es nicht merken!" Aber so ein Phänomen muß es sein. Ich bin auf der Suche nach dem Grund... etwas... *which refuses the knowledge* [was das Wissen ablehnt]. Ein Teil des Wesens weigert sich (aber nicht bewußt), die Erfahrung wahrzunehmen.

Kann man praktisch etwas tun?

Es ist eher... Vielleicht erfordert es etwas in der Art einer kindlichen Treuherzigkeit? Eine kindliche Einfachheit und Treuherzigkeit irgendwo – irgendwo, wo das Bewußtsein sehr intellektualisiert ist.

Es ist sehr auf der Hut, will nicht getäuscht werden, keiner Einbildung zum Opfer fallen.

Eine Art kindliche Treuherzigkeit fehlt irgendwo.

27. März 1961

*(Mutter bringt eine Notiz, die sie am selben Morgen über eine
Meditation mit X, dem Tantra-Guru schrieben:)*

„Die extreme Objektivität der Erfahrungen ist sehr beunruhigend.

Gestern, während ich auf X wartete, war ich wie gewohnt in Kommunion mit dem Höchsten unter seinem Aspekt der Liebe. Plötzlich fühlte ich X kommen. Spontan erhob sich von meinem Herzen, wie ein Veda, eine Bewegung der Dankbarkeit für seine große Gutwilligkeit, und das drückte sich als ein Gebet an den Höchsten aus: „Gib ihm [X] die Glückseligkeit Deiner Liebe und die Freuden Deiner Wahrheit."

Schon seit langem sagt X nichts mehr über seine Meditationen mit mir, und gerade gestern sagte er N, er hätte am Anfang der Meditation etwas Schwierigkeiten gehabt, weil eine feindliche Kraft dort war, und er habe fünf Minuten gebraucht, um sie zu überwinden!

Offensichtlich war er in einem völlig anderen Bewußtseinszustand...

Dennoch..."

Für mich war die Erfahrung so deutlich! So schön und so spontan! Es war das erste Mal (mehrmals konzentrierte ich mich auf X, um ihm für das zu danken, was er tat, aber das war ganz am Anfang), es war das erste Mal, daß es so kam: eine so sanfte, so leuchtende, so strahlende Atmosphäre. Und dann sagt N mir das am Nachmittag!

Ich spürte NICHTS. Nichts.

Du weißt, daß er sagte, man mache Magie gegen mich. Aber gerade dort [im Darshanraum, wo Mutter mit X meditiert] spürte ich nichts derartiges, denn ich war immer sehr vorsichtig, eine halbe Stunde früher zu kommen, was natürlich die Atmosphäre reinigt: wenn er kommt, ist alles bereit, im Schweigen, in vollkommenem Frieden. Er sagte dir immer, wenn er dorthin käme, betrete er eine andere Welt, wie Kailash[1], und so war es immer gewesen. Wenn eine Veränderung eingetreten ist, dann ist es jetzt noch MEHR so; mehr, weil es... beständiger geworden ist. Vorher schwankte es ein wenig: es kam, ging, kam... Aber jetzt ist es wie eine ruhige Masse *(Mutter senkt beide Arme)*, die sich nicht rührt. Und besonders gestern kam diese Erfahrung: ich fühlte ihn kommen (ich fühle es immer, wenn etwas kommt, das mich

---

1. Ein Ort hoch oben im Himalaja, auch der Wohnsitz von Shiva.

ein bißchen nach außen zieht, damit ich nicht völlig in Trance bin und
aufstehen kann), ich fühlte es, und dann kam dieses Gebet, so spontan,
oh!… Und dann, nachmittags, *(lachend)* sagt N mir das! Er sagte: „Oh,
X sagte mir, er hätte am Anfang der Meditation heute Schwierigkeiten
gehabt: da war eine feindliche Kraft, und er brauchte fünf Minuten,
um das zu klären"!

Da hatte ich den Eindruck, den man im äußeren Bereich hat: alles
besteht aus Teilstücken, die mehr oder weniger gut zusammengesteckt
sind, aber es gibt keine innere Einheit – es gibt keine EINE sache, die
wahr wäre, wesentlich wahr und immer wahr. Daß es außen so ist, ist
wohlverstanden, wir wissen es; aber ich hatte immer den Eindruck,
mit Leuten, die ein inneres Leben haben, erreiche man eine Art Einheit der Schwingungen und des Wissens – aber nein!

Ich sagte, gut, wenn das so ist…

Gestern fragte ich mich den ganzen Abend: „Ist es… hoffnungslos?"
Natürlich stimmt das nicht, es ist nicht hoffnungslos, ich weiß es wohl.
Aber was erfordert es, damit es anders wird? – Nichts geringeres als
die supramentale Transformation. Das heißt, es ist noch ein weiter
Weg.

Ich glaubte zum Beispiel, wenn ich etwas denke, nicht „denke", aber
eine innere Wahrnehmung habe, ja, dann könnte X sie empfangen.
Wenn ich gerade eine solche Empfindung für ihn habe und die Kraft
rufe, die Kraft kommen lasse, dann würde er es wissen!

Aber wenn es so ist…

Das ist nicht ermutigend.

Ah, nein! Ich war nicht ermutigt.

Denn das war wirklich… wirklich das beste, was ich für jemanden
tun kann! In dem Augenblick war es so spontan! Und dann kommt er
(lachend), und fühlt eine feindliche Kraft!!

Offensichtlich bedeutet es, daß er auf einer völlig anderen Ebene
war.

Mich beunruhigte das, denn es müßte fühlbar sein – jemand, der
an sich gearbeitet hat, müßte es fühlen! Warum fühle ich es so? Weil
mein Körper FÜHLT, seit ich diese ganze Arbeit an ihm machte, er irrt
sich nicht. Ich habe wiederholte Beweise: er irrt sich nicht. Wenn eine
höhere Vibration kommt, fühlt er sie sofort! Allerdings muß ich zugeben, daß es erst so ist, seit er sich sehr universalisiert hat. Trotzdem
hatte ich den Eindruck, X müßte zu einem gewissen Grad universalisiert sein, um die Kräfte zu haben, über die er verfügt. Ich weiß es
nicht…

Nicht daß ich über seine Seinsart enttäuscht wäre, überhaupt nicht, aber das warf ein schreckliches Problem für mich auf. Plötzlich konfrontierte es mich mit dem Problem: „Ist es unmöglich, eine Wahrheit im materiellen Bewußtsein zu leben? Ist es wirklich unmöglich? Eine Absolutheit, eine absolute Wahrheit, nicht etwas völlig Subjektives und Relatives, wo jeder seine Wahrheit auf seine Weise lebt. Wird es immer so bleiben: der eine dies, der andere das, der dritte wieder etwas anderes...? Und indem man all die Stückchen verbindet, erreicht man etwas – und auch dann noch: was?! Ist jegliche absolute Manifestation der Wahrheit unmöglich in der gegenwärtigen Materie?" Dies ist das Problem, das mich ergriff.

Warum? – Wahrscheinlich war ich bereit, es zu konfrontieren. Aber es stellte sich auf so einschneidende Weise... so eindringlich, daß es schmerzhaft wurde.

Das ist eine Verschärfung von allem, was die alten Schulen immer behaupteten. Aber Sri Aurobindo bestritt es, Sri Aurobindo sagte uns gerade, daß man die Wahrheit IM materiellen Leben leben kann!... Natürlich muß sich das Bewußtsein verändern, aber ich dachte...

(Schweigen)

Ich weiß, daß sich das Bewußtsein meines Körpers verändert hat – das weiß ich. Nicht völlig, natürlich, aber jedenfalls genügend, um zu fühlen, daß es keine Trennung gibt: er spürt, daß die Vibrationen nicht durch Trennwände unterteilt werden – es gibt keine Trennwände! Und mit X hatte ich den sehr starken Eindruck, wenn wir uns gegenüber sitzen und meditieren, daß es keinen Unterschied mehr gab, daß diese Schwingung, die ich fühle – die Schwingung eines starken Friedens, sehr, sehr solide, sehr ausgewogen –, daß es dasselbe für ihn war; ich hatte nicht das Gefühl, hier säße ich und dort er. Ich brauche nur die Augen zu schließen, damit es keinen Unterschied mehr gibt. (Das ist nicht nur mit ihm so, das fühle ich mit allen, aber bei den anderen merke ich, kann ich wahrnehmen, warum sie es nicht fühlen.) Doch ich hatte den Eindruck, wenigstens er müßte es fühlen – wahrscheinlich täuschte ich mich! Dieser Zwischenfall kam, um mir zu sagen, daß ich mich täuschte.

Trotzdem bin ich überrascht... Denn wenn wir dort sitzen, hat man den Eindruck (ich sage „man", wahrscheinlich ist es... ich weiß nicht, was es ist), ich glaubte, er hätte dasselbe Gefühl wie ich: darin kann man eine Ewigkeit bleiben. Das ist so ruhig, ruhig, friedlich, ausgewogen, stark. Die anderen Male blieb noch eine Bewegung: das kam, ging, kam, ging; aber diesmal war es... *(Mutter breitet die Arme aus, als bliebe die Zeit stehen)*, ich bin darin (nicht „ich" hier, sondern „ich" dort oben), ich sehe das, und auf einmal, wenn es Zeit ist, wenn die halbe Stunde vorüber ist, kommt etwas und sagt dem Körper: „Jetzt!", wie ein kleiner Stoß, und zwei oder drei Sekunden danach schlägt die Uhr. Ich spüre immer zuvor: „Jetzt ist es vorüber." Sonst gäbe es keinen Grund, daß es ein Ende nähme – es ist so friedlich! Und nicht etwas Verdünntes: stark, gebündelt. Gefestigt. Dann kommt der kleine Stoß, und der Körper (wie soll ich sagen?) nimmt Haltung an: „Ah, jetzt muß ich mich bewegen!" Und zwei Sekunden später schlägt immer die Uhr. Dann öffne ich die Augen, schaue X an und warte. Nach einigen Sekunden oder ein oder zwei Minuten öffnet er die Augen, dann grüßt er mich und steht auf. Dann stehe ich auf. Es ist jedesmal das gleiche. Deshalb weiß ich nicht, warum... Ich verstehe nicht: was geschieht in seinem Bewußtsein? Ich verstehe es nicht mehr.

Ich bin mir nicht sehr sicher über das, was er N sagte...

(Lachend) Ich auch nicht![1]

Über diese Dinge spricht er nie mit N. Vielleicht hat N zwei verschiedene Augenblicke verwechselt... Denn X drückt sich auf sehr vage Weise aus, wenn man ihn nicht gut kennt, besonders was Zeit und Ort angeht. Vielleicht war dieser Angriff nicht in der Meditation bei dir, sondern vorher, oder woanders.

Ich weiß nicht, denn N sagte mir sehr kategorisch: „Heute morgen bei der Meditation, sagte mir X, als er ankam, habe er Schwierigkeiten gehabt und hätte fünf Minuten gebraucht, um damit fertig zu werden: da war eine feindliche Kraft." Es war sehr eindeutig. Und ich ließ ihn das wiederholen, ich fragte ihn: „Sind Sie sicher, daß es nicht BEI IHNEN war, als X ankam?" N erwiderte: „Nein, X fand das DORT [bei der Meditation]." Das DORT! Daß dies dort sein kann, mit allem, was an Kraft, Licht, Frieden herabkam... das ist mir unverständlich. Denn das erste, was ich tue, wenn ich mich hinsetze, ist, alles zu reinigen, was dort sein könnte.

Das ist wie eine Verneinung meiner Kraft, das ist es, was mich verwirrt. Bis gestern war mir nie etwas derartiges passiert!... Du weißt, am 29. sind es siebenundvierzig Jahre, seit ich hier ankam [29.3.1914] – das ist nicht gestern! Seit ich anfing, mit Sri Aurobindo zu arbeiten, fühlte ich diese Macht, ich habe sie, sie verließ mich nie. Da ist es doch... Nach so langer Zeit ist so ein kleiner Vorfall beunruhigend.

---

1. N ist der zukünftige selbsternannte „Besitzer" von Auroville. Schon jetzt war Mutter von allen Seiten mit Lügen umgeben.

Ich werde versuchen, mit X zu sprechen, um herauszufinden, was wirklich geschah.

Das läuft Gefahr, ein fürchterliches Mißverständnis zu geben; sei vorsichtig. Und vielleicht erinnert er sich nicht einmal mehr, was er sagte. Beim ihm ist das schwierig, denn er sagt die Dinge nicht mit seinem Mental: das kommt, und dann vergißt er. Du weißt, wie er ist. Vielleicht ließ etwas ihn das sagen. (Ich weiß zum Beispiel, wenn er bei N ist, sagt er fast immer unangenehme Sachen über die Leute oder die Dinge, und das liegt ausschließlich an Ns Atmosphäre. Ich habe N das gesagt: „Wegen Ihrer inneren Einstellung spricht er so." Dem einen sagt er eines, dem anderen etwas anderes, völlig verschiedene Dinge über dasselbe Thema – das hängt sehr von demjenigen ab, mit dem er spricht.) Nein, ich habe dir das alles nicht erzählt, damit du mit ihm sprichst, ich sagte es dir, weil… das ein ernsthaftes Problem für mich stellte.

Es ist besser, zu warten und zu sehen. Ich setzte eine bestimmte Kraft hinter diese Notiz heute morgen (ich schrieb sie sehr früh heute morgen), und du weißt, wenn ich schreibe, bildet das eine „Formation"[1], und ich wollte, daß sie zu ihm geht. Vielleicht empfing er sie? Wir werden sehen, was passiert. Es ist besser, nichts zu sagen, denn das könnte… Reden ist zu äußerlich.

Die anderen Male (das sagte ich dir), hatte ich Schwierigkeiten im mentalen Bereich [mit X]; all das hat sich jetzt geklärt, sehr schön geklärt. Aber diese Geschichte hier ist auf einer anderen Ebene. Warten wir deshalb. Vielleicht… Wahrscheinlich wird sich das klären.

(Schweigen)

Wahrscheinlich brauchte ich diese Erfahrung… Weißt du, diese Losgelöstheit, von der ich dir erzählte, als ich diese Erfahrung hatte – als DER KÖRPER diese Erfahrung hatte [am 24. Januar] –, das hat sich jetzt verschärft, so weit, daß es sich auf alles, alles, alles erstreckt, was eine Aktion auf der Erde betrifft. Wahrscheinlich war das nötig. Das begann mit einer Art… wie Dinge, die zerfallen *(Geste, etwas zwischen den Fingern zu zerbröseln)*. Bestimmte Verbindungen zwischen meinem Bewußtsein und der Arbeit (keine Verbindungen von mir selbst,

---

1. Im okkulten Sinn bedeutet eine „Formation" eine Konzentration von Macht oder Kräften zu einem bestimmten Zweck. Das ist wie ein Geschoß, das unweigerlich zu seinem Ziel geht. Tatsächlich bilden alle Wesen ständig „Formationen" mit ihren Gedanken und ihren Begierden, aber die meisten dieser Formationen besitzen kaum Macht, außer die, an dem zu haften, der sie bildete, oder wie ein Bumerang auf ihn zurückzufallen.

denn ich hatte keine, sondern mit dem Körper: das gesamte physische Bewußtsein, alles, was ihn an seine Umgebung und an die Arbeit und an die Mitmenschen bindet – ich erzählte dir das im Zusammenhang mit der physischen Unsterblichkeit –, das ist, was jetzt geschah). Das sind wie Dinge, die sich auflösen: das zerfällt, zerfällt, zerfällt. Das wird immer ausgeprägter. In den letzten Tagen kamen die Schwierigkeiten eine nach der anderen, eine nach der anderen (die Dinge werden immer schwieriger), aber vorher hatte ich die Kraft, das in die Zange zu nehmen und zu halten *(Mutter ballt ihre Faust, wie um die Umstände zu beherrschen)*, und dann kam diese Losgelöstheit: alles verflüchtigt sich überall, überall, überall...

Diese Geschichte mit X ist wahrscheinlich Teil desselben Vorgangs. Die Zusicherung der REALITÄT der Macht, der REALITÄT der spirituellen Aktion wurde davon berührt: daß keine Verbindung zwischen dort *(oben)* und hier *(unten)* besteht. Das ist es.

Heißt das, daß du alle Verbindungen mit der Erde verlierst?

Nein, das ist es nicht. Die Dinge gehen weiter. Ich weiß nicht, ich habe keine Ahnung. Ich kann nicht genau sagen, was es ist, aber... Weiß nicht. Offensichtlich muß zumindest die BESCHAFFENHEIT der Verbindung sehr anders sein. Denn je mehr diese Loslösung sich vollzieht, um so stärker wächst die Realität der Schwingung – besonders die Schwingung der göttlichen Liebe – wächst außer Proportion zum Körper, UNGEHEUER, ungeheuer! Der Körper beginnt, nur noch das zu spüren.

Ist das eine [die Losgelöstheit] notwendig, damit das andere [die göttliche Liebe] beständig wird? Ich weiß es nicht.

Es ist als lebte ich, als lebte DER KÖRPER (trotz aller Krankheiten, aller Angriffe, allem schlechten Willen, der sich gegen ihn entfesselt), als lebte er in einem Bad der göttlichen Schwingung – etwas... das unermeßlich ist, unermeßlich, grenzenlos, und von einer Beständigkeit! Er lebt so darin *(Geste, als schwebe Mutter)*. Selbst in den Augenblicken, wo er unter sogenannten physischen Schmerzen leidet, selbst bei moralischen Schlägen, wie zum Beispiel einen Schatzmeister zu haben, der einen um Geld bittet, wenn man keines hat,[1] all das, alle nur möglichen Komplikationen (sie kommen die ganze Zeit), trotz all dem, trotz ALLEM, was geschieht, selbst Dinge, die für unsere mentale

---

1. Unter Mutters losen Notizen fanden wir eine ohne Datum, die aber von diesem Datum sein könnte (und von einigen anderen!): *Jetzt ist die Lage sehr ernst geworden, alle Reserven wurden verschlungen, es bleiben Schulden, viele wichtige Arbeiten sind unvollendet, und das tägliche Leben ist ein Problem geworden. Der Lebensunterhalt von mehr als 1200 Menschen ist in Frage gestellt.*

Auffassung oder unsere mentale Reaktion äußerst unangenehm sind, ist alles ein Bad der Schwingung der göttlichen Liebe. Wenn ich meinen Körper nicht beherrschte, würde ich deshalb die ganze Zeit wie eine Idiotin lächeln! Zu allem. Ein glückseliges Lächeln für alles (ich tue es nicht, weil ich mich beherrsche).

(Schweigen, die Uhr schlägt)

Nein, nein: grübele nicht darüber. Laß es sein, das wird sich ordnen. Das wird sich ordnen, wie es muß, auf die Weise, wie es sich ordnen muß.

Mental ist er sensibel [X], aber inwieweit? Und in welchem Ausmaß kristallisiert es sich anders, wegen all seiner Ideen…?

Wir werden sehen.

(Schweigen)

Aber, weißt du, das ist kein *joke* [Scherz], die Transformation.

(Schweigen)

Gestern hatte ich so sehr den Eindruck, daß ALLE Konstruktionen, alle Gewohnheiten, alle Anschauungsweisen, alle gewohnten Reaktionen, all das zusammenbrach – völlig. Daß ich in etwas schwebte, das… völlig anders war, etwas… Ich weiß nicht.

(Schweigen)

Wirklich das Gefühl, daß ALLES, was man lebte, alles, was man wußte, alles, was man tat, all das eine vollkommene Illusion ist – das erlebte ich gestern abend.

Da ist es…

Eine Sache ist die spirituelle Erfahrung, daß das materielle Leben eine Illusion ist (manche Leute finden das schmerzhaft, ich fand das so wunderbar schön und freudig, daß es eine der schönsten Erfahrungen meines Lebens war), aber hier ist es die gesamte spirituelle Konstruktion, so wie man sie lebte, die vollkommen zur Illusion wird! – Nicht dieselbe Illusion, sondern eine weitaus schwerwiegendere.

Wenn es da nicht… Offensichtlich ist *Das* hier [die göttliche Liebe], so wie wenn man ein Polster auslegt, damit jemand sich beim Fallen nicht den Nacken bricht – das ist ganz und gar der Eindruck: diese Erfahrung von der Schwingung der göttlichen Liebe ist das Polster… damit wir uns nicht den Hals brechen!

So, mein Kind. Mach dir also keine Sorgen – was auch deine Schwierigkeiten sein mögen *(lachend)*, du kannst dich trösten, daß es nur der Anfang ist!

Ich bin kein Baby mehr, seit siebenundvierzig Jahren bin ich hier! Und seit sicherlich an die sechzig Jahre mache ich ein bewußtes Yoga, mit allem, was die Erinnerungen – die Erinnerungen eines unsterblichen Lebens – einem geben können, und sieh, wo ich bin! Deshalb... Wenn Sri Aurobindo sagte, man müsse ausdauernd sein, glaube ich, er hatte recht.

Das ist kein Weg für die Schwachen, das ist gewiß.

Ich glaube, der Körper hat gelitten, soviel ein Körper leiden kann, ohne zu zerbrechen, und er macht weiter, er bittet nicht um Nachlaß – kein einziges Mal sagte er: „Nein, das ist zu viel." Kein einziges Mal. Er sagt: „Was Du willst, Herr, ich bin hier."

Es geht also weiter.

(Mutter erhebt sich, um zu gehen)

Ich werde den Leuten nie sagen: „Wissen Sie, das ist ein Spaziergang!" Nein, das gleicht in keiner Weise einem Spaziergang. Pech für jene, die... Manche sagen: „Oh, Sie sind zu streng!", aber es ist besser, die Wahrheit zu sagen, oder?

Man darf sich nicht entmutigen lassen.

Die Absolutheit des Sieges steht AUSSER ZWEIFEL, und ich rede nicht vom Maßstab unserer kleinen Gedanken. Doch es liegt an uns, die WENDE zu vollziehen – das wird von uns erwartet: die Wende zu vollziehen, anstatt uns weiter im Kreise zu drehen.

So, mein Kind.

Das ist ein Stählen, weißt du. Wir werden gestählt.

Es nützt nichts, aufzugeben, denn dann muß man nächstes Mal wieder beginnen. Deshalb sage ich stets: „Jetzt ist die Gelegenheit, geht bis ans Ende." Es lohnt sich nicht zu sagen: „Ah, ich kann nicht!", denn nächstes Mal wird es noch schwieriger sein.

29. März 1961

(Botschaft)

Der Pfad

Um unseren Pfad zu beschreiten, mußt du eine unerschütterliche Furchtlosigkeit haben, du darfst dich nie mit dieser gemeinen, kleinlichen, schwachen, häßlichen Bewegung, welche die Angst ist, über dich selbst verschließen.

Ein unbezwingbarer Mut, eine vollkommene Aufrichtigkeit, eine völlige Selbsthingabe, so daß du nicht kalkulierst oder schacherst, nicht mit der Idee gibst, zu empfangen, dich nicht hingibst, mit der Absicht, beschützt zu werden, keinen Glauben hast, der Beweise braucht – dies ist unerläßlich, um auf dem Pfad weiterzukommen, dies allein kann dich vor allen Gefahren schützen.

Mutter

April

4. April 1961

(Botschaft)

Alles kann durch das Göttliche getan werden – das Herz und die Natur geklärt, das innere Bewußtsein erweckt, die Schleier entfernt werden –, wenn man sich mit Vertrauen und Zuversicht dem Göttlichen gibt, und selbst wenn man es nicht sofort gänzlich tun kann, so wird doch im Maße, daß man es tut, die innere Hilfe und Weisung kommen und die Erfahrung des Göttlichen im Innern wachsen. Wenn der fragende Verstand weniger aktiv wird und die Demut und der Wille zur Hingabe wachsen, sollte dies durchaus möglich sein. Keine andere Stärke oder Tapasya ist dann erforderlich, nur dies alleine.

Sri Aurobindo

7. April 1961

X sagte mir, es geht dir besser?

X weiß nur, was der Arzt ihm sagt. Er fragt den Arzt, und der sagt ihm, was er will. X erklärt ihm: „Ich werde sie völlig heilen", der Arzt erwidert: „Das ist unmöglich, es ist unheilbar!" Darauf sagt X ihm: „Sie haben keinen Glauben", und der Arzt antwortet: „Sie leben in Illusionen"!

Die Wahrheit ist, daß der Körper sich sehr gut verteidigt. Aber es ist eine umfangreiche Angelegenheit. Anscheinend vermehren sie [die Krankheitserreger] sich zu Millionen: bevor man das alles beseitigen kann, vergeht einige Zeit! Sie kreisen, spazieren herum. Manchmal stechen sie während zwei, drei, vier Stunden, nachts, von innen nach außen. Sie „picken" wie Feuernadeln. Und das geht überall hin, in die Beine, die Arme, den ganzen Körper – sie amüsieren sich eben! Aber es läßt nach: den Beinen geht es besser. Es ist noch nicht ganz in Ordnung, aber das wird kommen. Das ist nichts.

*
* *

Später:

Jedesmal wenn X kommt, verschärfen sich alle Schwierigkeiten aufs Höchste: sie werden wie absolut. Und ich verstehe gut: das ist, weil seine Macht in einem Bereich wirkt, der voll davon ist, ein Bereich!... Der Bereich der menschlichen Kleinheit. Schrecklich! Und wir haben das noch nicht verlassen: Streitereien, Trennungen, Unverständnis, schlechter Wille, all das... Ich verstehe gut: das ist nötig, um es zu heilen. Aber das bereitet mir eine ungeheure Arbeit, ungeheuer!

Nun...

Bei dir ist es sehr deutlich: jedesmal, wenn er kommt, ist es, als verdrehte sich alles. Und das hat keinen anderen Grund als den Konflikt zwischen der Kraft, die er herabzieht (natürlich unterstütze ich, daß sie herabkommt, wenn er hier ist!), und den inneren Widerständen. Das ergibt *den* Widerspruch, der immer ausgeprägter wird.

Das beschleunigt die Arbeit, aber es macht sie etwas... mühsam.

Er steckt noch in dieser Art zu arbeiten, die darin besteht, alle Hindernisse zu beseitigen – genau das Gegenteil von dem, was Sri Aurobindo tat. Sri Aurobindo nahm sie so *(Mutter breitet die Arme aus, um alles aufzunehmen),* und dann wirkte er auf sie ein, damit sie keine Hindernisse mehr seien. Doch X, das erste, was er sagte, als er im Ashram ankam, war: „Oh, hier sind viele Elemente, die nicht hier sein sollten!" Und er spricht von „Bereinigung": ausmerzen, ausmerzen, ausmerzen. Das würde bedeuten, das ganze Leben auszumerzen, das nicht dem Göttlichen antwortet – was bliebe übrig?

Gewiß hat er Sri Aurobindos Yoga nicht verstanden. Es ist auch nutzlos, ihm das erklären zu wollen.

Er fängt an zu verstehen. Nach einem Jahr hat er angefangen zu verstehen. Jetzt versteht er viel besser, nur ist er in seiner Konstruktion eingeschlossen. Er hat nicht diese Persönlichkeit, für die die Erde winzig klein ist. Das ist im Grunde, was es bei Sri Aurobindo erfordert: die Erde muß zu einem winzigen Erfahrungsfeld werden... innerhalb einer Ewigkeit.

Aber das ist schwierig.

*
* *

(Nach der Arbeit schneidet Mutter ein anderes Thema an:)

Ich lese weiter im Veda. Einige Tage war ich gezwungen aufzuhören, weil ich Halsschmerzen bekommen hatte, die mich behinderten. Jetzt fing ich jedenfalls wieder an.

Im Grunde wurde das von Leuten geschrieben, die sich einer radikalen Erfahrung erinnerten, die zu einem bestimmten Zeitpunkt auf der Erde stattfand, um ein Beispiel für das zu geben, was sein wird. (Das geschieht immer so im Yoga: man hat eine erste radikale Erfahrung, wie eine Verkündung der zukünftigen Verwirklichung, die man zu erreichen hat.) Und im irdischen Yoga – dem Yoga der Erde, des Planeten Erde – kam das in einem bestimmten Augenblick. Jene, die sie die *forefathers* [die Vorväter der Menschen] nennen, müssen durch ihre Anstrengung und ihr Yoga zumindest das Bildnis der supramentalen Verwirklichung erreicht haben. Und die Verfasser der Veden, die diese Hymnen aufsetzten, erinnerten sich daran oder erhielten die Überlieferung dieser Erfahrung. Und das, mein Kind, das gibt mir immer denselben Eindruck wie beim Lesen des „Yoga der Selbst-Vervollkommnung" in *The Synthesis of Yoga: (Mutter stöhnt)* eine solche Kluft liegt zwischen dem, was wir jetzt sind, dem jetzigen Leben auf der Erde, dem menschlichen Bewußtsein, selbst bei den Erleuchtetsten, den Fortgeschrittensten, und DEM!...

Ich weiß nicht, ob ich das so empfinde, weil ich jetzt gerade so heftig von all diesen bösartigen Energien angegriffen wurde – gemartert wie mit Hammerschlägen –, doch ich hatte jedenfalls ein sehr einschneidendes Gefühl der ENORMEN Unermeßlichkeit, die zu bewältigen wäre... damit DAS verwirklicht werden kann.

(Schweigen)

Wenn die äußeren Schwierigkeiten sich beschwichtigen, wenn der Körper passiv und ruhig wird und seine Aufmerksamkeit nicht ständig beansprucht ist, wenn man in diesem supramentalen Bewußtsein leben kann, dann erscheint es einem nicht so schwierig: man empfindet das so stark... als eine so siegreiche Essenz, daß es alle Schwierigkeiten überwinden wird.

Aber dazu muß man ein wenig oben bleiben können, in diesem Bewußtsein; nicht die ganze, ganze Zeit nach unten gezogen werden und in jeder Minute kämpfen müssen, um DURCHZUHALTEN – in allen Hinsichten durchhalten: nicht nur persönlich, sondern kollektiv.[1] Ein Kampf jeder einzelnen Minute, um durchzuhalten. Wie lange muß man durchhalten, bis es getan ist?

Deshalb ist es eine schwierige Zeit.

Bei allen hier bekam die Gesundheit einen Knick. Viele Leute sind krank. Die Krankheiten sind ernsthafter. Es gab einen Knick.

---

1. Seit einigen Tagen sind die Ashramkassen vollkommen leer, Mutter verkaufte ihre letzten Schmuckstücke.

Natürlich muß man das immer mit dem Lächeln betrachten (ich betrachte es auch mit dem Lächeln), aber ich muß sagen... die enthusiastische Seite (die Inbrunst, der Enthusiasmus) bekam einen Schlag. Das heißt, es gibt keinen Grund zur Überschwänglichkeit, wir haben Zeit.

Wir müssen einfach weitergehen. Weiter voranschreiten: ein Schritt nach dem anderen, ein Schritt nach dem anderen, ohne sich zu fragen, wieviele Schritte es noch erfordert, ohne sich zu erinnern, wieviele Schritte man getan hat.

Im Grunde ist das, was man tun muß: immer die gegenwärtige Minute sehen, den gegenwärtigen Augenblick, immer in der Gegenwart leben, mit Beharrlichkeit (*Mutter setzt eine Faust auf die Armlehne, dann eine weitere und so fort, wie ein beharrliches, langsames, unbeirrbares Fortschreiten*).

Dennoch schien Sri Aurobindo zu sagen, wenn das Supramental herabkäme, würde es leichter werden.

Ja, das ist offensichtlich! Aber leichter als was, mein Kind?

Ich weiß nicht. Er schien zu sagen, die Arbeit würde leichter sein. Gerade jetzt las ich Texte von ihm... Was ist geschehen, daß es nicht so ist? Überall schien er zu sagen: die Dinge werden leichter sein, die Arbeit wird leichter werden...

Aber ja. Doch „leichter" ist nur ein Vergleichswort.

Du meinst, es ist trotz allem leichter als vorher?

Oh ja! Das heißt, jetzt geschieht es, während es vorher nicht geschah.

Ah!...

(*Schweigen*)

Es geschieht nicht „wunderbarerweise". Das menschliche Mental... im Grunde braucht es immer etwas Wunderbares, damit es zufrieden ist. In seiner Vorstellung verband der Mensch das Wunderbare mit dem Göttlichen. Ich weiß es, weil ich damit geboren wurde. Als ich ganz klein war, fühlte ich so. Und nur weil das Leben mir die Widerlegungen gab – mit einer extremen Brutalität –, überkam mich diese... ja, vernünftige und nüchterne Einstellung. Neulich erzählte ich dir das, es ist abscheulich! (*Mutter lacht*) Die ganze schöne Blume ist weg... Das sind die Schläge des Lebens. Denn ich wurde geboren mit diesem Gefühl, daß... ja, daß die Wahrheit etwas Wunderbares ist, das nur zu erscheinen braucht, um sich durchzusetzen.

So wird es sein, ohne die gegnerischen Kräfte.

Das Universum wäre so, wenn es nicht diesen Abweg der gegnerischen Kräfte gegeben hätte – das sehe ich sehr deutlich. Die Perversion, die kaltblütig grausame Perversion von absoluten schlechten Willenskräften verhindert, daß es so sei. Und das ist der Eingriff von... Sie sagen alle, es war ein „Unfall", aber was nützt es, das einen „Unfall" zu nennen! Die Tatsache bleibt.

Die gegnerische Kraft verhindert, daß das Göttliche in wunderbarer Weise erblüht, sobald es auftritt. Denn ich weiß: überall dort, wo die Materie, so wenig es auch sei, nicht unter dem Einfluß dieses gegnerischen Willen steht, erblüht sie augenblicklich. Und im menschlichen Herzen, im menschlichen Bewußtsein, im menschlichen Denken erblüht alles, was ein wenig von diesem gegnerischen Einfluß abgeschirmt ist (abgeschirmt durch das Psychische, durch die göttliche Gegenwart), das erblüht und wird... wird sofort wunderbar, ohne Hindernisse – alle Hindernisse stammen von dort. Deshalb ist es schön und gut zu sagen, es war ein „Unfall", aber...

Offensichtlich kann es wiedergutgemacht werden, ohne den leisesten Zweifel, aber um welchen Preis? Und wie viel es die Sache verkompliziert.

Uns wird gesagt, hinterher wird es noch viel schöner sein – davon bin ich überzeugt, absolut; ich zweifele keine Minute, aber...

So, wie die Welt ist... Selbst wenn man in den vollkommensten Höhen bleibt, kann man sie nicht anders als schmerzlich nennen. Sie ist schmerzlich.

Weißt du, es passierte mir in den höchsten Erfahrungen der vollkommenen Einheit mit einer wunderbaren Liebe, mich der Welt zuzukehren – einfach das Bewußtsein eine Sekunde zur Welt, wie sie ist, zu wenden (ich erinnere mich, es war die Aspiration, daß ALLES teilhabe), und in diesem Zustand der Ekstase war das wie... Tränen von brennendem Schmerz. So kam es.

Theoretisch dürfte es das nicht geben, aber tatsächlich ist es so. Etwas wird erst dann vollkommen sein können, wenn dieser Unfall aufgelöst wurde.

Das ist meine Erfahrung.

Und um diese Erfahrung zu erreichen, durchschritt ich den Zustand der höchsten Gleichgültigkeit, wo die gesamte irdische Manifestation eine Illusion ist; ich ging durch das, und jenseits davon hatte ich diese Erfahrung. Jenseits davon... im Augenblick der höchsten Ekstase, da war es wie Tränen von Feuer, von Schmerz.

(Schweigen)

Manchmal kommt mir der Gedanke, ob eine außerordentliche Tapasya das erreichen könnte...

Aber...

(Schweigen)

Doch die unerläßliche Grundlage ist ein unbezähmbarer Mut und eine Ausdauer trotz aller Widrigkeiten – von den materiellsten Körperzellen bis zum höchsten Bewußtsein, von ganz oben bis ganz unten, überall. Sonst taugt man zu nichts.

Und ich bin wirklich in den günstigsten Umständen, denn mein Körper sagt Ja; er sagt: „Ja, ja, ja" – er beschwerte sich kein einziges Mal (vielleicht war das die Bedeutung dieser Krankheit und dieser Schwierigkeiten).

Noch vorige Nacht (nicht letzte Nacht, sondern die davor) wurde ich um Mitternacht von diesen brennenden Stichen geweckt (nicht „geweckt", aber ich kam aus meiner Trance), brennende Stiche von innen nach außen, von den Fußspitzen bis hier, überall, im Rücken... das dauerte vier Stunden, ohne Unterbrechung. Mein Körper beschwerte sich kein einziges Mal. Er bat kein einziges Mal, daß es aufhöre; er blieb ruhig und sagte: „Möge Dein Wille geschehen." Sagte es nicht nur, sondern FÜHLTE es, ruhig – vier Stunden kleiner Torturen. Er sagte nichts.

Daß ich nichts sage, ist Grundvoraussetzung! Aber er sagte nichts, sorgte sich nicht einmal, hatte nicht einmal dieses Gefühl: „Wann wird es endlich vorüber sein?" – Nichts. Er blieb ruhig, ruhig. Ich war wie eine Statue in meinem Bett, und die Stiche kamen von oben bis unten. Deshalb kann ich mich wirklich nicht beschweren! Das Instrument, das mir gegeben wurde, ist wirklich von guter Qualität. Ein guter Wille trotz aller Widrigkeiten.

Aber daß es teuflisch ist, läßt nicht den geringsten Zweifel.

(Schweigen)

So, mein Kind.

Und wirklich, wenn du mir eine Freude machen willst (ich glaube, du willst mir eine Freude machen!), dann konzentriere dich auf das Buch über Sri Aurobindo – du kannst dir nicht vorstellen, wie sehr mich das interessiert! Und wie sehr ich SEHE (nicht mit diesem kleinen Bewußtsein), in die Zukunft sehe: das hat eine große, große Bedeutung und wird eine große Wirkung haben. Deshalb möchte ich dir jetzt den Weg freiräumen, damit wir die Zeit haben.

*Ich werde sicher mentale Ruhe brauchen, um die Arbeit vorzu-
bereiten.*[1]

Ja, ja, natürlich.

*Das Durchlesen abschließen und es in Ruhe aufnehmen. Wenn
ich nicht die Inspiration empfangen kann, fühle ich mich völlig
unfähig zu schreiben.*

Aber nein! Du wirst sie empfangen.

Ja, darin habe ich Vertrauen.

Für mich besteht nicht der geringste Zweifel. Es ist Gewißheit.
Gewißheit.

Ich habe X nie etwas gesagt oder geschrieben, aber durch die mentale Verbindung sagte ich ihm zahllose Male: „Satprem hat ein UNEND-
LICH wichtigeres Werk zu vollbringen als Mantras zu wiederholen. Daß
es ihm eine Hilfe sein mag, sich zu disziplinieren, ist schön und gut,
aber es ist nicht mehr als das. Durch Wiederholen von Mantras wird er
nicht sein Werk erfüllen, er hat etwas zu tun und er wird es tun." Ich
habe es ihm in den Kopf gehämmert *(Mutter lacht).*

So, mein Kind, bis morgen.

8. April 1961

Nach mehr als einem Monat habe ich meine Übersetzung [von *The
Synthesis of Yoga*] wieder angefangen und landete genau (das ist fabelhaft!), genau an der Stelle, die mir zu verstehen half, was geschehen
war, all diese Schwierigkeiten. *The Synthesis* und der Veda stimmen
so gut überein, daß eine kleine Verbesserung eintrat, nachdem ich
das gelesen hatte. Weißt du, es ist, als könne man seine Stellung etwas
verlagern, deshalb geht es ein wenig besser. Nun...

*
* *

---

1. Satprem meint die umfangreiche materielle Arbeit, die er zusätzlich zu sieben
Stunden Japa täglich zu verrichten hatte.

(Dann hört sich Mutter alte „Agendas" von 1960 an. Am Ende bemerkt Satprem, wie um sich für die scheinbar unbedeutenden Details, die er notierte, zu entschuldigen:)

All diese Dinge hängen zusammen, verstehst du, jedesmal gibst du etwas wie einen kleinen Pinselstrich. Wenn ein Detail für sich genommen nicht „nützlich" erscheint, ergibt es doch in der Gesamtheit ein Bild, das nach und nach entsteht.

Ja, natürlich. Aber im Grunde ist das nur eine Beschreibung meiner Sadhana. Ich sage immer, das wird nur interessant sein, wenn ich das Ende erreiche.

Pah!

Wenn ich das Ende erreiche oder etwas wirklich Konkretes verwirklicht wurde, dann wird es interessant werden, aber nicht vorher.

Trotzdem ist die Geschichte dieses Weges interessant!

Vorher ist es nichts.

Das wird zum besseren Verständnis helfen...

Oh, mein Kind! Wenn irgend jemand je irgend etwas versteht! Nun... Machen wir lieber weiter.

*
* *

(Später, über X, Satprems sehr traditionalistischen Guru, der jedesmal, wenn er zum Ashram kommt, krank wird:)

Er scheint jetzt besser zu verstehen. Auf seine Weise ist er „fortschrittlich", unglücklicherweise macht ihn das jedesmal krank! Die Kraft ist zu groß, sein Körper hält sie nicht aus.

Er hat sich eine Art Ausgewogenheit angewöhnt, die Ausgewogenheit dieser Einstellung der Gleichgültigkeit gegenüber allem Materiellen: „Das ist eine Illusion, das hat keine Bedeutung, man darf sich nicht darum kümmern. Die Natur erledigt das, nicht ich – die Natur macht es, und die Natur ist so angelegt, man braucht sich nicht darum zu kümmern, sich keine Sorgen zu machen." Bis er hierhin kam, lebte er so, und deshalb hatte er diese gleichgültige Einstellung. Und hier begann es, sich zu ändern. Natürlich ist sein Körper nicht daran gewöhnt, ihm fällt es schwer zu folgen, es mangelt ihm an Plastizität.

Als erstes ging er zum Arzt, um ihn zu bitten, sein Ohr zu heilen, seinen Magen zu heilen, seinen... Und der Arzt sagte ihm: „Aber warum essen Sie egal was zu jeder beliebigen Zeit? Natürlich bekommen Sie Bauchweh..." Hier stieß er sich ständig gegen Dinge der materiellen Organisation – sie organisieren nichts, ihnen ist das egal, sie lassen es laufen, wie es will. Wie bei seinem Sohn, der Arzt sagte ihm: „Das ist nur, weil niemand sich um ihn kümmert; wenn man für ihn sorgte, würde das nicht passieren." Da sagte X ihm sehr aufrichtig: „Aber warum!?..."

Das ergibt eine Diskrepanz.

12. April 1961

(Satprem fragt, wie er einige Katzen loswerden könnte, die ihn jede Nacht aufwecken. Mutter antwortet:)

Ich hatte einmal einen Kater, der hatte fast das Bewußtsein eines Kindes, und er wurde vergiftet. Am Tag, als ich ihn so kommen sah, vergiftet, sterbend, verfluchte ich alle Leute, die Katzen vergiften. Und das ist schwerwiegend. Deshalb tue es nicht. Das war ein wirklicher Fluch (Sri Aurobindo war dabei, also ist es ernsthaft), tue es deshalb nicht.

Aber es gibt einen Weg...

Weißt du, ich habe ein Bündnis mit den Katzen, mit dem Katzenkönig – das reicht sehr, sehr weit zurück. Das ist sehr außerordentlich, es war in Tlemcen, gänzlich auf der Ebene des Okkultismus, außerordentlich!... Aus bestimmten Gründen gab mir der Katzenkönig eine Macht über diese Tiere – und das ist wahr. Allerdings muß ich sie sehen.

Wir werden es versuchen.

(Schweigen)

Was stellen diese Tiere in der irdischen Manifestation dar, sie sind so sonderbar...

Die Katzen sind vitale Kräfte. Sie sind Inkarnationen vitaler Kräfte. Der Katzenkönig, das heißt der Geist der Spezies, ist ein Wesen der Vitalwelt.

Katzen können zum Beispiel sehr leicht die vitale Kraft einer verstorbenen Person verkörpern. Ich hatte zwei wirklich überwältigende solche Erfahrungen.

Die erste war mit einem Jungen, ein Sanskritist, der mit uns nach Indien kommen wollte. Er war der Sohn eines französischen Botschafters, eine alte Adelsfamilie. Seine Lungen waren nicht in Ordnung. Als man ihm das sagte, meldete er sich als Freiwilliger im Krieg von 1914 (er war Offizier). Und er hatte den Mut jener, die nicht mehr am Leben hängen: als man ihm den Befehl gab, den Schützengraben zu verlassen, um in die feindlichen Gräben einzudringen (das war fürchterlich idiotisch! das bedeutete, die Leute abschlachten zu lassen), da zögerte er nicht, er ging. Zwischen zwei Gräben wurde er getroffen. Lange war es Sperrzone; erst einige Tage später, als der nächste Graben erobert wurde, konnten die Toten geborgen werden. All das erfuhr man in den Zeitungen, HINTERHER. Aber am Tag, wo er fiel, wußten wir es offensichtlich nicht.

Ich hatte ein Foto von ihm mit einer Widmung in Sanskrit (ein schönes Foto), und ich hatte es auf eine Kommode in meinem Schlafzimmer gestellt. Ich öffnete die Tür und… das Foto fiel herunter (ich hatte keinen Luftzug verursacht, nichts). Es fiel, und das Glas zerbrach in tausend Stücke. Sofort wußte ich: „Fontenay ist etwas zugestoßen!" (Er hieß Fontenay, er war ein „de Fontenay": Charles de Fontenay.) Danach ging ich zurück in mein Arbeitszimmer, und da hörte ich ein Miauen vor der Tür (die Tür führte auf einen großen Innenhof mit Garten[1]). Ich öffnete die Tür: eine Katze schoß herein und sprang auf mich, hier *(Mutter klopft auf ihre Brust)*. Ich sprach mit ihr und sagte ihr: „Was ist denn, was ist denn?" Sie sprang zurück auf den Boden und schaute mich an – die Augen von Fontenay! ABSOLUT seine Augen! Kein anderer als Fontenay. Sie klammerte sich an mich, wollte nicht mehr weggehen. Da sagte ich mir: „Fontenay ist gestorben."

Erst acht Tage später bekamen wir die Nachricht. Aber die Zeitungen gaben das Datum des Tages, an dem sie die Gräben verließen und erschossen wurden – es war an dem Tag.

(Schweigen)

Die andere Geschichte ist älter. Ich wohnte in einem anderen Haus: eine Wohnung auf der fünften Etage. Einmal wöchentlich hielt ich dort ein Treffen mit Leuten, die sich für Okkultismus interessierten und mich besuchten, damit ich ihnen „Dinge" zeige oder sage. Da war

---

1. Rue du Val de Grâce, in Paris.

ein schwedischer Künstler, eine französische Dame und... ein junger Franzose, der studierte und dichtete. Seine Eltern waren einfache Landleute, die sich weiß bluteten, um ihm sein Leben in Paris zu bezahlen. Dieser Junge war sehr intelligent und ein wahrer Künstler, aber er lebte ein sittenloses Leben (wir wußten es, kümmerten uns aber nicht darum: das ging uns nichts an, es war sein Privatleben). An diesem Abend wollten wir uns treffen, zu viert oder fünft: der Junge kam nicht. Er hatte gesagt, er würde kommen, und er kam nicht. Wir hielten also unser Treffen und dachten nicht weiter daran – wir dachten, er hätte anderes zu tun. Aber gegen Mitternacht, als die anderen weggingen, öffnete ich die Tür, und dort saß eine große schwarze Katze, die wie eine Kugel mit einem Satz auf mich sprang. Ich beruhigte sie und schaute sie an – ah, die Augen von... (ich erinnere mich nicht mehr seines Namens): die Augen dieses Jungen. Zu der Zeit beschäftigten wir uns mit Okkultismus, da wußten wir sofort: ihm ist etwas zugestoßen; er konnte nicht kommen und diese Katze verkörperte seine Vitalkraft.

Am nächsten Tag waren die Zeitungen voll von einem gemeinen Mord: ein Zuhälter hatte diesen Jungen ermordet – abscheulich! Etwas ganz und gar Abscheuliches. Kurz bevor er zu uns kommen wollte, war es geschehen: die Conçierge sah den Zuhälter in sein Haus gehen. Was war geschehen? War es nur wegen Geld, oder etwas anderes, eine Untugend? Oder was?

Und beide Male war die Verkörperung so... (wie soll ich sagen?) mächtig, daß die Augen verändert waren: die Augen der Katze waren völlig die Augen der verstorbenen Person geworden, unverkennbar. Und zu mir gesandt. In beiden Fällen dieselbe Bewegung, dasselbe... dieses Katzenwimmern – du weißt, wie sie machen.

Aber ich hatte Katzen... Eine Katze hatte ich, die war die Reinkarnation des mentalen Teils einer russischen Frau. Eines Tages hatte ich die Vision: es war sehr seltsam... Diese Frau war ermordet worden. Sie war Russin und war zur Zeit der Revolution dort umgebracht worden, und sie hatte zwei kleine Kinder, die auch massakriert wurden. Dann kam ihr Mental in diese Katze hier (ich weiß nicht wie). Aber diese Katze (ich bekam sie sehr jung), sie kam und schlief ausgestreckt neben mir (ich schlief auf dem Boden auf einem japanischen Tatami), wie eine Person, mit ihrem Kopf auf meinem Arm! Sie blieb ganz ruhig so liegen – bewegte sich nicht, die ganze Nacht! Ich war sehr erstaunt. Dann bekam sie Junge: sie wollte sie auf dem Rücken liegend zur Welt bringen, nicht wie eine Katze. Es war sehr schwierig, ihr verständlich zu machen, daß es so nicht kommen kann! Nachdem sie ihre Kleinen hatte, sah ich sie eines Nachts... Ich sah eine junge, in Pelze gekleidete

Frau, mit einer Pelzmütze, man sah nur ihr kleines Gesicht. Sie hatte zwei Kinder: sie kam zu mir und legte sie vor meine Füße. Da war ihre ganze Geschichte in ihrem Bewußtsein: wie sie und ihre Kinder ermordet wurden. Und ich erkannte, daß es die Katze war!

Die Katze wollte ihre Kleinen um keinen Preis alleine lassen! Sie aß nicht, ging nicht für ihre Bedürfnisse nach draußen, nichts: sie blieb dort. Schließlich sagte ich ihr: „Bring mir deine Kleinen." (Die Katzen verstehen einen sehr gut, wenn man richtig mit ihnen umgeht.) Da schaute sie mich an, dann ging sie: erst nahm sie das eine und legte es zwischen meine Füße, dann holte sie das andere (nicht neben mich: zwischen meine beiden Füße). Dann sagte ich ihr: „Jetzt kannst du nach draußen gehen." Und sie ging.

Dann hatte ich einen Kater: wir nannten ihn Kiki. Er hatte eine wunderbare Farbe! Wie Samt. Wenn wir Meditationen hielten, kam er, er setzte sich auf den Sessel und ging in Trance: in der Trance machte er plötzliche Bewegungen während der Meditation. Und ich mußte ihn aufwecken, sonst wachte er nicht auf!

Er wurde von einem Skorpion gestochen – er war sehr unvorsichtig und spielte mit Skorpionen. Eines Tages rettete ich ihn: auf der Terrasse war ein großer Skorpion, und ich kam gerade, als dieser junge Mann damit spielen wollte. Ich setzte den Kater auf meine Schulter und tötete den Skorpion. Aber ein anderes Mal war ich nicht da, und er wurde gestochen. Er kam: es war fast das Ende. Ich sah deutlich, daß er von einem Skorpion gestochen worden war, die Symptome waren eindeutig. Ich legte ihn auf einen Tisch und holte Sri Aurobindo. Ich sagte ihm: „Kiki ist von einem Skorpion gestochen worden" (er lag im Sterben, er war fast schon ihm Koma). Sri Aurobindo nahm einen Stuhl, setzte sich an den Tisch und begann Kiki anzusehen. Das dauerte ungefähr zwanzig oder fünfundzwanzig Minuten. Dann entspannte sich der Kater plötzlich vollkommen und... schlief ein. Als er wieder aufwachte, war er völlig gesund.

Sri Aurobindo hatte ihn nicht berührt, hatte nichts getan: ihn einfach angesehen.

Ich hatte einen anderen Kater, den ich Big Boy nannte, oh, er war ein schöner Kater! Riesig! Er hatte einen Schwanz wie eine Schleppe. Wunderschön! Alle möglichen Katzen streunten in der Gegend, darunter ein äußerst bösartiger großer Kater. Deshalb hatte ich Angst um Big Boy, als er klein war, und gewöhnte ihm an, seine Nächte im Haus zu verbringen (für eine Katze ist das schwierig). Ich verbot ihm, hinauszugehen. So verbrachte er die Nächte drinnen, und morgens, wenn ich aufwachte, stand er auf und setzte sich vor mich hin, und wenn ich ihm sagte: „Ja, Big Boy, du kannst gehen", dann sprang er auf die Fensterbank und verschwand – aber nie vorher. Das ist der, den man mir vergiftete.

Denn später streunte er: er war schrecklich stark geworden, er lief überall herum. Zu der Zeit wohnte ich in dem Haus, wo jetzt die Bibliothek ist, und er lief bis in diese Straße hier (das Ashramgebäude gehörte uns noch nicht: es gehörte anderen Leuten), aber wenn ich auf die Terrasse gegenüber von Champaklals Küche kam und ihn rief: „Big Boy! Big Boy!" dann kam er im Galopp (er konnte es nicht hören, aber er fühlte es). Er kam immer zurück, er verfehlte es nie. Eines Tages kam er nicht. Ich machte mir Sorgen. Jemand ging, um ihn zu suchen – er fand ihn röchelnd, spuckend, vergiftet. Er brachte ihn mir. Oh, das war wirklich... Er war so lieb! Er war kein Räuber, nichts derartiges: ein wunderschöner Kater. Jemand hatte Gift für weiß Gott welche andere Katze ausgelegt, und er aß es. Da sagte ich es Sri Aurobindo, ich zeigte ihm den Kater: „Man hat ihn umgebracht."

Davor hatte ich einen anderen verloren (er bekam eine Art Katzentyphus). Er hieß Browny, wie schön er war, wie lieb er war! Oh, ein so wunderbarer Kater! Sogar als er schwer krank war, wollte er nichts beschmutzen, außer in einer Ecke, die ich besonders für ihn eingerichtet hatte: er rief mich, damit ich ihn dorthin trage und in seine Kiste setze. Er rief mich mit einer Stimme! So sanft, so beklagenswert. Er war so lieb, mit etwas Sanfterem als ein Kind, vertrauender – vertrauender, die Tiere haben ein Vertrauen, das die menschlichen Wesen nicht haben (schon die Kinder haben zu viel des fragenden Mentals). Aber hier war es fast ein Kult der Anbetung, sobald ich ihn in die Arme nahm – wenn er lächeln könnte, hätte er gelächelt. Sobald ich ihn hielt, war er wie verklärt.

Dieser war auch schön, von einer solchen Farbe! Ein goldenes Kastanienbraun, ich habe nie so eine Katze gesehen. Er liegt hier begraben, unter dem Baum, den ich „Dienst" nannte, ich legte ihn selber unter die Wurzeln. Dort stand ein alter, absterbender Mangobaum, und wir ersetzten ihn durch einen kleinen Flamboyanten mit gelben Blüten.

Diese Tiere sind lieb, wenn man mit ihnen umzugehen weiß.

Und diese erste Katze... Als ich hier ins Ashram umzog, sagte ich: „Wir können die Katzen nicht in dieses Haus mitnehmen, völlig unmöglich", deshalb ließ ich sie dort (das war nach Big Boys Tod, wir hatten genug von den Katzen). Ich verteilte die übrigen an Freunde. Aber die erste, die Mutter der ganzen Reihe, war alt, und sie wollte nicht weggehen. Sie blieb in einem Haus dort, im Ashramhof. Eines Tages (sie war schon sehr alt, sie bewegte sich kaum noch), eines Tages sah ich sie kommen, sie schleppte sich auf die Terrasse gegenüber (jetzt sieht man sie nicht mehr, der „Dienst"-Baum hat alles verdeckt, aber zu der Zeit sah man es von hier): sie kam, setzte sich hin und blieb dort... bis sie starb. Sie starb dort, ganz ruhig, ohne sich zu bewegen, während sie mich anschaute.

All diese Katzengeschichten!... Hätten wir eine Sammlung von Fotos dieser Katzen, könnten wir ein schönes kleines Geschichtsalbum über Katzen machen.

Da gab es außerordentliche Details, außerordentlich! Die eine Intelligenz bewiesen!... Diese Frau, ich meine diese Katze, die eine Frau gewesen war, wenn du wüßtest, wie sie ihre Kinder erzog! Mit einer Geduld, einer Intelligenz und einem Verständnis! Außerordentlich. Darüber könnte man lange Geschichten erzählen: wie sie ihnen beibrachte, keine Angst zu haben, über einen Mauersims zu gehen, von der Mauer in ein Fenster zu springen; und sie zeigte es ihnen, ermunterte sie, und schließlich, nachdem sie es ihnen oft zeigte und sie lange ermunterte (manche sprangen von selber, andere hatten Angst), gab sie ihnen einen Schubs! Da sprangen sie natürlich sofort.

Wie sie ihnen alles beibrachte: zu essen, zu... Sie aß nicht, bis alle ihre Kinder gegessen hatten, niemals. Sie zeigte es ihnen, gab jedem, was er brauchte. Und als sie groß waren und sie sich nicht mehr um sie kümmern sollte, verjagte sie sie, wenn sie immer noch zu ihr kamen: „Geh! Jetzt bist du nicht mehr an der Reihe, geh ins Leben!" – Sie kümmerte sich um die nächsten.

Einmal war eine ihrer Kleinen krank. Das war eine Schöne, sie war grau, hellgrau wie manche Pelze, ein sehr weiches Fell, jedenfalls sehr hübsch. Sie hatte die Katzenstaupe bekommen und lag dort. Und die Mutter lehrte alle ihre anderen Kinder, sich nicht zu nähern: sie ließ sie einen großen Bogen machen, als hätte sie den Instinkt, daß es ansteckend sein könnte. Man sah sie: die kranke Katze lag auf ihrem Weg, sie machten einen großen Bogen und kamen ihr nicht nahe.

Diese Katzengeschichten dauerten Jahre an...

Aber es ist nicht wahr, daß sie nicht gehorchen! Das ist nur, weil man nicht richtig mit ihnen umgeht. Die Katzen sind äußerst empfindlich für die vitale Kraft, die vitale Macht, und man kann sie vollkommen gehorsam machen. Mit einer Treue! Man sagt immer, die Katzen wären nicht treu, nicht anhänglich, nicht folgsam – das stimmt nicht, überhaupt nicht. Man kann vollkommen freundschaftliche Beziehungen mit ihnen haben.

Unglaubliche Geschichten! Diese Katze war sehr schon, aber sie hatte einen häßlichen Schwanz, einen ganz gewöhnlichen Katzenschwanz (!), und einmal, als ich mit ihr am Fenster stand, kam die Katze eines Nachbarn in den Garten: eine Angorakatze, dreifarbig, drei sehr ausgeprägte Farben, mit einer Schleppe! Da sagte ich meiner

Katze neben mir: „Oh! Sieh, wie schön sie ist! Was für einen schönen Schwanz sie hat, wie schön sie ist!" Und ich sah, wie sie schaute – mein Kind, im nächsten Wurf war so eine! Wie hat sie das gemacht? Ich weiß es nicht. Die drei ausgeprägten Farben und ein prächtiger Schwanz! Hat sie einen Angorakater aufgetrieben? Oder war es nur durch ihren starken Willen?

Sie sind fabelhaft, du kannst es dir nicht vorstellen! Einmal war sie hoch schwanger, es war kurz vor der Niederkunft, sie ging über das Fensterbrett, und ich weiß nicht, was geschah, sie fiel herunter. Sie wollte durchs Fenster springen und verfehlte es, sie fiel herunter. Das muß etwas verletzt haben: die Kleinen kamen nicht sofort, aber drei davon waren entstellt (insgesamt waren es sechs). Sie setze sich einfach darauf! Als sie sah, wie sie waren, setzte sich sich darauf, tötete sie sofort nach der Geburt. Eine unglaubliche Weisheit! (Sie waren vollkommen entstellt: die Hinterpfoten waren verdreht, sie hätten ein unmögliches Leben gehabt.)

Und sie zählte ihre Kleinen: sie wußte genau, wieviele sie hatte. Nur wenn ich ihr sagte: „Du behältst nur zwei oder drei"... (Das erste Mal war es völlig unmöglich, wir mußten sie ihr alle lassen – es waren auch nur drei, aber das war schon zu viel.) Aber danach mußte ich ihr ernsthaft einreden. Ich stahl sie ihr nicht, ich redete mit ihr, überzeugte sie, sagte ihr: „Das ist zu viel, du wirst krank werden. Behalte diese da, siehst du, die beiden dort, die sind lieb, um die kümmerst du dich."

Ah, die schönen Katzengeschichten! Das war eine ganze Epoche... wieviele Jahre? – Jahre.

Ich wäre nie auf diese Idee gekommen, aber als ich in das Haus einzog, hatten sie Katzen, zwei Katzen, die übrigens nicht sehr interessant waren, aber sie waren die Eltern von dieser hier (die Jungen, die mit Sri Aurobindo lebten, hatten schon etwas Erfahrung, sie wußten einiges über Katzen). Das war der Ursprung aller Katzen, die ich hier hatte. Aber die Leute sind immer einfältig, sie glaubten, ich hätte eine besondere Anhänglichkeit für Katzen! Da begannen natürlich alle, Katzen zu haben! Ich konnte ihnen sagen, was ich wollte: „Nein, das ist nur eine Art Studie (ich wollte sehen, bestimmte Dinge lernen, und ich lernte das Nötige), aber jetzt, wo ich umgezogen bin, ist es vorbei. Die alten Freunde sind gegangen, es bleibt nur noch die junge Generation." Ich verteilte sie und sagte: „Das reicht." Aber es ist schwer, den Leuten das klarzumachen – manche hier haben fünfundzwanzig! Sie sind nicht vernünftig! So darf man es nicht mit den Katzen machen. Man muß sich um sie kümmern, wie ich es tat, dann wird es interessant.

Bei einer von ihnen weiß ich, SAH ich: als sie starb, hatte sie bereits den Embryo eines psychischen Wesens, das für eine menschliche Inkarnation bereit war – ich half ihnen, die Etappen zu durcheilen.

Gut, mein Kind.

15. April 1961

Ich bin in einem Zustand wie… nicht existent.

Nicht existent, weil…

Ich will lieber nichts sagen, arbeiten wir.

*
* *

Später, nach der Arbeit:

Alle möglichen Dinge steigen vom Unterbewußten auf. Anstatt sich zu erheben, scheint man die ganze Zeit nach unten zu gehen.

Oh! Das Unterbewußte! Das ist eine Invasion, jede Nacht, was für Dinge… das gesamte Unterbewußte kommt, kommt, kommt – nicht nur meines, sondern von allen. Es scheint kein Ende zu nehmen.

Aber nun, ich habe mir angewöhnt zu vergessen – ich vergesse. Denn als ich mich erinnerte, mußte ich ganze Tage lang damit kämpfen. Jetzt lösche ich es beim Aufwachen, mit einem Schlag – geh! Fort!

Doch die ganze Nacht bin ich mir einer Vielzahl Dinge bewußt – man kann nicht sagen Banalitäten, aber… Es ist, als ob alles nur mögliche käme und mir sagte: „Du glaubst, es wird eine supramentale Transformation geben? Aber sieh: das, und das, und das, und dieser, und jener, und diese Umstände, und jenes, die Ereignisse, die Welt, die Leute, die Dinge…" Oh! Eine Flut.

Abends vor dem Einschlafen lese ich den Veda, was die Lage verschlimmert. Diese Leute erinnern sich an eine supramentale Verwirklichung (erinnern sich selber oder hörten zumindest davon sprechen). Da malen sie euch das mit schönen Beschreibungen aus, und dann spürt man, wie fern wir davon sind, wie fern…

Ja.

Danach konzentriere ich mich stundenlang und bete – „bete" nicht wörtlich, aber... *(Geste der nach oben gewandten offenen Hände)*, bitte.

Aber jetzt habe ich erreicht, daß ich vollkommen von ALLEM losgelöst bin. Von allem, allem, allem. Von meinem Körper, von der Arbeit, den Ideen, den Vorstellungen, sogar die... alles, alles, alles – das erscheint mir vollkommen... fahl und nicht-existent.

Vorher empfand ich Freude bei einer schönen Idee oder einer schönen Erfahrung – all das ist vorbei. Ich bin in einem Zustand, wo absolut gar nichts von Wert ist außer EINER EINZIGEN SACHE.

(Schweigen)

Ich könnte etwas Ungeheures sagen... *(Mutter beginnt zu sprechen, dann hält sie sich zurück)*

Und es ist nicht wahr, so ist das nicht. Wenn ich es sage, dann wird es etwas, was nicht ist.

Es ist besser, nichts zu sagen.

Das ist nicht, um dich zu entmutigen.

Ach, weißt du, es gibt auch nichts Ermutigendes.

Nein. Das ist offensichtlich unerläßlich.

Ich habe das Gefühl, noch nie so tief gewesen zu sein wie jetzt.

Tief? Nein, du bist nicht tief – ich sehe dich ja auch. Du bist Teil der Dinge, die ich sehe – nein, es ist nicht wahr. Es ist nicht wahr. Du bist viel besser, als du warst! *(Mutter lacht)*

(Schweigen)

Aber weißt du, ich glaube, was jetzt verschwunden ist, das ist dieser ganze illusorische Enthusiasmus. Man verwechselt ihn mit... Sri Aurobindo spricht sehr häufig davon, und jedesmal, wenn ich diesen Satz von ihm las, war es wie eine eiskalte Dusche *(Mutter lacht)*. Ich weiß nicht mehr genau, welche Worte er nimmt, aber er verwendet zwei Worte: *illusory hopes* [vergebliche Hoffnungen]... *all the human illusory hopes* [all die vergeblichen menschlichen Hoffnungen]. Das macht plumps! Und all das ist völlig verschwunden... Ich entfernte es absichtlich, denn ich sah das und sagte mir: ja, wir päppeln uns immer mit Hoffnungen hoch...

(Mutter wendet sich zum Tonbandgerät) Das lohnt sich nicht. Heb das alles nicht auf, hebe es bloß nicht auf. Das ist völlig nutzlos, lösche es.

Nun, es ist einfach so eine Zeit, das ist alles.

*
* *

Beim Weggehen

Wenn ich über Stunden so ruhig bleiben könnte, ohne Briefe, ohne... Oh! Ohne diese Leute zu empfangen – vielleicht ginge es dann schneller?... Ich weiß es nicht.

Warum machst du nicht für einige Zeit eine Unterbrechung?

Kann nicht.

Eine wirkliche Unterbrechung für eine bestimmte Zeit, dann...

Unmöglich, ich kann nicht. Sogar vor zwei Jahren, als ich wirklich krank war und mich zum ersten Mal nach oben zurückzog, konnte ich nicht. Ich kann es nicht tun. Das ist nicht möglich.

Trotzdem gibt es doch sicherlich Dinge, die du einschränken könntest?

Ja, wenn ich es ein wenig einschränken könnte, wäre es besser.

(langes Schweigen)

Ah! Kind... *(Mutter bleibt lange vertieft)*
Am 24. sind es wieviele?... Einundvierzig Jahre, seit ich hierher kam. Und ich habe mich nicht von hier gerührt.
Das ist sehr seltsam, es liegt kein Zeitraum zwischen damals und jetzt. Ich kann es nicht erklären... Ich habe überhaupt nicht das Gefühl der Zeit, überhaupt nicht.
Nun...

(langes Schweigen)

Mein einziger Eindruck, mit dem ich ständig lebe, ist dieser: etwas, das gegen eine ungeheure Welt von Hindernissen DRÄNGT, mit einer Gewißheit, daß auf einmal der Widerstand nachgeben wird... und es wird die Erleuchtung sein – nein, viel mehr als das!
Das ist alles.
Und ich bin nur noch das *(Mutter schiebt langsam ihren Arm nach vorne, mit geschlossener Faust, wie um ihre angespannte Kraft zu zeigen, die beharrlich drängt).*

(Mutter steht auf)

Die ganze Nacht und immer, wenn die Aufmerksamkeit nicht von der einen oder anderen Sache beansprucht wird (und sogar dann noch wie hinter einem Schleier), bin ich nur noch eine Kraft, die schiebt. Ich bin das geworden.

(Schweigen)

Nein, mache dir keine Sorgen. Es ist nicht wahr, daß du weniger gut bist.

Oh, ich habe das Gefühl, wir begehen ständig Verrat – verraten dich.

Verrat? Oh!... Ich auch, ich habe auch das Gefühl, daß ich mich selbst verrate – also verstehst du!

Im Grunde ist es das: ohne es zu wissen, wirst du dir des Wahren Selbst bewußt, dort *(Geste)*, da hat man ständig den Eindruck, daß man Verrat verübt. Aber das ist weder „du" noch „ich" noch „er", nichts – es ist DAS, was wir verraten. Alles, was wir sind, ist ein Verrat gegen *Das*. Genau so ist es. Und wir müssen die ganze Zeit drängen, drängen, drängen, um jenseits davon zu kommen.

Alles geht gut, sorge dich nicht. Wenn du etwas besorgt bist, brauchst du nur zu denken: „Mutter ist hier, sie wird die Arbeit tun."

Und habe keine Zahnschmerzen mehr! Ich habe es nicht gerne, daß du Zahnweh hast.

(Schweigen)

Auf Wiedersehen, mein Kind. Sei beruhigt, sei beruhigt.
Eine Bewegung... das ist alles.
Wir sind alle in Bewegung.

18. April 1961

Das Unterbewußte ist in großer Aufruhr...
Wir werden sehen.
Und du?

Gestern oder vorgestern fiel mir ein Text von Sri Aurobindo unter die Augen. Das stellt ein ziemlich bedeutendes Problem vom okkulten Gesichtspunkt, und ich hätte gerne etwas mehr Klarheit über diese Aussage: „The man who slays is only an occasion, the instrument by which the thing done behind the veil becomes the thing done on this side of it." *[„Der Mensch, der tötet, ist nur ein Anlaß, das Instrument, durch welches die Tat, die hinter dem Schleier bereits vollendet ist, auf dieser Seite desselben ausgeführt wird." – The Ideal of the Karmayogin]*

Das bedeutet genau folgendes (ich gehe zum vorherigen Satz zurück): Der, den Gott bereits tötete, wer kann ihn beschützen?[1] Er wurde bereits von Gott getötet. Das heißt, wenn Gott entschieden hat, daß jemand getötet werden soll, kann nichts dies verhindern und ihn beschützen. Und Sri Aurobindo fügt hinzu: der Mensch, der tötet (denn Gott tötet nicht direkt, er bedient sich des Menschen zur Ausführung), ist nur der Anlaß, dessen Gott sich bedient, um zu töten – er ist das Instrument, durch welches die von Gott hinter dem Schleier entschiedene Sache hier materiell ausgeführt wird.

Dies sind philosophische Texte aus der Revolutionszeit. Es war in Bezug auf die Attentate, als sie Bomben auf die Engländer warfen. Und er sagt: jenen, den Gott beschützt, kann niemals jemand berühren, ihr könnt es versuchen, soviel ihr wollt, ihr werdet ihn nicht umbringen. Aber der, den Gott bereits getötet hat, wer kann verhindern, daß er getötet wird? Er wurde bereits von Gott getötet. Und der Mensch ist nur das Instrument, dessen Gott sich bedient, damit das, was dort ausgeführt wurde (es wurde BEREITS ausgeführt), hier getan wird. Das ist sehr einfach.

Ja, das verstehe ich gut, aber heißt das, daß im allgemeinen alles irgendwie schon auf der anderen Seite entschieden wurde und es danach hier abläuft? Das ist ein okkultes Problem, und dann das Problem der Freiheit.

---

1. „Wer kann den töten, den Gott schützt? Wer kann den schützen, den Gott tötete?" *The Ideal of the Karmayogin*, S. 354.

Meiner Erfahrung nach sind beide Dinge sozusagen simultan. Wir sind es, die den Begriff der Zeit einführen, aber auf der anderen Seite existiert der Zeitbegriff nicht.

Wenn man mich zum Beispiel fragte, wie lange es dauert, bis eine dort entschiedene Sache hier verwirklicht wird, würde ich antworten, daß es völlig unbestimmt ist. Das ist meine Erfahrung. Ich gebe immer dieses Beispiel, weil es so deutlich ist: ich sah das freie Indien, fünfunddreißig Jahre bevor es befreit wurde. Es war bereits getan. Ich sah aber auch Dinge, die für uns fast augenblicklich sind: etwas wird dort entschieden, und es verwirklicht sich fast augenblicklich hier. Zwischen den beiden Extremen gibt es alle Möglichkeiten, denn der Zeitbegriff ist überhaupt nicht derselbe, und deshalb kann man es nicht einschätzen. Es ist sehr angenehm zu sagen: was Sie dort sehen, wird hier in einem Jahr geschehen, oder in acht Tagen, in einer Stunde – das ist völlig unmöglich. Das hängt von den Fällen ab und von bestimmten Faktoren, die Teil der Gesamtheit der Sache sind.

In einem Kapitel in *The Synthesis of Yoga* sagt Sri Aurobindo, daß es einen bestimmten Bewußtseinszustand gibt, in dem alles seit aller Ewigkeit besteht – alles, alles, was sich hier manifestieren wird...

In seinen Einzelheiten?

In einem bestimmten Bewußtseinszustand (ich weiß nicht mehr, wie er ihn nennt, ich glaube es ist im „Yoga der Selbst-Vervollkommnung") da ist man vollkommen mit dem Höchsten vereinigt (nicht in seinem statischen sondern in seinem dynamischen Zustand, das heißt im Werden), und in diesem Zustand besteht alles bereits seit aller Ewigkeit. Dennoch gibt es uns hier den Eindruck des Werdens – aber dort ist es schon. Und Sri Aurobindo sagt, wenn man fähig ist, diesen Zustand zu bewahren,[1] dann weiß man alles: alles was war, alles was ist, alles was sein wird, absolut gleichzeitig.

Aber man muß einen soliden Kopf haben! Beim Lesen mancher dieser Kapitel der „Selbst-Vervollkommnung" dachte ich, es wäre besser, das fällt nicht in die Hände aller Leute.

Dort verschwindet jeglicher Eindruck von Ungewißheit (er erklärt das auch sehr gut).

---

1. Satprem hatte angenommen, dieser Bewußtseinszustand wäre nur in einer Art Trance oder Samadhi zugänglich, und daß Mutter mit „bewahren" ausdrücken wollte, daß man ihn hier in das wache Bewußtsein zurückbringen müsse. Mutter berichtete: „Das ist ein Zustand, in dem es kein „hier" oder „dort" gibt. Ich hatte diese Erfahrung im wachenden Bewußtsein, und beide Wahrnehmungen waren gleichzeitig (die wahre und die falsche)."

Wir denken, WEIL wir dies tun, geschieht jenes (und wie häufig! die ganze Zeit wird geschrieben, gesagt: tut dies, dann wird jenes geschehen), aber die Tatsache, daß der eine dies sagt und der andere es tut, war auch absolut vorherbestimmt.

Wenn es uns gelänge, das zu verstehen, würde der Kopf wahrscheinlich ins Schwimmen geraten.

Es kann absolut nichts an dem ändern, was ist. Diese Erfahrung hatte ich sehr deutlich: die Absolutheit von allem, was materiell besteht, und alles, was wir zu tun glauben oder zu tun hoffen, kann absolut nichts daran ändern. Aber ich war sehr angespannt, um zu verstehen, was der Unterschied zwischen dem wahren und dem lügenhaften Zustand wäre, WEIL MATERIELL ALLES GENAU SO IST, WIE ES SEIN SOLL (wir glauben, die Dinge wären so oder so wegen bestimmten Reaktionen, aber unsere Reaktionen selber sind ebenso absolut vorherbestimmt wie die betroffene Sache). Und dennoch...

Ich hatte diese Erfahrung, sie dauerte sogar mehrere Tage, ich erinnere mich: ich sah alle materiellen Umstände wie eine Absolutheit – eine Absolutheit, die wir wie einen Ablauf sehen, aber sie ist eine ewig bestehende Absolutheit. Diese Erfahrung hatte ich. Gleichzeitig hatte ich die sehr deutliche Wahrnehmung dessen, was die Falschheit, die Lüge war (was Sri Aurobindo vom Sanskrit übersetzt *crookedness*[1] nennt), auf der psychologischen, mentalen Ebene. Wir schreiben den Ablauf der Umstände bestimmten psychologischen Reaktionen zu – und in der Tat, weil alles bewußt oder unbewußt zusammenarbeitet, werden sie vorübergehend verwendet, damit die Dinge so werden, wie sie sein müssen –, aber die Dinge könnten auch ohne Eingreifen dieser Lüge so werden, wie sie sein müssen. Einige Tage lebte ich in diesem Bewußtsein, und da war sichtbar, was die Lüge von der Wahrheit trennte. In diesem Zustand von Bewußtseins-Wissen war man fähig, zwischen Wahrheit und Lüge zu unterscheiden. Und in der Wahrheit betrachtet, verändern die materiellen Umstände ihre Beschaffenheit.

Jetzt habe ich die Erfahrung nicht mehr, sie ist nur noch eine Erinnerung, deshalb kann ich es nicht genau beschreiben. Was aber sehr klar war, und was äußerst häufig kommt, ist die Wahrnehmung einer Überlagerung von Lüge über einer wirklichen Tatsache (das bringt uns zurück zu dem, was ich dir neulich sagte[2], daß alles in seiner Wahrheit sehr einfach ist und nur das menschliche Bewußtsein all die Komplikationen verursacht). Aber hier war es noch umfassender.

---

1. Wörtlich: das, was verdreht ist. Die Rishis unterschieden zwischen dem „geraden" Bewußtsein (fast im optischen Sinne: das die Strahlen gerade durchläßt) und dem verdrehten.
2. Agenda I, 31.12.1960.

Das ist sehr interessant in Bezug auf den Tod. Ich sah es so deutlich im Augenblick, wo jemand seinen Körper verließ (ich erinnere mich nicht mehr, wer es war). Da erschien das Wort „Tod" und all die menschlichen Reaktionen so verrückt! So völlig sinnlos, unwissend, dumm – lügenhaft, ohne Realität. Es war einfach etwas, das sich bewegt *(Mutter zeichnet eine Kurve zur Andeutung einer Verlagerung des Bewußtseins von einer Seinsart in eine andere),* und nur wir, in unserem lügenhaften Bewußtsein, machten ein Drama daraus – es ist einfach etwas, das seiner Evolution folgt *(selbe Geste).*

Dazu fällt mir etwas ein, das erst kürzlich geschah: E schickte mir ein Telegramm, daß sie einen Darmbruch habe (aber es muß etwas anderes gewesen sein, denn man operierte sie erst einige Tage später, was bei einem Darmbruch tödlich gewesen wäre). Jedenfalls war es sehr ernsthaft, und sie stand am Rande des Todes, das ist gewiß. Am Vorabend der Operation schrieb sie mir einen Brief (interessanterweise erinnert sie sich nicht einmal, was sie mir schrieb), einen wunderbaren Brief! Darin sagte sie, sie wäre sich der Göttlichen Gegenwart und des Göttlichen Plans bewußt: „Morgen operiert man mich. Ich bin mir absolut bewußt, daß diese Operation BEREITS geschehen ist, eine vollendete Tatsache des Göttlichen Willens ist – eine Operation, die sonst eine tödliche Qual wäre." Sie sagte, sie hätte in einem vollkommenen Frieden das Bewußtsein, daß die Operation durch den Höchsten Willen geschehen sei. Ein wunderbarer Brief. Und alles geschah fast wie durch ein Wunder, sie erholte sich auf so wunderbare Weise, daß der Chirurg ihr sogar gratulierte: „Ich muß Ihnen gratulieren!" Worauf sie antwortete: „Das ist aber überraschend! Sie haben doch die Operation gemacht!" Da erklärte er ihr: „Wir haben die Operation durchgeführt, aber Ihr Körper heilte sich, wollte heilen, und für diesen Willen Ihres Körpers gratuliere ich Ihnen." Natürlich schrieb sie mir, sie wisse, wer dort zugegen war und dafür sorgte, daß alles gut ging. Dieses Gefühl, daß die Sache bereits vollzogen ist, ist ein Anfang dieses Bewußtseins, von dem Sri Aurobindo im Yoga der Selbst-Vervollkommnung spricht, wo man zugleich dort und hier ist. Denn Sri Aurobindo sagt, völlig dort zu sein, das haben Leute schon verwirklicht, aber was er als „Verwirklichung" bezeichnet, besteht darin, zugleich dort und hier zu sein.

Offensichtlich könnte man sich fragen, wenn alles schon dort oben geschehen ist, auf der okkulten Ebene, was ist dann der Sinn dieser Sache hier? Wenn alles schon vollendet ist und wir es einfach nur wiederholen.

Nein, nein!

Wir sind wie Marionetten!

Aber nein! Das ist gerade unsere Lüge! Was wir sehen, ist nicht DIE SACHE, sondern eine Spiegelung, ein entstelltes Bild in unserem Bewußtsein. Doch die Sache existiert unabhängig von dieser Spiegelung, und so, wie sie existiert, hat sie nicht die Beschaffenheit, die wir ihr zuschreiben. Wenn es einem gelingt, das zu erfassen, dann versteht man, wie man das lösen kann. Sonst kann man es nicht lösen!

Es gibt eine universelle Entfaltung, das ist die wahre Entfaltung: der höchste Herr, der sich selbst betrachtet (das ist die beste Art, es auszudrücken), der sich entfaltet. Aber aus irgendeinem Grund kam es zu einer Entstellung im Bewußtsein, durch die wir dieses Entfalten als etwas Getrenntes betrachten, das ein mehr oder weniger adäquater Ausdruck des göttlichen Willens ist. Aber das ist nicht so! Es ist das Entfalten des Göttlichen in sich selbst – in sich selbst, von sich selbst, für sich selbst. Und nur unsere Lüge macht etwas Getrenntes daraus... Bereits die Tatsache der Objektivierung (was WIR „Objektivierung" nennen) ist eine Lüge.[1]

Ich hatte dieses Bewußtsein in blitzartigen Augenblicken. Die Schwierigkeit besteht darin, daß wir, um sie zu beschreiben, all unsere mentalen Mittel verwenden, die selber lügenhaft sind – wir sind *cornered* [in der Klemme]. Verfolgt man es nämlich bis ans Ende... Alles, was man sagt: „Wenn es so ist, wenn dies, wenn jenes...", all das ist Teil unserer allgemeinen Idiotie. Und wenn man bis ans Ende geht, dann ist man plötzlich so: ah! [man kann nichts mehr darüber sagen], es gibt nichts mehr zu tun, keine Bewegungen mehr zu machen.

Nur, wie gesagt, vom praktischen Standpunkt kann diese Erfahrung gefährlich sein. Als ich sie hatte, erlebte ein Teil von mir die Erfahrung und ein anderer Teil war noch nicht bereit für sie. Ich war wach genug, um mir zu sagen: „Der Teil, der die Erfahrung hat, überwiegt genügend im Wesen, daß alles ruhig bleibt, aber wenn die Vorbereitung unzureichend wäre, könnte es eine Unausgewogenheit verursachen." Wenn jemand unglücklicherweise fähig wäre, etwas davon zu erwischen, ohne genügend stark zu sein, dann würde er den Kopf verlieren.

Das machte mir klar (ich sah es deutlich), daß manche Dinge den einen erleuchten können, während sie andere völlig verrückt machen,

---

1. Als Satprem bemerkte, dieser Satz könnte in einer „illusionistischen" Bedeutung verstanden werden (im Sinne, daß die Objektivierung der materiellen Welt eine Lüge wäre), antwortete Mutter: „Nein, die Objektivierung ist keine Lüge, sondern unsere Auffassung der Objektivierung als etwas Getrenntem von DEM. Wenn wir sagen: „Er objektiviert sich", dann denken wir etwas, das nicht die Wahrheit ist – das nicht mehr die Wahrheit ist."

sie völlig ihres Gleichgewichts beraubt. Du wirst mir sagen: das ist, weil sie verrückt werden mußten! – Das ist offensichtlich.

Selbst wenn man es absolut setzt, bleiben die Beziehungen dieselben.[1] Der erste Impuls ist zu sagen: was nützt es dann, irgend etwas zu tun? – Pardon! Die eigentliche Tatsache, daß ihr etwas tun wolltet, ist Teil des allgemeinen Determinismus. Nur weil wir immer etwas zurückhalten, weil wir es nicht in seiner Gesamtheit zulassen, sonst... Es gibt keinen Ausweg, es ist einfach so.

Sri Aurobindo erklärt das auf so vollständige, umfassende, gebündelte Weise, daß man erkennt, es gibt nicht den geringsten Winkel, durch den man entwischen könnte. Diese Unfähigkeit oder angebliche Unfähigkeit, aus seiner Trennung herauszukommen, wird dann zu etwas Falschem.

Man muß einen soliden Kopf haben. Man muß sich stets auf DAS beziehen können *(Geste nach oben)*, und das Schweigen *(Mutter berührt ihre Stirn)*: Frieden-Frieden-Frieden, alles anhalten, alles anhalten. Bloß nicht versuchen zu verstehen! Oh! Es gibt nichts gefährlicheres, als zu verstehen versuchen – wir versuchen, mit einem Instrument zu verstehen, das nicht zum Verstehen geeignet ist, das unfähig ist zu verstehen.

Für deine Frage ist es jedenfalls sehr einfach, wir brauchen nicht zu solchen Extremen gehen!

Nein, ich stellte mir diese Frage nicht vom metaphysischen Standpunkt, sondern auf der okkulten Ebene... Als würde das Spiel im Okkulten gespielt und wir führen es materiell aus.

Für uns erscheint es so.

Es erscheint so... heißt das, Er selber spielt in sich selber?

---

1. Später erläuterte Mutter diesen Satz folgendermaßen: „Wir halten immer einen Teil von uns zurück, der zuschaut und beobachtet; aber wenn man fähig ist, alles ohne Ausnahme teilnehmen zu lassen, dann bleiben alle Beziehungen dieselben – diese Erfahrung hatte ich. *Bleiben dieselben?* Dieselben, wie wir haben, aber ohne die Lüge. Zur Illustration gibt es diese bekannte Geschichte des Mannes, der sich weigert, dem Elefanten aus dem Weg zu gehen, unter dem Vorwand, er wäre Brahman und Brahman sage ihm zu bleiben. Worauf der Elefantenführer erwidert: „Aber mir sagt Brahman, daß Sie weggehen sollen, um den Elefanten Brahman vorbeizulassen." In kindlicher Weise vereinfacht ist dies dasselbe. Das ist, weil wir auf die eine Weise schauen, ohne gleichzeitig auf die andere zu sehen, und überhaupt, weil wir nicht ALLES zugleich sehen. Von der Minute, wo wir in unserer Wahrnehmung umfassend sein können, wären alle Beziehungen dieselben, doch anstatt in einem Zustand der Unwissenheit zu sein, hätten wir sie im Wissen. „Wären dieselben", heißt das, sie wären physisch dieselben wie jetzt, aber mit einer anderen Sichtweise? So ist es. Ich weiß nicht, ob es je gelingen wird, sich mit diesen Worten auszudrücken!... Wir brauchen eine andere Sprache!"

Das ist eine andere Art, es auszudrücken!

(Schweigen)

Einmal versuchte ich, das auf dem Sportplatz zu erklären, an einem Tag, als ich mich in Gegenwart desselben Problems befand: was IST wirklich? Und es ist völlig offensichtlich, daß es unmöglich ist, mit dem Mental zu verstehen. Aber ich hatte eine Vision von einer Art unendlichen Ewigkeit, in der das Bewußtsein reist[1], und den Weg dieses Bewußtseins nennen wir „die Manifestation". Diese Vision erklärte die absolute Freiheit – sie erklärte, daß beide Dinge absolut zusammen bestehen können: die absolute Freiheit und der absolute Determinismus. Das Bild meiner Vision war eine ewige Unendlichkeit, in der das Bewußtsein wandert – man kann nicht einmal sagen, „frei wandert", denn „frei" würde implizieren, daß es anders sein könnte.

All jene, die die Erfahrung hatten, sagen, die erste Bewegung der Manifestation oder der Schöpfung (Schöpfung, Manifestation, Objektivierung: alle Worte sind unvollkommen), die erste Bewegung war *CHIT*, das heißt, Bewußtsein, welches Macht wird. Folglich ist es Bewußtsein, das im *SAT* wandert, im Sein – statisch, ewig, unendlich, und zwangsläufig ohne Raum und ohne Zeit. Diese Bewegung des Bewußtseins läßt in der Unendlichkeit Zeit und Raum entstehen.[2] Und

---

1. *Entretien* vom 5.2.1958, die „große Reise des Höchsten".
2. Wieder überschneidet sich Mutters Erfahrung mit der modernen Physik, die zu entdecken beginnt, daß Raum und Zeit keine festen und *unabhängigen* Größen sind, wie wir es seit den Griechen und bis Newton gewohnt waren zu glauben, sondern ein vierdimensionales System (3 Raumkoordinaten + Zeit), *abhängig von den physischen Ereignissen, die sich darin entwickeln.* Derart ist die Beschaffenheit des „Riemann Raumes", dessen Einstein sich in seiner allgemeinen Relativitätstheorie bedient. So ist eine Flugbahn (also eine im Prinzip feststehende Entfernung) abhängig von der benötigten Zeit der Durchquerung: es gibt keine eindeutige gerade Linie zwischen zwei Punkten, oder die „gerade" Linie hängt von der Geschwindigkeit ab, mit der man sie durchläuft. Es gibt keine „fixe" Menge von Raum, sondern Geschwindigkeiten, die ihren eigenen Raum festlegen (oder ihr eigenes Maß des Raumes). Raum-Zeit ist folglich keine feste Größe mehr, sondern, sagt die Wissenschaft, das *Produkt* ... von was? – Von einer bestimmten Geschwindigkeit der Abläufe? Aber was läuft ab? Die Rakete, ein Zug, die Muskeln?... Oder ein gewissen Hirn, das immer perfektioniertere Instrumente ausklügelt, die seiner eigenen Seinsweise angepaßt sind, wie ein fliegender Fisch, der immer weiter (schneller) fliegen kann, aber immer schließlich wieder in sein eigenes aquatisches Goldfischglas zurückfällt? Doch was wäre dieses Raum-Zeit-Gefüge für eine andere Art Fischglas oder einen anderen Bewußtseinsmodus: das supramentale Bewußtsein zum Beispiel, das sich augenblicklich in jedem beliebigen Punkt des „Raumes" befinden kann – es gibt keinen Raum mehr, keine Zeit mehr! Es gibt keine „Flugbahn" mehr: die Flugbahn ist in sich selbst enthalten. Das Goldfischglas wurde durchbrochen, wie alle die aufeinanderfolgenden kleinen Glaswände der Evolution. Wie Mutter sagt, Raum und Zeit sind ein „*Produkt* der Bewegung des Bewußtseins". Eine Raum-Zeit-Variable, die sich nicht nur in Funktion unserer

dort versteht man, daß es zugleich absolut frei und absolut determiniert sein kann.

Ich hatte diese Vision. Für jemand anderen ist sie wertlos, aber mir gab sie eine Art Befriedigung, einen Frieden (vorübergehend).

(langes Schweigen)

Ich lese weiter im Veda. Ich sehe, wie schön das ist und wie wirksam das für diese Leute gewesen sein muß, welche Verwirklichungsmacht diese Hymnen haben mußten! Aber für mich...

Dennoch stand ich während einer Zeit in Beziehung mit all diesen Göttern und Dingen, und das hatte eine völlig konkrete Wirklichkeit für mich. Aber jetzt... Ich lese und verstehe, aber ich kann es nicht leben. Ich weiß nicht warum. Es löste noch nicht die Erfahrung aus. Für mich ist die Erfahrung – die konstante, totale, permanente Erfahrung –, daß... es gibt nur den Höchsten. Die alleinige Existenz des Höchsten, allein der Höchste existiert. Da erzählen sie von Agni, Varuna, Indra... Ich empfinde das nicht. (Was der Veda aber zum Beispiel sehr gut erreicht, ist, euch die Erkenntnis eurer Schwäche, eurer Unfähigkeit, unseres beklagenswerten gegenwärtigen Zustands zu geben, das macht er bestens!) Und gestern war es die Inbrunst der Flamme – alles zu verbrennen, um alles aufzuopfern. Es war absolut konkret, mit einer Intensität der Vibrationen: ich sah die Vibrationen. Alle Bewegungen der Düsternis, der Unwissenheit wurden dort hineingestürzt. Ich erinnere mich, es gab eine Zeit, als ich diese Hymnen an Agni mit Sri Aurobindo übersetzte, da besaß Agni eine Realität für mich – gestern war es das nicht, es war nicht der Gott Agni, sondern es war ein ZUSTAND. Ein Zustand des Höchsten. Auf diese Weise war es nah, deutlich, intensiv, vibrierend, lebendig.

(Schweigen)

Nur nachts (ganz am Ende der Nacht, gegen zwei Uhr morgens) steigt dieses ganze Unterbewußte hoch, um wiedererlebt zu werden. Mit einer so neuen Wahrnehmung, so unerwartet!... Unglaublich! Unglaublich, wie es alle Werte und alle Beziehungen und alle Reaktionen verändert *(Mutter bezeichnet große Bewegungen von Kräften, die sich verlagern)*, all das ist wie ein Schachbrett... völlig unerwartet!

---

mechanischen Mittel verändert, sondern entsprechend dem Bewußtsein, das die mechanischen Mittel benützt und das schließlich nur noch sich selbst benützt: am Ende der evolutionäre Kurve ist das Bewußtsein sein eigenes Mittel und die einzige Mechanik des Universums geworden.

Und ich sehe eine sehr stetige, beharrliche und regelmäßige Aktion, um die Moralwerte zu beseitigen. Oh, mein ganzes Leben litt ich unter diesen Moralwerten! Alles wurde augenblicklich in eine Skala von Moralwerten eingestuft, nicht die normale Moralität, weit davon entfernt! Aber das Gefühl, was zu unterstützen ist, und was zu verhindern ist: alles wurde augenblicklich mit diesem Willen zum Fortschritt betrachtet – alles, alle Umstände, alle Reaktionen, alle Bewegungen, alles übersetzte sich in das. Und jetzt pflügt einen die Wirkung dieses aufsteigenden Unterbewußten dahinein! Wie eine Lehre, um euch zu sagen: sieh, was eure Begriffe von Fortschritt wert sind! Sie basieren alle auf Illusionen – eine allgemeine Lüge. Die Dinge waren überhaupt nicht, wie sie erschienen, sie hatten nicht die Wirkung, die sie zu haben schienen, nicht das Ergebnis, das man wahrnahm – bei allem, allem, allem! Oh, Herr!

(Schweigen)

Um das berühren und manifestieren zu können, was die Leute im Veda „die Wahrheit" nennen, habe ich offensichtlich noch viele, viele, viele Dinge zu ändern... sehr viele.

Dennoch, und das ist eine Tatsache, bin ich in diesem Zustand, wo nichts mehr existiert außer dem Göttlichen, dem Höchsten – der Höchste in allen Vibrationen, in allem, was ich tue, allem, was ich fühle. Aber in meinem Bewußtsein scheint sich das noch irgendwie abzuschwächen, denn... denn es ist noch nicht DIE wahrheit.

(langes Schweigen)

Es tut etwas darin *(Mutter berührt ihren Kopf)*, es formt etwas, arbeitet... Zweimal jeden Tag sage ich dem Herrn in meiner langen Evokation-Invokation-Aspiration (oder Gebet, wenn man will): „Nimm dieses Gehirn in Besitz" – ich meine nicht „das Denken", sondern das *(Mutter berührt ihren Kopf)*, diese Art Substanz, die darin steckt. „Nimm das in Besitz!"

Eine Nacht wanderte ich in diesem Kopf herum. Manche Zellen hatten noch ganz frische Eindrücke, die sich im Laufe des Tages eingeprägt hatten, und diese Eindrücke hatten aus irgendeinem Grund noch nicht Zeit gehabt, ins Ganze eingebunden zu werden, deshalb standen sie wie kleine, sehr klare Eindrücke hervor (winzige Dinge, völlig bar jeder gedanklichen Bewegung, jeder psychologischen Bewegung: einfach wie ein kleines fotografisches Bild). Drei oder vier solche Dinge waren geblieben, und sie waren in dieser Gegenwart so schockierend. Als ich das sah, fragte ich mich plötzlich: „Bin ich dabei, verrückt zu werden?!" So schockierend. Ich mußte den Frieden herbeiführen – nicht diese Bewegung des Besitzergreifens einstellen, aber sie gleichzeitig mit einem ungeheuren Frieden begleiten, um mir nicht sagen zu müssen: „Du bist dabei zu entgleisen", so bestürzend war es.

Ein winzig kleines Bild, ganz und gar wie ein kleiner fotografischer Abdruck, so deutlich! Alles andere befand sich in seiner Vibration der Transformation, prächtig!

Weißt du, mein Kind, man muß die Füße fest auf dem Boden haben, solide sein, sehr ausgewogen, und sich nicht fortreißen lassen!

Aber du scheinst zu sagen, daß die Ideen, die unseren Fortschritt bestimmen oder unterstützen, mehr oder weniger falsche moralische Begriffe sind. Was soll dann unseren Fortschritt unterstützen? Was soll uns das Gefühl geben: dies ist gut oder nicht gut, dies ist nützlich oder nicht nützlich für den Fortschritt?

Das ist nicht notwendig, das ist es ja gerade!

Jetzt weiß ich, daß dies überhaupt nicht notwendig ist. Die Aspiration muß einfach die ganze Zeit so sein *(Geste einer aufsteigenden Flamme)*. Aspiration bedeutet, man weiß, was man will: man will. Aber man kann dem keine bestimmte Form geben; denn Sri Aurobindo benutzte bestimmte Worte, wir benutzen andere Worte und andere benutzen wieder andere Worte, und all das bedeutet nichts, es sind einfach Worte. Aber es gibt etwas jenseits aller Worte... Für mich ist das einfachste (die einfachste Ausdrucksweise): „Der Wille des Höchsten".

Und es ist nur „der Wille des Höchsten" FÜR DIE ERDE, denn das ist etwas ziemlich Besonderes: im Moment bin ich in einem universellen Bewußtsein, und die Erde erscheint mir als ein winzig kleines Ding *(Mutter malt eine kleine Kugel in den Raum)*, das dabei ist, sich zu transformieren. Aber das ist eine andere Angelegenheit, das ist der Standpunkt der Arbeit.

Doch für jene, die hier sind, kann man sagen: „Was der höchste Herr für die Erde vorbereitet." Er sandte Sri Aurobindo, um es vorzubereiten, und Sri Aurobindo nannte das „die supramentale Verwirklichung". Wir können zur leichteren Verständigung dieselben Worte verwenden. Diese Bewegung *(Geste der aufsteigenden Flamme)* zu Dem muß konstant sein – konstant –, total. Alles andere ist nicht unsere Angelegenheit. Je weniger wir uns mental einmischen, um so besser ist es. Aber DAS, diese Flamme, ist unerläßlich. Und wenn sie verlischt: sie wieder entfachen; wenn sie sich zerstreut: sie wieder sammeln – die ganze Zeit, die ganze Zeit, die ganze Zeit, die ganze Zeit, wenn man schläft, wenn man läuft, wenn man liest, wenn man sich bewegt, wenn man spricht, wenn man... die-ganze-Zeit.

Alles andere hat keine Bedeutung: man kann alles beliebige tun (das hängt von den Leuten und ihren Gedanken ab). Frag Leute wie X, und sie werden dir sagen, daß man alles beliebige tun kann, das hat absolut keine Bedeutung, man darf es nur nicht als sich selbst empfinden, das ist alles: es muß etwas sein, das die Natur tut (aber ich kann nicht sagen, daß ich dieses System gutheiße).

Das Wichtige ist diese Flamme.

(Schweigen)

Gerade in diesen Szenen des Unterbewußten, die sich nachts präsentierten, gab es Dinge, die ich in meinem Leben für schädlich gehalten hatte – plötzlich sah ich, oh, mit welcher Macht und welcher Intensität die Schwingung dieser Aspiration sogar DORT aufstieg! Ich sagte mir: Wie man sich doch täuscht!

Und diese Aspiration hängt weder von eurem Gesundheitszustand ab noch von... Sie ist absolut unabhängig von allen Umständen – ich fühlte diese Aspiration in den Zellen meines Körpers in Zeiten höchster Störung, wo vom normalen medizinischen Standpunkt die Krankheit schwerwiegend war. Und die Zellen SELBER haben die Aspiration. Sie muß überall sein, das ist es.

Wenn man in diesem Zustand ist, braucht man sich keine Sorgen zu machen: alles andere hat keinerlei Bedeutung. *(Mutter lacht sehr herzlich)*

22. April 1961

Ich habe ein Programm für den Vormittag: es gelingt mir nie, damit fertig zu werden. Alles stapelt sich immer mehr...

(Kurz darauf, über X, der erklärt hatte, die letzten Angriffe gegen Mutter und sogar jene vor zwei Jahren, als Mutter gezwungen wurde, sich zurückzuziehen, stammten von magischen Praktiken und daß bestimmte Ashrammitglieder direkt verantwortlich seien oder zumindest als Vermittler – als „switchboard" oder Relais, wie er es ausdrückte – für irgendeinen Zauberer außerhalb dienten.)

So sehr ich mir auch den Kopf zerbreche, es gelingt mir nicht auszumachen, wer IM ASHRAM schwarze Magie gegen mich machen könnte! Bösartige Gedanken haben, das ja, das ist sehr verbreitet, aber das hat keinerlei Bedeutung.

Doch daß jemand etwas wirklich Schlechtes tun könnte, so daß X sogar sagt, sie werden es „bereuen", das kann ich beim besten Willen nicht begreifen. Denn im allgemeinen können sie es in solchen Fällen hier nicht aushalten, sie gehen fort. Manche sind fortgegangen.

Wie auch diese Geschichte der Schwarzen Magie, die „im Ashram verübt wurde", als ich vor zwei Jahren krank war – ich kann nicht daran glauben, denn das würde beweisen, daß ich gänzlich unbewußt bin! Was ich nicht glaube.

Ich kenne alle Leute. Ich weiß alles, was geschieht: ich sehe es Tag und Nacht. Doch das ist mir nicht vor Augen gekommen.

Bestimmte Leute sind, ja, übelgesinnt, aber sie sind sogar gezwungen, es mir zu sagen! Bestimmte Leute… oh, sie wünschen beinahe, daß ich gehe, weil meine Gegenwart für sie einen Zwang darstellt. Sie sagen es mir sehr offen: „Solange Sie hier sind, werden wir genötigt, das Yoga zu machen, wir wollen aber kein Yoga, wir wollen in Ruhe leben. Wenn Sie nicht mehr hier sind, dann müssen wir nicht mehr ans Yoga denken"! Aber das sind lauter Idioten, die des weiteren keinerlei Macht in sich haben, und wie ich eben sagte, sie sind sogar gezwungen, es zuzugeben.

Sehr viele – viele – denken, daß ich sterben werde und treffen ihre Vorkehrungen, um nicht ganz auf der Straße zu sitzen, wenn ich gehe: all das weiß ich. Aber das sind alles Kindermätzchen, wenn ich nämlich wirklich gehe, dann haben sie recht, und wenn ich nicht gehe, hat es keinerlei Bedeutung! Das ist alles.

(Schweigen)

Heute nacht kam eine lange Vision über deine Arbeit für Sri Aurobindo: wo sie situiert ist, die Stelle, die Sri Aurobindo ihr zuschreibt, und die HILFE, die er ihr gibt. Das war höchst interessant. Ich erinnere mich nicht mehr an die äußeren Einzelheiten, aber es hatte die Gestalt von breiten Streifen eines weißblauen Lichtes, die sich so ausbreiteten, in bestimmten Formen *(Mutter zeichnet Spiralen)*, und es zeigte, wie sie die mentale Atmosphäre der Erde berühren werden. Wirklich sehr interessant.

Sri Aurobindo sprach darüber als meiner Arbeit mit dir. Ich sagte ihm, daß ich selber nichts tue! – Er erklärte mir, es sei meine Arbeit mit dir.

Das ging lange weiter, zwischen Mitternacht und zwei Uhr morgens.

24. April 1961

(Botschaft)

Eine innere Beziehung bedeutet, daß man Mutters Gegenwart spürt, allzeit zu ihr gekehrt ist, die Bewegung, Führung und Hilfe ihrer Kraft gewahrt, voller Liebe für sie ist und immer eine große Nähe spürt, ob man ihr physisch nahe ist oder nicht. Diese Beziehung erfaßt das Mental, das Vital und das innere Physische, bis man sein Mental nahe dem von Mutter spürt, sein Vital in Harmonie mit dem ihrem, sogar sein physisches Bewußtsein voll von dem ihren.

Sri Aurobindo

25. April 1961

(Mutter bringt einen Band von Alice Bailey mit: „Discipleship in the New Age" [Anhängersein im Neuen Zeitalter], den sie vor kurzem aus Paris bekam. Pavitra, der anwesend ist, zeigt Mutter daraufhin das „World Goodwill Bulletin" [Bulletin des weltweiten guten Willens] und protestiert gegen diese Flut von Bewegungen, die alle vorgeben, die „Einheit der Welt" zu schaffen, und gegen diese Proselyten, die eine angeblich spirituelle Propaganda treiben, ohne selber, in sich selbst, die wahre spirituelle Grundlage gefunden zu haben. Mutter knüpft an:)

Diese Leute schaffen es nicht, aus ihrer Erziehung herauszukommen! Hier ist eine Dame [A. Bailey], die anscheinend sehr berühmt ist (inzwischen ist sie verstorben), die Anhängerin eines tibetanischen Lamas wurde... und sie spricht immer noch vom Christ als dem einzigen Avatar! – Sie kann nicht davon loskommen!

Jeder besitzt die absolute Wahrheit!

(Lachend) Aber das machte mich so wütend! (Warum wütend? ich weiß nicht.) Keine Wut, aber... oh, man ist außer sich!

Ich bin hier von Leuten umgeben, die mir sagen: „Ich schicke Ihre Botschaft an soundso, er MUSS herkommen, er MUSS sie treffen." Oh!... Ich sagte mir: „Ich gehe! Ich werde mich irgendwo verstecken." Ich bin es leid.

Ich will kein Gruppenführer sein, gütiger Gott! Um keinen Preis! Das ist abscheulich.

Es begann mit der berühmten *World Union*,[1] und jetzt mischt sich die *Sri Aurobindo Society* ein! Sie wollten eine Broschüre herausbringen, wo sie sagen: „Wir werden ihre Beziehungen zur Mutter erleichtern"!! Zum Glück zeigte man mir den Entwurf, und ich sagte: „Diese Verantwortung übernehme ich nicht." Ich hatte akzeptiert, Präsident zu sein, weil es um Geld geht und ich eine Garantie geben wollte, daß all diese Propagandamacher sich das Geld nicht zu ihrer eigenen Befriedigung in die Tasche stecken. Ich akzeptierte, Präsidentin zu sein, als Beweis, daß das Geld wirklich für Sri Aurobindos Arbeit eingesetzt wird, mehr nicht.[2] Keine spirituelle Verantwortung: ich habe niemandem in der Welt etwas zu lehren, Gott sei Dank!

(Pavitra:) Aber Mutter, auch A wurde vom Propaganda-Virus gebissen. In den Statuten, die er schickte, sagte er: „Das Sri Aurobindo Universitätszentrum [in Paris] hat als Ziel, die Leute nach Pondicherry und zu Mutter zu lenken... usw."

Ooh!... Oh!... welcher Schreck. Er auch!

(Schweigen)

Ich werde eine Erklärung machen: „Ich bin kein Gruppenführer, ich bin nicht Oberhaupt eines Ashrams." Wie abscheulich.

Aber es ist noch nicht zu Ende. Da ist diese J.M., die sich für sehr intelligent hält und die schrieb: „.... Es ist genau dieselbe Lehre"! Es ist immer genau dieselbe Lehre! Sie haben von nichts eine Ahnung.

(Satprem:) Sie vermischen alles.

Ja. Sie haben kein Unterscheidungsvermögen. Das sind Worte: es genügt, daß diese Worte da sind, und dann ist es geschehen!

Was für eine Atmosphäre das schafft... uff!

---

1. Eine Bewegung zur „Einigung der Welt", siehe Agenda vom 4.März 1961, S. 103.
2. Nach Mutters Fortgehen wird diese „Gesellschaft" versuchen, Auroville in Besitz zu nehmen: „Auroville ist ein Projekt der Sri Aurobindo Society." (sic)

Als erstes öffnete ich heute morgen dieses Buch von Alice Bailey (ich hatte es schon seit einigen Tagen, ich mußte es ansehen)... Da dachte ich mir, also gut! Hier ist eine Person, die zwar gestorben ist, die aber als eine sehr große spirituelle Kapazität angesehen wurde, Schülerin eines buddhistischen Lamas aus Tibet, und sie schreibt: „Christus ist die Inkarnation der göttlichen Liebe auf der Erde." Und niemand anders. „Und die Welt wird transformiert werden, wenn Christus wiedergeboren wird, wenn er wieder auf die Erde kommt"! – Aber warum um Himmels willen Christus! Warum setzt sie Christus dorthin? – Weil sie in der christlichen Religion geboren wurde?... Beklagenswert.

Ein Durcheinander! Alles-alles-alles. Anstatt eine Synthese zu bilden, machen sie ein Riesendurcheinander. Sie sammeln all das auf, werfen es zusammen, rühren ein wenig um, benutzen eine Fülle von Worten, die nichts miteinander zu tun haben, und dann präsentieren sie einem das!

Und dorthinein wollen sie mich stecken! – Nein danke.

Danach bekam ich die Seiten einer geplanten Broschüre der *Sri Aurobindo Society* zu sehen, die an alle Anhänger und Mitglieder der *Society* ausgeteilt werden sollten, um sie anzufeuern. Damit war das Maß voll! Eine Propaganda, oh, die dümmste Propaganda, die man sich vorstellen kann, und mitten drin, unter einem Haufen anderer Dinge (die überhaupt nichts mit mir zu tun haben), sehe ich dies: „Wir haben das große Glück, die Mutter unter uns zu haben, und wir bieten uns all jenen als Vermittler an, die in direkten Kontakt zu ihr treten wollen"! Sie wollten das so drucken und austeilen! Ich nahm meinen dicksten Rotstift und schrieb: „Diese Verantwortung übernehme ich nicht, Ihr könnt kein solches Versprechen machen." Ich strich es weg. Und jetzt tut A dasselbe!

(Schweigen)

Ich vergeude meine Zeit.

Mit den Leuten hier ist es schon... (Aber ich habe ihnen nie gesagt, sie wären meine Schüler: ich sagte ihnen, sie wären meine Kinder – aber bei Kindern muß man schließlich nicht alles tun, was sie verlangen! Als erstes.) Jedenfalls verliere ich bereits all meine Zeit, um ihr Briefe zu beantworten, die mehr als idiotisch sind. Sie stellen mir Fragen!... Dieselbe Frage wurde schon mindestens fünfzigmal beantwortet – einfach zum Vergnügen des Schreibens. Jetzt habe ich anfangen, nicht mehr zu antworten: ich schreibe ein, zwei Worte, und das ist alles.

Nein, es ist abscheulich!

(Satprem:) Da gibt es diesen Satz von Sri Aurobindo über die Propaganda, den ich den Leuten von World Union geschickt habe. Das sollten wir überall anschlagen. Erinnerst du dich? „I don't believe in propaganda..."[1]

Aber entschuldige! Hier herrscht eine Verwechslung. Diese Leute von der *Sri Aurobindo Society* hatten ÜBERHAUPT nichts mit einem spirituellen Leben zu tun, als sie anfingen. Sie präsentierten sich überhaupt nicht als „spirituelle Gruppe", nichts damit zu tun: sie waren wohlgesonnene Leute, die für das Ashram Geld sammeln wollten. Ich sagte: „Sehr gut, hervorragend", und solange es dabei bleibt, stehe ich dahinter. Sie verteilen Zettel an die Leute – sollen sie ihnen geben, was sie wollen, es genügt, sie ein ganz bißchen zu interessieren, sie zu informieren, daß es ein Ashram gibt, dem zum Überleben geholfen werden muß. Das ist alles. Da geht es überhaupt nicht um Yoga oder spirituellen Fortschritt oder irgend etwas derartiges: es war eine rein pragmatische Organisation. Das war nicht dasselbe wie World Union: World Union wollte ein „spirituelles Werk auf der Erde" vollbringen und eine „menschliche Einheit" schaffen – ich habe ihnen gesagt: „Sie nehmen etwas Inneres und wollen etwas Äußeres daraus machen, da wurde es selbstverständlich sofort verdorben." (Doch es ist praktisch vorbei damit: ich habe ihnen den Teppich unter den Füßen weggezogen.)

Aber nun...

(Pavitra:) Ja, nur wird es jetzt unter dem Namen der Sri Aurobindo Society wiedergeboren.

Ah, nein! Das ist überhaupt nicht dasselbe, sie haben nichts miteinander zu tun. Sie wollten sich zusammenschließen: ich habe mich geweigert. Ich sagte ihnen: „Ihr habt nichts miteinander zu tun. Ihr von World Union seid Idealisten (!) und wollt euer Ideal äußerlich

---

1. Es geht um folgenden Satz aus einem von Sri Aurobindos Briefen: „Ich glaube nicht an Reklame, außer für Bücher, und nicht an Propaganda, außer in der Politik und für pharmazeutische Erzeugnisse. Aber für die ernsthafte Arbeit ist sie ein Gift. Sie bedeutet entweder eine Schaunummer oder einen Schlager – doch Schaunummern und Schlager laugen die Sache aus, die sie auf ihrer Woge tragen, und hinterlassen sie leblos und ausgetrocknet auf dem Strand von nirgendwo zurück. Oder es bedeutet eine Bewegung. Eine Bewegung heißt bei einer Arbeit wie der meinen die Gründung einer Schule oder Sekte oder irgendeines anderen Unsinns. Das bedeutet, daß Hunderte oder Tausende nutzloser Leute sich anschließen und die Arbeit verderben oder zu einer pompösen Farce reduzieren, von der die herabkommende Wahrheit in Geheimnis und Schweigen zurückweicht. Dies ist, was mit den „Religionen" geschah, und dies ist der Grund für ihr Versagen..." (*On Himself*, S. 375)

verwirklichen (ohne Grundlage), während die anderen Geschäftsleute sind, praktische Leute, die dem Ashram Geld bringen wollen, und damit bin ich voll einverstanden, weil ich es brauche."

Das sind zwei völlig verschiedene Dinge

Aber jetzt fingen die Leute von der Society an... fast wie Lehrer zu posieren! Zum Glück zeigte man mir ihr Projekt für die Broschüre. Ich sagte: *„Nothing doing* [da geht nichts]. Wenn ihr mit den Leuten reden wollt, sagt ihnen, was ihr wollt, das ist mir egal, aber dies veröffentliche ich nicht: was ihr über mich geschrieben habt, wird nicht gedruckt und ihr werdet es nicht verbreiten. Ich erscheine nicht auf der Bildfläche. Mein Name als Präsidentin dient ausschließlich als Garantie, daß das Geld nicht in der Tasche der Leute landet, die es sammeln, daß es für das Ashram verwendet wird, für den Unterhalt des Ashrams, das ist alles. Und hierfür gebe ich meine Garantie, aber ich werde in keiner Weise den Leuten helfen, sich einzubilden, daß sie ein Yoga machen!" – Das ist doch lächerlich!

Neulich sagte ich Nava (und sagte es laut genug, daß alle es hörten): „Man kann problemlos die Hälfte der Ashramiten beseitigen, ohne einen einzigen Sadhak zu verlieren."

Da riß er den Mund auf!... Die Leute bilden sich ein, einzig ihre Anwesenheit hier würde sie bereits zu Schülern und debütierenden Yogis machen! Das ist nicht wahr.

So, jetzt ist meine Wut vergangen!

Das Schlimmste ist diese mentale Armut; überall sagt man: „Oh, sie haben dieselben Gedanken wie wir! Oh, sie lehren dasselbe! Oh..." Oh!...

(Schweigen)

*
* *

(Pavitra verläßt das Zimmer, Mutter verteilt Blumen:)

Hier ist der „Segen" [*Hibiscus Mutanilis*, weiß], und dies ist „Ausgewogenheit" [weiße Petunie] – es ist eine schöne Ausgewogenheit. Und das ist „Licht ohne Dunkelheit" [*Eucharis Grandiflora*]. Und dies ist die „Reinheit": die „integrale Konversion" [*Hippeastrum*, weiße Amaryllis] *(ins Innere der Blüte legte Mutter zwei andere Blumen: „Dienst" und „Sri Aurobindos Mitgefühl"* – Beltophorum Ferrugineum, *gelber Flamboyant, und* Portulaca Grandiflora, *Portulak),* eine integrale Konversion, mit Sri Aurobindo, seinem Mitgefühl – sein Mitgefühl, das uns die Gelegenheit gibt, ihm zu dienen.

Mein Kind! Es muß etwas Intelligenteres gesagt werden, oder? – Ich verlasse mich auf dich.

Ich verlasse mich auf dich!

Ja, das ist abgemacht, Sri Aurobindo hat es mir gesagt. Aber ich stehe im Hintergrund, unsichtbar! Du brauchst mir die Dinge nicht einmal zu sagen – du kannst sie mir sagen, wenn du willst, aber es ist nicht notwendig.

(Schweigen)

Von Zeit zu Zeit möchte ich Ungeheuerlichkeiten sagen... Ich wollte sagen: wie ich Sri Aurobindo verstehe, der auf die andere Seite gegangen ist!

Ich habe nicht die Absicht, es zu tun, nein. Nicht, weil ich im geringsten an all diesem äußeren Krempel interessiert wäre, sondern... weil ich Sri Aurobindo versprach, ich würde es versuchen. Deshalb...

Das ist alles.

Nur eine einzige Sache wäre im Grunde wahr: und zwar zu TUN. Alles Reden, Reden, Reden und Versprechen, Glänzen-Lassen... TUN.

(Schweigen)

Aber das ist sehr viel schwieriger als zu reden, VIEL schwieriger. Unendlich schwieriger, als zu reden. Denn es genügt, einen Augenblick dort zu sein *(Geste einer Öffnung nach oben)*, das Licht zu erhaschen, und dann kann man reden (wenn man ein bißchen hell, transparent ist). Man fängt es und redet. Wenn man es einmal gesehen hat, vergißt man es nicht mehr. Aber um zu tun...

Diese Armut, diese Enge... Die intellektuelle Armut, die intellektuelle Enge, ist relativ leicht zu überwinden: man braucht nur ein Loch hineinzustoßen, jenseits zu gehen, das von oben zu betrachten, und dann weitet sich all das. Das ist relativ leicht. Aber die vitale und PHYSISCHE, materielle Armut und Enge... uff!

Für die mentale Enge kennen wir das Mittel: man braucht nur jenseits zu gehen – das kennen wir. Aber dort *(Mutter berührt ihren Körper)*, man kann Licht und Kraft bringen, so viel man will... Ja, einige Augenblicke kann man sogar in den Empfindungen ein universelles Leben leben – aber der Körper...

(Schweigen)

Denn offensichtlich muß es in diesem Leben geschehen. Der Fortschritt des Körpers läßt sich nicht bewahren, oder?

Nein, das ist es ja gerade!

Man kann, aber das nützt nichts. Diese Zellen, die so bewußt geworden sind... Wenn sich all das auflösen muß... Das bedeutet bewußte Zellen, aber vermischt mit... was bedeutet das schon, vermischt mit den zahllosen unbewußten Zellen auf der Erde? – Es nützt nichts.

Es mag etwas nützen, ja, vielleicht wird es in einigen Millionen Jahren eine Wirkung haben, ganz allmählich, durch ein langsames Übergreifen – aber das ist ja gerade, was die Natur tut, das ist ihre endlose Angelegenheit, doch das ist kein Yoga.

Aber wenn du die Transformation deines Körpers einmal erreicht hast, kann es anderen übermittelt werden? Kann deine Erfahrung und deine Verwirklichung weitergegeben werden?

Das ist eine Frage der Ansteckung. Die spirituellen Vibrationen sind ansteckend, das ist völlig offensichtlich. Mentale Vibrationen sind ansteckend, und zu einem gewissen Grad auch vitale Vibrationen (nicht gerade in ihrer hübschen Seite, aber der Zorn eines Menschen breitet sich eindeutig sehr leicht aus). Desgleichen muß die Vibration der Zellen ansteckend sein.

Aber die Schwierigkeit... Vom mentalen Gesichtspunkt wurde das Yoga bereits getan, und weil es getan wurde, ist es, als wäre der Pfad im Urwald abgesteckt: man hat Anhaltspunkte und geht voran, das ist relativ sehr leicht. Aber hier [im Körper] wurde noch nichts getan! Man weiß nicht, wo man anfangen soll, niemand hat es getan! Alles, was einem begegnet, sind die Hindernisse, denen die anderen begegneten und vor denen sie einfach sagten: „Es ist unmöglich."

Sri Aurobindo erklärte, warum es nicht unmöglich ist, das ist das einzige. Aber er selber hat es nicht getan.

Nein, für jede Kleinigkeit muß man alles ausfindig machen. Und zwar in der Welt der äußersten Unwissenheit ausfindig machen – wirklich dort, wo die Unbewußtheit am unbewußtesten ist, die Unwissenheit am unwissendsten...

(Schweigen)

Wir werden schon sehen.

*
* *

Nach der Arbeit

Der gewohnte Bewußtseinszustand ist, eine Sache FÜR etwas zu tun. All diese Rishis zum Beispiel inkantierten ihre Hymnen mit einem Ziel: das Leben hatte ein Ziel; ihr Ziel war, die Unsterblichkeit zu finden, oder Die Wahrheit. Jedenfalls gibt es auf allen Ebenen immer ein Ziel. Wir sprechen von der „supramentalen Verwirklichung" als Ziel.

Doch in letzter Zeit, ich weiß nicht, was geschehen ist, etwas nahm mich gleichsam in Besitz... Mit der Erkenntnis, daß der Höchste alles ist, überall, alles tut, was war, was ist, was sein wird, was abläuft, alles-alles – plötzlich war es... kein Gedanke, kein Gefühl, sondern eher etwas wie ein Zustand: die Unwirklichkeit des Ziels – nicht „Unwirklichkeit": die Nutzlosigkeit. Nicht einmal Nutzlosigkeit: die Inexistenz des Ziels. Sogar das, was ich dir vorhin noch sagte: daß im Körper dieser Wille zur Durchführung der Erfahrung bleibt – sogar das ist verschwunden!

Es ist... etwas... Ich weiß es nicht.[1]

Das ist wie eine Sprungfeder, die existierte und ihren Seinsgrund hatte, und deshalb blieb sie bestehen: dies tun, um jenes zu erreichen, und dieses führt zu jenem (aber nicht einmal das, es ist noch subtiler), und diese Feder scheint mit einem Mal inexistent geworden zu sein, weil nutzlos.

Jetzt ist es eine Art „Absolutismus" in jeder-jeder Sekunde, jeder Bewegung, von der subtilsten, spirituellsten Bewegung bis zur materiellsten. Diese Verkettung ist verschwunden. Es gibt keine Verkettung mehr: das ist nicht „Ursache" von dem, und jenes wird nicht „für" dies getan, man geht nicht „dorthin" – all das erscheint...

(Schweigen)

Vielleicht ist das die Art, wie der Höchste sieht?... Vielleicht ist das die höchste Wahrnehmung: eine Absolutheit.

Recht sonderbar.

Eine unzählige und zugleich ewige Absolutheit.

(Schweigen)

Seltsam.

Dieses Gefühl der Verbindung ist verschwunden, das Gefühl von Ursache und Wirkung ist verschwunden: all das gehört der Welt von Raum und Zeit an.

Jedes... jedes was? Was ist dieses „das"? Man kann nicht sagen „Bewegung", man kann nicht sagen „Bewußtseinszustand", nicht „Schwingung" (all das gehört noch unserer Wahrnehmungsart an),

---

1. Mutter geht allmählich in Trance und beginnt „der Erfahrung zu folgen".

deshalb sagt man „Ding" (das besagt nichts). Jedes „Ding" trägt sein absolutes Gesetz in sich.

Ach, wie ungeschickt wir uns ausdrücken!

Was jedenfalls absolut klar ist, das ist die gänzliche Abwesenheit von Ursache und Wirkung, von Ziel, Absicht: *purpose*. Diese Art Verbindung existiert nicht *(horizontale Geste)*: es ist so *(vertikale Geste, die alles auf einmal beherrscht und umfaßt)*.

Im Bewußtsein kann sich das so ausdrücken: ein Punkt, der den physischen Körper und alles, was von ihm abhängt, darstellt, der aber genau dasselbe ist wie der Höchste Punkt mit allem, was von ihm abhängt. Es ist dasselbe. Das ist nur wie eine Verlagerung des Blickwinkels (wenn man das einen „Blick" nennen kann), wie ein Zeiger, der keinen Raum einnimmt.[1] Aber es ist dasselbe Bewußtsein – „Bewußtsein", ist es „Bewußtsein"?... Ungefähr so. Nicht „Bewußtsein", wie wir es verstehen, auch nicht Wahrnehmung: eine Art Wille zu sehen (meine Güte, was für Worte!), aber mit absoluter Freiheit und Allmächtigkeit – es kann dies sein oder es kann das sein, es ist GENAU dasselbe.

Versuch nicht, zu verstehen!

Es ist offensichtlich unmöglich zu übersetzen.

Was aber übersetzt werden kann, ist diese Empfindung, daß die gesamte Verkettung über Ursache und Wirkung und *purpose*, Ziel, all das erscheint sehr niedrig, sehr FERN, sehr fern, sehr... menschlich – vielleicht ist es auch göttlich (vom Standpunkt der Götter mag es auch so sein, ich weiß es nicht), denn im Bewußtsein der universellen Mutter ist es noch vorhanden, da ist noch diese Inbrunst der Liebe zu dienen: „Zu tun, was Du wünschst". Dort besteht es noch, also ist es auch noch in den Göttern.

(Schweigen)

Das erscheint jetzt unwirklich. Sehr merkwürdig.

Das kam letzte Nacht. Es kam langsam, aber letzte Nacht wurde es sehr stark: keine Verkettung mehr, kein Kausalzusammenhang, kein Ziel mehr, kein *purpose*, keine Absicht mehr – eine Art Absolutheit. Das schließt die Schöpfung nicht aus: es ist nicht das Nirvana, es hat nichts mit Nirvana zu tun. (Das Nirvana kenne ich gut, ich habe es erlebt – noch gestern abend, als ich beim Japa ging, sogar heute morgen... Ich beginne immer mit einer Invokation des Höchsten unter seinen drei Aspekten, und es genügt, den Ton TAT auszusprechen... um alles auszulöschen: es ist das Nirvana. Seit einigen Tagen fiel mir

---

1. Mutter spricht die ganze Zeit in tiefer Trance. Uns schien, ihre Erfahrung könnte mit jener der Rishis verglichen werden, wo es heißt: *like an eye extended in heaven* (wie ein Auge in den Himmel erstreckt).

auf, daß es augenblicklich kommt, mit einer Leichtigkeit! Mit einer Entzückung!...) Dies ist nicht das Nirvana: es liegt jenseits davon: es enthält das Nirvana und die manifestierte Welt und alles-alles, alles Erscheinen und Verschwinden[1] – all das, all das ist darin enthalten.

Etwas...

Etwas, das weder Ursache noch Wirkung noch Verlängerung hat *(horizontale Geste)*, keinen *purpose*, keine Absicht – welche Absicht!? Es gibt nichts, das zu tun wäre! Es ist so *(gleiche vertikale Geste wie vorhin)*.

Ich hoffe, ich bin nicht dabei, dich ins Irrenhaus zu schleppen!

(Mutter lacht und steht auf, um zu gehen)

Das höchst Interessante ist, daß alles gleich bleibt. Alles bleibt gleich: du siehst ja, ich kann alles beliebige tun, reden, scherzen... Alles bleibt gleicht, es ändert überhaupt nichts.

Mein Problem beginnt, wenn ich mich frage, wie sich das ändern wird!

So, Kind. Ich glaube, wir werden gut daran tun, dies geheim zu halten.[2]

29. April 1961

(Auszüge dieses Gesprächs erschienen in Commentaires de Mère sur les Aphorismes. *Mutter wollte nicht einmal, daß der vollständige Text in ihrer Agenda erscheint, weil sie ihn für zu persönlich hielt. Wir glaubten gut daran zu tun, ihn trotzdem zu bewahren. Ausgangspunkt war der folgende Aphorismus von Sri Aurobindo:)*

59 – Eine der größten Tröstungen der Religion ist, daß man Gott gelegentlich packen und ihm eine befriedigende Tracht Prügel versetzen kann. Die Leute verspotten die Einfalt der

---

1. Die Schöpfungen und „Zerstörungen" dieser Welt oder aller Welten.
2. Wahrscheinlich ist dieses „Geheimnis" ein Teil des Großen Geheimnisses, das die ganze *Agenda* durchzieht. Wo kann da die Grenze gesetzt werden? Und wenn wir indiskret sind, wer weiß, ob das Geheimnis des Menschen nicht die Indiskretion irgendeines Affen ist?

Wilden, die ihren Gott verprügeln, wenn er ihre Gebete nicht beantwortet, doch die Spötter sind die wirklich Einfältigen und Wilden.

Die arme T! Sie fragt mich: „Was heißt es *(lachend)*, „Gott eine befriedigende Tracht Prügel zu versetzen"? Wie ist das möglich?..." Ich habe noch nicht geantwortet. Dann fragt sie noch: „Viele Leute behaupten, daß Sri Aurobindos Lehren eine neue Religion sind. Würdest Du das als Religion bezeichnen?..." Verstehst du, da begann ich zu rauchen!

Ich schrieb *(Mutter liest ihre Antwort):*

> „Jene, die das sagen, sind Idioten und wissen nicht, wovon sie reden! Es genügt zu lesen, was Sri Aurobindo schrieb, um zu sehen, daß es UNMÖGLICH ist, darauf eine Religion zu begründen, denn für jedes Problem, für jede Frage stellt er alle Aspekte dar und zeigt die Wahrheit, die jeder Annäherungsversuch enthält, und er erklärt, daß es nötig ist, eine Synthese zu bilden, die alle mentalen Begriffe übersteigt, und eine Transzendenz jenseits des Denkens zu erreichen, um Die Wahrheit zu berühren.
> Deine zweite Frage ergibt also keinen Sinn (!). Hättest du gelesen, was im letzten *Bulletin* erschienen ist, könntest du sie auch nicht stellen.[1]
> Ich wiederhole, wenn wir von Sri Aurobindo sprechen, kann es um keine Lehre, nicht einmal um eine Offenbarung gehen, sondern um eine Aktion des Höchsten. Darauf läßt sich keine Religion gründen."

Das ist die erste Salve.
Die zweite:

> „Die Menschen sind so verrückt – *(lachend)* es wird nicht besser! –, daß sie jede beliebige Sache in eine Religion verwandeln können, so sehr bedürfen sie eines starren Rahmens für ihre engen Gedanken und begrenzten Handlungen. Sie fühlen sich nur in Sicherheit, wenn sie sagen können: 'Dies ist wahr und jenes ist es nicht.' Doch diese Behauptung wird unmöglich für jeden, der Sri Aurobindo gelesen und verstanden hat. Religion und Yoga liegen nicht auf derselben Ebene des Wesens, und das spirituelle Leben

---

1. „Was Sri Aurobindo in der Weltgeschichte darstellt, ist weder eine Lehre noch eine Offenbarung, sondern eine AKTION, die direkt vom Höchsten kommt." *Bulletin* vom April 1961

kann nur dann in seiner Reinheit existieren, wenn es frei von allen mentalen Dogmen ist."

Es ist sehr wichtig, das den Leuten klar zu machen.

Ja, unerläßlich.

Stets sind sie alle bereit, eine Religion zu machen – selbst hier im Ashram.

Ja, was T ausspricht, das sind die Leute im Ashram.

Sie sind so sektär wie ein Katholik, wie ein Protestant...

Ja, DASSELBE. Genau dasselbe.
Das heißt, sie haben nichts begriffen.
Aber das hier: „Wie kann man Gott eine befriedigende Tracht Prügel versetzen?" *(Mutter lacht herzlich)* Das ist lustig!

Aber was meinte er damit genau?

Was Sri Aurobindo damit sagen wollte?...
Hast du den englischen Text? Vielleicht haben wir ihn etwas... popularisiert?

Das englische Wort ist „beating": a good beating.

„Beating"? Dann ist es wirklich das: eine Tracht Prügel!
Die Religion neigt immer dazu, Gott zu vermenschlichen oder einen Gott im Bildnis des Menschen zu schaffen – ein glorifiziertes und vergrößertes Bildnis, aber im Grunde ist es immer ein Gott mit menschlichen Attributen. Das bewirkt *(lachend)* eine Art Intimität, eine Nähe!
T faßte es buchstäblich auf, aber es ist wahr, daß sogar die Spanier, wenn ihr Gott nicht tut, was sie wollen, ihn nehmen und in den Fluß schmeißen!
Manche Leute hier tun es. Ich kenne Leute, die eine Kali-Statue hatten (Kali war die Gottheit ihrer Familie). Alle möglichen Unglücke befielen sie, da wurde die letzte Generation wütend: sie nahmen das Idol und warfen es in den Ganges. Noch dazu bat mich einer von ihnen (es sind mehrere) vorher um Erlaubnis!
Diese Art, einen Gott im Gleichnis des Menschen zu machen, gibt euch die Möglichkeit, ihn so zu behandeln, wie ihr es mit einem menschlichen Feind tätet.
Darüber gäbe es viel zu erzählen...

Aber diese Idole sind keine rein menschlichen Schöpfungen, sie haben eine unabhängige Existenz?

Oh! Diesbezüglich kam ich zu sehr interessanten Erkenntnissen, über die Weise, wie diese Leute denken und fühlen. Ich erinnere mich, jemand hatte einmal eine kleine Statue von Sri Aurobindo gemacht, er gab ihm einen Bauch und... jedenfalls erschien mir das lächerlich, und ich sagte ihm: „Wie können Sie etwas derartiges tun?!" Da erklärte er mir: selbst wenn es dem normalen Auge als Karikatur erscheint, weil es ein Bild desjenigen ist, den man als Gott oder als einen Gott oder als Avatar betrachtet, weil es das Bildnis desjenigen ist, den man anbetet, sei es auch nur ein Guru, enthält es den Geist und die Kraft seiner Gegenwart, und das ist es, was man anbetet, selbst in seiner plumpen Form, selbst in einer Form, die dem physischen Auge als Karikatur erscheint.

Jemand hier hatte ein großes Gemälde von Sri Aurobindo und mir gemacht: man brachte es, um es mir zu zeigen. Ich sagte: „Das ist abscheulich!" Es war... für das physische Auge war es abscheulich. „Das ist schrecklich, wir können das nicht behalten." Sofort bat mich jemand darum und sagte: „Ich werde es zu Hause aufhängen und meine Puja davor machen." Ah!... Ich konnte nicht anders, als ihm zu sagen: „Wie? Sie können etwas derartiges aufhängen!" (Es war nicht so sehr häßlich wie schrecklich banal) „Wie können Sie Ihre Puja vor etwas so Banalem und Leerem machen!" Diese Person erwiderte: „Oh! Für mich ist das nicht leer, es enthält die ganze Gegenwart und die ganze Kraft, und ich bete es an als Die Gegenwart und Die Kraft."

All das begründet sich auf dieser alten Idee: was auch immer das Bild sei (was wir abwertend „Idol" nennen), was auch immer die äußere Form der Gottheit sein mag, stets ist die Gegenwart der dargestellten Sache darin enthalten. Und es gibt immer jemanden – sei es ein Priester oder ein Eingeweihter, ein Sadhu, ein Sannyasin –, der die Macht hat (meistens ist das die Aufgabe der Priester) und Die Kraft, Die Gegenwart hineinzieht. Das ist echt: es ist eine vollkommen reelle Tatsache, daß Die Kraft, Die Gegenwart DORT ist, und das ist es, was ihr anbetet, Diese Gegenwart, nicht die Form aus Holz oder Stein oder Metall.

Die Europäer haben überhaupt keinen Sinn für das Innere. Für sie ist alles so *(Geste)*, eine Oberfläche – nicht einmal das: ein dünner Film der Oberfläche. Und dahinter gibt es nichts. Deshalb können sie nichts fühlen. Doch es ist eine Tatsache, eine absolut wirkliche Tatsache, daß Die Gegenwart darin ist, ich garantiere es. Ich habe kleine Objekte aus Metall, aus Holz oder aus Elfenbein, die mir gegeben wurden, die bestimmte Götter darstellen, und ich brauche sie nur in die Hand zu nehmen, damit der Gott hier ist. Ich habe Ganesh-Statuen[1] (man gab mir viele Ganesh-Statuen), ich nehme eine in die Hand, schaue sie eine Minute an, und er ist hier. Eine, die mir geschenkt wurde, hebe ich neben meinem Bett auf (wo ich arbeite, esse und meditiere), ganz klein. Dann habe ich einen Narayana[2] vom Himalaja, aus Badrinath. Sie dienen mir alle als Papiergewichte auf meinen Taschentüchern! (Meine Taschentücher liegen auf einem kleinen Stuhl, dort neben dem Bett, und darauf setze ich Ganesh und Narayana.) Und niemand außer mir berührt sie: ich hebe sie selber hoch, lege neue Taschentücher darunter und stelle sie wieder zurück. Einmal mischte ich mir selber Nagellack (!), und bevor ich meine Nägel bemalte, strich ich ein bißchen auf Ganapatis Stirn, auf seinen Bauch und auf seine Fingerspitzen! Wir stehen in sehr guter Beziehung, sehr freundschaftlich. Für mich ist all das also sehr wahr.

Nur...

Narayana kam als erster. Ich stellte ihn dorthin und trug ihm auf, dort zu bleiben und zufrieden zu sein. Einige Zeit danach brachte man mir einen sehr schönen Ganesh; da bat ich Narayana (ich bat ihn nicht um Erlaubnis, sondern sagte es ihm): „Weißt du, du wirst nicht böse sein, ich werde dir einen Gefährten geben. Ich habe euch beide gerne, keine Vorliebe – der andere ist zwar viel schöner, aber du, du bist Narayana!" Ich schmeichelte ihm! Sagte ihm Liebenswürdigkeiten – er war vollkommen zufrieden.

Und für mich war das immer so, immer. Ich hatte nie-nie eine religiöse Einstellung – du weißt, was die Leute in den Religionen haben, besonders in Europa, diese Art... mir fällt nur das englische Wort ein: *awe* [Ehrfurcht], ein Entsetzen. Darüber mußte ich immer lachen! Aber was dahinter liegt, die Anwesenheit der Götter, das spürte ich immer.

Ich erinnere mich an einen Besuch in einer Kirche, die ich nicht nenne (ich fand, daß es ein schöner Ort war). Es war kein Feiertag, keine Zeremonie: die Kirche war leer. Nur zwei oder drei Personen waren da, die beteten. Ich trat ein und setzte mich in eine kleine Seitenkapelle... Eine Person betete dort, sie mußte Kummer haben, denn sie weinte und betete. Da sah ich plötzlich... Dort stand eine Statue, ich weiß nicht mehr, ob es eine Christusfigur oder die Jungfrau oder ein

---

1. Ganesh oder Ganapati ist der erstgeborene Sohn der höchsten Mutter. Er wird mit einem Elefantenkopf und einem üppigen Bauch dargestellt. Er ist der Gott der materiellen Verwirklichung (insbesondere unterliegt ihm das Geld). Er ist auch als der Schreiber bekannt, der das göttliche Wissen übermittelt.
2. Narayana ist ein anderer Name von Vishnu, einer der Götter der hinduistischen Trinität (jener, der die Schöpfung beschützt, während Brahma der Schöpfer ist und Shiva der Zerstörer).

Heiliger war, aber anstelle der Statue sah ich eine riesige Spinne... wie eine Tarantel, aber *(Geste)* ungeheuer! Sie bedeckte die ganze Wand der Kapelle und saß dort, um alle Vitalkraft der Leute aufzusaugen. Das war... schmerzlich. Ich sagte mir: „Da sieht man! Diese Leute..." Diese leidende Person war gekommen, um Hilfe zu finden, sie weinte und betete und hoffte auf Beistand, und anstatt daß es wenigstens zu einem mitfühlenden Bewußtsein ging, diente es als Nahrung für dieses Monster!

Ich sah auch andere Dinge – aber in den Kirchen sah ich selten sehr gutartige Dinge. Hier erinnere ich mich, einmal war ich in M. Man führte mich hinein, empfing mich in sehr außergewöhnlicher Weise. (Ich wurde von jemandem vorstellt, der dort große Hochachtung genoß und der mich als „große Heilige" präsentierte!) Man führte mich bis in das Sanktotum, wo die Leute sonst nicht eingelassen werden, und was sehe ich dort: einen Asura! (Oh, von keinem sehr großen Kaliber: eher ein Rakshasa[1].) Aber eines dieser Monster! Schrecklich, er saß dort. Ich versetzte ihm einen guten Schlag *(Geste)*... Ich dachte, es würde etwas geschehen, aber dieses Wesen kam, er bewegte sich: kam zu mir und versuchte, mich einzuschüchtern (natürlich merkte er, daß es sinnlos war). Dann bot er mir ein Bündnis an: „Sage nichts, tue nichts, und ich werde alles, was ich bekomme, mit dir teilen." – Ich ließ ihn abblitzen! Der Leiter dieses *Math*... (Es war ein *Math*, mit einem Kloster und einem Tempel: das bedeutet einen beträchtlichen Reichtum, und der jeweilige Leiter darf sich dessen während seiner Amtszeit frei bedienen, und wenn er einmal ernannt wird, ist es auf Lebenszeit. Er muß allerdings seinen Nachfolger nominieren... und der verkürzt meistens sein Leben – so läuft das. Vom gegenwärtigen Leiter wußten alle, daß er das Leben seines Vorgängers beträchtlich verkürzt hatte.) Ein Mann! Ebenso asurisch wie der Gott, den er anbetete: ich sah arme Kerle, die sich ihm zu Füßen warfen (er muß sie irgendwie in die Zwinge bekommen haben) und um Gnade und Mitleid flehten – ein Mann ohne jedes Erbarmen. Aber er empfing mich, das hättest du sehen sollen!... Ich sagte nichts, kein Wort über ihren Gott, gab nichts zu erkennen. Doch ich dachte: „So ist das also!..."

Eine andere Geschichte erlebte ich in einem Fischerdorf in der Nähe von A, an der Küste. Dort ist ein Tempel, der Kali gewidmet ist – eine schreckliche Kali. Ich weiß nicht, was ihr zustieß, aber sie wurde eingegraben: nur ihr Kopf ist zu sehen! – Irgendeine wunderliche Geschichte, aber ich wußte nichts davon. Ich fuhr im Wagen

---

1. Die Rakshasas sind die Dämonen der vitalen Welt, während die Asuras der Mentalebene angehören.

von A zu diesem Tempel, und auf halbem Wege begegnet mir eine schwarze Figur, die mir sehr erregt entgegeneilt und mich um Hilfe bittet: „Ich gebe dir alles-alles, was ich habe, alle meine Macht, die ganze Anbetung der Leute, wenn du mir hilfst, allmächtig zu werden!" Natürlich antwortete ich ihr, wie es sich gehört! Dann fragte ich, wer diese Person sei. Da erklärte man mir, ihr sei irgendein Unglück zugestoßen und sie wurde eingegraben, nur noch der Kopf steckte heraus. Jedes Jahr feiern sie in diesem Fischerdorf ein Fest, wo sie Tausende Hühner umbringen (sie liebt Hühner!). Tausende Hühner. Sie federn sie vor Ort (der Platz ist voller Federn), und natürlich essen die Leute sie, nachdem sie das Blut geopfert haben. Am Morgen des Tages, als ich kam, war das geschehen – alles war voller Federn! Abscheulich. Und sie bat um meine Hilfe!

Das seltsame ist, daß diese Wesen (es sind Wesen des Vitals) sich der Geschehnisse bewußt sind (ich hatte keine Ahnung von dieser Geschichte, wußte nichts von diesem Wesen, daß nur ihr Kopf herausschaute: sie wollte, daß ich sie von dort herausziehe), sie spüren die Atmosphäre. Auf den höheren Ebenen können sie nicht bewußt sein: sie sind im Vital bewußt, sie spüren einzig die vitale Macht und die Kraft, die sie darstellt... Wie dieser Asura von M: als ich eintrat, war es plötzlich, als beginne er auf seinem Sockel zu zittern, da verließ er seine Statue und bot mir ein Bündnis an.

Seltsam...

(Schweigen)

In den Kirchen weiß ich nicht... Ich bin nicht oft darin gewesen. Ich war in Moscheen, in Tempeln – in jüdischen Tempeln. Die jüdischen Tempel in Paris haben eine so schöne Musik! Welch schöne Musik! In einem Tempel hatte ich eine meiner ersten Erfahrungen. Das war bei einer Heirat, und die Musik war wunderbar. Später sagte man mir, es wäre ein Stück von Saint-Saëns, mit einer Orgel (die zweitbeste Orgel in Paris, wunderbar!). Diese Musik spielte, und ich stand mit meiner Mutter oben auf der Galerie (ich war 14), dort waren die Glasfenster – weiße Fenster, ohne Bilder. Ich betrachtete eines dieser Fenster und fühlte mich wirklich von dieser Musik getragen, da kam plötzlich etwas wie ein Blitzschlag durch das Fenster und drang hier ein *(Mutter klopft auf ihre Brust)*, ich sah ihn eindringen und... ich hatte das Gefühl, unermeßlich und allmächtig zu werden... Das blieb mehrere Tage.

Aber meine Mutter war, Gott sei Dank, eine hartgesottene Materialistin, so daß man mit ihr nicht über die unsichtbaren Dinge sprechen konnte – für sie war das ein Zeichen von Gehirnstörungen! (Nichts zählte, was man nicht berühren und sehen konnte.) Aber das war ein göttlicher Segen: ich hatte keine Möglichkeit zu reden. Ich behielt meine Erfahrung für mich. Doch dies war eine meiner ersten Berührungen mit... Später erfuhr ich, daß es eine vergangene Wesenheit war, die in mich eindrang, wegen der Aspiration, die die Musik hervorrief.

Aber in Kirchen hatte ich selten Erfahrungen. Sehr häufig hatte ich hingegen das sehr schmerzliche Erlebnis, wie die menschliche Suche nach höherem Trost, nach göttlichem Mitgefühl... in sehr schlechte Hände fällt – das sah ich sehr oft.

Eine der schrecklichsten Erfahrungen erlebte ich in Venedig. (Die Kathedralen dort sind so schön! Prächtig!) Ich erinnere mich, ich saß in einer Ecke und malte – sie hatten mir erlaubt, dort zu malen – und es war in der Nähe von einem... (wie heißt das?) einem Beichtstuhl. Dort saß eine arme Frau, der es sehr elend ging, oh, mit einem so schrecklichen Schuldgefühl, wirklich jämmerlich! Sie schluchzte und schluchzte. Dann sah ich den Priester kommen, wie ein Monster: ein Monster von Härte. Er betrat den Beichtstuhl wie eine Eisenstange. Diese arme Frau schluchzte in einem fort; und die harte, trockene Stimme des anderen... Ich hatte alle Mühe, still zu bleiben.

Ich weiß nicht warum, aber diese Erfahrung machte ich sehr häufig: entweder eine gegnerische Kraft, die sich dahinter verbirgt und alles aufsaugt, oder der Mensch – der Mensch, der Die Macht mißbraucht, gnadenlos.

Eigentlich sah ich das überall in der Welt. Ich stand nie auf sehr gutem Fuße mit den Religionen, weder in Europa noch in Afrika noch in Japan und auch hier nicht.

(Schweigen)

Ich erinnere mich, als ich achtzehn war, hatte ich ein so intensives Bedürfnis ZU WISSEN... Denn die Erfahrungen hatte ich – die verschiedensten Erfahrungen –, aber aufgrund meines Milieus hatte ich keine Gelegenheit, ein intellektuelles Wissen zu bekommen, das mir den Sinn von all dem gegeben hätte: ich konnte mit niemandem darüber sprechen. Ich hatte Erfahrungen über Erfahrungen... Jahrelang hatte ich nachts Erfahrungen (ich hütete mich, darüber zu sprechen!), die verschiedensten Erinnerungen an vergangene Leben, alle möglichen Dinge, aber ohne jede intellektuelle Wissensgrundlage. (Das hatte natürlich den Vorteil, daß meine Erfahrungen keine mentale Fabrikation sondern völlig spontan waren.) Aber ich hatte ein solches BEDÜRFNIS zu wissen!... Ich erinnere mich, wir wohnten in einem Wohnhaus (eins dieser Häuser mit vielen Wohnungen), und in der Wohnung nebenan lebten junge Leute, die sehr katholisch waren und einen sehr überzeugten Glauben hatten. Ich sah das, und eines Tages, als ich gerade meine Haare richtete, sagte ich mir: „Haben die ein Glück, die Leute, die in eine Religion geboren werden und daran glauben, ohne Fragen zu stellen! Wie leicht ist das doch! Man braucht nur noch zu glauben, und alles ist einfach." Ich spürte das, und als ich merkte, daß ich so dachte, schimpfte ich mich aus: „Du bist ein Faulpelz!"

Wissen-wissen-WISSEN!... Denn ich wußte überhaupt nichts, nur die Dinge des alltäglichen Lebens: das äußere Wissen. Ich hatte alles gelernt, wozu mir Gelegenheit gegeben wurde: nicht nur das, was man mir beibrachte, sondern auch was mein Bruder lernte, höhere Mathematik und all das! Ich lernte und lernte und lernte – aber das war NICHTS. Nichts konnte mir die Dinge erklären – nichts. Ich konnte nichts begreifen!

Wissen!...

Das kam später, als ich jemandem begegnete, der mir von Theons Lehren erzählte: zwei Jahre danach.

Als man mir sagte, das Göttliche sei im Innern (die Lehre der Gita, aber in Worten, die für westliche Menschen verständlich sind), daß es die innere Gegenwart gibt, daß man das Göttliche in sich trägt, oh!... Das war eine Offenbarung! In wenigen Minuten verstand ich plötzlich alles. Alles war verstanden. Das vermittelte den augenblicklichen Kontakt.

(Schweigen)

Kann man trotzdem sagen, daß unabhängig von den Erscheinungen – den vitalen Spinnen oder den schrecklichen Kalis – das Göttliche dennoch dadurch wirkt, den Leuten dadurch hilft? Es wird nicht völlig aufgesogen und verschwindet, oder?

Nein, aber das ist etwas anderes. Das sind jene, die zu einer persönlichen Erfahrung fähig sind, damit dringen sie durch alles hindurch. Aber das gilt nicht für die Masse.

(Schweigen)

Ich hatte Diskussionen (keine „Diskussionen", aber einen Meinungsaustausch) mit Prälaten. Besonders ein Kardinal... Ich sagte ihm meine Erfahrung, daß ich es WUSSTE. Da erwiderte er: „Ob Sie es wollen oder nicht, Sie gehören der Kirche an, denn all jene, die wissen, gehören der Kirche an." Und er sagte: „Sie wissen das, was uns gelehrt wird, wenn wir Kardinäle werden." Ich erklärte ihm: „Mir hat niemand etwas

197

gelehrt: das ist meine eigene Erfahrung." Darauf wiederholte er: „Ob
Sie es wollen oder nicht, Sie gehören der Kirche an." Ich hätte ihm ein
oder zwei Dinge sagen wollen, aber ich hielt mich zurück.

Doch ansonsten dreht man sich endlos im Kreis, in der äußeren
Form gefangen, von der Form gefesselt!

Oh, ich erinnere mich an einen braven Pfarrer in Pau [Südfrank-
reich], der seine Kirche – eine ganz kleine Kathedrale – neu ausstatten
lassen wollte. Er bat einen einheimischen Anarchisten, es zu tun (dieser Anarchist war ein großer Künstler), und der kannte Andrés Vater
[Henri Morisset] und mich. Er sagte dem Pfarrer: „Ich empfehle Ihnen
diese Leute für die Gemälde, weil sie wahre Künstler sind." Morisset malte den Wanddekor: Wandtafeln, acht, glaube ich. So arbeitete
ich an einer der Tafeln. (Es war eine Kirche, die Saint-Jacques-de-
Compostelle gewidmet war, über den es in Spanien eine Geschichte
gab: in einer Schlacht zwischen den Christen und den Mauren war
er erschienen, und wegen seinem Erscheinen wurden die Mauren
besiegt. Er war prächtig! Er war in einem goldenen Licht erschienen,
auf einem weißen Pferd, fast wie Kalki[1] hier.) Unten im Bild lagen all
die umgekommenen Mauren – und ich malte die toten oder sterben-
den Mauren. (Weil ich nicht klettern konnte! Für den oberen Teil der
Bilder mußte man auf ein Gerüst klettern, und das war zu schwierig
für mich, deshalb malte ich alles, was unten war!) Jedenfalls verlief
alles sehr gut, wir brachten die Farben mit in die Kirche und malten
die Tafeln. Hinterher lud uns der Pfarrer natürlich zum Abendessen
ein, zusammen mit dem Anarchisten. Dieser Pfarrer war ein so lieber
Mensch! Wirklich ein braver Mann. Ich war bereits Vegetarierin und
trank nicht. Da schimpfte er mich sehr liebenswürdig aus: „Aber all
das gibt uns unser Herr, warum nehmen Sie es nicht!"… Er war wirklich sehr charmant. Und als er die Gemälde betrachtete, klopfte er
Morisset auf die Schulter (Morisset war ungläubig) und sagte ihm (mit
seinem südlichen Akzent): „Sie können sagen, was Sie wollen, aber Sie
kennen unseren Herren, sonst hätten Sie das nicht so malen können!"

Nun.

Kurz, ich kannte Leute von überall, war überall, sah alles, hörte
alles… Seltsam. Ohne es absichtlich zu tun: einfach, weil der Herr es
wollte.

Was für Erfahrungen!

So mein Kind, jetzt muß ich gehen. Ich habe wieder einmal
geschwätzt!

---

1. Kalki ist der letzte Avatar, er kommt auf einem weißen Pferd.

Ich wollte mein Morgenprogramm ausführen und konnte nicht, ein Berg von Briefen, alle durcheinander! Und die Leute... Brief über Brief, Brief über Brief, „dringende" Notwendigkeit, mich zu besuchen...

Ich dachte, wir würden die Antwort für T formulieren, doch jetzt habe ich geredet.

Aber darin sind viele Dinge, die benutzt werden können. Ich werde aussuchen, was veröffentlicht werden kann... Ich mache zwei Versionen.

Ja, tu das! Und all das andere möchte ich nicht aufheben, weil es viel zu persönlich ist. Da ist die Rede von vielen Leuten und vielen Dingen, und ich will nicht... Dir erzähle ich es, das ist alles. Heb es für dich selbst auf – nicht einmal für die *Agenda*, das ist nicht nötig. Wenn es dich amüsiert, hebe es auf, das ist alles. Ich habe es dir einfach so erzählt – wahrscheinlich, weil ich Lust hatte zu schwätzen!

Ich könnte viele andere Dinge sagen, die fast das Gegenteil von dem hier wären! Das hängt von der Ausrichtung ab. Wenn ich zu reden anfinge, sähe ich aus... ich weiß nicht nach was, etwas wie eine Verrückte, denn ich könnte die widersprüchlichsten Dinge mit derselben Aufrichtigkeit und derselben Wahrheit sagen.

Erfahrungen!... Ich hatte die widersprüchlichsten Erfahrungen! Nur eine einzige Sache war seit meiner Kindheit beständig (und je mehr ich sehe, um so deutlicher sehe ich, daß es beständig war): diese Göttliche Gegenwart, bei jemandem, der ÄUSSERLICH durchaus gesagt hätte: „Gott? Was ist das für ein Unsinn! Das gibt es nicht." Du verstehst also. Du siehst das Bild.

Das war ein absolut wunderbarer Segen, diese SO BESTÄNDIGE, SO UNGEHEURE Erfahrung zu haben, etwas, das allem-allem-allem standhält: diese Gegenwart. Und in meinem äußerlichen Bewußtsein war es begleitet von einer Verneinung von allem. Auch später sagte ich noch: „Wenn Gott existiert, ist er aber ein richtiger Bandit! Ein Elender. Von diesem Gott, der uns schuf, will ich nichts wissen..." Weißt du, der Gedanke des Gottes, der zufrieden in seinem Himmel sitzt, und dann schafft er die Welt und amüsiert sich beim Zuschauen, und hinterher sagt er euch: „Es ist gut gemacht!" Oh, da sagte ich: „Von diesem Monster will ich nichts wissen."

(Mutter steht auf)

So, mein Kind.
Ich sehe dich nicht mehr am Balkon, kommst du nicht oder...

Ich bin etwas erschöpft.

(Lachend) Erschöpft?!

Entschuldige, aber ich habe eine Unmenge von Arbeit.

Nein, das ist nicht, um dir zu sagen, daß du kommen sollst, sondern einfach um zu wissen, ob ich dich in der Menge nur nicht finde – ob du da bist und ich dich nicht finde.

Ich könnte kommen, aber...

Nein, nein! Das ist nicht nötig.

Ich habe noch fünf oder sechs Tage Arbeit an dem Buch...

Welches Buch?

Pavitras Buch. Eine Riesenarbeit. Aber ich fühle deine Kraft – sonst...

Gut.

Nein, wenn ich dich nicht sehe, schicke ich es zu dir: ich schicke dir ein „Paket"!

Das ist genau, was ich mir dachte *(lachend):* er muß etwas mitgenommen sein!

Mai

2. Mai 1961

Offensichtlich ist eine Kraft am Werke...

Als Sri Aurobindo hier war, geschah die Arbeit auf andere Weise: man fühlte so deutlich, daß man oberhalb der Schwierigkeiten schwebte und die Aktion sich von dort vollzog, von dieser Höhe aus. Das war so stark, daß sogar die aufrührerischen Elemente, sogar die sich widersetzenden Dinge... all diese Dinge wurden davon beherrscht und konnten sich nicht manifestieren: sie blieben ruhig. Und weil sie sich nicht manifestieren konnten, erloschen sie langsam.

Ich sah Leute (außerhalb des Ashrams), die feindlich waren: all das wurde friedlich, friedlich, friedlich, und sogar wenn sie etwas Schlechtes tun wollten, konnten sie nicht. Alles beruhigte sich. Hier war es dasselbe: die Leute hatten, wie es immer ist, falsche Regungen und schlechte Gedanken, aber all das wurde beherrscht – es wurde ruhig, ruhig.

Ich hatte auf dieselbe Weise weitergemacht. Doch jetzt ist es... als wäre all das verschlungen worden. Eine solche Unmenge von Häßlichkeiten, kleinlichen Regungen, bösartigen Reaktionen zeigt sich überall, überall, in allen!... Ich werde mit Briefen überhäuft, und was für Briefe! Was für Briefe!

Dabei sehe ich wirklich keine Notwendigkeit, daß sich all dies manifestiert, um zu verschwinden. Denn früher, als es sich nicht manifestierte, erlosch es von selbst, während es jetzt Probleme über Probleme über Probleme bringt. (Für mich sind das keine Probleme, sondern Dummheiten, doch für die Leute sind es Probleme und Komplikationen.) Und all das ist so unnötig! Wir vergeuden so viel Zeit damit, idiotischen Reaktionen zu begegnen... Ich weiß nicht, warum.

Man kann nichts tun, bis es vorüber ist.

12. Mai 1961

Aphorismus 60 – Es gibt keine Sterblichkeit. Nur der Unsterbliche kann sterben; der Sterbliche könnte weder geboren werden noch vergehen.

Der Unsterbliche kann vom Zustand des Lebens in den Zustand des Todes übergehen (aber kein „Tod", wie wir es verstehen) – „sterben können" bedeutet, seinen Zustand verändern zu können: der Unsterbliche kann vom einen in den anderen Zustand übergehen und hin und her. Wir nennen das „Tod", aber das hat nichts mit Leben oder Tod zu tun. Das sind Zustandsveränderungen.

(Schweigen)

Seit Tagen habe ich dieses Heft[1] – keine Lust zu antworten.

Geht es dir nicht gut?

Ich denke schon! Ich bin jedenfalls nicht krank. Nein, um den Körper brauche ich mich nicht zu sorgen. Das ist es nicht... Wahrscheinlich funktioniert der Wort-Apparat nicht. Alles was ich lese, kommt mir idiotisch vor, alles was ich lebe, erscheint mir dumm, und das Verständnis der anderen ist überhaupt erschreckend!
Nein, es muß wohl ein Streik des Mentals sein.
Ohne Interesse.

(Schweigen)

Ich habe den Veda zu Ende gelesen. Ich versuchte es wirklich, aber es gelang mir nicht, dieses Bewußtsein wiederzuerlangen – so sehr ich es auch versuche, das erscheint mir kindisch, ich weiß nicht warum. Oder ich bin mit einer Verwirklichung konfrontiert, die zu weit entfernt ist von dem, was wir jetzt erreichen können! (Aber nur mit einer ungeheuren Anstrengung, um hinter die Worte zu dringen.)
Wenn sie wirklich diese Erfahrung hatten, ist das bewundernswert.
Aber ich weiß nicht. Ich weiß nicht, ob sie sie PHYSISCH hatten – so, in den inneren Welten, das ist wohlverstanden! Das ist schön und gut, man ist sehr glücklich, wenn man dort lebt. Aber hier – HIER –, es geht darum, aus diesem Leben, dieser Welt hier etwas zu machen, das es wirklich wert ist zu leben.
Das haben wir noch nicht gefunden.
Mehr kann ich nicht sagen. Dagegen stoße ich an.
Das ist alles. Ich warte.

(Schweigen)

---

1. Das Heft, in dem eine Schülerin Fragen über die Aphorismen stellt, die Mutter regelmäßig beantworten „muß".

Trotzdem gibt es auch im physischen Leben Dinge, die es wert sind. Ich weiß nicht, aber mir bleibt eine Nostalgie...

Nostalgie für was? Du hast Dinge gekannt, die es wert sind, eine Nostalgie zu bewahren? – Was?

Das reicht sehr weit zurück, als ich Kind war: ein Segelboot auf dem Meer.

Oh, eine Kleinigkeit! Das ist gar nichts, das ist Kinderspielzeug.

Aber es ist ein weitläufiges Leben, das seine Schönheit hat!

Das physische Leben ist gar nichts. All die Dinge, die man im physischen Leben hat, sind nichts, gar nichts! Das sind kindische Dinge, über die es sich keine einzige Sekunde zu denken lohnt.

Wenn man nicht den Sinn des wahren Lebens hat, den Sinn der Wahrheit, dann ist es gar nichts – alles andere ist nichts-nichts-nichts, Zeitvertreib, Belustigungen für die Kinder. Gerade eine Beschäftigung für Leute, die nichts zu tun haben. Ah, nein! Darüber lohnt es sich keine einzige Sekunde zu denken.

Du verstehst nicht....

Sogar die momentanen Durchbrüche im Leben, bevor man die Wahrheit gefunden hat, wenn man auf dem Weg ist und plötzliche Einblicke in ein unsterbliches Bewußtsein erhascht, die Berührung der Wahrheit, sogar das... All diese Erfahrungen sind schön und gut, aber diese Dinge liegen noch unterwegs. Es ist nicht DAS.

Der WAHRE SINN des Lebens: was bedeutet es wirklich? Was liegt dahinter? Warum hat der Herr es geschaffen? Wohin will Er gehen? Was will Er? Was will Er, daß geschehen soll? – Das haben wir noch nicht gefunden. Was will Er!!

Er hat offensichtlich ein Geheimnis, und er hütet es. Ich für meinen Teil, ich will Sein Geheimnis.

Warum ist es so?

Es ist sicherlich nicht so, um so zu bleiben: es ist so, um etwas anderes zu werden. Und ich will dieses Andere. Dieses Andere, was Er will, das ist es wert zu suchen, aber solange ich das nicht gefunden habe...

19. Mai 1961

(Während der Arbeit geht es um die Schwierigkeit,
Sri Aurobindo gut zu übersetzen)

Es ist unvermeidlich, daß beim Übersetzen etwas verloren geht:
sobald man übersetzt, geht etwas verloren.

Nicht etwas: sehr viel. Sehr viel.

Je mehr ich diese Texte betrachte, um so... Anfangs hatte ich den Eindruck einer bestimmten Verschwommenheit im englischen Text und daß man diese Verschwommenheit gerade dazu ausnützen könnte, den Geist einer anderen Sprache einzuführen. Doch jetzt sehe ich: diese Verschwommenheit, die lag in meinem Kopf! Nicht in dem, was er schrieb.

Ja, ich sehe es deutlich: es hat einen Sinn, wie es steht.

Jedes Wort, mein Kind! Jedes Wort und die STELLE des Wortes im Satz, sogar die Stelle eines Adverbs ist von kapitaler Bedeutung für den Sinn. Alle Feinheit, alle tiefe Weisheit verflüchtigt sich sonst. Im Grunde vermitteln wir nur Oberflächlichkeiten – keine Oberflächlichkeiten verglichen mit dem normalen Geist, aber Oberflächlichkeiten im Vergleich zu dieser PRÄZISION, mit der er die Dinge differenziert.

Das Unglück ist, wenn man wörtlich übersetzt, in schlechtes Französisch, kommt man dem tiefen Sinn auch nicht näher, denn das verwüstet die Bedeutung ebenso.

Eine wörtliche Übersetzung ist genauso entstellend wie eine
freie.

Ja! Eigentlich gibt es nur eine Lösung: man müßte sein Genie haben!

Ja, man müßte es von neuem denken.

(Lachend) Das ist die einzige Lösung!

Ich sehe überhaupt nicht, wie ich dieses Buch über Sri Auro-
bindo schreiben kann. Je weiter ich komme, um so mehr scheint
es mir...

Das ist etwas anderes. Denn du schreibst es für Leute, die im Grunde nichts davon wissen.

Ja, das ist klar, aber...

Und trotz allem sind unsere Übersetzungen von Sri Aurobindos Schriften besser als die, die in Frankreich erschienen, denn die...

Die sind ein absoluter Verrat.

Oh!... Die Übersetzungen von J.H. und diesen Leuten sind schrecklich.

Ein Verrat, ein Verrat.

Ja, und mit einer Selbstsicherheit! Unerschütterlich.

Vor nicht sehr langer Zeit traf ich jemanden aus Frankreich, der mit sagte: „Verstehen Sie, ich hatte überhaupt keine Lust, Sri Aurobindo zu lesen – Sri Aurobindo übersetzt von J.H., nein danke!" Dann las er Übersetzungen von hier und sagte: „Ah, das ist etwas anderes!"

Aber trotzdem bin ich nicht damit zufrieden.

Nun, was können wir tun? Wir sind arme Kerle! *(Lachend)* Wir tun unser Bestes, das ist alles.

*
* *

(Satprem wollte Mutter bestimmte frühere Gespräche vorlesen, damit sie sie zu ihrer Agenda hinzufüge. Mutter weigerte sich – übrigens nicht zum ersten Mal –, was zu lebhaften Protesten führte)

Du willst es nicht hören?

Ich finde das nicht interessant, mein Kind!

Natürlich ist das eine Wiederholung für dich. Aber das ist unbestreitbar von Interesse, ohne Zweifel.

Das enthält einfach nichts Sensationelles, was interessant zu erzählen wäre: es ist eine unscheinbare Arbeit jeder Minute, wie... oh, nicht einmal so interessant, wie einen Pfad durch den Urwald zu hauen, denn der Urwald ist wenigstens schön zu sehen! Doch hier... Das ist fast, als müsse man einen Weg pflastern, um ihn begehbar zu machen. Da sind es jeden Tag und die ganze Zeit, Tag und Nacht, in jedem Augenblick winzige kleine Dinge, winzige Dinge – das ist nicht interessant.

Das sind aufeinanderfolgende Kurven, die man in jeder Sekunde aufzeichnen müßte, und mitten in einer dieser Kurven entdeckt man dann plötzlich etwas. Am Anfang des *Yoga of Self-Perfection* gibt Sri Aurobindo zum Beispiel eine Übersicht der anderen Yogawege, und er beginnt mit dem Hatha-Yoga. Ich hatte das gerade übersetzt, als ich mich erinnerte, was Sri Aurobindo darüber gesagt hatte, daß Hatha-Yoga sehr wirksam ist, daß man aber im Grunde sein ganzes Leben damit verbringt, sich mit seinem Körper zu beschäftigen und dies eine gewaltige Arbeit für etwas im wesentlichen nicht sehr Interessantes ist. Ich betrachtete das (betrachtete das Leben, wie es gegenwärtig ist und wie die Leute es leben) und sagte mir: „Letztendlich verbringt man mindestens 90% seines Lebens damit, den Körper zu ERHALTEN, daß er bestehen bleibt! Im Grunde bedeutet das viel Aufmerksamkeit und Konzentration auf ein Instrument, das sehr wenig benutzt wird." Ich betrachtete das mit dieser Einstellung, als plötzlich alle Zellen meines Körpers auf so spontane und WARME und... bewegende Weise antworteten: „Aber das ist der Herr, der sich in uns um sich selbst kümmert!" Jede Zelle sagte: „Aber das ist der Herr, der sich in uns um sich selbst kümmert!"

Das war wirklich schön. Da gab ich meinem Intellekt eine Ohrfeige: „Wie dumm kann man nur sein! Du vergißt immer das Wesentliche."

Das war sehr spontan und schön.

Du siehst also, es gibt kleine Geschehnisse hier und dort, aber das ist nichts.

(Schweigen)

Das war ein so warmes, so nahes Gefühl... so sanft und zugleich so stark... Oh, so konkret! Die ganze, ganze Atmosphäre war konkret geworden: alles-alles hatte den Geschmack des Herrn. Ich weiß nicht, wie ich es erklären soll. Es war ganz und gar materiell, als hätte man einen Bissen davon im Mund! Alles war voll davon – so war es. Und auf so PHYSISCHE Weise! Wie... Man könnte es mit dem köstlichsten nur vorstellbaren Geschmack vergleichen (es war das Gefühl von Berühren und Geschmack), sehr-sehr materiell. Als würde man, wenn man die Hand schließt, etwas Festes halten – eine so warme, so sanfte und SO STARKE Vibration, so mächtig, so konkret!

Offensichtlich beweist es, daß in dieser ganzen Ansammlung von Zellen eine Evolution in dieser Richtung stattfindet, aber...

Im Grunde wollen wir etwas anderes.

Was wir im Grunde wollen, ist... *(langes Schweigen)* etwas wie eine Absolutheit der Gegenwart, der Aktion, des Bewußtseins, zur Beseitigung dieser... *(Geste, die vielleicht eine Entfernung, eine Trennung oder einen Austausch zwischen zwei getrennten Dingen ausdrückt).* Man kann es fast nicht mehr als „Dualität" bezeichnen, aber es bleibt doch noch „etwas, das sieht und fühlt". Das ist ärgerlich.

Ich spüre deutlich, daß alles-alles auf EINES ausgerichtet ist: „Du, Du allein, daß es nur Dich gebe"... Man kann nicht sagen „ich" (mit diesem idiotischen „ich" gibt es immer Mißverständnisse), es ist nicht „Du", es ist nicht „ich", es ist... ein EINZIGES. Daß DAS sei, und nichts anderes.

Solange es nicht DAS ist, ist es... ja, man pflastert den Weg.

Und das ist nicht unterhaltsam zu erzählen.

Doch, es ist wichtig.

(Schweigen)

Es ist Nacht und Tag, Tag und Nacht, wenn ich Leute sehe, wenn ich keine Leute sehe...

Wenn ich ganz alleine bin, dann ist es wunderbar! Sobald er alleine ist, ist dieser Körper... als würde er schmelzen – schmelzen. Es gibt keine Grenzen mehr, er ist zufrieden: „Oh, endlich kann ich aufhören zu sein!"

Und er vergißt sich wirklich: es geht wirklich in etwas anderes über.

Aber die ganze restliche Zeit... Die Briefe zu lesen, Dinge zu entscheiden und Leute zu empfangen, von Morgen bis Abend. Und nachts, jedesmal, wenn ich aus meiner Trance komme, wartet ein ganzer Schwarm von Dingen *(Geste um den Kopf herum)*, daß man sie anhört, ihnen Aufmerksamkeit schenkt.

Manchmal sind es amüsante Dinge; wenn ich alles notierte, was ich sehe! Bestimmte Dinge erscheinen... nicht wie sie im gewohnten Leben sind, sondern wie sie SIND, mit einem etwas hellseherischen Auge betrachtet – das ist recht amüsant. Aber das ist nicht bedeutsam, ein Zeitvertreib.

Weißt du... der Körper ist wunderbar – die ganze Zeit, wenn ich nörgele oder brumme, sagt er: „Vergiß nicht, es ist für Mich, Ich bin es, Ich bin es, der die Leute herführt, Ich bin es, der ordnet, Ich bin es, der sie fragen läßt, Ich..." Gut-gut. Dann zupfe ich meine Ohren oder meine Haare und sage mir: Dummkopf!

(Schweigen)

Aber diese Erfahrung hatte ich jetzt zum ersten Mal. Den physischen Kontakt hatte ich schon gehabt, das erzählte ich dir[1], doch jetzt war es anders, sehr viel materieller, und es hatte eine Beziehung mit

---

1. Erfahrung vom 24. Januar 1961.

dem Geschmackssinn. Als wäre die ganze Atmosphäre und alle Dinge eine wunderbare Nahrung... ein ekstatisches Mahl.

Für den Geruchssinn hatte ich diese Erfahrung schon: die göttliche Schwingung, die Schwingung des Ananda in den Gerüchen. Nripendra hat seine Küche genau unter meinem Fenster, wo er den ganzen Morgen und den ganzen Nachmittag lang für die Kinder kocht[1], da steigt all das in Schwaden herauf. Und wenn der Baum am Samadhi blüht, kommt der Duft in Schwaden; wenn die Leute unten Räucherstäbchen verbrennen, kommt es in Schwaden – alle-alle Düfte („Düfte": sagen wir Gerüche). All das kommt meistens, während ich bei meinem Japa gehe: es ist das Ananda der Gerüche, jeder hat seine Bedeutung, seinen Ausdruck, sein... Motiv und sein Ziel – wunderbar! Da gibt es keine guten und schlechten Gerüche mehr, das existiert nicht mehr: jeder hat seinen Sinn – seinen Sinn und seinen Seinsgrund. Diese Erfahrung hatte ich schon seit langem.

Aber die Erfahrung des Geschmacks war völlig neu. Sie blieb nicht lange: es dauerte nur einige Minuten, weil ich so erstaunt war! Weißt du, als hätte ich die köstlichsten nur vorstellbaren Delikatessen im Mund. Und meine Hände sammelten das in der Atmosphäre auf, es war so seltsam!

Offensichtlich wird der Körper auf etwas vorbereitet.

Aber dieser Körper ist noch viel zu offen für die mentalen Formationen der Leute, deshalb findet er sich im Kampf gegen... oh!

Das ist auch mein Vorwurf gegen ihn: warum kämpft er? Warum überfällt mich plötzlich eine schreckliche Müdigkeit, daß ich mich anspannen muß? Er tut natürlich nur eines: er wiederholt automatisch das Mantra, und damit beruhigt und ordnet sich alles. Aber warum ist das nötig? Das müßte automatisch geschehen [die Reinigung der schlechten Vibrationen]. Warum ist es nötig, sich zu erinnern oder einen Kampf zu liefern? Eine Schlacht!

Er, auf seiner Seite, beschwert sich nicht, überhaupt nicht: ich beschwere mich! Ich glaube, er versucht sein Bestes, aber da widerlegt sich diese Art... (man kann kaum von Mental sprechen), diese mentale Tätigkeit in der Materie[2], die sich einmischt... abscheulich. Das konnte ich noch nicht ganz beseitigen.

In bestimmten Augenblicken hört es ganz auf. Oh, während ich gehe, hält sich manchmal alles so *(Geste, als würde alles von oben beherrscht und reglos gehalten)*, straff.

---

1. Dr. Nripendra leitete die Ashramklinik.
2. Das physische Mental.

Das Schwierige ist nur, daß für das gewöhnliche Bewußtsein (und leider bin ich umgeben von einer Fülle von Leuten, die ein sehr gewöhnliches Bewußtsein haben – mir erscheint es jedenfalls sehr gewöhnlich; vom menschlichen Standpunkt sind es wahrscheinlich recht bemerkenswerte Leute, aber mir erscheint ihr Bewußtsein völlig gewöhnlich), für das gewöhnliche Bewußtsein gibt mein Zustand den Anschein der Benommenheit, der Verdummung, des Komas oder... ja, der Betäubung. Es hat ganz diesen Anschein. Etwas wird unbewegt, teilnahmslos, hält völlig inne *(selbe Geste)*: man kann nicht mehr denken, nicht mehr beobachten, nicht mehr reagieren, nichts mehr, man ist einfach so *(selbe Geste)*. Doch da sind all die Dinge, die von außen kommen, die ganze Zeit, die ganze Zeit, Dinge, die kommen und versuchen, das zu unterbrechen. Wenn es mir gelingt, sie davon abzuhalten, wenn ich diesen Zustand aufrechterhalten kann, dann wird es nach einiger Zeit etwas so MASSIVES! So konkret in seiner Macht, so massiv in seiner Unbewegtheit, ooh!... Das muß irgendwohin führen.

Doch ich konnte diesen Zustand nicht lange genug beibehalten (man muß es während STUNDEN beibehalten), ich konnte es nicht: ständig werde ich unterbrochen. Und wenn der Körper abrupt von dort weggezogen wird, ist es als verliere er sein Gleichgewicht – da ist ein unangenehmer Augenblick.

Ich verstehe die Leute, die fortgehen! Aber das ist es nicht, das ist nicht, was von mir verlangt wird! Ich muß genügend Flexibilität finden, daß beides gleichzeitig bestehen kann *(Geste der Verschachtelung oder Verschmelzung der beiden Welten)*.

(Schweigen)

Wenn du wüßtest... (denn die Wahrnehmung, die bewußte Wahrnehmung, die habe ich schon seit vielen Jahren, aber sie wird immer schärfer und genauer...), wenn du wüßtest, was für eine Atmosphäre sie mich atmen lassen, mein Kind! *(Geste um den Kopf herum)* Solche Einfältigkeiten, solche Unsinnigkeiten, Bösartigkeiten, Dummheiten. Es ist voll-voll von all dem. Man kann nicht atmen, ohne das einzuatmen!

Ohne von dem zu sprechen, was die Leute mir schreiben.

Sie sagen, ich sei taub geworden... Ich glaube, das ist eine Gnade des Herrn! Wenn ich mich anstrenge und höre, was man mir sagt, ist es nämlich in neun von zehn Fällen völlig nutzlos und absolut idiotisch. Da ist es besser, nicht zu hören!

So ist es, mein Kind. Ich hatte gesagt, ich würde nicht reden! Es ist immer dasselbe.

Das macht nichts.

Du wirst zum Prügelknaben *(lachend)*, du mußt dir all das anhören!

*Aber nein! Das erscheint mir seltsam [diese Atmosphäre, mit der
die Leute Mutter umgeben]... Nein, ich verstehe. „Verstehe": ich
kann es ermessen.*

(Schweigen)

Wenn „diese Dinge" verwirklicht worden sind, wird es wahrscheinlich etwas wie eine Macht bringen – ich bin der Ansicht, daß ich keine
Macht habe. Im Augenblick ist es nichts. Es ist NICHTS. Meine Auffassung von Macht ist dies: wenn in das Bewußtsein kommt „so muß es
sein", ja, dann MUSS es so sein. Aber jetzt ist das nicht der Fall. All die
anderen Kräfte, all die anderen Bewußtseinsregungen kommen hinzu
und mischen sich ein[1], und das ergibt das gewohnte Durcheinander:
etwas von diesem, etwas von jenem, etwas vom einen, etwas vom anderen – kurz, etwas Ungenaues. Manchmal geht es, aber das ist...

Auf der auslösenden Seite, wo die Aktion in Gang gesetzt wird,
vollzieht sich die Bewegung immer auf dieselbe Art: wie etwas, das
in sehr bestimmter Weise GESEHEN wurde. Folglich müßte es IMMER
eine Wirkung haben; aber dann dringen alle möglichen Dinge ein und
stören. Das nenne ich nicht Macht, es ist zu ungewiß.

Und kümmere dich nicht um all dieses Geschwätz, das ich gerade
erzählt habe.

Aber hör mal!...

23. Mai 1961

(Satprem erkundigt sich über Mutters Gesundheit)

Es ist offensichtlich eine Filariose, die sich weigert wegzugehen, aber
nun... Das hat jetzt nur den Nachteil, daß es die Beine schwächt – sehr
schwächt. Um die Treppe hinaufzusteigen, muß ich eine fürchterliche

---

1. Mutter bezieht sich insbesondere auf das physische Mental („Diese Art mentale
Tätigkeit in der Materie").

Gymnastik vollziehen. Davon abgesehen macht es nichts. Ab und zu sticht es, beißt es, schwellen die Beine an – aber das ist nichts.

X hatte gesagt, es würde ganz verschwinden. Der Arzt sagte: „Das wird nicht weggehen." Jetzt beobachtet mein Körper das Phänomen! *(Mutter lacht)*

*
* *

(Mutter sieht einige alte Entretiens durch. In einem, vom 14. November 1956, fragte jemand, ob die Beherrschung der Umstände von der Beherrschung seiner selbst abhinge, und er zitierte den Fall von Vivekananda, von dem gesagt wurde, er besäße eine große Beherrschung über die Umstände, obwohl er keine Beherrschung über seinen eigenen Zorn hatte.)

Ich habe Vivekananda nie gekannt. Ich weiß nur, was ich über ihn gehört oder gelesen habe, aber das nenne ich nicht „kennen". Folglich kann ich nichts darüber sagen und vor allem will ich nicht den Anschein geben, allem möglichen Klatsch über ihn Glauben zu schenken. Ich hatte keinen persönlichen Kontakt mit ihm, weder physisch noch anders – nicht mit ihm persönlich. Wenn ich mich anstrenge, könnte ich natürlich, aber...

Um die Wahrheit zu sagen, halte ich diese Frage für dumm, denn man kann nur dann die Beherrschung der Umstände erlangen, wenn man der Höchste wird – denn nur der Höchste besitzt die Beherrschung über die Umstände. Folglich ergibt die Frage keinen Sinn.

Wenn ihr euch mit dem Höchsten vereinigt und es nur noch EINEN willen gibt – den Seinigen –, dann habt ihr natürlich die höchste Beherrschung. Ansonsten ist all das nichts, reine Illusionen. Der Höchste benutzt euch – ihr bildet euch ein, weil ihr dieses oder jenes wollt, wird das die Umstände ändern, aber man muß noch in völliger Unwissenheit stecken, um zu glauben, es ändere sich, weil IHR es wollt. Folglich habt ihr überhaupt keine Beherrschung; ihr seid lediglich ein Instrument, dessen der Höchste sich bedient, nicht mehr.

Alle diese Sachen [die alten *Entretiens*] erscheinen mir deshalb völlig kindisch, belangloses Geschwätz – man steht außerhalb des Gartens und erzählt, was darin liegt. Da wäre es besser, alles auszulassen.

(Satprem protestiert vergeblich und beschwert sich, daß Mutter immer alles ausstreichen will.)

*
* *

Nach der Arbeit macht Mutter beim Weggehen folgende Bemerkung:

Die Atmosphäre ist etwas leichter geworden. Hast du es gemerkt?...
Nein? Noch nicht.

> *Ja, da war eine schwierige Zeit, ich hatte wirklich den Ein-
> druck...*

Oh, es war fürchterlich! Fürchterlich!

30. Mai 1961

Nach der Arbeit:

Und du? Was gibt es Neues?

> *Ich weiß nicht recht, wo ich stehe.*

Oh, es ist besser, nicht zu wissen!
Ich habe es aufgegeben. Ich habe aufgegeben zu versuchen, es zu
wissen. Mit der Beharrlichkeit eines Kindes wiederhole ich dem Herrn:
„Es ist Zeit, daß Du all dies änderst."
In manchen Augenblicken hätte man Lust zu heulen – das ist idiotisch! Dann gibt man alles dem Herrn hin: „Ich überlasse Dir diese
Arbeit, tue, was Du willst, wie Du willst, wann Du willst."
Ich versuche, so ruhig zu sein wie möglich *(Geste mentaler Unbewegtheit),* aber wenn man das tut, dann merkt man erst... oh, das
kommt wie ein Schwarm von Fliegen, das kommt und kommt: von
hier, von dort, von oben, von unten, oh!...
Wahrscheinlich ist es schlimmer für mich als für die anderen, weil
ich von all diesen Leuten umgeben bin, die sich wie die Blutegel fest-
klammern. Aber auch für eine normale Person ist es... ein Schwarm:
das kommt und kommt und kommt – man müßte sich ständig fächeln!

Juni

2. Juni 1961

(Über ein altes Entretien *vom 13.3.1957, wo Mutter sagt: „Und ist nicht schließlich der beste Freund, den wir haben können, das Göttliche? Das Göttliche, dem man alles sagen, alles unterbreiten kann, weil es die Quelle aller Barmherzigkeit ist, aller Macht, den Fehler auszulöschen, wenn er sich nicht mehr wiederholt..." Satprem fragt überrascht:)*

Aber wenn der Fehler sich nicht mehr wiederholt, ist es kein Problem! Müßte er nicht gerade dann ausgelöscht werden, wenn er sich wiederholt?

Die göttliche Macht, die göttliche Gnade kann die Folgen vergangener Fehler (ihr Karma) im Wesen löschen, wenn man seine Fehler nicht wiederholt. Solange man sie wiederholt, kann nichts ausgelöscht werden, weil man es augenblicklich wieder erzeugt. Aber wenn ein Wesen einen schwerwiegenden Fehler begangen hat (schwerwiegend oder nicht, aber man sorgt sich vor allem über die schwerwiegenden), dann haben diese Fehler ihre Folgen im Leben, ein Karma, das abgetragen werden muß. Wendet ihr euch aber an die göttliche Gnade, so hat sie die Macht, das auszulöschen, die Folgen zu beseitigen – doch damit das geschehen kann, damit die Gnade es tut, dürft ihr auf eurer Seite nicht wieder damit anfangen, darf der begangene Fehler sich nicht wiederholen. Die Vergangenheit kann vollkommen gereinigt und ausgelöscht werden, unter der Voraussetzung, daß ihr nicht eine immerwährende Gegenwart aus ihr macht.

Dort sagte ich das in einem Satz, aber ich wollte nicht, daß die Leute glauben, sie könnten endlos dieselbe Dummheit wiederholen, und die Gnade würde endlos alle Folgen tilgen.[1] So geht das nicht! Die Vergangenheit kann so weit gereinigt werden, daß sie keinerlei Einfluß auf die Zukunft mehr hat, aber nur unter der Voraussetzung, daß ihr selber die schlechte Vibration in euch abstellt, daß ihr diese Vibration nicht endlos weiter hervorbringt.

Ich weiß, warum ich keine Erklärungen gab, als ich sprach: wegen der Intensität der Erfahrung. In *Prières et Méditations* ist es etwas Ähnliches. Ich erinnere mich an eine Erfahrung, die ich in Japan hatte, die dort notiert ist... *(Mutter sucht die Stelle und liest unter dem 25.11.1917:)*

---

1. Unter Mutters Notizen fanden wir die folgende: „Sri Aurobindo sagte mir: »Gib ihnen nicht den Eindruck, sie könnten machen, was ihnen beliebt, und wären trotzdem immer beschützt.«"

Du bist der Freund, der nie versagt,
die Macht, die Stütze und der Ratgeber.
Du bist das Licht, das die Schatten vertreibt,
und der Eroberer, der den Sieg bestimmt...

Das war eine Reihe von Erfahrungen, die von äußeren Umständen ausgelöst wurden. Dann spreche ich von den Tränen, die man nicht um seiner selbst willen weint, sondern für die anderen *(Mutter liest eine Stelle vom 12.7.1918:)*

Wenige Tage zuvor hatte ich erfahren, gehört:
„Wenn du vorbehaltlos und aufrichtig
vor Mir weinst, werden viele Dinge
sich ändern, ein großer Sieg wird errungen sein."
Deshalb kam ich und setzte mich vor Dich,
als die Tränen von meinem Herzen in die Augen stiegen,
um sie in Ergebenheit als Opfer fließen zu lassen.
Und wie sanft und tröstend war dieses Opfer!
Und auch jetzt noch, wo ich nicht mehr weine,
fühle ich Dich so nah, so nah, daß mein ganzes Wesen
in Freude erbebt.
Laß mich meine Gabe[1] stammeln:
In kindlicher Freude rief ich Dir zu:
O Du, der Höchste, Einzige Vertraute, der Du
im voraus alles weißt, was man Dir sagen wird,
weil Du dessen Quelle bist.
O Du, der Höchste, Einzige Freund, der uns akzeptiert
und uns liebt und uns versteht, wie wir sind,
weil Du selbst uns so schufest.
O Du, der Höchste, Einzige Ratgeber, der nie
unserem höheren Willen widerspricht, weil Du selbst
in ihm willst; es wäre ein Wahn, anderswo als in Dir
nach Gehör, Verständnis, Liebe, Rat zu suchen,
denn Du bist stets zugegen, uns zu hören,
und Du wirst uns nie im Stich lassen.
Du ließest mich die höchsten Freuden kennen,
die erhabensten Freuden des vollkommen Vertrauens,
der völligen Sicherheit, der gänzlichen, vorbehaltlosen,
ungeschminkten Hingabe, ohne Mühe oder Einschränkung.
Freudig wie ein Kind lächelte und weinte ich zugleich
vor Dir, O mein Wohlgeliebter...

---

1. Im Text heißt es „Ehrerbietung".

Das war unter sehr tragischen Umständen.

Und das erlebte ich wieder [während des *Entretiens* vom 13.3.57], deshalb wollte ich keine Erklärungen geben.

Tragische Umstände?

... Jedenfalls wurde danach entschieden, nach Indien zurückzukehren – danach konnte ich es durchsetzen, nach Indien zurückzukommen. Da waren alle möglichen Projekte und Dinge... Fast wären wir sogar nach China gereist, oh!... Aber danach wurde es entschieden: Rückkehr nach Indien.

*
* *

Nach der Arbeit:

D fragte mich, ob es große Bedeutung hätte, wenn sie die Zeit ihres Japas änderte. Ich antwortete ihr, daß man notfalls die Zeit ändern kann, solange man nur aufrichtig ist – dies ist das Wichtige.

Das sind kleine Details. Ich kann das Japa auch nicht zu festen Zeiten machen: ich wollte es immer nachmittags zwischen fünf und sechs tun, aber sie lassen mich erst um zehn vor sechs nach oben gehen!... So mache ich es von sechs bis sieben.

Im Grunde habe ich erkannt, wenn ihr selber im richtigen Zustand seid, dann stellt sich augenblicklich die richtige Atmosphäre ein. Darüber hinaus bin ich die ganze Zeit in... es ist nicht einmal eine Überzeugung, sondern eine ABSOLUTE Wahrnehmung, daß alles, was geschieht, das Werk des Herrn ist. Und wenn Er mich mit Verspätung nach oben kommen läßt, dann will Er eben, daß es spät sei. Wenn ich es dann gut aufnehme und, anstatt mich zu verschließen und verärgert zu sein, sage: „Gut, in Ordnung", dann stellt sich sofort eine sehr interessante Atmosphäre ein, weil ich gleichzeitig all die Vorteile dieser Änderung erkenne. Aber das darf nicht mental sein: es muß spontan kommen.

Deshalb sagte ich ihr (um es einfach auszudrücken): solange du in deiner Einstellung aufrichtig bist, geht alles gut.

*
* *

Später:

Etwas Interessantes ist geschehen. Ich übersetze gerade *The Yoga of Self-Perfection*. Das erste Mal, als ich es ansah, fühlte ich eine Anspannung, jetzt ist es ein Entzücken! Und ich tat nichts dazwischen: ich ließ es einfach innen arbeiten – das ist angenehm!

Meine Übersetzung ist in schlechtem Stil geschrieben, ein sehr unfranzösisches Französisch, aber für mich ist es klar und verständlich.

Ich sehe, daß man sehr wohl schnell übersetzen könnte, aber dazu muß man sich in einen anderen Bereich versetzen. In einem bestimmten Bereich ist es mühselig, schrecklich, schwierig, und das Ergebnis ist nie sehr befriedigend. Aber es ist nicht, wie ich dachte: die Ebene des Verständnisses genügt nicht, sogar die Ebene der Erfahrung genügt nicht: etwas anderes... (wie kann ich das erklären?) wo man die Anstrengung völlig hinter sich läßt. In einem bestimmten Zustand (der wahrscheinlich nicht mehr mental ist, weil man nicht mehr denkt, man denkt überhaupt nicht mehr) da ist alles lächelnd und leicht, und der Satz kommt von alleine. Nein, es ist sehr sonderlich, denn während ich lese, noch bevor ich den Satz zu Ende gelesen habe, weiß ich, was dort steht, und ohne zu warten – fast ohne abzuwarten, daß ich weiß, was dort steht –, weiß ich, was ich schreiben muß. Wenn es so geht, kann ich eine Seite in einer halben Stunde übersetzen!

Aber das bleibt nicht – es müßte bleiben. Meistens endet es mit einer Trance: ich verfolge die Erfahrung und bin in einem glückseligen Zustand... und zehn Minuten später merke ich, daß ich mit dem Federhalter in der Hand in diesem Zustand war. Für die Arbeit ist das nicht sehr günstig! Ansonsten... ich kann nicht einmal sagen, es wäre wie wenn jemand diktierte (das ist es nicht, man „hört" nicht): es kommt einfach. Oh, neulich hatte ich einen oder zwei Sätze (und genau das zog mich aus diesem Zustand heraus), ich hatte etwas geschrieben, und plötzlich sah ich, was ich geschrieben hatte, und sagte mir: „Wie schön das ausgedrückt ist!" *(Mutter lacht)* Plumps! Alles weg.

In diesem Bereich müßte man sein, dann wäre man nie müde.

Aber stell dir vor, um dorthin zu gelangen, muß man akzeptieren, während ziemlich langer Zeit völlig idiotisch zu sein! Ich übertreibe nicht, ich befand mich in Zuständen, wo man nichts mehr versteht, nichts mehr weiß, nichts mehr denkt, nichts mehr will, nichts mehr kann – keine Macht mehr, kein Wille mehr, kein Gedanke mehr, nichts – man ist... so. Und wenn ich so bin (ich WAR so, denn jetzt hört das langsam auf), dann sehe ich die äußere Welt, die Leute meiner Umgebung, die mich anschauen und sich sagen: „Mutter wird wieder kindisch"!... Ihre Vibrationen erreichen mich, und manchmal kann mich das leider erschüttern – ich muß eine Bewegung machen, um mich von den Gedanken der anderen zu befreien.

(Schweigen)

220

Etwas seltsames überkam mich plötzlich: ich konnte nicht mehr die Treppe hinaufsteigen! Ich wußte nicht mehr, wie man es anstellt! Auch während des Mittagessens ergriff mich das einmal: ich wußte nicht mehr, wie man ißt! Die äußere Welt nennt das natürlich „in die zweite Kindheit fallen". Da stellte ich mir die Frage: all die armen alten Leute, von denen man behauptet, sie werden wieder kindisch, stehen vielleicht an der Grenze... der Befreiung! – Vielleicht.

Mein Gehirn ist in Ordnung!! *(Mutter lacht)*

Es funktioniert, aber mein Schädel... Weißt du, bestimmte Leute lesen euren Charakter aus der Form des Schädels – es wäre interessant, einen von ihnen meinen Schädel fühlen zu lassen. Mein Kind, da sind Gebirgsketten! Mit Gipfeln und Tälern! Tiefe Rillen, Abgründe, und himalajahohe Gipfel! Und das nimmt zu!

Es nimmt zu?!

Ja, von Jahr zu Jahr! Die Täler werden tiefer und die Gipfel werden höher! Überall! – Sehr interessant.

Viele Jahre lang, bis ich vierzig wurde, war der Schädel hier weich *(Mutter berührt den vorderen Teil ihres Kopfes)*, etwas, das anscheinend völlig beispiellos war. Es war weich und wurde größer *(Geste, als öffnete sich der Schädel).*Und hier, wenn man darauf drückte... Ich kümmerte mich nicht darum, dann merkte ich auf einmal, daß es wirklich eine ganze Bergwelt ist, hier *(Mutter zeigt auf den Hinterkopf)*: Hügel, Senkungen, Täler – sehr interessant! Es nimmt zu.

Das bedeutet wahrscheinlich, daß es innen immer komplizierter wird!

Einmal fiel ich auf den Kopf und es gab eine Delle (einige Zeit tat es sogar weh), aber seit dieser Zeit ist die Delle immer tiefer geworden, und die Beule wird immer höher. Ich sagte es dem Arzt (denn er war damals gekommen: es blutete, und man sorgte sich, aber es heilte in einem Tag), und er erklärte, das wäre, weil ein Blutstau den Knochen wachsen ließ. Aber das ist eine ärztliche Erklärung.

Es ist sehr interessant.

(Schweigen)

Notwendig ist, ALLES hinzugeben: alles, alle Macht, alles Verständnis, alle Intelligenz, alles Wissen, alles-alles-alles, VOLLKOMMEN inexistent werden – das ist sehr wichtig. Denn was die Dinge erschwert, ist gerade die ganze Atmosphäre: was die Leute von euch erwarten, von euch verlangen, von euch denken – das ist sehr ärgerlich. Man müßte sich die ganze Zeit fächeln, um es zu verscheuchen.

6. Juni 1961

(Mutter sieht erschöpft aus, Satprem fragt sie, ob sie müde ist:)

Nein... Ich hatte den Veda zu Ende gelesen und wollte *The Life Divine* anfangen, aber weil ich *On Himself*[1] noch nicht gelesen hatte, wollte ich das zuerst ansehen und las das erste Kapitel, über sein Leben in England. All das erschien mir so... Oh, warum fragen sie Sri Aurobindo bloß all diese Dinge? Ich weiß, er selber antwortete so (antwortete nicht direkt auf Fragen, sondern berichtigte die falschen Aussagen über ihn), aber das hinterließ einen so schmerzlichen Eindruck!

Wir müssen wirklich etwas herausbringen, was frei ist von all dem: dieses Sammelsurium von Belanglosigkeiten über seinen Vater, über dies und jenes – pah! Diese Dinge gefallen mir nicht.

Ja, es ist ein völliges Durcheinander. Da sind sehr wichtige Briefe, aber vermischt mit allem möglichen Sinnlosen. Zum Beispiel über diese Prüfung beim ICS[2], das sieht aus, als wollte man Sri Aurobindo rechtfertigen!

Ja, als das veröffentlicht wurde [1953], kümmerte ich mich noch um nichts. Das hat mir ein Unbehagen bereitet.

*
* *

(Nach der Arbeit bleibt Mutter lange absorbiert, dann sagt sie:)

Die Subtilität des Problems ist das eigentlich Bestürzende.

Du kannst absolut identische Umstände nehmen (äußerlich und innerlich identisch, das heißt derselbe „Seelenzustand", dieselben Lebensumstände, dieselben Ereignisse, fast dieselben Leute), nicht

---

1. Sammlung von Sri Aurobindos Briefen über sein Leben, seine Erfahrungen und sein Yoga.
2. Sri Aurobindo war die Aufnahme beim *Indian Civil Service* verweigert worden, weil er sich nicht der abschließenden Reitprüfung stellte.

einmal einen Tag auseinander: im Abstand einiger Stunden, und im einen Fall fühlt der Körper (ich will sagen, das Bewußtsein der Zellen) eine allgemeine Ausgewogenheit und Harmonie, wo alles so wunderbar zusammenpaßt, ohne Reibung, ohne Widerstand: alles funktioniert, ordnet sich in völligem Einklang. Da ist es ein Frieden und eine Freude (nicht mit der Intensität der vitalen Dinge, sondern physisch), alles-alles ist so harmonisch, und man hat wirklich das Gefühl der göttlichen Ordnung in allen Dingen, in allen Zellen – alles ist wunderbar und dem Körper geht es gut. Und im anderen Fall... Alles ist gleich, das Bewußtsein ist gleich und... etwas verflüchtigt sich, und diese Wahrnehmung [der Harmonie] ist nicht mehr da. Aus welchem Grund? – Man versteht es nicht mehr. Und da funktioniert der Körper nicht mehr richtig. Dennoch ist alles absolut identisch: die mentalen Bedingungen, die vitalen Bedingungen, die physischen Bedingungen, all das ist identisch, und plötzlich erscheint alles... *meaningless*, sinnlos. Man hat trotzdem das volle Bewußtsein der göttlichen Gegenwart, aber... man spürt, daß irgendwo etwas entweicht, und alles wird... Es ist, als liefe man hinter etwas her, das entweicht. Es hat keinen Sinn mehr. Und all das unter absolut identischen Umständen – vielleicht sind sogar die Bewegungen des Körpers identisch (die Funktionsweise des Körpers), aber man empfindet sie als unharmonisch (die Worte sind zu grob, das ist viel subtiler), als sinnlos, ohne Harmonie. Was genau entweicht da? – Es ist unbegreiflich.

Was ist es?

Gestern war alles so wunderbar! Und alles war identisch, absolut gleich, in allen Einzelheiten.

Seltsam, das geschah, nachdem ich dieses erste Kapitel in *On Himself* las: beim Lesen empfand ich ein Unbehagen im Körper – so leicht, daß es fast unmerklich war, aber dennoch ein Unbehagen, und es blieb während der Nacht. Warum? Im Bewußtsein hatte sich nichts verändert.

Immer mehr habe ich den Eindruck von... Was? Wie das erklären?... Eine Frage der Schwingungen in der Materie. Es ist unbegreiflich. Das heißt, es entzieht sich allen mentalen oder psychologischen Gesetzen: etwas, das unabhängig existiert.

An Fragezeichen mangelt es nicht!

Je tiefer man in die Einzelheiten geht, um so rätselhafter wird es. Man glaubt immer, begriffen zu haben, und wenn man die Dinge so ausdrückt[1], hört sich das sehr nett an, man hat den Anschein, etwas

---

1. Mutter bezieht sich auf zwei *Entretiens*, vom 19.6.57 und 17.7.57, die sie gerade für die Veröffentlichung im *Bulletin* angehört hatte, wo sie über die Ursachen der

zu wissen, man redet... Aber wenn es an die materielle Anwendung geht!...

Es ist so subtil!... Fast als stünde man an der Grenze zwischen zwei Welten. Es ist dieselbe Welt aber... Sind es zwei Aspekte dieser Welt? Nicht einmal das kann ich sagen. Dennoch ist es DIESELBE welt: es ist doch alles der Herr, es ist dennoch Er und nur Er, aber... Das ist so subtil: macht man so *(Mutter wendet ihre Hand geringfügig nach rechts)*, ist alles vollkommen harmonisch, macht man so *(etwas nach links)*, uff! Es ist... zugleich absurd, *meaningless*, ohne Sinn, und mühselig, anstrengend. Und doch ist es DASSELBE! Alles ist dasselbe.

Was ist es?

Man hat so sehr den Eindruck, mit etwas konfrontiert zu sein, daß sich völlig dem Verständnis, der Rationalität, dem Intellekt, allem Mentalen und Intellektuellen (und sogar den höheren Ebenen) entzieht: das ist es nicht, es ist... Wenn man dann etwas Abstand nimmt und große Worte benutzt, würde man sagen: all dies *(Geste zur einen Seite)* ist die Wahrheit, und all das *(andere Seite)* ist die Lüge – und es ist DASSELBE! Im einen Fall fühlt man sich getragen – nicht nur der Körper, sondern die gesamte Welt, alle Umstände –, getragen, in einem glückseligen Licht auf die ewige Verwirklichung zuschwebend, und im anderen Fall ist es... *(Geste, sich unter einer Last abzumühen)*, aufreibend, schwer, schmerzlich – GENAU dasselbe! Beinahe dieselben materiellen Vibrationen.

Das ist so subtil und vollkommen unverständlich, daß man wirklich den Eindruck hat, das entzieht sich GÄNZLICH selbst dem höchsten bewußten Willen. Was ist es? Was ist es??

Wenn wir das fänden, hätten wir vielleicht alles – das gesamte Geheimnis.

(Schweigen)

So muß es geschehen sein, daß die Wahrheit zur Lüge wurde. Aber „so" – was ist dieses „so"?

(Schweigen)

Und warum gab mir das Lesen von *On Himself* dieses Unbehagen?

Oh, gestern war es so schön! Den ganzen Tag lang, und alles-alles-alles war dasselbe: alle Umstände, der Zustand des Körpers, alles. Man kann nicht einmal sagen, im einen Fall ging es dem Körper gut

---

Krankheiten und den Einsatz des bewußten Willens in der physischen Entwicklung sprach.

und im anderen ging es ihm nicht gut, das ist nicht wahr, es war alles dasselbe, alles dasselbe. Aber im einen Fall schwebt man, schwebt in einem glückseligen Licht, das euch für alle Ewigkeit trägt, und im anderen ist es, als watete man im Treibsand... ohne klar zu sehen, ohne zu verstehen, benommen, völlig benommen.

Deshalb fiel es mir vorhin [bei der Arbeit] schwer, dich zu hören, weil ich die ganze Zeit mit diesem Problem konfrontiert bin, seit der letzten Nacht, den ganzen Morgen. Ich mußte mich... weißt du, so: *(Mutter ballt ihre Faust, als raffte sie sich zusammen)*, um zu kommen und zuzuhören. Ich wollte niemanden sehen, nichts tun... so bleiben *(unbewegt, mit herabhängenden Armen)*, bis sich das endlich erklären ließ.

Hättest du mich hingegen gestern gesehen... Wahrscheinlich hätte ich nichts gesagt, aber es war so schön! Genau dasselbe, dieselben Leute, dieselben Umstände, dieselben körperlichen Bedingungen. Alles-alles war gleich.

Aber ist dieses Unbehagen nicht etwas wie universelle Wellen – etwas Kosmisches und nicht persönlich?

Ja, natürlich! Es ist Das Universelle Problem. Denn mich beschäftigt nur das...

Etwas, das verschleiert?

... Ich stoße gegen diese Tatsache: wie wurde die Wahrheit zur Lüge? Ich frage es mich nicht intellektuell – das interessiert mich nicht im geringsten –, sondern hier, in der Materie.

Es ist doppelt, es ist doppelt.

Wie ist das geschehen? (Nicht „wie", als Geschichte, sondern der MECHANISMUS.) Und wie dort herauskommen?

Alles, was erzählt wurde, sogar alles, was Sri Aurobindo sagte (in *Savitri* sagt er am meisten), all das ist notgedrungen... (wie kann man das nennen?) es ist mental, ein spiritualisierter Super-Intellekt. Aber es ist nicht DAS! Es ist eine Form, ein Bild, aber nicht... die konkrete Tatsache.

(Schweigen)

Ich habe eine Art Vorahnung, daß allein der Körper wissen kann – das ist das Außerordentliche!

(Schweigen)

Und wenn der Körper diese Bewegung macht *(Geste des Rückzugs von den physischen Erscheinungen)* – diese Bewegung der Verschmelzung (ist es „Verschmelzung"?)... nicht mehr der Körper zu sein: das Göttliche zu sein –, das ist etwas... eine Art Abstraktion von etwas (auch das ist noch zu konkret). Manchmal gelingt es, dann schwebt es im Licht. Manchmal gelingt es nur teilweise. Manchmal ist das gesamte innere Bewußtsein dort, voll und umfassend – aber HIER, da bleibt es, wie es ist, idiotisch, völlig idiotisch! Blind, im Treibsand, mühselig (und das ist kein Gedanke, nicht einmal eine Empfindung: ich weiß nicht, was es ist).

Dort vermag der bewußte Wille NICHTS. Vermag nichts. Alles, was er tun konnte, tat er, und er tut es weiterhin in jeder Minute, aber das ist nichts, es ist nicht DAS – was ist es??

Das ist wirklich ein Geheimnis. Wenn wir das gefunden haben, wird es hervorragend sein.

Zugleich gibt es eine Art Vorahnung, wie ein Gefühl im voraus, von einer Allmacht – DIE WAHRE Allmacht. Nichts weniger als DAS kann euch befriedigen, nichts anderes – alles andere ist... nichts.

(Mutter steht auf, um zu gehen)

Gut, mein Kind.

Mach dir keine Sorgen.

Eigentlich ist das der Grund für mein Hiersein, oder!? Es MUSS getan werden, es muß getan werden.

Aber es ist eine greuliche Mühsal.

Alles Yoga, mein Kind, alle Yogas sind Belustigungen, oh, alle Disziplinen sind eine Freude – aber es ist nicht DAS.

Das ist die mühselige Arbeit.

17. Juni 1961

Bis jetzt sind die Meditationen mit X wesentlich besser als das letzte Mal. Besonders heute war es sehr gut.

Es ist eine Andacht, die bis zum Höchsten geht, mit einer stetigen, anhaltenden Herabkunft: etwas, das sich die ganze Zeit lang nicht rührt („NICHT rührt", ich will sagen, das nicht schwankt), während der ganzen Meditation. Aber wenn ich ihn frage, was geschah, wird er mir eine kleine Geschichte erzählen!

Gestern traf ich N und er sagte mir: „Oh, heute morgen bei der Meditation mit Ihnen hatte X eine Erfahrung." Ich dachte mir: „Ah, das wird interessant sein!" (Ich hatte aber unrecht, das auch nur eine Viertelsekunde lang zu denken.) Dann erzählte er: „Ja, er sah etwas wie einen goldenen, durchsichtigen Stoff, der sich über Sie senkte. Dann sah er neben Ihnen Blumen, wie Rosen, oder rosenfarbig, und zwei Kinderfüße stellten sich darauf."

Alle Seher erzählen euch solche Geschichten!

Gestern war es dasselbe, dieselbe Erfahrung, nur weniger stark und weniger stetig. Mich interessieren all diese kleinen Bilderchen nicht. Deshalb frage ich nicht.

Heißt das, verschiedene Personen sehen unter denselben Umständen unterschiedliche Dinge? Das ist kein objektives Phänomen?

Oh, das hängt völlig von der Ebene ab, auf der ihr euch befindet! Nein, fünf verschiedene Personen werden fünf verschiedene Sachen sehen. Nur wenn man ausgezeichnet aufeinander abgestimmt und in einer selben Schwingung ist, wie ich es mit Sri Aurobindo hatte... Aber das waren nie solche kleinen Geschichten!

Wenn eine besondere Kraft herabkam, oder eine besondere Öffnung, eine supramentale Manifestation, dann wußten wir es gleichzeitig, in derselben Weise. Und wir brauchten es einander nicht einmal zu sagen: nur für die Konsequenzen tauschten wir manchmal einige Worte aus, für die praktischen Folgen in der Arbeit. Aber das hatte ich mit niemandem außer Sri Aurobindo.

Bei manchen Leuten passierte es, daß ich etwas für sie tat, und sie fühlten genau, was ich getan hatte: das ist geschehen. Es ist ziemlich selten, aber es geschah.

Doch ich sehe immer mehr, daß der Bereich meiner Erfahrungen... Ja, das ging nur mit Sri Aurobindo!

*
* *

(Am Ende des Gesprächs beschwert sich Satprem über die ärgerliche Notwendigkeit des Essens und fragt, ob er das alles nicht drastisch reduzieren könne:)

Wir haben noch nicht den Punkt erreicht, wo wir aufhören können zu essen. Nie im Leben interessierte mich die Nahrung, und in längeren Perioden aß ich fast nichts. Eines Tages fragte ich mich: „Warum so viel Zeit damit verlieren?" Da kam die Antwort: „Noch nicht, warte – das ist nicht dein Problem."

Danach beschloß ich, alle zum Essen zu ermutigen.

20. Juni 1961

(Nach einer Meditation mit X)

Seit vier Tagen haben wir diese Meditationen, und es ist der vierte Tag der völligen Stille – keine Bewegung mehr, kein Laut (ich weiß nicht, ob es draußen Geräusche gibt oder nicht, ich weiß nichts). Eine vollkommene Unbewegtheit, bis zum Ende.

Wenn alles so unbewegt ist und scheinbar nichts geschieht, geschieht da etwas?

Ob etwas geschieht? – Ich weiß nicht. Aber das AN SICH ist etwas. Wenn der Körper sich dessen bewußt ist, bedeutet es genau, daß er seine Begrenztheit verlassen hat – es ist dieselbe Unendlichkeit, wie wenn man den Körper verläßt.

Was ich jetzt tue, wenn X kommt, ist, all das zu nehmen *(Geste von unten bis oben)* und damit so zu tun: *(Geste der Darbietung nach oben)* in einer Aspiration – und dann lasse ich es dort. Dann kommt diese Unbewegtheit, dieses Schweigen, dieses Licht, dieser Frieden von dort oben überall hin, und das rührt sich nicht mehr. Aber das an sich ist etwas... Es fällt dem Körper sehr schwer, das zu erreichen, sehr schwer: immer vibriert und bewegt sich irgend etwas.

Das ist, als brächte es alles wieder in Ordnung, aber nichts bewegt sich.

Als ich mich gestern in dieser Unbewegtheit befand, war es plötzlich, als nötige mich etwas, meinen Kopf zu wenden – ich wendete den Kopf nicht, aber das Bewußtsein wendete sich *(Geste nach links)*, da sah ich mich in diesem Gang dort (der Gang zwischen dem Saal und Sri Aurobindos Zimmer), aufrecht, mit der Kleidung, die ich gewöhnlich draußen trage [ein indisches Hemd und leichte Hosen]. Ich stand aufrecht, sehr gerade, und über meinem Kopf hielt ich eine Kugel von einem solchen Licht! Funkelnder als diese grellen elektrischen Leuchten – blendend. Meine Kleidung war wie ein golden-rosa Licht. Ich stand ganz gerade und trug diese Kugel *(Geste über dem Kopf)*. Als ich das sah, fragte ich mich: „Warum zeigt er mir das bloß?" Das war alles. Nichts weiteres geschah, nur was ich da sah. Aber in meiner Nähe stand eine Person, die ich nicht kannte, die mir einen ähnlichen Eindruck machte, wie dieser große Guru von X[1], den ich einmal sah. Er stand dort: eine große Figur. Es schien fast, als hätte er mich gezogen (er stand neben mir), um mir das zu zeigen.

Es war eine große Kugel. Man sah keine Strahlen, aber sie projizierte gleichsam unzählige blitzähnliche Strahlen. Ganz und gar funkelnd.

Was bedeutet das?

Weiß nicht. Ich kümmerte mich nicht weiter darum. Ich sagte mir, daß er mich das sicherlich sehen lassen wollte, aber was ist es?? Was bedeutet das? – Weiß nicht.

Es war die Kleidung, die ich draußen trage. Warum? Das mußte etwas bedeuten. Ich muß gestehen, daß ich mich nicht besonders anstrengte, zu verstehen! Ich sah es einfach, und lächelte (ich mußte darüber lächeln), das war alles. Es kam kurz vor dem Ende der Meditation.

Jedenfalls ist es der vierte Tag desselben Schweigens, so: *(Mutter schließ beide Fäuste, wie um eine kompakte Masse anzudeuten)*. Nicht nur Schweigen: die Unbewegtheit *(selbe kompakte Geste)*, OHNE ANSPANNUNG, ohne Spannung, ohne Anstrengung, nichts. Wie eine Art Ewigkeit – im Körper.

Mir fällt es auch nicht schwer, von dort herauszukommen – eigentlich komme ich nicht „heraus", das ist nicht wie eine Trance, aus der man sich herausziehen müßte, nein. Dieser Zustand erscheint mir völlig natürlich: ich komme heraus, wenn ich die Uhr schlagen höre.

*
* *

(Satprem macht eine Bemerkung über die Diskrepanz zwischen der inneren Verwirklichung mancher Yogis wie X und ihrem äußeren Benehmen, das nicht immer auf gleicher Höhe zu sein scheint:)

Ich habe wirklich den Eindruck einer Kluft zwischen dem X, den ich spüre, der mich anzieht, und dem äußeren Menschen.

---

1. Der verstorbene Guru von X, siehe Agenda 1 vom 4.10.58.

Den äußeren X kenne ich nicht, ich habe mich wohl gehütet, mit ihm in Beziehung zu treten! Aber daß da eine Diskrepanz ist, spürte ich schon vom ersten Tag an.

Es ist seltsam!

Nein, das ist die alte Tradition: man zieht sich von der Natur zurück, und die Natur tut, was sie will, das berührt euch nicht. Ihr tragt keine Verantwortung dafür, „das seid nicht ihr". Das ist die alte Überzeugung.

Sri Aurobindo war sehr dagegen. Irgendwo macht er sich über diesen Mann lustig, der behauptet, er wäre der Herr und alles, was er tue, würde nicht er tun – und der wütend wurde, wenn sein Essen zu spät kam! Aber natürlich war nicht er wütend! Nur die Natur seines Magens war wütend![1]

Das ist eines der ironischsten Dinge, die Sri Aurobindo schrieb.

Ich kenne das und hütete mich immer sehr davor, denn das bedeutet ein offenes Tor für alle nur denkbaren Entstellungen. So war es auch bei Lele[2]: er benahm sich wie ein Rüpel und sagte, das wäre nicht er, sondern die Natur, und er habe nichts damit zu tun. Das ist schön und gut, aber trotzdem besteht eine gewisse Verwandtschaft zwischen eurer physischen Seinsweise und eurem inneren Wesen, oder?!

Sri Aurobindo ließ das überhaupt nicht gelten.

Wie bei dieser Geschichte… X ist völlig in seine Familiengeschichten verwickelt. Zu Amrita sagte er: „Im August werden die Töchter zu ihren Gatten zurückkehren, der Sohn geht zur Schule, und dann werde ich endlich in Ruhe leben können." – Etwas anderes wird kommen! Es kommt natürlich immer etwas anderes!

Aber das macht nichts, ich versichere dir, während der halben Stunde, die er hier verbringt, ist er fabelhaft.

Oh, er ist fabelhaft! In ihm ist eine so sanfte, so gute Wärme, und eine Beherrschung (Beherrschung der inneren Bewegungen, der vitalen Bewegungen) mit der Fähigkeit, diesen Frieden, diese absolute Unbewegtheit im Physischen zu vermitteln, fabelhaft! Man kann sich gar nicht vorstellen, wie schwierig das ist, denn ich tue es seit fast vierzig Jahren, und es erfordert eine solche Anstrengung, um das zu erreichen! Mit ihm kommt es von alleine. Das ist die tantrische Beherrschung.

---

1. Siehe Sri Aurobindos Gedicht *Self* [„Selbst"] in *Last Poems*.
2. Der Tantra-Guru, dem Sri Aurobindo 1907 begegnete und der ihm das mentale Schweigen gab.

In einem gewissen Grad hat es die Macht zu heilen (in einem gewissen Ausmaß). Doch es ist nicht dieses Supramentale, das Sri Aurobindo hatte: er machte so *(Mutter streicht mit der Hand über etwas)*, und es war völlig weg!

Das sah ich bei niemand anderem außer Sri Aurobindo.

24. Juni 1961

Ich erhielt deinen Brief[1], und er kam nicht als Überraschung, denn seit gut einem Monat empfange ich etwas wie ein sos von deiner Mutter, und sie sagte mir, der Zustand deines Vaters verschlechtere sich sehr schnell. Ich tat, was ich konnte, vor allem, um etwas Ruhe, Stille, inneren Frieden zu geben. Doch ich tat nicht... Denn es gibt immer zwei Möglichkeiten, wenn die Leute wirklich schwer krank sind: entweder daß es sehr schnell gehe, oder daß sie möglichst lange durchhalten. Wenn ich keine äußeren oder inneren Andeutungen habe, richte ich immer nur das Bewußtsein auf sie, daß es das Beste sei, was geschieht (natürlich das Beste vom Standpunkt der Seele).

Du weißt nicht, ob dein Vater einen Wunsch ausgedrückt hat?

Nachdem, was meine Mutter schreibt, liegt ihm nicht mehr viel am Leben, weil seine Tage so elend sind...

Aber er hat noch nicht gebeten, zu gehen? Er leidet sehr?

Er leidet.

(Mutter schweigt einen Augenblick, dann sagte sie:) Seit Jahren habe ich eine beträchtliche Anzahl von Erfahrungen auf diesem Gebiet, und meine erste Reaktion ist stets: den Frieden senden (aber das tue ich in allen Fällen und für alle), die Kraft darauf richten, die Macht des Herrn, damit das Beste geschehe. Manche Leute sind schrecklich krank (so krank, daß sie unheilbar sind, daß das Ende unvermeidlich scheint), aber sie fühlen etwas (das muß wohl sein, weil die Seele noch bestimmte Erfahrungen zu machen hat) und klammern sich an, wollen nicht gehen. In diesen Fällen bringe ich die Kraft in solcher Weise,

---

1. Der Wortlaut des Briefes ist nicht erhalten geblieben.

daß sie möglichst lange durchhalten. In manchen entgegengesetzten Fällen sind sie der Leiden müde oder die Seele hat ihre Erfahrung beendet und möchte befreit werden. In solchen Fällen, wenn ich mir sicher bin, daß sie wirklich selber den Wunsch ausdrücken zu gehen, ist es in wenigen Stunden vorbei – ich sage das mit Gewißheit, weil ich eine beträchtliche Anzahl von Erfahrungen hatte. Eine bestimmte Kraft geht dorthin und tut das nötige. Für deinen Vater tat ich nichts dergleichen, weder um sein Leben zu verlängern (wenn die Menschen leiden, ist es nicht sehr barmherzig, das endlos zu verlängern) noch um es zu beenden, weil ich nicht wußte – man kann es nicht tun, ohne den bewußten Wunsch der Person zu kennen.

Aber deine Mutter muß an mich gedacht haben, sonst wäre sie nicht auf diese Weise zu mir gekommen – sie wäre durch dich gekommen (die Dinge, die über dich kommen, sind etwas anderes) – aber sie kam direkt. Da dachte ich, sie muß sich aus irgendeinem Grund an mich erinnert haben. Ich betrachtete die Angelegenheit, und da kam es einfach: „Warum kommt sie nicht hierher, wenn sie dann alleine ist?" Diesbezüglich unternahm ich auch nichts in die eine oder andere Richtung.

Das ist seltsam, denn seit drei oder vier Tagen kam mir auch dieser Gedanke: Warum kommt sie nicht hierher?

Verstehst du, das kam nicht von mir, das ging überhaupt nicht von einer Konstruktion aus, die ich bildete: es kam von außen. Ich fragte mich: Warum kommt sie nicht hierher?

Derselbe Gedanke kam mir drei- oder viermal.

Das heißt, daß sie daran denkt – vielleicht nicht bewußt, aber in ihrem Unterbewußten.

Das geschah vor einiger Zeit. Ich sprach sogar mit Sujata darüber und sagte ihr, daß man dich dort ruft. Hat sie es dir erzählt?

Nein.

Daß deine Mutter dich zieht.

Sie bat Z, mir zu schreiben.

Wie gesagt, ich unternahm nichts, weder so noch so. Tue deshalb nichts. Weißt du, wenn jemand sehr krank ist, kommt manchmal etwas hervor und sagt es. Aber man muß dabei sein und es hören.

(Schweigen)

Kürzlich hatte ich so eine Erfahrung: die Mutter von A war krank (sie ist schon alt und war ernstlich erkrankt). A sah, wie ihr Zustand sich verschlechterte und schrieb mir: „Wenn die Zeit gekommen ist, machen Sie bitte, daß es schnell geht und sie nicht leidet." Da sah ich sehr deutlich, daß in ihr noch etwas war, das nicht gehen wollte, und als ich die Kraft auf sie richtete, damit nur das Beste geschehe, wurde sie auf einmal fast wieder gesund! Das muß eine Übereinstimmung mit dieser inneren Aspiration gewesen sein – kein Fieber mehr, es ging ihr gut. A bereitete sich schon darauf vor, hierhin zurückzukehren, und sagte: „Wenn sie wieder gesund wird, brauche ich nicht länger bleiben!" Am selben Abend wendete es sich in die andere Richtung: er schickte mir ein Telegramm. In der Zwischenzeit (das war abends) war ich nach oben zurückgekehrt, um zu „gehen", und plötzlich kam Der Wille (das ist etwas äußerst Seltenes), Der Wille sagte: „Jetzt muß es aufhören, genug, das ist genug so" – und in einer halben Stunde starb sie.

Diese Dinge sind sehr interessant.

Das ist Teil der Arbeit, für die ich auf die Erde kam. Denn schon bevor ich Theon begegnete, bevor ich irgend etwas darüber lernte, hatte ich nachts Erfahrungen, nächtliche Tätigkeiten, wo ich mich um Leute kümmerte, die ihren Körper verließen – mit einem Wissen (dennoch wußte ich nichts, ich versuchte nicht zu wissen, nichts): ich wußte genau, was zu tun war, und tat es. Ich war ungefähr zwanzig.

Sobald ich Theons Lehre fand (noch bevor ich ihm selber begegnete), sobald ich das las und viele Dinge begriff, die ich nicht gewußt hatte, begann ich streng systematisch zu arbeiten: jede Nacht, zur selben Stunde, arbeitete ich daran, zwischen der rein irdischen Atmosphäre und der psychischen Atmosphäre eine Art Schutzweg durch das Vital zu bilden stellen, damit die Leute das nicht durchqueren müssen (für jene, die bewußt sind, aber nicht das Wissen haben, ist das wirklich sehr schwierig: es ist höllisch). Ich bereitete diesen Weg vor (das war vielleicht 1902, 1903 oder 1904, ich weiß nicht mehr genau), monatelang arbeitete ich daran. Dabei geschahen alle möglichen Dinge, AUSSERORDENTLICHE Dinge. Außerordentlich. Ich könnte lange Geschichten darüber erzählen…

Als ich dann nach Tlemcen kam, erzählte ich das Madame Theon. Sie sagte mir: „Ja, das ist Teil der Arbeit, für die Sie auf die Erde kamen: alle Leute, deren psychisches Wesen ein ganz bißchen erwacht ist und die Ihr Licht sehen können, werden im Augenblick ihres Todes zu Ihrem Licht gehen, egal wo sie sich gerade befinden, und Sie werden ihnen bei diesem Übergang helfen." Das ist eine ständige Arbeit. Ständig. Das gab mir eine beträchtliche Anzahl von Erfahrungen über das, was den Leuten beim Verlassen ihres Körpers widerfährt. Ich hatte die verschiedensten Erfahrungen, Beispiele aller Arten; das ist wirklich sehr interessant.

In letzter Zeit nahm es zu, wurde genauer.

Ein Junge hier, V, interessiert sich besonders für das, was beim Tod geschieht (das scheint einer der Gründe für seine Inkarnation zu sein). Er ist ein bewußter Junge, ein erstaunlicher Hellseher, und er hat eine Kraft. Mit ihm erhielt ich sehr interessante Bestätigungen über Erfahrungen mit Leuten hier, wenn sie gehen. Wirklich sehr interessant und von außerordentlicher Präzision: er ließ mir etwas ausrichten, ich antwortete, und wenn der Entkörperte nachts kam, sagte V ihm: „Mutter tat dies, und ihre Anweisung ist, jenes zu tun", und der andere tat es. Ohne daß wir darüber sprechen – mit einer Präzision!

Das geschah im Schlaf?

Für ihn geschieht diese Arbeit vielleicht im Schlaf. Manchmal in Meditation, oder in einer Art Trance – das hängt von den Fällen ab.

Ich werde dir ein konkretes Beispiel geben, dann wirst du verstehen. Als I starb, unternahm ich eine bestimmte Arbeit, um all seine Seinszustände und Aktivitäten zu sammeln, die durch die Gewalt des Unfalls zerstreut wurden[1] – es war schrecklich, er befand sich in einem Zustand schrecklicher Zerstreuung. Zwei Tage lang kämpften sie in der Hoffnung, daß er noch leben könnte, aber es war unmöglich. In diesen zwei Tagen sammelte ich all-all sein Bewußtsein, und zwar über seinem Körper, das führte sogar dazu, daß nach einigen Stunden, als sich das über seinem Körper sammelte, die Ärzte glaubten, er könne gerettet werden, so stark war die Vitalität, das Leben, das in den Körper zurückkehrte. Aber das konnte nicht andauern (ein Teil des Gehirns war herausgetreten, es war unmöglich). Als dann nicht nur die Seele, sondern auch sein mentales Wesen, sein vitales Wesen und alle die Teile sich über dem Körper gesammelt und geordnet hatten und die völlige Unverwendbarkeit des Körpers erkannten, war es vorbei – sie gaben den Körper auf, und es war vorbei.

Ich hielt I in meiner Nähe, denn ich hatte bereits den Gedanken, ihn sofort in einen anderen Körper zu bringen – weil die Seele nicht zufrieden war, sie hatte ihre Erfahrung nicht beendet (wegen einer bestimmten Konstellation von Umständen) und wollte auf der Erde weiterleben. Da ging eines Nachts sein inneres Wesen zu V und beklagte sich, daß er gestorben sei, aber nicht hatte sterben wollen, daß er seinen Körper verloren habe, aber weiterleben wollte. V war völlig ratlos.

---

1. I wurde von einem Lastwagen überfahren.

234

Er ließ mir das am nächsten Morgen ausrichten: „Dies ist geschehen."
Ich erklärte ihm, was ich tat, daß ich I in meiner Atmosphäre behielt,
daß er schön ruhig bleiben solle, sich nicht aufrege, und ich ihn sobald
als möglich in einen neuen Körper bringen würde – ich hatte schon
etwas in Aussicht. Am selben Abend kam I wieder mit derselben Klage
zu ihm. Da sagte V ihm sehr deutlich: „Hier ist, was Mutter sagt, dies
ist, was sie tun wird. Gehen Sie, bleiben Sie ruhig und grämen Sie
sich nicht." Und er sah in seinem Gesicht, daß I verstanden hatte (das
innere Wesen nahm natürlich seine physische Erscheinung an): sein
Gesicht entspannte sich, er war zufrieden.

Er ging und kehrte nicht zurück. Er blieb ruhig bei mir, bis ich ihn
in Cs Kind bringen konnte.

Diese Wechselbeziehung in der Arbeit ist sehr interessant, weil das
ein völlig praktisches Resultat hat: V konnte ihm das genau mitteilen,
und dadurch verstand I besser als direkt von mir (denn ich mache zwar
die Arbeit, aber ich kann mich nicht um alle Einzelheiten kümmern,
jedem erklären, was er zu tun hat).

Neulich sagte ich dir, wie ärgerlich es ist, daß man ständig auf
verschiedenen Ebenen ist[1], aber mit diesem Jungen funktioniert es auf
dieser Ebene sehr gut – in diesem präzisen, begrenzten Punkt, was
beim Verlassen des Körpers geschieht. Auf diese Weise kann man eine
interessante Arbeit leisten.

Wird man von dem vitalen Bereich verschluckt, wenn man sei-
nen Körper verläßt?

Nein, das hängt davon ab.

Das hängt absolut davon ab, wie sie sterben: von der Art, wie sie
ihren Körper verlassen, von dem, was sie umgibt, von der Atmosphäre,
die man ihnen bereitet.

Wenn sie mich rufen, dann geht es gut.

Es gab nur äußerst wenige Fälle von Leuten, die riefen (und nicht
sehr aufrichtig), deren Ruf keine große Wirkung hatte. Doch sogar
diese haben einen Schutz. Eine alte Frau, die nicht sehr aufrichtig
war, kam hin und wieder zu Besuch hierher, und auf ihrem letzten
Besuch wurde sie krank und starb. Da sah ich: sie war völlig verstreut
in all ihren Begierden, ihren Erinnerungen, ihren Bindungen... und
das wurde in alle Richtungen zerstreut, in verschiedene Dinge (und ein
Teil von ihr suchte verzweifelt, wohin sie gehen und was sie tun solle),
jedenfalls ziemlich beklagenswert. Danach wurde ich gefragt: „Aber
wie kommt das? Sie rief die ganze Zeit." Ich erwiderte, daß ich ihren

---

1. Agenda vom 17. Juni 1961.

Ruf nicht hörte, daß es nicht sehr aufrichtig sein konnte, sondern nur eine Floskel.[1]

Aber es ist sehr selten, daß sie keine Antwort erhalten.

Die Schwester von M starb vor nicht allzu langer Zeit (psychologisch war ihr Zustand fürchterlich, sie hatte keinen Glauben). Ich erinnere mich, an dem Tag [17.5.1959], genau als ich erfuhr, daß sie dabei war zu gehen, war ich oben im Badezimmer im „Gespräch" mit Sri Aurobindo (das passiert sehr oft), ich fragte ihn: „Aber was geschieht mit solchen Leuten, wenn sie im Ashram sind und hier sterben?" Er antwortete: „Schau." Da sah ich sie im Sterben, und auf ihrer Stirn, genau vor ihr, war Sri Aurobindos Symbol in einem goldenen, sehr SOLIDEN Licht (nicht sehr leuchtend, aber sehr konkret): dort, vor ihr. Mit diesem Zeichen hatte ihr psychologischer Zustand keine Bedeutung mehr: nichts konnte sie berühren. Sie ging in völliger Ruhe. Da sagte mir Sri Aurobindo: „Alle, die im Ashram lebten und die hier sterben, haben automatisch denselben Schutz, was auch immer ihr innerer Zustand ist."

Ich kann nicht sagen, ich wäre überrascht gewesen, aber ich bewunderte die Stärke der Macht, daß die einfache Tatsache, hier gewesen zu sein und hier zu sterben, genüge, um euch bei diesem Übergang den größtmöglichen Schutz zu geben.

Die verschiedensten Fälle geschehen. Nimm zum Beispiel N.D., dieser Mann lebte sein ganzes Leben mit der Idee, Sri Aurobindo zu dienen: als er starb, hielt er mein Foto an seine Brust gedrückt. Er war ein hingegebener Mann, sehr bewußt, mit einer Treue unter allen Proben, und alle Teile seines Wesens waren wohl geordnet um das psychische Wesen[2]. Am Tag, als er seinen Körper verlassen mußte, meditierte die kleine M gerade am Samadhi, als sie plötzlich eine Vision hatte: sie sah alle Blüten des Baumes neben dem Samadhi (diese gelben Blüten, die ich „Dienst" nannte) sich zu einem großen Bouquet sammeln, das direkt aufstieg. Und in ihrer Vision hatten diese Blüten

---

1. Unter Mutters Notizen fand ich die folgende, die zeigt, daß dieser Zustand der Zerstreuung nach dem Tod recht häufig vorkommt (es geht um eine Person, die nicht im Ashram wohnte, die Mutter eines Schülers): „Sie verließ ihren Körper ohne jegliche Vorbereitung auf diese Zustandsveränderung, sie verlor die Orientierung und wurde etwas zerstreut. Es wird einige Zeit brauchen, bis sie sich von dieser Zerstreuung erholt, bevor etwas Nützliches für sie getan werden kann."

2. Das „psychische Wesen" oder einfach das „Psychische" bedeutet in Sri Aurobindos und Mutters Terminologie die Seele oder den Teil des Höchsten im Menschen, der sich von Leben zu Leben weiterentwickelt, bis es ein vollends selbst-bewußtes Wesen wird. Die Seele ist eine Eigenschaft oder eine Gnade, die den Menschenwesen auf der Erde eigen ist.

eine Verbindung mit dem Bild von N.D. Da lief sie schnell nach Hause: er war gestorben.

Ich hörte erst später von dieser Vision, aber als er starb, hatte ich meinerseits auch gesehen, daß sein ganzes Wesen gesammelt und gut vereinigt war, sehr einheitlich, in einer großen Aspiration, und geradewegs nach oben stieg, ohne sich zu zerstreuen, ohne abzuweichen, bis zur Grenze dessen, was Sri Aurobindo die „höhere Hemisphäre" nannte, dort wo Sri Aurobindo über seine supramentale Aktion auf der Erde präsidiert. Und dort verschmolz er mit diesem Licht.

Einige Zeit vor seinem Herzanfall hatte er seinen Kindern gesagt: *the gown is old, it must be thrown away* [das Gewand ist alt, es muß weggeworfen werden].

(Schweigen)

Doch die Leute sind so unwissend! Sie machen eine große Geschichte aus dem Tod, als wäre es das Ende. Dieses Wort „Tod" ist so absurd! Ich sehe, das ist einfach, als ginge man von einem Haus ins andere oder von einem Zimmer ins andere: man tut einen Schritt, wie um eine Schwelle zu überqueren, und dann ist man auf der anderen Seite, und dann kommt man zurück.

Ich erzählte dir diese Erfahrung [vom 24. Juli 1959], der Tag, wo ich mich plötzlich in Sri Aurobindos Haus befand, im Subtilphysischen? Das war, als hätte ich einen Schritt getan und drang in eine viel konkretere Welt als die physische – konkreter, weil die Dinge mehr Wahrheit enthalten. Dort verbrachte ich eine ganze Zeit mit Sri Aurobindo, und dann, als es vorüber war, machte ich einen weiteren Schritt und befand mich wieder hier... etwas benommen. Ich brauchte einige Zeit, um mich zurechtzufinden, weil mir diese Welt hier so unwirklich erschien, nicht die andere.

Mehr als das ist es nicht: man tut einen Schritt, und dann betritt man ein anderes Zimmer. Wenn man in seiner Seele lebt, besteht eine Kontinuität, weil die Seele sich erinnert, sie bewahrt die ganze Erinnerung, sie erinnert sich an alle Tatsachen, sogar die äußeren, an alle äußeren Bewegungen, mit denen sie verknüpft war. Dann ist es eine kontinuierliche, ununterbrochene Bewegung hier und dort, von einem Zimmer ins andere, von einem Haus ins andere, von einem Leben ins nächste.

Die Leute sind so unwissend! Das ist das Ärgerliche für jene, die auf die andere Seite gegangen sind; die Leute verstehen nicht, sie jagen sie fort: „Was will er? Warum stört er mich? – Er ist doch TOT"!

*
* *

Später, beim Weggehen

Jetzt muß ich gehen, ein Hoher Priester erwartet mich! Ja, er ist das Oberhaupt aller Tempel in Gujarat, ein hartgesottener Orthodoxer, der aus irgendeinem mysteriösen Grund zum Ashram kam und mich sehen will. Ich fragte: „Ist das wirklich nötig?" Er bat um eine Zusammenkunft, um eine Unterredung (natürlich spricht er weiß Gott welche Sprache – Gujarati!). Ich ließ ihm sagen: „Ich bin taub, ich höre nichts"! Das ist überaus praktisch – ich bin taub, ich höre nichts. Wenn er eine Blume von mir bekommen will (ich sagte nicht, ein *Pranam* [Verbeugung] machen, denn das wäre ein Skandal!), dann kann er kommen, ich werde ihm eine Blume geben. Ich hatte gesagt, um elf Uhr, jetzt ist es Zeit.

Das ist alles Xs Werk. Von überall kommen die unerwartetsten Leute, von denen man geglaubt hätte, sie wären lieber verdammt, als zu einem Ort wie hier zu kommen. Sie kommen von überall, von den verschiedensten Milieus: die materialistischsten Materialisten, fanatische Kommunisten, und alle möglichen Sannyasins, Bhikhus, Swamis, Priester – ooh! –, Leute, die früher überhaupt nicht... die weniger als uninteressiert waren: ganz und gar unzufrieden mit dem Ashram.

Ein Schüler hier kehrt von zu Zeit zu Zeit in seinen Heimatort zurück, und nach dem ersten Jahr, als X seine Pujas begann, um die Leute für das Ashram zu interessieren, erzählte er, es wäre außerordentlich: ihn, den man früher schräg anschaute und der sich vor den Leuten rechtfertigen mußte, verlangten jetzt alle! Er schrieb, er wäre völlig überrascht (denn er wußte nichts, von Xs Arbeit): Hunderte Leute luden ihn zu großen Treffen ein, Saddhus, Mönche, Priester baten ihn um Auskunft über das Ashram. Die Dinge entwickelten sich so schnell und weitverbreitet, daß sie jetzt ein Grundstück haben und ein Zentrum bauen, um die Treffen zu halten.

So ist es ein wenig überall.

Wenn P aus der Schweiz zurückkehrt, wird sie sehr interessante Geschichten zu berichten haben. Sie schrieb mir Erfahrungen, die sie mit Kindern in der Schweiz hatte, wirklich interessante Erfahrungen. Es läuft überall-überall-überall, und sehr viel präziser, exakter, als man glaubt. Sogar in Amerika.

Du kennst die Geschichte der beiden gleichzeitigen Operationen von E und T, diesem Vizeadmiral, der hierhin kam und sehr enthusiastisch wurde? Er hatte eine Reihe von inneren Offenbarungen hier. Und beide wurden für eine ähnliche Krankheit operiert (ein Geschwür im Verdauungstrakt, gefährlich). Sie befanden sich nicht in derselben Stadt: er war an einem Ort, sie an einem anderen, und sie wurden mit einem Tag Abstand operiert, beides ernsthafte Operationen. In beiden Fällen sagte ihnen der Chirurg (natürlich nicht derselbe!) nach einigen Tagen: „Ich gratuliere Ihnen", beiden ungefähr dasselbe. Und als sie protestierten: „Warum gratulieren Sie mir? Sie haben doch die Operation ausgeführt, ich müßte Ihnen gratulieren, daß ich mich so schnell erhole!" (beide schrieben mir unabhängig voneinander, sie lernten sich erst später kennen), antwortete der Arzt in beiden Fällen: „Nein, nein. Wir operieren, aber der Körper heilt sich selber, und ich gratuliere Ihnen wirklich, Sie sind auf beinahe wunderbare Weise genesen." Beide hatten dieselbe Reaktion, sie schrieben mir und sagten: „Wir wissen, woher das Wunder kommt." Und beide hatten mich gerufen. E hatte mir auch einige Tage vor der Operation einen außerordentlichen Brief geschrieben, wo sie die Gita zitierte, als wäre es ihr ganz natürlich, und sagte: „Ich weiß, daß die Operation BEREITS vollzogen ist, daß der Herr sie bereits durchgeführt hat, folglich bin ich ruhig."

Überall geschehen solche Dinge, und mit einer PRÄZISION! Etwas Präzises. Zu sagen, ich arbeite bewußt, ist natürlich fast eine Eselei, das ist sehr banal. Man arbeitet in vielen Fällen bewußt, viele Jahre lang, aber das Ergebnis hat nicht diese Präzision: das dringt in eine etwas verschwommene Atmosphäre, verursacht eine Art Wirbel, und daraus resultiert das Beste unter den gegebenen Umständen, das ist alles. Während die Sache jetzt genau und präzise ist – das wird interessant.

Dieses Unpersönlich-Werden der materiellen Individualität ist dabei sehr wichtig. Jetzt weiß ich warum. Sehr wichtig für die Genauigkeit der Aktion, damit einzig – EINZIG – der absolut reine Göttliche Wille zum Ausdruck gelangt, mit einem Minimum von Vermischung. Jede Individualisierung oder Personalisierung bedeutet eine Vermischung. Dies aber wirkt direkt.

Oh, heute morgen am Balkon war es wunderbar!

Dann begreift man alles-alles, alle Einzelheiten. Bestimmte Dinge versteht man ja intellektuell oder psychologisch (das ist schön und gut, es hat eine Wirkung und hilft euch), aber das erscheint immer so verschwommen, das heißt, es arbeitet in einer Ungenauigkeit. Jetzt hingegen ist es das Verständnis des Mechanismus, MECHANISCH, der Vibration, und da wird es präzise. All diese Haltungen, die im Yoga empfohlen werden: zuerst die Aktion als Opfergabe ausführen, dann die völlige Losgelöstheit vom Resultat (das Resultat dem Herrn überlassen), dann die vollkommene Gleichmütigkeit unter allen Umständen, kurz, all diese Stufen, die man intellektuell versteht und emotional empfindet, deren Erfahrung man hatte, all das erhält seinen WAHREN SINN erst, wenn es sozusagen eine mechanische Wirkung der Vibration wird – dann versteht man, warum das so sein muß.

In letzter Zeit, besonders gestern und heute morgen, oh, außerordentliche Entdeckungen! Wir beginnen das rechte Ende zu halten.

So mein Kind, jetzt werden wir den Priester sehen, was für ein Gesicht er machen wird!

(Mutter steht auf, um zu gehen)

Mindestens fünfzig Leute warten bis zum Monatsende, um mich zu sehen, und bilden sich ein... Das habe ich noch nicht verstanden: wie kann man erreichen, daß die physische Zeit ihre physische Realität verliert?... Du siehst, ich bin gezwungen, auf die Uhr zu schauen, und wenn ich zu spät gehe, dann wird die Zeit knapp! – Vielleicht kommt das noch. Außer ich hätte die Macht (wie nennt man das?)... der Allgegenwart. Ich glaube, das ist die Lösung! Daß ich gleichzeitig hier und dort bin – das wäre sehr amüsant!

27. Juni 1961

Aphorismus 62 – Ich hörte einen Narren mit Bestimmtheit äußerste Narrheiten proklamieren und fragte mich, was Gott damit wohl ausdrücken wollte; dann überlegte ich, und sah eine entstellte Maske von Wahrheit und Weisheit.

Man könnte sich fragen, ob es wirklich keine absolute Dummheit oder absolute Lüge gibt, ob hinter den Dingen immer eine Wahrheit liegt, daß es keine absolute Falschheit gibt?

Es kann keine absolute Falschheit geben. Praktisch kann das nicht sein, weil das Göttliche hinter allem ist.

Das ist wie bei jenen, die fragen, ob bestimmte Elemente aus dem Universum verschwinden werden. Was kann das bedeuten, die Zerstörung eines Universums? Wenn wir aus unserer Narrheit herauskommen, was kann man dann noch als „Zerstörung" bezeichnen? – Nur die Form, die Erscheinung wird zerstört (die Erscheinungen werden alle zerstört, eine nach der anderen). Es wird auch gesagt (es wird überall geschrieben, man erzählt vieles), daß die gegnerischen Kräfte entweder bekehrt werden, das heißt sie werden sich der Göttlichkeit in ihnen bewußt und werden göttlich, oder sie werden zerstört. – „Zerstört", was heißt das?! Ihre Form? – Ihre Bewußtseinsform kann zerstört werden, aber das „Etwas", wodurch sie existieren, wodurch alles existiert, wie könnte das je zerstört werden?... Das ist schwer zu begreifen, mein Kind. Das Universum ist eine Objektivierung, ein objektives Bewußt-Werden von Dem, das seit aller Ewigkeit besteht, also? Wie kann Das Ganze aufhören zu sein? Es ist das Unendliche und Ewige Ganze, das heißt es hat in keiner Weise irgendwelche Grenzen – was kann das verlassen? Es gibt keinen Ort, wo es hingehen könnte! (Du siehst, darüber kann man sich den Kopf zerbrechen, so viel man will!) Wohin gehen? Es gibt nur DAS.

Und auch dann noch, wenn wir sagen, „Es gibt nur Das", dann situieren wir es irgendwo – was völlig idiotisch ist. Was kann man also von dort entfernen?

Man könnte sich natürlich vorstellen, daß ein bestimmtes Universum aus der gegenwärtigen Manifestation hinausprojiziert wird, das ja: man kann sich vorstellen, daß die Universen aufeinander folgen und das, was in den ersten Universen war, nicht mehr in den anderen ist, das scheint sogar offensichtlich. Es ist vorstellbar, daß eine ganze Zusammenstellung von Falschheit und Lüge (was für uns, JETZT, Falschheit und Lüge ist) nicht mehr der Welt angehört, wie sie in ihrer Entfaltung sein wird – all das ist verständlich. Aber „zerstören"? – Wohin geht es, um zerstört zu werden? Wenn wir von Zerstörung sprechen, dann geht es nur um eine Form (es kann eine Bewußtseinsform oder eine materielle Form sein, aber es ist stets eine Form), doch das, was ohne Form ist, wie kann das zerstört werden?

Von einer absoluten Lüge zu sprechen, die verschwinden wird, würde also einfach bedeuten, daß eine ganze Zusammenstellung von Dingen ewig in der Vergangenheit leben werden, aber nicht zu den künftigen Manifestationen gehören werden. Das ist alles.

Man kann nicht aus DEM herauskommen, das ist es!

Aber sie bleiben in der Vergangenheit?

Uns wird gesagt, wenn man jenseits des Nichts oder Nirvana und jenseits der Existenz gelangt (dies sind die zwei GLEICHZEITIGEN und komplementären Aspekte des Höchsten), dann erreicht man einen Bewußtseinszustand, wo alles gleichzeitig und ewig existiert. Es wäre also vorstellbar (und weiß Gott, das ist vielleicht eine weitere Narrheit!), daß eine Ansammlung von Dingen in das Nicht-Sein übergeht, was für unser Bewußtsein das Verschwinden oder die Zerstörung wäre.

Ist das möglich? – Ich weiß es nicht. Man müßte den Herrn fragen! Aber im allgemeinen beantwortet er solche Fragen nicht: Er lächelt!

Verstehst du, es kommt ein Augenblick, wo man wirklich nichts mehr sagen kann: man hat den Eindruck, was man auch sagt, wenn es keine Eselei ist, dann grenzt es an Eselei, und praktisch wäre es besser zu schweigen. Darin besteht die Schwierigkeit. In manchen dieser *Aphorismen* spürt man, daß er plötzlich etwas aufgegriffen hat, das jenseits liegt – jenseits von allem Denkbaren –, was kann man da tun?

(Schweigen)

Wenn man wieder hierherunter kommt, kann man natürlich sehr viel sagen!

Wollte man scherzen (man kann immer scherzen, aber die Leute nehmen eure Scherze so ernst, daß man zögert), dann könnte man sagen, ohne ganz falsch zu liegen, daß man manchmal mehr lernt, wenn man einem Verrückten oder Narren zuhört, als bei einem vernünftigen Menschen – ich bin überzeugt davon! Im Grunde gibt es nichts Trockeneres als die vernünftigen Leute.

Diese Gleichzeitigkeit von Vergangenheit, Gegenwart und Zukunft kann aber trotzdem keine physische Gleichzeitigkeit sein, oder?

Ah, nicht hier!

Ich habe eine seltsame Theorie von jemandem gehört, der sagt, man könnte sich in der Vergangenheit inkarnieren.

Sich in der Vergangenheit inkarnieren?

Ja, jetzt gehen, und sich in einer vergangenen Epoche der Geschichte inkarnieren.

Das ist wieder eine Redensart.

Inkarnieren? – Nein. Man kann die Vergangenheit wiederleben, das ja, sehr leicht, sehr leicht.

Ich hatte wiederholt eine Erfahrung, in der ich die Vergangenheit wiederlebte[1] (aber das ist ein Phänomen des Bewußtseins, denn alles bleibt erhalten und besteht irgendwo weiter), mit einem Willen – der das Zeichen einer Macht wäre –, sie zu verändern. Ich weiß nicht wie, aber im Augenblick, als ich es wiederlebte, anstatt das Aufbewahrte wiederzuleben, drang eine Macht ein, daß diese Vergangenheit anders sei. Ich rede nicht davon, die Folgen der Vergangenheit zu verändern (das ist offensichtlich und geschieht die ganze Zeit), aber das war es nicht einmal: es war die Macht, die eigentlichen Umstände zu verändern (keine völlig materiellen Umstände, aber im Subtilphysischen, mit psychologischen Übertönen). Und weil der Wille da war, bedeutete es für das Bewußtsein, daß es wirklich geschah: das heißt, anstatt in einer bestimmten Weise abzulaufen, verliefen die Umstände anders. Folglich muß das etwas Wirklichem entsprechen, sonst hätte ich diese Erfahrung nicht gehabt. Das war kein Ergebnis einer Einbildung, nicht etwas, das man denkt und „gerne hätte", daß es anders sei – nein, es war ein Phänomen des Bewußtseins: das Bewußtsein durchlebte erneut bestimmte Umstände (die völlig lebendig sind und in ihrem Bereich weiterbestehen, das ist offensichtlich), aber es durchlebte sie mit der Macht und dem Wissen, das mein Bewußtsein sich seit jener Zeit angeeignet hat, und mit der Macht, jenen Augenblick zu verändern. In die Szene (wenn man es so nennen kann) oder in die wiedererlebten Umstände trat eine neue Macht ein, durch die es auf diese Weise ausging anstatt auf jene. Diese Erfahrung hatte ich mehrere Male, und es überraschte mich – kein Phänomen mentaler Einbildung (das ist etwas völlig anderes).

Das öffnet das Tor für alles.

Aber es ist aus der Vergangenheit.

Ist die Vergangenheit... Sie bleibt irgendwo gegenwärtig, das wissen wir, und vielleicht kann sie durch diese Tatsache an der (für uns) fortschreitenden Bewegung der universellen Veränderung in der Manifestation teilnehmen? – Es gibt keinen Grund, daß dies nicht so sei.

Aber sie bleibt durch ihre Folgen gegenwärtig?

Nein-nein! Die Vergangenheit AN SICH. Die Vergangenheit selber. Nicht durch ihre Folgen, das ist etwas anderes: an sich. Und zwar in der IRDISCHEN Atmosphäre (nicht auf der materiellsten Ebene, aber sehr-sehr nah, sehr nah).

---

1. Eine Vergangenheit in einem früheren Leben.

Ich habe einen Eindruck, den man als taktil bezeichnen könnte, daß der Gehalt der subtilen Atmosphäre zunimmt. Das ist nicht Teil des materiellen Raumes, wie wir ihn uns vorstellen oder ganz materiell sehen, wo man eine Sache fortbewegen muß, um eine andere an ihren Platz zu setzen *(Mutter verschiebt ein Radiergummi auf dem Tisch)*, und auch das *(lachend)* ist, glaube ich, noch eine Illusion! Das ist so, weil es uns so ERSCHEINT! Also nicht auf der ganz materiellen Ebene, sondern dicht dahinter oder darin (wie das beschreiben?)... da nimmt der Gehalt zu. Und weil das in den inneren Dimensionen liegt, kann es fast unendlich zunehmen. Diese Dinge verzahnen sich, immer mehr: dort, wo es früher ein Bewußtseinsphänomen war, können jetzt Hunderte in den inneren Dimensionen verschachtelt sein. Das heißt, wenn wir als Beispiel unsere kleine, winzig kleine Erde nehmen, so wird sie immer dichter und reicher an allem, was seit dem Anfang ihrer Entstehung geschah – weil alles dort ist, dort bleibt.

Eigentlich, sobald man nicht mehr vollkommen gebunden durch die materiellen Sinnesorgane ist... Ich habe zum Beispiel immer mehr die Erfahrung, daß sich die Beschaffenheit der Sicht verändert. Vor ein oder zwei Tagen (jedenfalls vor sehr kurzer Zeit) saß ich im Badezimmer und trocknete mein Gesicht, bevor ich hinausging. Dann hob ich die Augen (ich saß vor einem Spiegel, aber meistens schaue ich mich nicht an), ich hob die Augen und schaute, und ich sah viele Dinge *(Mutter lacht sehr belustigt)*... In diesem Augenblick hatte ich eine Erfahrung und sagte mir: „Ah, das ist der Grund, warum meine Sicht vom rein materiellen Standpunkt *blurred*, etwas verschwommen erscheint!" Denn das, was ich sah, war SEHR VIEL deutlicher und ausdrucksvoller. Da erinnerte ich mich, daß ich mit diesen anderen Augen sehe, wenn ich meine Leute beim Balkondarshan sehe und erkenne (ich erkenne alle). Und diese Sicht (aber mit offenen Augen!) ist... eine andere Art zu sehen.

Wenn ich in *The Yoga of Self-Perfection* zu diesem Thema komme, werde ich studieren, was Sri Aurobindo darüber sagt. Er sagt, daß sich an einem bestimmten Punkt die Sinne verändern – man benutzt nicht die Sinne einer anderen Ebene (das ist klar, wir hatten schon immer Sinne auf allen Ebenen), nein, dies ist völlig anders: die Sinne SELBER verändern sich. Er kündigt das an, er sagt, das wird kommen. Aber ich glaube, so fängt es an.

Der INHALT ist anders, mein Kind. Ich sehe... ich sehe, aber... Der Bewußtseinszustand einer Person verändert zum Beispiel ihr physisches Aussehen, für meine PHYSISCHEN Augen. Dabei handelt es sich nicht um die gewohnte Psychologie, wo man euch sagt, daß eure Gefühle euren Gesichtsausdruck beeinflussen; keine solche

Banalitäten: der INHALT dessen, was ich sehe, ist anders. Die Augen desjenigen, den ich ansehe, sind nicht dieselben. Das ist ziemlich... Ich könnte es nicht zeichnen, aber wenn ich es malte, würde es vielleicht etwas wiedergeben (das Wiedergabemittel müßte selber etwas verschwommen sein, nicht zu präzise). Die Augen sind nicht genau dieselben, auch das restliche Gesicht nicht, sogar die Farbe und die Form – darum muß ich manchmal auch zögern. Ich sehe meine Leute (ich sehe sie jeden Morgen) und erkenne sie, dennoch sind sie anders, sie sind nicht jeden Tag gleich (manche sind immer-immer gleich, wie ein Stein, aber manche sind nicht immer gleich), bei manchen muß ich gelegentlich sogar zögern: „Ist er es wirklich? Aber dann ist er sehr... Er ist es wohl, aber so erkenne ich ihn nicht deutlich." Meistens stimmt das mit Veränderungen des Bewußtseins überein.

Du siehst, Konklusion: wir wissen nichts.

(Schweigen)

Die unbestreitbare Tatsache ist... (oh, wie das sagen!?) die Ständige Gegenwart – aber „Gegenwart" drückt nichts aus... *(Mutter schweigt lange, dann gibt sie es auf, erklären zu wollen)*
Oh, je mehr man versucht, es einzufangen, um so mehr entgleitet es.

*
* *

(Nach der Lektüre des vorherigen Gesprächs vom 24. Juni über den Tod:)

Weißt du, wir stehen gerade an der Grenze, am Rand: als wäre da ein halb-durchsichtiger Vorhang, man sieht die Dinge auf der anderen Seite, versucht sie zu erfassen, kann es aber noch nicht. Doch es gibt das Gefühl einer solchen Nähe!
Manchmal sehe ich mich auf einmal als eine UNGEHEURE konzentrierte Macht, die drängt-drängt-drängt, in einer inneren Konzentration, um hindurch zu kommen. Das geschieht an jedem beliebigen Ort, zu jeder beliebigen Zeit: ich sehe eine ganze Ansammlung von Bewußtsein, in einer ungeheuren Kraft gebündelt, das drückt-drückt-drückt, um auf die andere Seite zu gelangen.
Wenn wir auf die andere Seite kommen, wird es gut sein.

Juli

4. Juli 1961

*(Im Laufe des Gesprächs erwähnt Mutter nebenbei, daß sie beim
Schreiben ihre Inspiration von Sri Aurobindo erhält, manchmal
auf Französisch und manchmal auf Englisch, dann fügt sie
hinzu:)*

Sri Aurobindo sagte mir, daß er ein früheres Leben in Frankreich
hatte und die französische Sprache ihm wie eine spontane Erinnerung
zurückgekommen sei – er verstand alle Feinheiten des Französischen.
Und deine Arbeit?

Morgen werde ich mit der Lektüre von Savitri anfangen.

Du Glücklicher! Welche Freude!
Weißt du, das ist eine exakte Beschreibung: keine Literatur, keine
Poesie (obwohl die Form sehr poetisch ist), sondern Schritt für Schritt,
Absatz für Absatz, Seite für Seite die exakte Beschreibung – ich habe
das alles wiedererlebt, genau so. Anscheinend (Nolini sagt das) enthält
Savitri auch viele Erfahrungen, die ich Sri Aurobindo erzählt hatte:
viele davon nahm er hinzu. Die erste Version von *Savitri* schrieb er vor
langer Zeit, dann griff er es wieder auf, und Nolini, der die erste Ver-
sion kannte, sagt, er habe viele Erfahrungen hinzugefügt. Das erklärte
mir, warum… plötzlich, wenn ich das lese, erlebe ich die Erfahrung,
und zwar Zeile für Zeile, Seite für Seite.
Die Wirklichkeitsnähe ist überwältigend.
Ich lese gerade den zweiten Teil von *On Himself*, da werde ich meine
Freude haben…

(Schweigen)

Vorgestern abend warst du Teil einer Erfahrung. Nachdem ich
darin gelesen hatte [in *On Himself*], fühlte ich, wie klein wir doch sind
und wie wir uns weiten müssen. Und du warst mit dieser Ausweitung
verbunden, und zwar sehr innig. Sri Aurobindo war dort (du weißt,
daß er dich als seinen Biographen angenommen hat – ich sagte dir
das schon, aber ich wiederhole es, weil ich ständig Beweise dafür
erhalte), und er gab etwas wie eine praktische Demonstration – nicht
intellektuell, sondern praktisch –, wie man vorzugehen habe, um sich
zu weiten, nicht nur sein Bewußtsein, sondern sein ganzes Wesen, bis
zum materiellsten. Du warst damit verbunden: du warst dort zugegen,
und er zeigte dir genauso wie mir, was zu tun war *(Geste, die Grenzen
zu durchbrechen)*.
Darüber war ich sehr froh.

Gut, mein Kind.

7. Juli 1961

(Mutter gibt Satprem eine weiße Zinnie, die sie „integrale Ausdauer" nannte, sowie eine Allamanda, „Sieg", und eine Blüte des „Supramentalen Sieges")

Hier ist ein integraler Sieg. Aber... der Sieg – *der* Sieg. Und das ist der Supramentale Sieg, das heißt der Sieg in ALLEN Einzelheiten.
Sie wachsen in großen Büscheln, viele-viele Blüten zusammen.
Ich lese weiter...

„On Himself"?

Ja, die Erläuterung seines Yogas und was er will, daß wir verwirklichen sollen. Als ich das gestern abend las, sagte ich ihm: „Wie kannst du hoffen, daß wir es hierdrin erreichen!" *(Mutter deutet lachend auf ihren Körper)* Da antwortete er: „Nein, nein, nein! So ist das nicht zu verstehen!... Wir müssen jetzt lernen, durchzuhalten. In zwei- oder dreihundert Jahren reden wir wieder darüber." Ah! *(lachend)* „Gut!" Er sagte: „Wir müssen lernen, durchzuhalten."
Also werden wir lernen, durchzuhalten.
Deshalb gab ich dir diese „Integrale Ausdauer": das ist seine Botschaft.

(Schweigen)

Man kann wirklich nur durchhalten, wenn man den Dingen gegenüber ABSOLUT gleichgültig bleibt – das ist völlig offensichtlich. Man muß absolut so sein *(Geste wie ein stilles Meer)*. Plötzlich erreicht man einen bestimmten Zustand, wo man den Eindruck hat: das kann für immer so währen – es hat keinerlei Bedeutung, das geht weiter und weiter und weiter und weiter... *(Mutter breitet ihre Arme aus, als schwebe sie auf einem unermeßlichen Meer ins Endlose)* für immer. Diesen Zustand hatte ich sehr oft. Dort spürt man wirklich... Doch man muß das HIER haben, hierdrin *(Mutter klopft auf ihre Knie)*, nicht im Kopf (im Kopf ist es sehr leicht), der Körper muß das finden. Wenn der Körper das

erlangt, dann empfindet er nichts mehr als angenehm oder als unangenehm – er verspürt keinen Genuß, keine Abscheu, kein Unbehagen, nichts: er ist in einem Zustand, oh!... *(selbe Geste wie ein stiller Ozean)*
Das ist sehr interessant.

Das geschieht sehr häufig beim Balkondarshan, denn dort konzentriere ich mich auf... das herabkommende Licht; deshalb wird der Körper oft völlig unbewegt.
Auf die Weise kann man durchhalten.
Gut, an die Arbeit.

(Mutter nimmt den Text von „Thoughts and Aphorisms")

Hast du eine Frage mitgebracht?

Ja.

Ah, ich sah T, und sie erklärte mir, sie fände es zu schwer [Fragen über Sri Aurobindos *Aphorismen* zu stellen], weil es ihr immer als dasselbe erschien! Deshalb hat sie keine Fragen. Also entschieden wir, daß sie mir keine Fragen mehr stellt, außer wenn zufällig irgend etwas einmal eine Frage in ihr weckt. Sonst wird sie keine Fragen mehr stellen. *(Mutter seufzt erleichtert)*

63 – Gott ist groß, sagen die Mohammedaner. Ja, Er ist so groß, daß Er es sich leisten kann, schwach zu sein, wenn auch das nötig sein sollte.

64 – Oft versagt Gott in seinem Wirken; dies ist das Zeichen Seiner grenzenlosen Gottheit.

65 – Weil Gott unbesiegbar groß ist, kann Er es sich leisten, schwach zu sein; weil Er unwandelbar rein ist, kann Er unbescholten der Sünde frönen; Er kennt ewig alle Wonne, deshalb schmeckt Er auch die Wonne des Schmerzes; Er ist unveräußerlich weise, deshalb versagt Er sich nicht die Torheit.

Läßt sich wirklich sagen, daß Gott schwach sei oder daß Gott versagt? Geschieht das wirklich? Oder ist das nur sein Spiel?

So ist das nicht, mein Kind! Das ist ja gerade die Entstellung der modernen westlichen Haltung, im Gegensatz zur Haltung der Antike – nicht der Antike, aber die Haltung der Gita. Dem westlichen Geist fällt es äußerst schwer, in lebendiger und konkreter Weise zu begreifen, daß ALLES das Göttliche ist. Sie sind so sehr durchdrungen von der christlichen Einstellung des „Schöpfergottes": die Schöpfung steht auf der einen Seite und Gott auf der anderen! Wenn man es nähert ansieht, muß man das verwerfen, aber... es hat die Gefühle, die Empfindungen durchdrungen. Deshalb verleiht man Gott spontan, instinktiv, fast unbewußt all jene Eigenschaften, die man für die besten, die schönsten hält, und insbesondere jene, die man selber erreichen und verwirklichen möchte (natürlich verändert jeder den Gehalt seines Gottes entsprechend seinem eigenen Bewußtsein, doch es ist immer das, was er für das Beste hält). Genauso instinktiv und spontan und unterbewußt schockiert einen da der Gedanke, daß die Dinge, die man nicht mag oder nicht gutheißt oder die einem nicht als das Beste erscheinen, auch Gott seien.

Ich drücke es absichtlich etwas kindlich aus, um es klar verständlich zu machen, aber so ist es. Ich bin mir sicher, weil ich es LANGE zeit an mir selber beobachtete, und ich mußte... Wegen der ganzen unterbewußten Bildung der Kindheit, wegen dem Milieu, der Erziehung, usw., muß man all dem *(Mutter berührt ihren Körper)* das Bewußtsein der Einheit EINHÄMMERN: die absolute, AUSSCHLIESSLICHE Einheit des Göttlichen – ausschließlich im Sinne, daß nichts existiert außer in dieser Einheit, sogar die scheinbar abstoßendsten Dinge.

Auch Sri Aurobindo mußte dagegen ankämpfen, weil auch er diese christliche Erziehung erhielt. Diese Aphorismen sind das Ergebnis – wie das Erblühen einer Blume – der Notwendigkeit, gegen eine unterbewußte Formation zu kämpfen. Und das führt zu diesen Fragen *(Mutter nimmt einen empörten Ton an):* „Wie kann Gott schwach sein? Wie kann Gott ein Narr sein? Wie..." – Es gibt aber nichts anderes außer Gott! Nichts existiert als Er, außer Ihm gibt es nichts. Und wenn uns etwas häßlich erscheint, dann einfach weil Er nicht mehr will, daß es sei: Er ist dabei die Welt darauf vorzubereiten, daß es nicht mehr manifestiert sei, daß die Manifestation von diesem Zustand zu etwas anderem übergehe; alles in uns, was aus der aktiven Manifestation ausscheiden soll, verwerfen wir natürlich mit Heftigkeit. Es entsteht eine Bewegung der Zurückweisung.

Aber das ist Er. Es gibt nichts anderes als Ihn! Das ist es, man müßte es von Morgen bis Abend wiederholen, von Abend bis Morgen, weil man es jede Minute wieder vergißt.

Es gibt nur Ihn, es gibt nichts anderes als Ihn – nichts existiert als Er, es gibt keine Existenz ohne Ihn, es gibt nur Ihn!

(Schweigen)

Etwas später kommen einige Reflexionen... *(Mutter blättert weiter und hält beim folgenden Aphorismus inne)*... oh! Er sagt so schöne Dinge:

> 68 – Das Gefühl der Sünde war notwendig, damit dem Menschen seine eigene Unvollkommenheit zuwider werde. Es war Gottes Gegenmittel zum Egoismus. Doch des Menschen Egoismus begegnet Gottes Mittel, indem er sich nur sehr unterschwellig für seine eigenen Sünden interessiert, aber sehr heftig für die der anderen.

(Mutter lacht) Wunderbar!

Doch die Tatsache bleibt. Eine solche Frage zu stellen heißt noch, die Einstellung jener anzunehmen, die eine Trennung zwischen göttlichen Dingen und nicht-göttlichen Dingen bilden, oder anders gesagt zwischen dem, was Gott ist, und dem, was nicht Gott ist. „Wie kann Er schwach sein?..." – So eine Frage kann ich einfach nicht stellen.

Das verstehe ich gut. Aber man redet von Lila, vom göttlichen Spiel, das heißt doch, daß Er irgendwie Abstand nimmt, daß er nicht wirklich „teilnimmt" – daß er nicht am Spiel teilnimmt, sondern es beobachtet.

Doch-doch, Er *ist* es! Er ist es völlig. Das Spiel ist er selber.

Wir sagen Gott, aber wir müssen im Auge behalten, daß es all die verschiedenen Bewußtseinsebenen gibt, und wenn wir von Gott und von seinem Spiel reden, meinen wir Gott in seinem transzendenten Zustand, außerhalb von allem, außerhalb aller Grade der Materie, und wenn wir vom Spiel reden, meinen wir Gott in seinem materiellen Zustand. Folglich sagen wir: Gott als Transzendenter beobachtet und spielt (in sich, für sich und mit sich selber) sein materielles Spiel.

Aber die Sprache – jegliche Sprache – ist eine Sprache der Unwissenheit. Unsere gesamte Ausdrucksweise, alles, was wir sagen, und die Art, wie wir es sagen, gehört unumgänglicherweise der Unwissenheit an. Deshalb ist es ja so schwierig, etwas auszudrücken, das konkret wahr wäre; es würde Erklärungen erfordern, die wiederum voller Falschheit wären (natürlich) und die jedenfalls äußerst langwierig wären. Deshalb sind Sri Aurobindos Sätze auch manchmal sehr lang, eben weil er aus dieser unwissenden Sprache herauszukommen versucht.

Die Art zu denken ist falsch!

Alle Gläubigen, alle Getreuen (besonders die des Westens) denken, wenn sie von Gott sprechen, daß Er „etwas Anderes" ist. Sie meinen, daß Er nicht schwach, häßlich, unvollkommen sein kann, daß Er etwas Makelloses ist – sie denken falsch: sie teilen und trennen. Das unterbewußte Denken (mit unterbewußtem Denken meine ich ein unüberlegtes Denken: man ist es gewohnt, so zu denken, also denkt man so) verbindet mit dem Wort „Vollkommenheit" im allgemeinen das Gefühl oder die Vorstellung oder das Konzept von allem, was man für tugendhaft, göttlich, schön, bewundernswert hält – aber das stimmt überhaupt nicht! Die Vollkommenheit bedeutet etwas, in dem nichts fehlt. Die göttliche Vollkommenheit bedeutet eine Gesamtheit. Die göttliche Vollkommenheit ist die Gesamtheit des Göttlichen, von dem nichts entfernt wurde – das ist genau das Gegenteil! Für die Moralisten besteht die göttliche Vollkommenheit in all den Tugenden, die sie vertreten!

Aus der wahren Sicht ist die göttliche Vollkommenheit das Ganze *(umfassende Geste)*, und die Vollkommenheit besteht gerade darin, daß in diesem Ganzen nichts fehlen darf.[1] Folglich läßt sich sagen, daß jedes Ding an seinem Platz ist, genau das, was es sein soll, und daß die Beziehungen zwischen den Dingen auch genau so sind, wie sie sein sollen.

Aber die Vollkommenheit stellt nur eine Annäherungsweise an das Göttliche dar, die Einheit ist eine andere. Mit der Vollkommenheit wählt man einen umfassenden Standpunkt: alles ist darin enthalten und alles ist, wie es sein soll – „sein soll" heißt, der vollkommene Ausdruck des Göttlichen (man kann nicht einmal sagen „seines Willen", denn „sein Wille" wäre wieder etwas außerhalb von Ihm!).

Man könnte es folgendermaßen ausdrücken (aber auch das ist noch sehr reduziert): Es ist, was Es ist, und genau so, wie Es sein will (mit dem „wie Es sein will" sind wir schon etliche Stufen abgesunken!). Aber das vermittelt diesen Aspekt der „Vollkommenheit".

Die göttliche Vollkommenheit bedeutet das Unendliche und die Ewigkeit, das heißt, daß alles außerhalb von Zeit und Raum koexistiert.

(Schweigen)

---

1. *Später erläuterte Mutter:* Es kann unmöglich etwas fehlen, weil es unmöglich irgend etwas geben kann, das nicht Teil dieser Gesamtheit ist. Nichts kann sein, das nicht dieser Gesamtheit angehört. Ich nehme dies in seiner höchsten Bedeutung. Laß es mich erklären: In einem gegebenen Universum kann es vorkommen, daß nicht alles darin enthalten ist, weil ein Universum nur eine Art der Manifestation ist. Aber es gibt alle möglichen Universen. Deshalb kehre ich immer wieder zum selben Punkt zurück: es kann nichts geben, das nicht Teil dieses Ganzen ist. Geben wir diesem Ganzen zum Beispiel den Namen „Gott", dann kann es nichts geben, das nicht Teil von Ihm wäre. Die Worte sind sehr beschränkt. *(Geste auf Bodenhöhe)*

Während ich in meinem Zimmer auf und ab schritt, kam mir eine Reihe von Invokationen oder Gebeten[1] (ich wählte sie nicht, sie wurden mir eingegeben), in denen ich den Herrn anflehe, seine Vollkommenheit zu manifestieren (ich sehe durchaus die Torheit meiner Ausdrucksweise, aber sie entspricht einer Aspiration[2]). Mit „manifestieren" meine ich, die Vollkommenheit in dem zu manifestieren, was uns als materielle, physische Welt erscheint, das heißt, diese Welt zu transformieren. Bei jeder dieser Invokationen kommt im Augenblick, wo ich sie ausspreche, das entsprechende Gefühl der Annäherungsweise, deshalb kann ich jetzt diese Rede über die Vollkommenheit halten, denn die Vollkommenheit ist eine dieser Annäherungsweisen. Ich sage Ihm: „Manifestiere dies, manifestiere das, manifestiere Deine Vollkommenheit..." (das ist eine ganze Liste, ich brauche eine ganze Weile dazu), und jedesmal, wenn ich sage: „Manifestiere Deine Vollkommenheit", habe ich eine Art bewußte Vergegenwärtigung, was diese Vollkommenheit ist: etwas Umfassendes.

Ähnlich ist es mit dem Wort „Reinheit" – ich könnte endlose Reden halten über den Unterschied zwischen der göttlichen Reinheit und dem, was die Leute Reinheit nennen. Die göttliche Reinheit bedeutet (ganz unten in der Skala), nur einen einzigen Einfluß zuzulassen: den Göttlichen Einfluß. Das ist ganz unten. (Aber auch das ist bereits eine schreckliche Entstellung.) Die göttliche Reinheit heißt: es gibt nur das Göttliche, nichts anderes; es ist vollkommen rein, es gibt nichts anderes als Ihn.

Und so geht es weiter.

Dies ist das dritte Jahr [von Mutters Japa] – jetzt fängt es an, sehr klar zu werden.

*
* *

Was wollen wir jetzt tun?

Sprich über deine Erfahrung.

Ich könnte mich leicht wiederholen.

Nein, niemals! Es ist jedesmal eine neue Erfahrung – niemals dasselbe.

---

1. Siehe „Die Gebete des Zellbewußtseins", *Agenda* Bd. 1, S. 307
2. Nachdem Mutter gesagt hatte: „alles ist, wie es sein soll... das Göttliche ist, was Es ist, und genau so, wie Es sein will", sollte es eigentlich nicht nötig sein, Ihn „anzuflehen", seine Vollkommenheit zu manifestieren.

Ja, ich bewundere die Leute, die dieselbe Erfahrung mehrmals machen – ich konnte das nie. Eine Zeitlang versuchte ich es, aber dann erkannte ich, daß das idiotisch ist, deshalb lasse ich es. Ich konnte nie zweimal dieselbe Erfahrung machen – nie. Ich bewundere die Leute sehr, die etwas verwirklichen und es bewahren, aber ich konnte das nie.

Die Erfahrung, die ich dir erzählte, als ich dir sagte: „Ich habe dir etwas zu sagen" [vom 24.1.61], war wirklich sehr erfreulich, und ich versuchte, sie wiederzubekommen – es gelang nicht. Wenn ich es versuche (wenn etwas in mir darauf beharrt, die Erfahrung wiederzufinden), sehe ich jedesmal ein großes Lächeln und etwas sagt mir: „Nein, nein! Laß los! Du wirst sehen, du wirst sehen..." – Dann lasse ich mich gehen.

Gut, das reicht. Reicht dir das?!

Und du, was tust du?

Ich lese wieder „Savitri".

Du Glücklicher! Ich würde es auch gerne wieder lesen.

Je weiter man darin liest, um so wunderbarer wird es.

12. Juli 1961

(Über das vorherige Gespräch, wo Mutter über die göttliche Vollkommenheit und ihre Invokationen während des Japas sprach, in denen sie das Göttliche anfleht, sich unter seinen verschiedenen Aspekten zu manifestieren:)

… Aber die Vollkommenheit ist nur eine Perspektive, eine besondere Art, sich dem Göttlichen zu nähern, und es gibt unzählige Aspekte und Seiten – unzählige Annäherungsweisen zum Göttlichen. Ich zum Beispiel habe das Gefühl der Einheit, wenn ich beim Japa gehe (ich erzählte dir schon all die verschiedenen Dinge, die ich dabei erwähne: Wille, Wahrheit, Reinheit, Vollkommenheit, Einheit, Unsterblichkeit, Ewigkeit, Unendlichkeit, Schweigen, Frieden, Dasein, Bewußtsein usw., die Liste ist lang). Wenn man einen dieser Aspekte wählt und sich dem Göttlichen wirklich nähert oder mit ihm dadurch in Verbindung tritt, dann erkennt man, daß sich diese Aspekte nur in ihrer äußersten Form unterscheiden, daß die Verbindung aber dieselbe ist. Das ist ungefähr wie wenn man einen Punkt oder eine Kugel umkreist und sie von verschiedenen Winkeln sieht, wie durch ein Kaleidoskop; sobald man sie aber berührt, ist es überall gleich.

Es gibt fast unendlich viele verschiedene Ansätze. Jeder folgt dem seinem Temperament gemäßen Pfad.

Dieses Japa wurde mir fertig geformt eingegeben, es kam überhaupt nicht von hier *(Geste zum Kopf)*. Ich könnte nicht einmal die Reihenfolge einer dieser Aspekte ändern, etwas wie ein Wille widersetzte sich jeder Änderung. Das ist eine lange Liste, die einem Gesetz folgt, das wahrscheinlich den Bedürfnissen der Entwicklung dieses Bewußtseins oder seiner Arbeit entspricht (ich nehme es an – ich habe nicht versucht zu wissen), jedenfalls ist es wie ein Gesetz, daß man nicht einmal ein Wort versetzen kann, weil das keine bloßen Worte sind: das sind vollständige Bewußtseinszustände. Es endet mit:

„Manifestiere deine Liebe!"

Das ist der äußerste Gipfel der Möglichkeiten der Manifestation. Dies wollte ich dir sagen.

15. Juli 1961

Bevor ich herunter kam, wollte ich eine kurze Notiz aufschreiben. Diese Notiz... ist das Ergebnis all dessen, was gerade geschieht. Sie war fast der Ausdruck eines Protestes. Ich dachte: Ein Heiliger oder ein Weiser zu sein ist schließlich nicht so schwierig! *(Mutter lacht)* Aber die supramentale Transformation, das ist eine ganz andere Angelegenheit!

Es wurde sehr akut seit...[1] In den letzten Tagen habe ich nichts mehr gelesen, weil ich nach all meiner Korrespondenz eine Blutung im einen Auge hatte – die Handschriften bereiten mir Schwierigkeiten, und dies ist das Ergebnis. Deshalb streike ich, ich habe gesagt: „Acht Tage lang lese ich keine Briefe mehr! Ihr könnt mir schreiben, soviel ihr wollte,

---

1. Seit Mutter *On Himself* liest, die Briefe Sri Aurobindos, in denen er über sich selbst spricht – als hätten diese Briefe sie mit allen Schwierigkeiten der Aufgabe in Berührung gebracht.

das ist mir gleich, ich lese nichts mehr." Aber kurz bevor ich aufhörte (ich habe nur drei Tage aufgehört), hatte ich etwas gelesen, wo Sri Aurobindo deutlich erklärt, was er unter „supramentaler Transformation" versteht, und seine eigene Erfahrung und Arbeit beschreibt. Das war für mich eine Bestätigung und erklärte mir viele meiner Erfahrungen seit der des Aufsteigens des Körpers [vom 24.1.61] (der Aufstieg des Körperbewußtseins und die darauffolgende Herabkunft der supramentalen Kraft in den Körper). Kurz darauf ging alles... Äußerlich, aus der Sicht des gewohnten Bewußtseins wurde ich krank, aber das ist eine idiotische Redeweise: ich wurde nicht krank! Alle nur möglichen Schwierigkeiten im Unterbewußtsein des Körpers erhoben sich auf einmal – es mußte so kommen, und wahrscheinlich war das auch Sri Aurobindo passiert: jetzt verstehe ich! Das ist kein Witz! Ich hatte mich gefragt, warum all diese Dinge ihn so wütend befielen – jetzt verstehe ich! Denn ich erlebe denselben Angriff.

Im Grunde handelt es sich dabei um all das, was im materiellen Bewußtsein noch von Angriffen der gegnerischen Kräfte berührt werden kann, nicht direkt im Bewußtsein des Körpers, aber man könnte sagen in der Substanz, so wie sie vom Mental angeordnet wurde: die ersten Regungen des Mentals im Leben, das, was den Übergang vom Tier zum Menschen ausmacht – die erste Mentalisierung der Materie. (Wahrscheinlich gäbe es ähnliche Schwierigkeiten im Tier, aber darum geht es hier nicht: beim Tier findet nicht der Versuch statt, es zu supramentalisieren, folglich ist dort alles in Ordnung.) Etwas protestiert dort, und durch seinen Protest verursacht es natürlich die Störungen. In letzter Zeit sah ich... Dieser Weg wurde noch von niemandem begangen! Sri Aurobindo war der erste, und er ging, bevor er uns sagte, was er tat. Ich muß mir wirklich einen Pfad durch den Dschungel schlagen – schlimmer als im Dschungel.

Seit zwei Tagen habe ich jetzt das Gefühl, ÜBERHAUPT NICHTS zu wissen. (Dieses Gefühl hatte ich schon sehr lange, aber jetzt wurde es sehr akut, so wie es in Augenblicken der Krise ist, kurz bevor die Dinge sich ändern – oder sich klären oder bersten oder...) Ich glaube nicht, daß es viele Leute gibt, die das vom rein materiellen, chemischen, biologischen, medizinischen oder therapeutischen Gesichtspunkt verstehen (vielleicht gibt es welche?), jedenfalls scheint mir das noch nicht ganz klar zu sein – ich zumindest weiß es nicht. Auf der yogischen Ebene (ich will nicht sagen spirituell, denn das war der erste Teil meiner Sadhana) ist es sehr leicht, ein Heiliger zu sein! Es ist sogar sehr leicht, ein Weiser zu sein: ich habe das Gefühl, damit geboren worden zu sein, so spontan und natürlich und einfach erscheint mir das. Man weiß alles, was zu tun ist, und man tut es ebenso leicht, wie man es weiß, das ist eine Kleinigkeit. Aber diese Transformation der Materie!... Was ist zu tun? Wie ist es zu tun? Was ist der Weg?

Gibt es überhaupt einen Weg? Gibt es eine Vorgangsweise? – Wahrscheinlich nicht.

(Schweigen)

Man kann in diesem Zustand verharren, wo alles Der Höchste ist, alles wunderbar ist, alles prachtvoll ist, alles wunderbare Liebe ist, alles... tiefe Freude ist (und das ist ein unwandelbarer Zustand, unveränderlich: in jedem Augenblick ist er da), aber dann widerlegt die Materie des Körpers *Das* mit allen nur möglichen Torheiten: die Sicht versagt, die Kräfte schwinden, Schmerzen hier, Schmerzen dort, Störungen, Schwächen – Unzulänglichkeiten aller Arten. Aber GLEICHZEITIG, was auch immer ihm widerfährt, antwortet der Körper: „O HERR, Deine Gnade ist unendlich." Dieser Widerspruch ist SEHR beunruhigend.

Ich weiß genau (weil ich die Erfahrung hatte), wenn man sich damit begnügt, ein Heiliger oder ein Weiser zu sein, geht alles gut, solange man nur die richtige Einstellung bewahrt: der Körper wird nicht krank oder selbst wenn er angegriffen wird, erholt er sich sehr leicht, alles geht gut... SOLANGE MAN NICHT DIESEN WILLEN ZUR TRANSFORMATION HAT. Die Störungen sind der Protest gegen den Willen zur Transformation. Solange man sagt: „Schön und gut, sollen die Dinge bleiben, wie sie sind, das ist mir gleichgültig, ich bin vollends zufrieden in meinem verklärten Zustand", dann fühlt sich der Körper zufrieden!

Das ist die Schwierigkeit: die Einführung von etwas völlig Neuem in diese Materie, da protestiert der Körper.

Als ich die Natur „befragte" und sie mir ihre Mitarbeit zusagte,[1] dachte ich, diese Schwierigkeit wäre überwunden – viele Dinge verbesserten sich auch beträchtlich (EIN TEIL der Natur arbeitet mit) –, aber nicht hier. Klarerweise stammt dies vom Unterbewußten und Unbewußten (überall, wo das Bewußtsein zugegen ist, geht es gut), es quillt von unten herauf, ständig, die ganze Zeit – und mit widerwärtiger Beharrlichkeit.

Natürlich wird das von all den gewohnten Suggestionen begleitet (aber das ist nichts, das kommt von einem Bereich, der leicht zu beherrschen ist). Suggestionen der Art: „Sieh doch, Sri Aurobindo selber hat es nicht geschafft!" (Ich weiß, warum er es nicht tat, aber die anderen wissen es nicht.) Alle gegnerischen Vibrationen benutzen das

---

1. Erfahrung vom 8.11.1957. Mutter kommentierte diese Erfahrung im Gespräch des 1.1.1958 (siehe *Agenda* Bd. 1, S. 129)

natürlich: „Wie kannst du auf Erfolg hoffen, wo er versagte!" Aber...
darauf habe ich stets dieselbe Antwort: „Wenn der Herr mir sagt: „Es
ist vorbei", werde ich wissen, daß es vorbei ist; dann ist es vorbei, und
das ist mir egal!" Dann hören sie damit auf.

Das hält sie aber nicht davon ab, wieder anzufangen! Das kam
besonders, nachdem ich diese Stelle von Sri Aurobindo las, wo er
bestätigt: „DIESMAL bin ich DAFÜR gekommen – und ich werde es tun."
Als ich das eines Tages las, stellte ich ihm nicht direkt die Frage, aber
ich wandte mich zu ihm, da antwortete er: „Lies das Buch bis zum
Ende!" Und ich weiß selber, daß es wahr ist: wenn ich das Buch zu
Ende gelesen habe, werde ich verstehen, was er tat, und ich werde auch
diesen Suggestionen begegnen können. In der Zwischenzeit versucht
alles, was dagegen ist, mich daran zu hindern; alle diese dunklen
und unterbewußten Willenskräfte tun ihr bestes, um mich vom Lesen
abzuhalten, sie gaben mir sogar diese Blutung im Auge.

Weil ich denke (ich weiß nicht, ob ich es mit Recht tue), daß der Arzt
in dieser Beziehung mehr Erfahrung besitzt als ich, daß er vom the-
rapeutischen und biologischen Standpunkt etwas mehr weiß als ich,
zeigte ich ihm mein Auge und fragte ihn, ob ich lesen kann. Er sagte:
„Lieber nicht lesen, bis es weggeht." Und er empfahl mir, die Augen in
Glukose zu baden (ich gebe das als Rat an alle weiter, die müde Augen
haben: die Glukose zu gleichen Teilen mit etwas wie unserem „blauen
Wasser" vermischen – flüssige Glukose in Ampullen, wie sie auch für
Spritzen verwendet wird –, die Ampulle öffnen und beides in eine
Augenbadetasse geben). Ich habe es bereits versucht und fand, daß es
die Augen sehr stärkt. Ab morgen werde ich es regelmäßig tun.

Was veranlaßte Sri Aurobindo, aufzuhören?

Er hat nicht aufgehört.
Du meinst physisch aufzuhören?

Ja, was veranlaßte ihn dazu?

Er entschied, daß er gehen mußte.
Wir versuchten alles – ich insbesondere setzte alle meine Macht
daran, ihn am Weggehen zu hindern, und das verursachte ihm großes
Leiden, denn... er WOLLTE gehen, er hatte es entschieden – „er": der
Höchste Herr entschied, wegzugehen.

*Aber warum gerade diese Unterbrechung? Er war doch dafür
gekommen.*

Aber nichts ist unterbrochen worden! Das ist es ja, er weigert
sich anzuerkennen, daß es eine Unterbrechung gab. Nichts wurde

unterbrochen. Er kam dafür, und er ordnete die Dinge so an, damit...
um die besten Erfolgschancen zu geben („chancen" ist eine Redeweise),
die besten Möglichkeiten. Um alle Trumpfe auf unserer Seite zu haben.

(langes Schweigen)

Wenn ich jetzt wegginge, dann kann ich sagen, daß es tatsächlich
eine Unterbrechung wäre, denn im Moment sehe ich niemanden, der
weitermachen könnte. Aber die Chancen stehen gut... Wir werden ja
sehen...
Wir werden sehen.
Alles hängt vom Gleichgewicht ab (nicht Gleichgewicht: vom Anteil),
vom Ausmaß des Widerstands in der Substanz und vom Ausmaß der
Macht.

*Aber handelt es sich dabei um rein materielle Widerstände oder
sind es gegnerische Kräfte?*

Nein, sobald man die Materie verläßt, haben die gegnerischen
Kräfte kein BISSCHEN Macht – NICHTS.

Es ist in der Materie?

In der Materie, eine fast unbewußte Materie.

Sie liegen in der unbewußten Materie?

Um es genauer auszudrücken: sie machen die Unbewußtheit der
Materie aus! „Gegnerisch" ist nur unsere Art zu reden.
Verstehst du... *(Mutter setzt an, etwas zu sagen, dann unterläßt sie
es)*. Jetzt ist nicht der Augenblick, diese Dinge zu sagen.
Wir werden sehen.

(Schweigen)

Wie ich schon anfangs sagte, für einen Heiligen oder Weisen hat
das Körpergebilde nur eine sehr begrenzte, zweitrangige Bedeutung.
Doch für diese supramentale Arbeit ist die Beschaffenheit des Körpers
von beinahe entscheidender Bedeutung, und zwar keineswegs vom
Standpunkt der spirituellen Elemente oder der mentalen Kraft – diesen
Dingen fällt ÜBERHAUPT KEINE Bedeutung zu –, sondern das Bedeutende
ist die Fähigkeit durchzuhalten und zu überdauern.
In dieser Hinsicht ist mein Körper unbestreitbar besser beschaffen
als Sri Aurobindos.
Hier lag das eigentliche Problem. Denn die Vereinigung der beiden
[Sri Aurobindo und Mutter] war fast ein Kinderspiel – ob ich mich

mit ihm verschmelze oder er mit mir, war nicht das Problem, das war nicht schwierig. Und dieser Punkt (und viele andere auch, die zu erwähnen jetzt noch nicht an der Zeit ist) war Gegenstand zahlreicher Diskussionen, denn wir sahen... gewisse Bedingungen waren zu berücksichtigen, und ich sagte ihm, daß ich ohne jegliches Bedauern und mit großer Leichtigkeit diesen Körper verlassen würde, um mich mit ihm zu verbinden (dies sagte ich ihm nicht nur in Gedanken, sondern ausgesprochen). Er antwortete mir auch mit ausgesprochenen Worten: *Your body is indispensable for the Work. Without your body the Work cannot be done* [Dein Körper ist unerläßlich für Die Arbeit. Ohne deinen Körper kann Die Arbeit nicht getan werden]. Dann sagte ich nichts mehr – es war nicht mehr meine Angelegenheit, das Thema war abgeschlossen.

Dies war 1949 gesagt worden, also etwas mehr als ein Jahr, bevor er ging.

(Schweigen)

Und es ist wirklich so.

Doch jetzt werde ich mit dieser Tatsache konfrontiert... Mit der Unermeßlichkeit oder... Die Arbeit ist so ungeheuer!

Letzten Endes hängt alles vom Höchsten Willen ab, denn schaut man tief genug, bedeuten Ihm selbst die physischen Gesetze und Widerstände nichts. Aber das liegt an der äußersten Grenze, in anderen Worten: daß Sein Wille sich sozusagen im Widerspruch zur Gesamtheit der Gesetze der Manifestation ausdrückt, geschieht nur... in der allerletzten Sekunde. In *Savitri* drückt Sri Aurobindo das so gut aus! Mindestens dreimal beschreibt er das in diesem Buch. Dieser Wille überwiegt gegen sämtliche bestehenden Gesetze und alle Konsequenzen dieser Gesetze und die ungeheure Gesamtheit der Manifestation; damit Das trotz all dem zum Ausdruck gelangen kann, das geschieht an der äußersten...man kann sagen Sekunde, an der äußersten Grenze des Möglichen.

Ich muß gestehen, nachdem Sri Aurobindo mir seine Arbeit überlassen hatte, empfand ich eine Zeitlang etwas wie eine Spannung (nicht gerade Besorgnis), aber eine Spannung, sie zu tun, eine Spannung des Willens. Jetzt ist auch das vorüber *(Mutter breitet ihre Arme ins Unendliche aus)*. Auch das ist vorüber. ABER vielleicht bleibt noch etwas im Unterbewußten oder Unbewußten, das noch angespannt ist – es ist möglich, ich weiß es nicht. Warum? – Ich weiß nicht. Jedenfalls wurde mir zu keiner Zeit gesagt, weder direkt noch von Sri Aurobindo, daß ich bis zum Ende gehen werde. Das wurde mir nie gesagt – auch das

Gegenteil wurde mir nicht gesagt. Mir wurde nichts gesagt. Und wenn ich manchmal nicht direkt eine Frage habe, aber mich zu Dem wende, um zu wissen, ist die Antwort stets dieselbe: „Das geht dich nichts an. Kümmere dich nicht darum." Deshalb habe ich jetzt gelernt, mich nicht darum zu kümmern. Bewußt kümmere ich mich nicht darum.

(Schweigen)

Es kommt dosiert! Mit einer Weisheit!... Ich will damit sagen, das Bewußtsein (auf Englisch würde man *awareness* sagen: nicht genau Bewußtsein, sondern zwischen Bewußtsein und Wahrnehmung), das Bewußtsein der ungeheuren Schwierigkeit der „Sache" wird mir sozusagen tropfenweise gegeben... damit ich nicht davon erdrückt werde.

Aber ich muß beträchtliche Fortschritte gemacht haben, denn in letzter Zeit wird mir die Ungeheuerlichkeit der Sache sehr viel... konkreter dargeboten!... Wie ich dir sagte: es ist so weit, daß mir jegliches spirituelle Leben bei all diesen Leuten und Völkern, die sich seit Anbeginn der Erde bemühten und so große Anstrengungen unternahmen, all das erscheint mir wie nichts, ein Kinderspiel. Es ist nichts: man lächelt und dann... freut man sich. Es ist nichts, überhaupt nichts!...

Auch ist es (um die Dinge in gewöhnlicher Sprache auszudrücken) eine ruhmlose Arbeit, mein Kind! Es gibt keine Ergebnisse, keine Erfahrungen, die einen mit Ekstase oder Freude oder Bewunderung erfüllen, nichts dergleichen – eine schreckliche Mühsal.

Hätte man nicht die klare Vision und die beständige Aspiration in sich, wäre es eintönig, ärgerlich... fahl, grau... uff!

(Schweigen)

Vor einigen Monaten (inzwischen sind es schon mehrere Monate), als der Körper wieder einmal ein Schlachtfeld und voller Hindernisse war und er so schwebte und sich fragte, ob... auf welcher Seite es enden würde (keine intellektuelle Frage, nein, aber eine Art Wahrnehmung, eine Empfindung: Auf welcher Seite wird es landen?), da erfüllten sich plötzlich alle Zellen mit dem Eindruck (und ich weiß, woher das kam): „Wenn wir aus diesem Gebilde aufgelöst werden, wenn diese Verbindung aufgelöst wird, sich nicht mehr halten kann, dann werden wir alle direkt, ganz gerade zu Sri Aurobindo und seiner supramentalen Welt gehen, die dort vor uns liegt." Das war wie eine wunderbare Flamme. Und es herrschte eine solche Freude! Ein solcher Enthusiasmus, eine solche Freude drang in all diese Zellen! Es war ihnen vollkommen gleichgültig geworden, ob sie aufgelöst wurden... „Ach, was kann uns das ausmachen!"

Das bedeutete wirklich eine entscheidende Etappe für die Arbeit der Erleuchtung des Körpers.

Sämtliche Zellen fühlten sich viel stärker als diese blödsinnige Kraft, die sie auflösen könnte. Alles, was man als „Tod" bezeichnet, war ihnen völlig gleichgültig: „Was kann uns das anhaben? Wir gehen DORTHIN, und wir werden bewußt an Sri Aurobindos Arbeit und an der Transformation der Welt teilnehmen. Zwischen den beiden Arten – hier oder dort, so oder so –, welcher Unterschied!"

Ich glaube, das war vor mehr als einem Jahr. Es verließ mich nie mehr. Nie. Alle Besorgnis und gerade all diese bewußte Spannung verschwand.

Nur (es gibt ein „nur" in all dem), herrschte ein großzügigeres Gleichgewicht zwischen einem freien Alleinsein, das ich als „tröstend" bezeichnen könnte, und der Notwendigkeit der kollektiven Arbeit, so gäbe es wahrscheinlich weniger Schwierigkeiten... Ich erinnere mich, ungefähr am Ende des ersten Jahres, nachdem ich nach oben zog [Ende 1958] (vielleicht sogar früher), jedenfalls einige Zeit, nachdem ich mir angewöhnt hatte, beim Japa zu gehen, erlebte ich Zeiten des Gehens!... Verstehst du, wenn es ein persönliches Ziel gegeben hätte, wäre es damit offensichtlich erreicht worden – das ist unbeschreiblich, absolut jenseits aller beschreibbaren Pracht.

In diesem Augenblick erhielt ich den Befehl des Höchsten, der hier anwesend war *(Mutter hält ihre Hände vor ihr Gesicht)*, er sagte mir: „Das ist ein Versprechen für später. Jetzt muß die Arbeit getan werden."

Diese Arbeit ist nicht individuell, sondern kollektiv. Natürlich wurde es, so wie es gesagt wurde, mit Freude angenommen und sofort ausgeführt.

Aber wenn ich mich erinnere, wie diese Erfahrung war, und was ich jetzt erlebe...

(Schweigen)

Jedenfalls ist es etwas Äquivalentes, aber sehr viel Umfassenderes und Vollständigeres und Absoluteres, das Sri Aurobindo tat, als er seinen Körper verließ – denn er besaß die Erfahrung, er hatte das, ich sah ihn, ich sah ihn supramental auf seinem Bett, wie er auf seinem Bett saß.

(Schweigen)

Das schrieb er: ich tue dies nicht für mich individuell, sondern für die gesamte Erde. Und bei mir war es genau dasselbe – oh, was für eine Erfahrung!... Ja, danach zählte nichts mehr: die Leute, die Erde – sogar die Erde hatte keinerlei Bedeutung mehr.

(Die Uhr schlägt)

*
* *

Später, kurz vor dem Weggehen:

Weißt du, der gegenwärtige Zustand gibt einem den Eindruck, daß wir im Grunde überhaupt nichts wissen, nichts, nichts, nichts. Alles andere, alles, was zum spirituellen Leben führt, zur Befreiung, ja, all das ist schön und gut... Aber im Vergleich zum Wissen, das es erfordern würde, um diese Arbeit zu tun...

Vielleicht ist es besser, nicht zu wissen.

Denn offensichtlich kann ich nicht behaupten, meine Erfahrungen wären das Ergebnis einer Aspiration oder eines Willens oder eines mentalen Wissens – ich weiß überhaupt nichts. Ich weiß nichts. Ich weiß nicht, wie es sein sollte, was sein sollte, nichts. Weder, was zu tun ist, noch, was nicht zu tun ist – nichts. Ja, es ist wirklich ein blindes Voranschreiten... *(Geste des Tastens)* in einer Wüste voller Fallen und Schwierigkeiten und allen möglichen Hindernissen – all das ist dort aufgestaut. Man hat verbundene Augen, weiß nichts *(selbe tastende Geste)*, man geht weiter.

Folglich gibt es nur eines zu tun, und zwar so zu sein *(Mutter öffnet ihre Hände nach oben, in einer Geste der Hingabe)*, aber dabei darf man nicht einschlafen! Man darf nicht in einen verklärten Zustand übergehen, wo man... Nein, man muß weitergehen.

Ich weiß nicht, was zu tun ist. Nicht angenehm.

(Mutter steht auf)

Ah, ich habe dir etwas mitgebracht – ich vergaß, es dir zu geben[1] *(Mutter lacht)*!

Das ist Teil einer Erfahrung... Mir ist gesagt worden, daß NICHTS zurückgewiesen werden darf von dem, das Freude ist – eine völlig andere „Freude“, das hat nichts mit dem zu tun, was man Freude nennt, wenn man im Vital lebt, nichts derartiges! *(Lachend)* Eine sonderbare Freude!

---

1. Eine Dose Leberpastete, wenn ich mich recht erinnere!

18. Juli 1961

Aphorismus 66 – Sünde ist das, was früher einmal seinen
Platz hatte, aber jetzt fortbestehend nicht mehr an seinem
Platz ist. Es gibt keine andere Sünde.

Ich fühle keine Inspiration.
Hast du eine Frage?

Es heißt dort, Sünde sei das, was nicht mehr an seinem Platz ist.
Aber hatte zum Beispiel die Grausamkeit je „ihren Platz"?

Genau, was ich mich gerade fragte – ich empfange immer alle Fragen der Leute.

Sofort ergibt sich die Frage: wenn jemand zum Beispiel aus Grausamkeit tötet oder Leid zufügt, war das je an seinem Platz?... Trotzdem
ist es ein Ausdruck des Göttlichen (wir kehren immer zu diesem Punkt
zurück), aber in seiner Erscheinung entstellt.

Kannst du mir vorlesen, was danach kommt?

Sri Aurobindo sagte stets, die Grausamkeit wäre eines der Dinge,
die ihm am meisten zuwider waren, aber er sagt, es ist die Entstellung
einer Intensität, man könnte fast sagen, die Entstellung einer Intensität der Liebe: etwas, das sich nicht mit Mittelmäßigem zufrieden gibt,
sondern Extreme sucht – das ist gerechtfertigt. Nur führt es dann zu
einer Entstellung: das Bedürfnis nach äußerst starken Empfindungen.

Mir war immer klar, das die Grausamkeit, wie der Sadismus, das
Bedürfnis nach extrem gewalttätigen Empfindungen ist, um eine dicke
Schicht von *Tamas*[1] zu durchdringen, die nichts fühlt – es erfordert
das Extreme, um vom Tamas verspürt zu werden. Mir wurde zum
Beispiel immer gesagt (besonders in Japan), daß die Leute des Fernen
Ostens physisch sehr tamasisch sind. Insbesondere die Chinesen sind
eine Rasse, der man nachsagt, sie würde vom Mond stammen, das
heißt, sie wären die Nachkommen der Mondbewohner, die sich auf
die Erde flüchteten, bevor der Mond erkaltete (deshalb haben sie so
runde Gesichter[!] und solche Augen)... *(lachend)* So geht jedenfalls
die Geschichte! Und sie sind äußerst tamasisch: ihr Empfindungsvermögen fehlt beinahe gänzlich, und sie brauchen fürchterliche Dinge,
damit sie es fühlen! Weil das bei ihnen so ist, wenden sie das natürlich
auch auf alle anderen an, und deshalb haben sie diese unvorstellbare
Grausamkeit. Nicht alle, aber das ist zumindest ihr Ruf! Kennst du
das Buch von Mirbeau (ich glaube, so heißt er)? Ich las das vor sechzig
Jahren: etwas über die chinesischen Foltermethoden.

---

1. *Tamas:* das Prinzip der Trägheit und Dunkelheit.

Ja, es ist berühmt.

Es ist bekannt.

Aber die Chinesen haben auch große Künstler.

Das stimmt. Ich las dieses Buch, es ist sehr gut geschrieben. Und dabei verstand ich, warum das so ist. Als ich nach Japan kam, wurde das auch bestätigt: viele Japaner haben ebenfalls ein sehr gedämpftes Empfindungsvermögen („gedämpft" heißt, daß es sehr gewaltsame Empfindungen erfordert, damit sie etwas fühlen). Vielleicht liegt die Erklärung in dieser Richtung?

Am Ursprung bleibt aber stets das Problem, das noch nie gelöst wurde: „Warum ist es so geworden? Warum diese Entstellung? Warum ist all das entstellt worden?..." Dahinter liegen sehr schöne Dinge, sehr intensive, unendlich mächtiger, als wir überhaupt ertragen können – wunderbare Dinge. Aber warum ist all das so... schrecklich geworden? Das ist der Punkt – ich hatte gesagt, ich fühle keine Inspiration, weil sich sofort dieses Problem stellt.

Das ist...

Der Begriff der Sünde ist etwas, das ich nicht verstehe und nie verstehen konnte. Die Ursünde erschien mir immer als eine der monströsesten Ideen, die die Menschen je ersinnen konnten. Die Sünde und ich passen nicht zusammen! Deshalb stimme ich Sri Aurobindo natürlich voll bei, daß es keine Sünde gibt – das ist selbstverständlich, aber...

Manche Dinge kann man als „Sünde" bezeichnen, wenn man will, wie zum Beispiel die Grausamkeit, und dafür sehe ich nur folgende Erklärung: es ist eine Entstellung des Empfindungsvermögens oder des Bedürfnisses äußerst intensiver Empfindungen. Ich habe bemerkt, daß grausame Menschen in diesen Augenblicken ein Ananda erleben: sie verspüren eine intensive Freude. Für sie ist das die Rechtfertigung. Nur ist dies eine solche Entstellung, daß es widerwärtig ist.

Aber die Idee, daß die Dinge nicht an ihrem Platz sind, begriff ich schon von klein auf. Die Erklärung dafür bekam ich dann bei Theon, denn in seinem kosmologischen System erklärte er die aufeinanderfolgenden Pralayas[1] der verschiedenen Universen damit, daß sich mit

---

1. *Pralaya:* die Zerstörung eines Universums oder das Ende eines Zyklus. In der hinduistischen Kosmologie beginnt jedes Universum mit einem „Zeitalter der Wahrheit" *(Satya-Yuga)*, das allmählich zerfällt – wie die Sterne –, bis keine Wahrheit mehr bleibt und das „schwarze Zeitalter" einsetzt *(Kali-Yuga)*, wie das unsrige, das mit einem Weltuntergang endet. Daraus entsteht dann ein neues Universum, und der Zyklus wiederholt sich. Dies wurde einer modernen Entstehungstheorie entsprechen, die besagt, daß das Universum aus einem Urknall des „Ur-Eies" entstand.

jedem Universum ein bestimmter Aspekt des Höchsten manifestiere. Jedes Universum würde auf einem bestimmten Aspekt des Höchsten beruhen, und jedes würde schließlich wieder in den Höchsten zurückgegeben. (Er gab die verschiedenen Aspekte an, die sich der Reihe nach manifestiert hatten, und die Logik ihrer Reihenfolge war bemerkenswert! Irgendwo habe ich das notiert, aber jetzt weiß ich es nicht mehr.) Ich erinnere mich nicht genau, das wievielte es jetzt ist, aber diesmal wäre es dasjenige Universum, das nicht mehr zurückgezogen würde und einen nahezu endlosen Werdensfortgang verfolgen könnte. Dieses Universum stand unter dem Zeichen des Gleichgewichts – kein statisches sondern ein fortschreitendes Gleichgewicht.[1] Gleichgewicht bedeutet (so erklärte er), daß jedes Ding an seinem Platz ist: jede Schwingung, jede Bewegung hat ihren Platz. Und weiter unten hat jede Form, jede Tätigkeit, jedes Element einen genauen Platz in Beziehung zum Ganzen.

Das fand ich sehr interessant, weil Sri Aurobindo genau dasselbe sagt: Es gibt nichts eigentlich Schlechtes, sondern die Dinge sind einfach nicht an ihrem Platz – nicht nur bezüglich des Raumes, sondern auch in der Zeit –, an ihrem universellen Platz, ihrem Platz im Universum, angefangen bei den Welten, den Sternen usw.: jedes Ding genau an seinem Platz. Wenn jedes Ding, vom unermeßlichsten bis zum mikroskopischsten, dann genau an seinem Platz ist, wird das Ganze in FORTSCHREITENDER weise den Höchsten ausdrücken, ohne

---

Anfangs streben die Galaxien auseinander, dann werden sie immer langsamer und fallen schließlich wieder zusammen, bis zur nächsten Explosion. Eine scheinbar endlose und ziellose Folge kosmischer Geburten – ähnlich unseren eigenen menschlichen Geburten –, die sich entwickeln, einen „Gipfel" erreichen, und dann wieder zusammenbrechen, um stets von neuem anzufangen. Laut Theon wäre unser gegenwärtiges Universum das siebente – doch wo ist der „Anfang"?

1. Die heutige Astronomie kennt zwei Theorien: die der endlosen Zyklen von Explosion-Ausdehnung-Zusammenfall und die einer unbegrenzten Ausdehnung nach dem Urknall (dem „Big-Bang"), die sich aber ebenso katastrophal annimmt, weil sich das Universum mit zunehmender Ausdehnung abkühlt und schließlich in einer kalten Unendlichkeit verliert – wie ein Geschoß, das von keiner Schwerkraft mehr zurückgehalten wird –, bis... bis was? Die Astronomen erklären, daß die genaue Konzentration der Materie im gegenwärtigen Universum bestimmt, welche der beiden Theorien zutrifft: gibt es mehr als ein Atom pro 400 Liter Raum, so genügt die Schwerkraft, um die Ausdehnung allmählich zu bremsen und das Universum schließlich wieder zusammenfallen zu lassen, worauf sich der Zyklus mit einem neuen Urknall wiederholen würde. Bei weniger als einem Atom wäre die Materiedichte unzureichend, die Schwerkraft wäre zu schwach, um die Galaxien in ihrem unsichtbaren Netz zu halten, und alles würde sich bis in alle Ewigkeit ausdehnen – es sei denn, wir entdecken mit Mutter eine dritte Stellung, die des „fortschreitenden Gleichgewichts", in der sich die Materiedichte des Universums als eine Bewußtseinsmenge entpuppt und Ausdehnung wie Zusammenfall von Gesetzen des Bewußtseins bestimmt würden.

zurückgezogen werden zu müssen, um erneut hervorgebracht zu werden. Hierauf begründete Sri Aurobindo auch die Tatsache, daß in dieser Schöpfung, im gegenwärtigen Universum, die Vollkommenheit einer göttlichen Welt manifestiert werden kann – was er das Supramental nannte.

Das wesentliche Gesetz dieser Schöpfung ist das Gleichgewicht, und dies ermöglicht die Verwirklichung einer Vollkommenheit in der Manifestation.

Im Zusammenhang mit diesem Gedanken der Dinge, die „an ihrem Platz" sind, kam mir eine andere Frage: Welche Dinge wird die supramentale Kraft bei ihrer Herabkunft als erstes aus dem Weg räumen wollen?

Was sie als erstes aus dem Weg räumt?

Ja, sowohl individuell als auch kosmisch – damit alles an seinem Platz ist.

Wird sie irgend etwas „aus dem Weg räumen"?... Wenn wir Sri Aurobindos Gedanken annehmen, wird sie die Dinge einfach an ihren Platz stellen, mehr nicht.

Eines wird notgedrungen aufhören, und zwar die Entstellung, das heißt der Schleier von Lüge über der Wahrheit, denn das ist verantwortlich für alles, was wir hier sehen und was hier existiert. Wenn man diesen Schleier entfernt, werden die Dinge automatisch völlig anders sein: sie werden so sein, wie wir sie empfinden, wenn wir aus diesem entstellten Bewußtsein herauskommen. Wenn man dieses Bewußtsein verläßt und in das Wahrheitsbewußtsein eintritt, wundert man sich sogar, daß es Dinge wie Leiden, Elend und Tod überhaupt geben kann. Man ist erstaunt, spürt, daß... man begreift nicht, wie das vorkommen kann (wenn man wirklich die andere Seite erreicht hat). Während dieser Bewußtseinszustand gewöhnlich mit der Erfahrung der Unwirklichkeit der Welt, wie wir sie kennen, verbunden ist, sagt Sri Aurobindo, daß für das supramentale Bewußtsein die Wahrnehmung der Unwirklichkeit der Welt nicht erforderlich ist: es ist nur die Unwirklichkeit der Lüge und nicht die der Welt. Das ist äußerst interessant. Es bedeutet, daß die Welt eine UNABHÄNGIGE wirklichkeit hat, unabhängig von der Lüge.

Ich vermute, dies wird die erste Auswirkung des Supramentals sein – vielleicht auch die erste Auswirkung im Individuum, denn dort wirkt es zuerst.

Dieser Bewußtseinszustand[1] muß wahrscheinlich zu einem dauernden Zustand werden, doch dann stellt sich ein Problem: wie kann man eine Verbindung mit der gegenwärtigen entstellten Welt bewahren? Denn eines habe ich bemerkt: Wenn dieser Zustand in mir sehr stark ist – so stark, daß er allem, was ihn von außen bombardiert, widersteht –, dann verstehen die Leute KEIN WORT von dem, was ich sage! Folglich scheint das eine wirksame Verbindung zu unterbrechen.

Wie würde eine kleine supramentale Schöpfung als Handlungszentrum, das auf die Erde ausstrahlt, aussehen? (Um nur die Erde als Beispiel zu nehmen.) Wäre das möglich?... Ein Zentrum einer übermenschlichen Schöpfung ist durchaus vorstellbar – übermenschlich, das heißt Individuen, die Menschen waren und denen es durch die Evolution und Transformation (im eigentlichen Sinn des Wortes) gelang, die supramentalen Kräfte zu manifestieren. Ihr Ursprung bleibt aber menschlich, und deshalb besteht notgedrungen eine Verbindung: selbst wenn alles transformiert ist, selbst wenn die Organe in Kraftzentren transformiert wurden, bleibt trotzdem ein menschlicher Rest, wie eine Färbung. Diese Übergangswesen, sagen die Überlieferungen, werden das Geheimnis der direkten supramentalen Schöpfung entdecken, das heißt, ohne den Vorgang der gewöhnlichen Natur benutzen zu müssen. Und durch sie werden die wirklichen supramentalen Wesen geboren werden, die notwendigerweise in einer supramentalen Welt leben müssen. Aber wie wird die Verbindung zwischen diesen Wesen und der gewöhnlichen Welt möglich sein? Wie kann man sich eine ausreichende Transformation der Natur vorstellen, damit diese supramentale Schöpfung der Erde stattfinden kann? – Ich weiß es nicht.

Natürlich wissen wir, daß es eine beträchtliche Zeit erfordern wird, damit etwas derartiges geschehen kann, und wahrscheinlich wird es Zwischenstufen, Grade geben, neue Fähigkeiten werden auftreten, die wir gegenwärtig nicht kennen oder uns nicht vorstellen können und die die Verhältnisse der Erde verändern werden. All das liegt mehrere Jahrtausende in der Zukunft.

Die Frage bleibt: Ist es möglich, sich dieses Raumbegriffs zu bedienen – ich meine den Raum auf der Erdkugel?[2] Kann es einen Ort geben, wo der Embryo oder der Keim der zukünftigen supramentalen Welt geschaffen werden kann?

Was ich gesehen hatte... Der Plan war in allen Einzelheiten erschienen, aber es ist ein Plan, der in seinem Geist und Bewußtsein überhaupt

---

1. Wenn der Schleier der Lüge verschwindet: das supramentale Bewußtsein.
2. Als Satprem Mutter später über die Bedeutung dieses Satzes fragte, lachte sie: „Ich sprach von der anderen Seite! Auf dieser Seite ist der Begriff des Raumes nicht mehr so konkret!"

nicht dem entspricht, was gegenwärtig auf der Erde möglich ist (in seiner materiellen Manifestation basierte er jedoch auf den bestehenden irdischen Bedingungen). Es ist die Idee einer idealen Stadt, die der Kern eines kleinen idealen Landes wäre, das nur rein oberflächliche und äußerst belanglose Kontakte mit der alten Welt hätte. Das würde bereits eine ausreichende Macht voraussetzen (was nicht unmöglich ist), um einerseits einen Schutz gegen Aggressionen und Böswilligkeiten zu gewähren (das wäre der leichtere Teil) und andererseits gegen Infiltration und Vermischung... Aber das wäre letztendlich vorstellbar. Vom sozialen, organisatorischen Standpunkt und aus Sicht des inneren Lebens sind dies keine schwierigen Probleme. Die Schwierigkeit liegt in den Beziehungen zu dem, was nicht supramentalisiert ist, um das Eindringen, die Vermischung zu verhindern, das heißt verhindern, daß dieser Kern in eine niedrigere Schöpfung zurückfällt – es ist ja eine Übergangszeit.

(Schweigen)

All jene, die über dieses Problem nachdachten, stellten sich immer einen abgelegenen, der restlichen Menschheit unbekannten Ort vor, wie eine Schlucht im Himalaja. Aber das ist keine Lösung. Das ist überhaupt keine Lösung.

Nein, die einzige Lösung ist die okkulte Macht. Aber das... Das bedeutet, daß eine bestimmte Anzahl Individuen bereits eine sehr große Perfektion der Verwirklichung erreicht hat, bevor irgend etwas getan werden kann... Wenn das machbar ist, wäre jedenfalls ein von der Außenwelt abgegrenzter Ort vorstellbar (ohne Verbindungen), wo alles genau an seinem Platz wäre – als Beispiel oder Vorläufer. Jedes Ding, jede Person, jede Bewegung ist genau am richtigen Platz, und zwar in einer aufsteigenden, fortschreitenden Bewegung ohne Rückfall (also genau das Gegenteil von dem, was im gewöhnlichen Leben geschieht). Das bedeutet natürlich eine Art Vollkommenheit und auch eine bestimmte Einheit. Es bedeutet, daß die verschiedenen Aspekte des Höchsten manifestiert werden können. Notwendigerweise würde eine außergewöhnliche Schönheit und vollkommene Harmonie herrschen. Und es gäbe eine ausreichende Macht, um die Naturkräfte fügsam zu halten: wäre dieser Ort zum Beispiel von zerstörerischen Kräften umgeben, so wäre der Schutz ausreichend, daß diese Kräfte keine Wirkung hätten.

All das erfordert eine sehr hochgradige Perfektion der Individuen, die etwas derartiges organisieren wollen.

(Schweigen)

271

Etwas ähnliches muß beim Erscheinen der ersten Menschen stattgefunden haben.

Weiß man eigentlich, wie die ersten Menschen entstanden, die erste
mentale Verwirklichung? Weiß man, ob es einzelne Individuen waren
oder Gruppen? Geschah es inmitten von anderen oder in der Abge-
schiedenheit? – Ich weiß es nicht. Es könnte Entsprechungen mit der
zukünftigen Schöpfung geben.

Es ist nicht schwer, sich in der Einsamkeit des Himalajas oder eines
Urwaldes ein Individuum vorzustellen, das allmählich seine kleine
supramentale Welt um sich herum gestaltet. Doch die Voraussetzung
wäre dieselbe: dieses Individuum müßte eine solche Vollkommenheit
erreicht haben, daß seine Macht automatisch jedes Eindringen von
außen verhindert.

Weil es notgedrungen Angriffen von außen ausgeliefert wäre?

Es müßte automatisch beschützt sein, das heißt jedes fremde oder
entgegengesetzte Element müßte ferngehalten werden.

Es werden ja solche Geschichten berichtet, von Menschen, die in
einer idealen Einsamkeit leben. Das ist durchaus vorstellbar. Wenn
man in Verbindung mit dieser Macht steht, sieht man deutlich, daß es
ein Kinderspiel ist, sobald sie in euch ist! Es gäbe sogar die Möglichkeit, eine Ansteckung auf die umgebenden Schwingungen und Formen
auszuüben, daß sie automatisch allmählich supramentalisiert würden.
All das ist möglich – es liegt jedoch auf der Ebene des Individuums.
Nehmen wir hingegen das Beispiel dessen, was hier stattfindet: das
Individuum bleibt mitten in all diesem Chaos – dort liegt die Schwierigkeit!... Bedeutet diese Tatsache nicht die Unmöglichkeit, eine
bestimmte Vollkommenheit der Verwirklichung zu erreichen? Aber
auch der andere Fall, der Einzelgänger im Urwald, ist stets dasselbe:
ein Beispiel, das aber keineswegs beweist, daß der Rest folgen kann.
Dahingegen würde das, was hier geschieht, bereits eine sehr viel weit-
reichendere Wirkung bedeuten. Irgendwann MUSS es geschehen – es
muß geschehen. Die offene Frage bleibt: kann es gleichzeitig mit oder
vor der Transformation des Individuums verwirklicht werden?

(Schweigen)

Die Verwirklichung unter diesen Bedingungen der Gemeinschaft
oder Gruppe ist offensichtlich sehr viel vollständiger, umfassender und
wahrscheinlich vollkommener als jede individuelle Verwirklichung,
die auf der äußeren, materiellen Ebene immer, NOTGEDRUNGEN eng

begrenzt ist, weil es sich nur um eine Seinsart, eine Manifestation handelt: nur ein mikroskopisches Schwingungsfeld wird berührt.

Vom Standpunkt der Leichtigkeit der Arbeit gibt es aber wohl keinen Vergleich!

(Schweigen)

Dann bleibt dieses Problem. Alle die Leute wie Buddha und die anderen erreichten ZUERST ihre Verwirklichung und traten danach wieder in Verbindung mit der Welt. So ist es sehr einfach. Aber für das, was ich beabsichtige, ist es vielleicht eine unerläßliche Voraussetzung, innerhalb der Welt zu bleiben, damit die Verwirklichung vollständig sein kann.

Das...

(Mutter bleibt lange in sich gekehrt und blickt in die Ferne)

Die ganze Zeit sehe ich Bilder! Keine Bilder, sondern lebendige Dinge, als Antworten auf Fragen. Gerade formte sich ein prächtiger Pfau (der Pfau ist das Symbol des Sieges). Er breitete seine Schwanzfedern aus, und darauf erschien eine Konstruktion, wie die eines idealen Ortes... Schade, daß man diese Welt nicht fotografieren kann! Wir brauchten genügend empfindliche Filme – Leute haben es versucht. Das wäre höchst interessant, denn es bewegt sich wie im Kino: das sind keine festgehefteten Dinge, es bewegt sich.

Was war jetzt deine Frage?

Ich glaube, du hast sie beantwortet!

Ich erinnere mich nicht mehr, ich war anderswo – unterwegs.

Ich fragte dich: Welche Arbeit wird deine Kraft oder die supramentale Kraft jetzt als erstes anfangen?

Ach ja.

Sie wird die Dinge an ihren Platz stellen?

Das weiß ich aus eigener Erfahrung, und je mehr diese Kraft sich bündelt, um so mehr geschehen die Dinge genau im Augenblick, wo sie geschehen sollen: die Leute kommen genau, wenn sie sollen, oder tun genau das, was sie sollen. Die Gegenstände um mich herum ordnen sich, als ob... völlig natürlich, genau an ihrem Platz. Und das reicht bis in die GERINGSTEN Einzelheiten. Gleichzeitig bringt das ein solches Gefühl der Harmonie, der Eurhythmie, der Freude – eine sehr lächelnde Freude in der Anordnung der Dinge, als würde alles freudig an dieser Neuorganisation teilnehmen. Man will zum Beispiel jemandem etwas sagen: die Person kommt. Man braucht jenen anderen für eine Arbeit: er erscheint. Man will etwas organisieren: alle für die Organisation notwendigen Elemente finden sich zusammen. All das in einer Art Harmonie, die wunderbar ist, ohne eine Wunder zu sein! (Im wesentlichen ist es wirklich ganz einfach die innere Kraft, die auf ein Minimum von Hindernissen trifft, und deshalb passen sich die Dinge ihrer Wirkung an.) Das passierte mir sehr, sehr oft, und manchmal bleibt es stundenlang.

Es ist aber sehr empfindlich, wie ein äußerst empfindliches Räderwerk: die geringste Kleinigkeit kann alles aus dem Gleichgewicht bringen. Hat zum Beispiel jemand eine schlechte Reaktion oder einen falschen Gedanken oder eine Vibration der Aufregung, der Beunruhigung oder ähnliches, so löst sich die ganze Harmonie auf. Für mich drückt sich das sofort durch ein körperliches Unbehagen aus, und zwar von einer ganz besonderen Art. Damit kommt die Störung: man fällt wieder in das Gewöhnliche. Da muß ich sozusagen die Gegenwart des Herrn wiederherstellen und sie überall durchsetzen – manchmal gelingt das schnell, manchmal dauert es lange. Bei einigen etwas radikaleren Störungen dauert es länger.

Dieses Auge [eine Hämorrhagie] ist zum Beispiel das Ergebnis einer solchen Störung einer sehr dunklen Kraft, die jemand hereinließ – nicht absichtlich oder wissentlich, sondern aus Schwäche und Unwissenheit, die natürlich immer mit Begierde, Ego und all dem vermischt sind (ohne Begierde und Ego hätten diese Kräfte keinen Halt, aber das ist ja ein sehr verbreiteter Zustand). Jedenfalls war das sehr deutlich die Ursache, ich merkte es sofort. Manchmal kommt es so *(Mutter legt die Hand an ihren Hals)*, wie ein schwarzer Schatten, der einen erwürgt. Innerlich ist man nicht einmal berührt! Wenn ich nicht auf die rein äußerliche Reaktion achtete, würde ich nicht einmal merken, daß etwas passiert ist (dies ist das Große Spiel). Aber die äußeren Zeichen sind augenblicklich: eine halbe Stunde später hatte ich diese Hämorrhagie im Auge. Ich wußte, daß dies der Grund war, denn ich kämpfte gegen eine höchst unliebsame Störung. Oberflächlich betrachtet war die Ursache... unbedeutend. Die Ereignisse, die man für schwerwiegend oder wichtig hält, sind nicht immer diejenigen, die die schlimmsten Folgen haben – im Gegenteil: manchmal ist es eine VÖLLIG UNBEDEUTENDE störung der Lüge aus völlig unbedeutenden Gründen – was man allgemein als Dummheit bezeichnet. Aber das kommt daher, daß die gegnerischen Kräfte stets auf der Lauer sind, um bei der geringsten Bresche hervorzustürzen.

Das Unverständnis des Zweifelns (ein Zweifel, der stets von einer egoistischen Bewegung rührt) ist zum Beispiel sehr gefährlich. Sehr gefährlich. Man braucht nicht einmal im psychischen Bewußtsein zu sein, schon in einem erleuchteten vitalen Bewußtsein kann es euch nichts mehr anhaben – nur HIER, in diesem materiellen Gewimmel.

Ich sehe nicht, wie diese ganze Arbeit in der Einsamkeit des Urwaldes oder des Himalajas getan werden kann. Man läuft sehr leicht in Gefahr, in dieses sehr unpersönliche universelle Bewußtsein einzutreten, wo die Dinge alle relativ leicht sind – die materiellen Konsequenzen liegen so fern, weit unten! Sie haben keine große Bedeutung mehr. Man kann aber nur direkt handeln, wenn man DARIN lebt.

Zur Zeit wird mir jedenfalls keine Wahl gelassen – und ich versuche nicht, zu wählen: Die Dinge sind, was sie sind, wie sie sind. Und so, wie sie sind, muß die Arbeit getan werden. Die Art, wie die Arbeit zu tun ist, hängt vom Zustand der Dinge ab.

Aber es ist so schön, wenn diese Harmonie kommt! Verstehst du, man stellt etwas zusammen, ordnet Papiere, räumt eine Schublade auf, und alles singt, ist schön, freudig, leuchtend… es ist so charmant! Alles, alles ist so. Das bemerke ich: alle materiellen Dinge, alle Tätigkeiten – zu essen, baden, alles –, alles ist in diesem Zustand charmant. Das ist so harmonisch! Es gibt keine Reibung. Man sieht… Eine freudige, leuchtende Gnade manifestiert sich in allen, ALLEN Dingen, sogar in denen, die wir gewöhnlich für völlig bedeutungslos halten. Wenn sie sich aber zurückzieht, wird mit DENSELBEN Bedingungen, DENSELBEN Dingen, DENSELBEN Umständen alles mühselig, ärgerlich, langwierig, schwierig, anstrengend, uff!… Es ist so und so *(Mutter dreht ihre Hand zur einen, dann zur anderen Seite, wie auf einem schmalen Grat)*, so oder so.

Das gibt einem das deutliche Gefühl, daß nicht die Dinge an sich zählen. Was wir „an sich" nennen, stimmt nicht! Das stimmt nicht, sondern es ist die Beziehung des Bewußtseins zu diesen Dingen. Das ist von großer Macht, denn im einen Fall berührt man etwas, und es zerbricht oder kommt zumindest falsch zu liegen, und im anderen ist es so schön: es ordnet sich! Sogar die schwierigsten Bewegungen gelingen mühelos. Das bedeutet eine unglaubliche Macht! Und nur weil sie keine großartigen Auswirkungen zeigt, schreiben wir ihr keine Bedeutung zu – sie hat keine großartigen Auswirkungen. Es gibt gewiß begnadete Zustände, wenn man vor einer großen Schwierigkeit steht und plötzlich alle Macht besitzt, um damit fertig zu werden – das ja, das ist selbstverständlich. Aber dies hier ist nicht so, sondern es wirkt im alltäglichen Leben.

Neulich erlebte ich ein Beispiel davon: jemand schrieb mir einen Brief in einer abscheulichen Verfassung, und es war mir unmöglich zu antworten, ich wußte nicht, was ich sagen sollte. Ich richtete einfach die Kraft darauf und blieb so *(Geste der Hingabe an das Licht)*. Ich sagte: „Wir werden sehen." – Ich wußte, daß ich diese Person einige Stunden später treffen würde, und ich wußte nicht einmal, ob ich den Brief erwähnen sollte, das heißt ich wußte nicht, ob das, was ich ihr sagen würde, davon beeinflußt sein würde. Ich wußte also wirklich nichts. Dann begegnete ich der Person: am selben Morgen war ein unbedeutender Umstand eingetreten... der alles veränderte! So wußte ich sofort, was ich sagen und tun mußte, und alles richtete sich.

So geschieht es. Das ist nur EIN Beispiel. Ich erwähne es, weil es vorgestern war, aber das passiert ständig.

Deshalb habe ich mir angewöhnt, mich immer so zu verhalten *(selbe Geste der Hingabe)*. Wenn sich ein Problem stellt, verhalte ich mich so, gebe es dem Herrn hin und lasse es. In dem Augenblick, wo die Lösung kommen soll, kommt sie – kommt in Tatsachen, in Taten, in Bewegungen.

Allerdings werde ich erst dann zufrieden sein (kann man je zufrieden sein?), jedenfalls werde ich erst dann anfangen zufrieden zu sein, wenn dies ein beständiger und vollständiger Zustand wird, das heißt unter allen Umständen und in allen Augenblicken, Tag und Nacht. Ist das möglich... bei dieser FLUT von Dingen, die mich ständig von außen befallen! Als ich heute morgen auf und ab ging, war ich... wie ein Beobachter: was da nicht alles für Dinge kamen! Eines nach dem anderen kam von außen, eine solche Mischung! Von allen Seiten, von allen Leuten, von allem. Und nicht nur von hier, sondern von weit, weit weg auf der Erde und manchmal von fernen Zeiten, aus der Vergangenheit: vergangene Dinge, die sich präsentieren, um eingeordnet zu werden, um im neuen Licht gesehen und an ihren Platz gestellt zu werden. Es ist immer dies: jedes Ding möchte an seinen Platz gestellt werden. Das ist eine ständige Arbeit... Es ist, als bekäme man ständig neue Krankheiten, die es zu heilen gilt.

Jedesmal muß eine neue Störung geordnet werden.

Im Grunde sind wir sehr faul.

Ja, zu meinem großen Trost sah ich, daß Sri Aurobindo schrieb, er wäre sehr faul! – Wir sind sehr faul. Wir würden uns gerne *(lachend)* in Wonne der Früchte unserer Anstrengungen erfreuen!

Jetzt ist es Zeit, mein Kind.

26. Juli 1961

(Satprem liest Mutter einige Auszüge der Agenda vom 15. Juli vor, wo sie sagte, Sri Aurobindo wäre gegangen, bevor er sagte, was er tat, und daß es ein Weg wie im Dschungel sei: „Man geht mit verbunden Augen, man weiß nichts, und man geht...")

Das trifft immer noch zu.
Wann werden wir das Ende erreichen? – In hundert Jahren?

(Mutter bleibt einen Augenblick nachdenklich)

Als flüchtiger Gedanke kam: zwanzig Jahre.
Ich gebe es dir für was immer es wert ist!

28. Juli 1961

Hier ist eine wichtige Frage: Sri Aurobindo sagt, alles ist hier unten involviert – das Mental, das Vital, das Supramental –, und das, was involviert ist, evolviert. Aber wenn alles, auch das Supramental, involviert ist, warum besteht dann die Notwendigkeit einer „Herabkunft"? Können die Dinge nicht von alleine evolvieren?

Ah! Irgendwo erklärt er das.

Ich erinnere mich nicht, irgendwo eine befriedigende Antwort gelesen zu haben.

Ist es nicht in den *Essays on the Gita*?... Er erklärt, was Krishna sagte und wie die beiden [Herabkunft und Evolution] zusammenwirken... Ich las das vor nicht allzu langer Zeit, und gerade diese Frage interessierte mich. Ich sagte sogar selber irgendwo etwas über den Unterschied zwischen dem, was evolviert (was aus dieser Involution hervorkommt), und Der Antwort dessen, was dort oben bereits in seiner vollen Pracht existiert.
Das müßten wir finden.

In den sehr alten Überlieferungen trifft man auf zwei Richtungen, das heißt zwei verschiedene Erklärungen. Die eine besagt, daß durch die „Herabkunft" des bereits in seiner Vollkommenheit Bestehenden das Involvierte zur Evolution und zum Bewußtsein erwachen kann. Das ist wie in dieser alten Geschichte: als das, was Sri Aurobindo die universelle Mutter oder Shakti (oder Satchitananda[1]) nennt, merkte, was in der Materie geschehen war (das heißt das, was die Materie schuf), als sie diese Involution bemerkte, die zur Unbewußtheit führte – eine vollkommene Unbewußtheit –, da, sagt die alte Überlieferung, kam die göttliche Liebe unmittelbar vom Herrn in die Materie herab, um allmählich das zu erwecken, was dort involviert war.

Andere Überlieferungen nennen es „das Bewußtsein" statt Liebe: das Göttliche Bewußtsein. Man findet auch bilderhafte Erzählungen, Darstellungen eines regenbogenfarbigen leuchtenden Wesens in einer Grotte des Unbewußten, in einem tiefen Schlaf, und die besagte Herabkunft erweckt es zu einer noch inneren Aktivität, einer unbewegten Aktivität allein durch seine Ausstrahlung (eine Wirkung durch die Ausstrahlung): von seinem Körper gehen unzählige Strahlen aus, verbreiten sich im Unbewußten und erwecken allmählich in jedem Ding, in jedem Atom sozusagen die Aspiration zum Bewußtsein und den Anfang der Evolution.

Diese Erfahrung hatte ich.

Ich hatte die Erfahrung, in gewisser Weise „entsandt" zu werden, und zwar in einer Form von Liebe verbunden mit Bewußtsein – die Göttliche Liebe in ihrer höchsten Reinheit, das Göttliche Bewußtsein in seiner höchsten Reinheit –, DIREKT entsandt, ohne durch all die Zwischenstadien zu gehen: direkt in die tiefsten Tiefen des Unbewußten. Dort war es der Eindruck, ein symbolisches Wesen in einem tiefen Schlaf zu sein oder besser gesagt, ihm zu begegnen, und... man könnte sagen, es war so sehr verschleiert, daß es unsichtbar war. Durch die Begegnung zerriß der Schleier gleichsam, und ohne daß es erwachte, begann sich eine Art Strahlung auszubreiten... Ich sehe meine Vision noch.[2]

(Schweigen)

Man kann die Dinge immer in einer fast populären Form darstellen. So ist es zum Beispiel mit der Schöpfungsgeschichte: die Geschichte, wie die Dinge entstanden sind. Man kann es als Verlauf einer Geschichte

---

1. *Satchitananda*: das Höchste Bewußtsein in seinem dreifaltigen Aspekt als Sein (*Sat*), Bewußtsein (*Chit*) und Wonne (*Ananda*).
2. Als Anhang zu diesem Gespräch führen wir die Transkription von Mutters Vision an, wie sie sie selber 1906 in Theons *Revue Cosmique* niederschrieb.

erzählen (das tat Theon in seiner *Tradition* – ein Buch, das er *La Tradi-tion* nannte –, dort erzählte er die ganze Geschichte... meine Güte, wie sie auch in der Bibel erzählt wird, das heißt mit Symbolen und Gestalten, die das psychologische Wissen ausdrücken). Man kann die Dinge auch auf psychologische Art und auf metaphysische Art ausdrücken. Die Metaphysik ist für mich... nun, trocken und unverständlich, uninteressant (sie ist nur für die interessant, die eine solche Geisteseinstellung haben). Mir erscheint eine fast kindliche und sehr bildhafte Beschreibung der Dinge ausdruckskräftiger als sämtliche metaphysischen Theorien (aber das ist meine persönliche Meinung und hat keine Bedeutung!). Der psychologische Aspekt ist am dynamischsten für die Transformation. Diesen Aspekt wählte Sri Aurobindo meist: er erzählt uns keine Geschichten. (Wenn es Geschichten gab, erzählte ich sie ihm meistens! – Ich finde Bilder eben sehr ausdruckskräftig.) Aber wenn man die beiden Aspekte verbindet... Um philosophisch zu sein, müßte man sie eigentlich alle drei zusammen nehmen. Aber bei der metaphysischen Seite hatte ich immer den Eindruck, daß sie die Leute dazu verleitet, ZU DENKEN, sie wüßten es, aber sie denken es nur (!), und in Wirklichkeit haben sie keine Ahnung, weil es wirkungslos ist: das verwirklicht nicht. Vom Standpunkt des Dranges, des Schwungs zur Transformation ist offensichtlich die psychologische Seite am mächtigsten. Aber die symbolische ist schöner!

In seinem Buch *The Hour of God*[1] führt Sri Aurobindo eine ganze Tabelle über die Manifestation an: zuerst kommt dies, dann das, dann jenes, usw. – eine ganze Reihe. Dazu muß ich sagen, daß sie das zwar sehr ernsthaft in dem Buch abdruckten, aber als er es zusammenstellte (ich war dabei), geschah es mehr zum Spaß. Jemand sprach mit ihm genau über die verschiedenen Religionen, die verschiedenen philosophischen Methoden und über die Theosophie, Frau Blavatsky und all diese Leute (auch Theons Geschichte: jeder mit seiner Tabelle). Da sagte Sri Aurobindo: „Ich kann auch eine Tabelle aufstellen, und meine wird viel vollständiger sein!" Als sie dann fertig war, sagte er: „Aber es ist nur eine Tabelle, zum Spaß." Im Buch druckten sie es sehr ernsthaft, als hätte er eine gewichtige Erklärung abgegeben. Wie kompliziert die Dinge doch sind!

Nein, die Schwierigkeit ist, daß die Leute sagen werden: Warum erfordert es eine „Herabkunft", wenn alles involviert ist und bloß zu evolvieren braucht? Wozu die Herabkunft? Warum das Eingreifen einer höheren Ebene?

---

1. Centenary Edition, XVII, 28ff.

Aber entschuldige! Um das aufzulösen, was zu dieser Involution geführt hatte. Die URSACHE der Involution mußte aufgelöst werden.

In Theons Geschichte verlief das so: Zuerst gibt es die Universelle Mutter, und sie ist mit der Schöpfung beauftragt (er nannte sie nicht universelle Mutter, das ist Sri Aurobindos Begriff). Zur Schöpfung erzeugt sie vier Emanationen: das Bewußtsein oder Licht, das Leben, die Liebe oder Glückseligkeit und... *(Mutter sucht vergeblich)*... Ich glaube, heute leide ich an Gedächtnisschwund! In Indien ist nur von dreien die Rede: Sat-Chit-Ananda (*Sat* ist Sein, das sich durch das Leben ausdrückt, *Chit* ist Bewußtsein, das sich durch Macht ausdrückt, und *Ananda* ist Wonne oder Glückseligkeit gleichbedeutend mit Liebe). Aber nach Theon gab es vier (ich kannte sie auswendig). Theon erzählte das in einer auch für Nicht-Philosophen und kindliche Gemüter verständlichen Form: Diese Emanationen wurden sich ihrer Macht bewußt und lösten sich von ihrem Ursprung, das heißt anstatt gänzlich dem Höchsten Willen untergeben zu sein und nur die Höchste Wahrheit auszudrücken... (Ah, die Vierte war die Wahrheit!) Anstatt nur nach dem Höchsten Willen zu handeln, bekamen sie sozusagen das Gefühl ihrer persönlichen Macht (sie waren wie Persönlichkeiten: universelle Persönlichkeiten, die jeweils eine Seinsweise darstellten), und anstatt verbunden zu bleiben, trennten sie sich – handelten eigenmächtig, um es noch verständlicher auszudrücken. Da wurde das Licht natürlich zur Dunkelheit, das Leben wurde Tod, die Glückseligkeit wurde Leiden, und die Wahrheit wurde Lüge. Dies sind die vier großen Asuras: der Asura der Unbewußtheit, der Asura der Lüge, der Asura des Leidens und der Asura des Todes.

Nachdem all dies passierte, wandte sich das Göttliche Bewußtsein an den Höchsten und sagte ihm *(belustigt lachend)*: „Sieh, was passiert ist. Was nun?" Da kam vom Göttlichen eine Emanation der Liebe (in der ursprünglichen Emanation war es nicht die Liebe, sondern das Ananda: die Glückseligkeit, die Freude am Sein, die zum Leiden wurde). Aus dem Höchsten ging die Liebe hervor und drang in diesen Bereich des Unbewußten, der aus der Schöpfung der Erstentsandten resultierte – Bewußtsein und Licht, die zu Unbewußtheit und Dunkelheit geworden waren. Die Liebe ging direkt vom Höchsten dorthinein, das heißt Er erzeugte eine neue Emanation, und zwar ohne durch die dazwischenliegenden Welten zu gehen. (Denn in der Geschichte hatte die universelle Mutter zunächst alle die Götter geschaffen, die diesmal die Verbindung mit dem Höchsten bewahrten, als sie hinabstiegen, und die die alle anderen Welten schufen, um diesem Sturz entgegenzuwirken – das ist die alte Geschichte vom „Sturz", dem Sturz in die Unbewußtheit. Aber das genügte nicht.) Gleichzeitig mit der Schöpfung der Götter ging also diese direkte Herabkunft der Liebe unmittelbar in die Materie, ohne durch all die dazwischenliegenden Welten zu gehen. So lautet die Geschichte. Das ist die Geschichte der ersten Herabkunft. Aber du sprichst von der Herabkunft, die Sri Aurobindo ankündigte, von der Herabkunft des Supramentals.

Nicht nur. Sri Aurobindo sagt zum Beispiel, als das Leben auftrat, gab es einen Druck von unten, durch die Evolution, um das Leben aus der Materie hervorzubringen, und zugleich eine Herabkunft des Lebens von seiner eigenen Ebene. Dann, als das Mental aus dem Leben hervortrat, kam wieder dasselbe von oben. Warum bedarf es jedesmal dieses Eingriffs von oben? Warum gehen die Dinge nicht einfach aus einander hervor, ohne von einer „Herabkunft" abzuhängen?

Warum ging alles auch so schief!

Nein, das wird leicht verständlich, wenn man selber die Erfahrung hat.

Nimm als Beispiel die Erfahrung des Mentals: durch die Evolution der Natur trat das Mental allmählich aus seiner Involution hervor. Diese ersten „mentalisierten" Formen (und dies ist eine sehr konkrete Erfahrung) waren notgedrungen sehr unvollständig und unvollkommen, weil die Natur langsam und zögernd und umständlich ist. Dann entstand in diesen Formen unumgänglicherweise eine Aspiration zu einer Perfektion, zu einem wirklich vollkommenen mentalen Zustand, und diese Aspiration führte zur Herabkunft bereits voll bewußter Wesen von der mentalen Welt, die sich nun mit dem irdischen Wesen vereinigten – dies ist eine sehr konkrete Erfahrung. Das, was so aus dem Unbewußten hervorkommt, ist beinahe wie eine unpersönliche Möglichkeit (ja, eine unpersönliche und vielleicht nicht ganz universelle Möglichkeit, da es der Geschichte der Erde entspricht), jedenfalls eine allgemeine und keine persönliche Möglichkeit. Und die Antwort von oben ist sozusagen das Konkretisierende: es bringt eine Art Vollkommenheit des Zustands und eine individuelle Beherrschung der neuen Schöpfung.

Diese Wesen kamen auf die Erde, sobald das entsprechende Element aus seiner Involution zu evolvieren begann (in den jeweiligen Welten existierten solche Wesen, wie die Götter im Übermental[1] oder

---

1. Bei Sri Aurobindo bezeichnet das Übermental (Overmind) die höchste Ebene des Mentals, die Welt der Götter, Ursprung aller Offenbarungen und des höchsten künstlerischen Schaffens – die Welt, die bis heute den Menschen beherrscht. In seiner Einstufung der Welten spricht Sri Aurobindo von zwei Hemisphären, der oberen und der unteren. Das Übermental ist die Grenze zwischen beiden: „Diese

die anderen Wesen der höheren Regionen). Zum einen beschleunigt das die Handlung, es macht sie aber auch vollkommener – vollkommener, mächtiger, bewußter. Es gibt der Verwirklichung eine Art Bestätigung. So beschreibt Sri Aurobindo es in *Savitri*: Savitri lebt allzeit auf der Erde – lebte immer auf der Erde mit der Seele der Erde, um die ganze Erde so schnell wie möglich fortschreiten zu lassen. Zu einem bestimmten Zeitpunkt, wenn die Dinge bereit sind, wird sich die göttliche Mutter mit ihrer vollen Macht in Savitri verkörpern – wenn die Dinge bereit sind. Das bringt die Vollkommenheit der Verwirklichung: eine Pracht der Schöpfung, die alles Vorstellbare übertrifft! Das bringt eine Fülle und Macht, die die etwas flache Logik der menschlichen Mentalität weit übersteigen würde.

Das können die Leute nicht verstehen! Sich auf die Ebene der Leute zu versetzen, ist schön und gut[1] (ich fand das nie gut, aber nun, vielleicht läßt es sich nicht vermeiden), doch zu hoffen, daß sie jemals diese Pracht verstehen könnten!... Zuerst müßten sie es leben!

Ich würde in diesen Fällen NIEMALS die Frage des Warums aufgreifen, ich würde immer einfach sagen: „Es ist so." Wenn die Leute mir erzählen: „Warum kam es so? Warum ist die Welt unglücklich? Warum ist sie erst dunkel, bevor sie hell wird? Warum gab es diesen „Unfall"? (Wenn man das als Unfall bezeichnen kann) Warum erlaubte der Herr...?" Man kann sagen: es ist wegen diesem, wegen jenem – man kann fünfzigtausend Antworten geben, die aber völlig wertlos sind. Es ist so, weil es so ist!

Mir geht es nicht so sehr um das „warum" als um den Vorgang.

Der Vorgang? Hier gebe ich dir einen historischen Vorgang, aus Erfahrung.

Es erfordert also beides.

Ja. Die Erde ist eine repräsentative und symbolische Welt, eine Art Kristallisierung und Verdichtung des evolutionären Werkes, um dem eine... konkretere Wirklichkeit zu verleihen. So ist es aufzufassen: die Geschichte der Erde ist eine symbolische Geschichte (es ist nicht die Geschichte der universellen Schöpfung, sondern die der IRDISCHEN

Linie ist die Zwischenstufe des Übermentals, das – obwohl es selber erleuchtet ist – die ungeteilte Fülle des Supramentalen Lichts von uns fernhält. Was es empfängt, trennt es, verteilte es, bricht es in verschiedene Aspekte, Kräfte, Vielfältigkeiten aller Arten." In den Worten des Upanishad: „Das Antlitz der Wahrheit ist von einer goldenen Platte verdeckt."

1. Mutter meint das Buch, das Satprem über Sri Aurobindo schreiben soll und das der Grund der hier gestellten Fragen ist.

schöpfung), und auf der Erde findet diese Herabkunft statt, sie findet im individuellen IRDISCHEN wesen statt, in der individuellen IRDISCHEN ATMOSPHÄRE.

Nimm *Savitri* als Beispiel (weil *Savitri* diesen Punkt sehr deutlich herausstellt): Die universelle Mutter ist universell zugegen und universell im Universum am Werke, aber wir nehmen die Erde als eine Konkretisierung der gesamten zu vollbringenden Arbeit, damit die Evolution ihre Vollkommenheit, ihr Ziel erreicht. Zuerst ist dort eine Art repräsentative Emanation der universellen Mutter, die ständig auf der Erde bleibt, um ihr zu helfen, sich vorzubereiten. Wenn die Vorbereitung dann abgeschlossen ist, wird die universelle Mutter selber auf die Erde herabkommen, um ihr Werk zu vollenden. Sie tut dies mit Satyavan – Satyavan ist die Seele der Erde. So lebt sie in enger Vereinigung mit der Seele der Erde, und zusammen vollbringen sie Die Arbeit: sie wählte die Seele der Erde für ihre Arbeit. Sie sagte: „DORT werde ich meine Arbeit tun." Alles andere *(Mutter deutet auf die höheren Bewußtseinsebenen)* geschieht von alleine: dort genügt es, zu sein, und die Dinge SIND. Hier auf der Erde muß man arbeiten.

Natürlich hat das auch universelle Folgen und Auswirkungen, aber hier WIRD ES GETAN, hier ist der ORT der Arbeit. Anstatt selig in ihrem universellen und jenseitigen, über-universellen Zustand weiterzuleben (im Zustand der Ewigkeit außerhalb der Zeit), sagte sie: „Nein, HIER vollbringe ich meine Arbeit, HIERHIN gehe ich, ich wähle." Da sagte ihr der Höchste: „Du hast Meinen Willen ausgedrückt." – Sie sagte: „DORT will ich Die Arbeit vollbringen, und wenn alles bereit ist, wenn die Erde und die Menschheit bereit sind (auch ohne daß irgend jemand es wüßte, werden sie bereit sein), wenn der Große Augenblick gekommen ist... dann werde ich herabkommen und meine Arbeit vollenden."

Das ist die Geschichte.

Wenn die Leute dich jetzt fragen: „Warum?", antworte ihnen: „Ich habe keine Ahnung, das ist einfach so." Warum? *(Mutter zuckt mit den Schultern)* Wie kann man mit einem kleinen menschlichen Gehirn begreifen, warum es so ist! – Wenn man es lebt, dann weiß man es! Die Frage stellt sich erst gar nicht: es ist offensichtlich, es ist so, weil es so ist. Es mußte so sein – es ist so.

Ihr könnt alle möglichen Erklärungen finden: das Bewußtsein wäre sonst nie so vollkommen gewesen, die Freude wäre nicht so vollkommen gewesen, die Verwirklichung wäre nicht so vollkommen gewesen, wenn man all das nicht durchgemacht hätte... Aber das sind bloß Erklärungen, um den Intellekt zu befriedigen. Wenn man erst darin lebt, braucht man keine Erklärungen mehr.

Und was die Hoffnung angeht, die Leute je zum Verständnis zu bringen!... Mögen sie dein Buch mit Interesse lesen – im Grunde ist dies das einzig Wichtige. Mögen sie es mit Interesse lesen: jeder wird sich einbilden, es verstanden zu haben (natürlich wird er es „verstanden" haben!), und durch ihr Interesse (beinahe hätte ich gesagt „unter" ihrem Interesse) wird etwas in ihrem Bewußtsein erwachen, etwas wie eine erste Aspiration zum Bedürfnis der Verwirklichung – das ist alles. Wenn das erreicht wird – gütiger Gott! – dann haben wir etwas Großartiges vollbracht.

Sie zum Verständnis zu bringen! Verständnis von was? Man versteht es selber nicht, solange man dort ist [im Mental]. Man kann sich alles mögliche vorstellen, alles mögliche erklären, aber... mit ein wenig Vernunft erkennt man leicht, daß es nichts erklärt.

*
* *

Anhang:

Auszug aus der „Revue Cosmique" von 1906

Eine Vision (von Mutter)

Soeben schlief ich noch, und nun erwache ich.

Ich schlief auf den Wassern im Westen, und jetzt dringe ich in den Ozean, um seine Tiefen zu erforschen. Seine Oberfläche ist grün wie Beryll, silbrig unter den Strahlen des Mondes. Darunter ist das Wasser blau wie Saphir und leuchtet bereits ein wenig.

Auf Wogen wie Seidensträhnen gebettet sinke ich tiefer, eine regelmäßige und sanfte Bewegung wiegt mich von einer Woge zur nächsten und trägt mich direkt nach Westen. Je tiefer ich sinke, um so leuchtender wird das Wasser, und große silberne Strömungen durchfließen es.

Lange Zeit sinke ich so, von Welle zu Welle getragen, tiefer und tiefer.

Plötzlich erblicke ich über mir etwas rosenfarbiges. Ich nähere mich und erkenne einen Busch wie eine Koralle, groß wie ein Baum, an einen blauen Felsen geheftet. Die Bewohner der Wasser kommen und gehen, unzählig und vielfältig. Nun stehe ich aufrecht auf dem feinen glänzenden Sand. In Bewunderung blicke ich um mich. Dort sind Berge und Täler, phantastische Wälder, seltsame Blumen, die auch Tiere sein könnten, und Fische, die man für Blumen halten könnte – es gibt keine Trennung, keine Kluft zwischen den bewegten und den bewegungslosen Wesen. Überall sind Farben, sanfte oder lebhafte und schillernde, aber stets verfeinert und in Einklang. Ich schreite auf dem goldenen Sand und betrachte all diese Schönheit in ihrem sanften blauen Licht, durchbrochen von winzigen roten, grünen und goldenen Kugeln.

Wie wundervoll sind die Tiefen des Meeres! Überall spürt man dort die Gegenwart Dessen, in dem aller Einklang ruht!

Ich gehe weiter gen Westen, ohne Müdigkeit oder Trägheit. Die Bewundernswürdigkeiten lösen einander in ihrer unglaublichen Vielfalt ab: hier fließen feine zarte Algen wie langes goldenes oder violettes Haar von einem Felsen aus Lapislazuli, dort breite rosa Wände von Silber gestreift, dort Blüten, die aus riesigen Diamanten geschnitten scheinen, dort Kelche, schöner als das Werk des fähigsten Ziseleurs – sie enthalten Tropfen von Smaragd mit abwechselnden Strömen von Schatten und Licht.

Jetzt schlage ich einen Pfad auf silbernem Sand zwischen zwei saphirblauen Felsen ein. Das Wasser wird immer klarer und leuchtender.

Nach einer Wegkehre stehe ich plötzlich vor einer Grotte, die aus geschliffenem Kristall beschaffen scheint, über und über glitzernd in regenbogenfarbigen Strahlen.

Zwischen zwei leuchtenden Säulen steht ein hochgewachsenes Wesen. Sein Kopf – der eines jungen Mannes – ist von kurzen blonden Locken gesäumt, seine Augen sind meergrün. Er trägt eine hellblaue Tunika, und auf seinen Schultern sitzen gleich Flügeln große schneeweiße Flossen. Als er mich sieht, schmiegt er sich an eine der Säulen, um mich passieren zu lassen. Kaum habe ich die Schwelle überquert, erreicht eine exquisite Melodie meine Ohren. Das Wasser leuchtet hier in allen Farben, der Boden ist mit schillernden Perlen bedeckt, der Vorhof und das Gewölbe, von dem anmutige Stalaktiten hängen, ist wie aus Opal beschaffen. Köstliche Parfums schweben überall. Galerien, Nischen, Winkel führen in alle Richtungen, aber direkt vor mir erblicke ich ein helles Licht, und ihm wende ich mich zu. Es sind weite Strahlen aus Gold, Silber, Saphir, Smaragd, Rubin – diese Strahlen gehen alle von einem Punkt aus, der zu fern ist, als daß ich ihn ausmachen könnte, und breiten sich in alle Richtungen aus. Eine mächtige Anziehungskraft drängt mich zu ihrem Zentrum.

Jetzt sehe ich, woher die Strahlen kommen. Ich sehe ein Oval aus weißem Licht umgeben von einem prachtvollen Regenbogen. Das Oval ist ausgestreckt, und ich spüre, daß jener, den das Licht vor meinen Augen verbirgt, in tiefer Ruhe versunken ist. Lange verharre ich am äußeren Rand des Regenbogens und versuche, das Licht zu durchdringen und jenen zu erblicken, der von solcher Pracht umgeben schläft. Nachdem ich so nichts erkennen kann, schreite ich durch den Regenbogen und betrete das leuchtend weiße Oval. Da sehe ich ein wunderbares Wesen: es liegt ausgestreckt auf einer Fülle weißer Daunen, sein geschmeidiger Körper von unvergleichlicher Schönheit ist in ein langes weißes Gewand gekleidet. Von seinem auf einem Arm ruhenden Kopf sehe ich nur die langen Haare in der Farbe des reifen Weizens über seine Schultern fließen. Bei diesem großartigen Anblick durchdringt mich eine tiefe, sanfte Ergriffenheit und auch eine große Hochachtung.

Hat der Schlafende meine Gegenwart gespürt? Jetzt erwacht er und erhebt sich in seiner vollen Anmut und Schönheit. Er wendet sich mir zu, und seine Augen begegnen den meinen – leuchtende malvenfarbene Augen mit einem Ausdruck unendlicher Sanftheit und Zärtlichkeit. Ohne den Lärm eines Wortes heißt er mich still und bewegend Willkommen, worauf mein ganzes Wesen freudig antwortet. Dann nimmt er mich bei der Hand und führt mich zum Lager, das er soeben verlassen hatte. Ich strecke mich auf den weichen Federn aus, und sein harmonisches Gesicht beugt sich über mich – ein sanfter Kraftstrom erfüllt mich gänzlich und belebt jede meiner Zellen.

Von den prächtigen Farben des Regenbogens umgeben, in wiegende Melodien und exquisite Parfums gehüllt, sank ich unter seinem so mächtigen und zärtlichen Blick in einen glückseligen Schlaf. Und in meinem Schlaf lernte ich viele schöne und nützliche Dinge.

Von all den wunderbaren Dingen, die ich ohne den Lärm von Worten verstand, erwähne ich nur eines:

Überall, wo die Schönheit ist, überall, wo das Leuchten ist, überall, wo der Fortschritt zur Vollkommenheit ist, sei es im Himmel der Höhen oder in dem der Tiefen, ist gewiß das Wesen in der Form und Gleichheit des Menschen zu finden, des Menschen als höchstem irdischen Evolutor.

August

2. August 1961

Wenn man in das Unterbewußte hinabsteigt, kommt ein Punkt, wo es nicht mehr persönlich ist, die ganze Welt ist zugegen. Ich spreche nicht von dir, aber was können Leute wie wir tun, um das zu ändern? Es ist ein Danaiden-Faß! In jedem Augenblick kommen Vibrationen von der ganzen Welt herein. Wie kann man das ändern?

Nein, man muß das Problem von der anderen Seite betrachten.

Die Evolution beginnt beim Unbewußten, beim völlig Unbewußten. Aus diesem Unbewußten taucht allmählich ein Unterbewußtes auf, das heißt ein Halbbewußtes oder Viertelbewußtes.

Es gibt zwei verschiedene Aspekte. Nehmen wir das Leben auf der Erde (denn im Universum ist der Vorgang etwas anders). Das Leben auf der Erde beginnt beim völlig Unbewußten, und von da aus arbeitet das, was involviert war, ganz allmählich und verwandelt das Unbewußte in ein Halbbewußtes oder ein Unterbewußtes. Gleichzeitig findet eine individuelle Arbeit statt, die das INDIVIDUELLE Unbewußte zu einem individuellen Halbbewußten erweckt, und hier kann das Individuum natürlich einen Einfluß ausüben. Eigentlich ist es nicht wirklich individualisiert, denn die Individualisierung beginnt mit dem Bewußtsein. Wenn wir zum Beispiel das Unterbewußte der Pflanzen oder das Unterbewußte der Tiere nehmen, ist es nicht individualisiert. Was man das Verhalten eines Tieres nennt, beruht nicht auf einer Individualisierung sondern auf der Eigenheit der Art. Folglich hat sich das individuelle Unterbewußtsein schon aus dem allgemeinen Unterbewußten entwickelt. Aber wenn man herabsteigt, um an der Transformation zu arbeiten, um zum Beispiel Licht in die verschiedenen Schichten des Lebens zu bringen, dringt man in ein kosmisches, irdisches Unterbewußtes. Ein irdisches Unterbewußtes. Das ist kein individuelles Unterbewußtes, und die Arbeit geschieht in der Gesamtheit. Sie geschieht nicht durch eine Individualisierung sondern durch die entgegengesetzte Bewegung, durch eine Art Universalisierung.

Nein, ich wollte sagen, daß man sich automatisch universalisiert, wenn man fortschreitet...

Ja, notgedrungen.

Uns wird gesagt, daß man das Unterbewußte ändern muß, Licht hineinbringen muß. Aber da es universell ist, ist es unbegrenzt. Jeden Augenblick kommen neue Vibrationen herein.

Aber nein!

... Sie kommen von außen, von hier und da – endlos. Wie kann man das ändern?

Nein, es ist nicht endlos, denn es ist durch die Erdatmosphäre begrenzt.

Ja, das ist wenigstens etwas!

Ja, es ist also nicht endlos.

Aber wie kann man darauf einwirken? Alle diese Vibrationen, die ständig eindringen, all diese Dinge der Welt, der ganzen Erde?

Das ist nicht schwierig: Sobald du dich universalisierst, wirkst du auf das Ganze ein.

Aber selbst Buddha sagt, wenn ihr eine Vibration der Begierde habt, durchkreist diese Vibration die gesamte Erd-Atmosphäre, das Gegenteil wäre unmöglich! Es ist unmöglich, sich abzutrennen. Man trennt sich gedanklich ab, aber nicht in Wirklichkeit. Das heißt, wenn du versuchst, das Unterbewußte in dir zu beseitigen, muß deine Bewegung umfassend sein: sie kann nicht persönlich sein, es würde dir nie gelingen.

Ja, sicherlich, aber diese Vibrationen entstehen ununterbrochen aufs neue.

Nein, sie entstehen nicht neu.

Aber in jedem Augenblick haben Leute schlechte Regungen, also?

Es bleibt in der Erdatmosphäre bestehen. Es dreht seine Kreise in der Erdatmosphäre. Aber die Erdatmosphäre ist sehr klein im Vergleich zum Universum. Dort drinnen zieht es also seine Kreise. Im Gegenteil, durch den Fortlauf der Evolution gibt es einen Fortschritt: das heißt, daß das jetzige Unbewußte nicht mehr so unbewußt ist wie das Unbewußte am Anfang, und das jetzige Unterbewußte ist nicht ganz so unterbewußt und allgemein wie zu Beginn. Darin besteht ja die Evolution der Erde.

Aber wenn du sagst, es kreist in der Erdatmosphäre, heißt das nicht gerade, daß die Vibrationen immer aufs neue entstehen?

Aber sie entstehen nicht neu: sie kreisen, das ist nicht dasselbe!

Neu entstehen, würde heißen, daß ein neues Kontingent des Unbewußten und Unterbewußten von anderen Sphären oder vom Höchsten käme – das tut es eben nicht. Wir betrachten das als einen „Unfall“: nun ist es einmal passiert. Es ist nicht Teil einer unendlichen und ewigen Schöpfung.

Haben unsere Vibrationen des Bewußtseins denn einen Einfluß, um diese allgemeinen Vibrationen zu ändern?

Oh, ja!

In der Tat sind wir die allerersten Instrumente, um anzufangen die Welt fortschreiten zu lassen. Zum Beispiel (das ist eine Art es auszudrücken) ist es wahrscheinlich, daß sich die Umwandlung vom Unbewußten zum Unterbewußten jetzt viel schneller und viel vollständiger vollzieht als vor dem Erscheinen des Menschen auf der Erde: Der Mensch ist eins der ersten Elemente der Transformation. Offensichtlich sind die Tiere bewußter als die Pflanzen, das ist gewiß, aber der „gewollte“ (und folglich viel schnellere) Fortschritt ist nur der Menschheit eigen. Desgleichen erwartet man – erhofft man (mehr als erhofft) –, daß durch das Erscheinen der supramentalen Art auf der Erde die Arbeit viel schneller fortschreiten wird. Das wird unweigerlich auch den Menschen helfen. Und da die Dinge gemäß einer Ordnung gestaltet werden anstatt in mentaler Unordnung, werden wahrscheinlich auch die Tiere und alles andere davon Nutzen ziehen. Das heißt, daß die gesamte Erde als Einheit genommen immer schneller fortschreiten wird. Das Unbewußte (oh, alles kommt mir auf Englisch, das ist die Schwierigkeit) *is meant to go*: selbstverständlich wird das Unbewußte verschwinden und notgedrungen auch das Unterbewußte.

Heißt das, allgemein gesprochen, daß die physische Materie bewußt wird?

Ja, in gewisser Weise. Sie wird aufnahmefähig. Die Lebensweise wird sich nicht unbedingt verändern, aber die Form des Lebens. Die Materie wird „*responsiv*“ (antwortend). Sagt man das auf Französisch, „*responsif*“?

Aufnahmebereit?

Nein, aufnahmebereit ist eine Sache, antwortend eine andere – das bedeutet zu antworten. Die Materie antwortet auf den bewußten Willen. Deshalb besteht ja eine Hoffnung – wie könnte es sonst eine Transformation geben? – Die Dinge blieben ewig wie sie sind! Auf was für einer Erde könnte die supramentale Rasse leben, wenn es keine Antwort der Materie gäbe, wenn die Materie nicht anfinge, zu vibrieren und auf den Willen zu antworten? Das wären ewig dieselben Schwierigkeiten. Das Problem ist ja nicht begrenzt: Selbst wenn man sich zum Beispiel eine Kraft über den Körper vorstellt, die das körperliche Leben verändert, muß dieses neue körperliche Leben in einer Umgebung existieren können – es kann nicht in der Luft hängen! Die Umgebung muß antworten.

Es ist offensichtlich, daß das Unbewußte, das Unterbewußte und das Halbbewußte, all das ein Versehen sind. Folglich gehören sie nicht endgültig der Schöpfung an, sie sind dazu bestimmt zu verschwinden, sich zu transformieren.

Als ich selbst vor Jahren mit Sri Aurobindo von Ebene zu Ebene ging (oder von Lebensweise zu Lebensweise) und wir das Unterbewußte erreichten, merkten wir, daß es dort nicht mehr individuell war: es war die ganze Erde. Das Übrige, das Mental, das Vital, das Körperliche (natürlich) ist individualisiert. Aber wenn man von dort aus weiter hinabsteigt ist das vorbei. Es gibt wohl etwas zwischen dem bewußten Leben des Körpers und diesem unbewußten irdischen Leben, wie Elemente, die herauskommen[1] und die das Ergebnis der Einwirkung des individuellen Bewußtseins auf die unterbewußte Substanz sind: das bewirkt eine Art Halbbewußtsein, das bestehen bleibt. Wenn man den Leuten zum Beispiel sagt: „Sie haben Ihre Schwierigkeiten ins Unbewußte verdrängt, und von dort werden sie wieder hochsteigen", handelt es sich nicht um das allgemeine Unterbewußte, sondern es ist etwas vom Unterbewußten, das sich unter der Einwirkung des individuellen Bewußtseins individualisiert hat. Es bleibt dort, darunter und steigt wieder auf. Das ist beinahe endlos, selbst der persönliche Teil.

Jede Nacht sehe ich weiterhin Dinge, immer bestürzendere Dinge, die so aus dem Unterbewußten hochsteigen, um transformiert zu werden. Das ist eine Art Gemisch – es ist nicht deutlich individualisiert – von allem, das im Leben nah war (mehr oder weniger nah). Dort sind zum Beispiel die Menschen vermischt. Man erlebt Dinge wieder, ein wenig wie die Leute Träume haben (es sind aber keine „Träume"), man erlebt all das wieder in einem gewissen Rahmen, einer gewissen Sammlung von symbolischen oder zumindest ausdrucksvollen Umständen. Vor zwei Tagen hatte ich es mit jemandem zu tun (ich hatte etwas mit jemandem zu tun, denn ich arbeite dort aktiv), und als ich die Person sah, fragte ich mich: „Aber ist es dieser oder jener?" Und als ich es mit einem objektiven Bewußtsein betrachtete (das Bewußtsein eines Zeugen, als ich weniger in der Handlung stand), merkte ich, daß es sich einfach um eine Mischung der beiden Personen handelte und daß all das im Unterbewußten vermischt ist!... Schon in Japan gab es vier Personen, die ich während meiner nächtlichen

---

1. Das heißt, die vom individuellen Unterbewußtsein entfernt oder beseitigt werden.

Tätigkeiten nie unterscheiden konnte. Die vier waren immer vermischt (und Gott weiß, daß sie sich nicht einmal kannten!) – vermischt, weil ihre unterbewußten Reaktionen identisch waren.

Im Grunde gibt das dem Ego seine Rechtfertigung. Denn hätten wir kein Ego gehabt, kein Ego geformt, hätten wir alle vermischt gelebt *(lachend)*, mal der eine, mal der andere! Oh, wenn man das sieht, das war so komisch anderntags, so amüsant. Im ersten Augenblick war es etwas bestürzend, als ich es dann aber genauer betrachtete, war es höchst amüsant: zwei kleine Personen! Physisch sehen sie sich nicht ähnlich, aber sie sind vom ähnlichen Typ, das heißt klein und… kurz, es besteht eine Ähnlichkeit. Das ist wie diese vier Menschen in Japan: ein Amerikaner, ein Franzose, ein Japaner und noch ein anderer, jeder von einem anderen Land. Aber nachts waren sie alle gleich! Gleich, als sähe man den einen durch den anderen, wie vermischt – sehr amüsant.

Aber man individualisiert sich nur langsam und mühsam. Deshalb haben wir ein Ego, sonst hätten wir uns nie individualisiert, wir wären… *(lachend)* immer eine Art Marktplatz!

Im Grunde dient die Individualisierung – und infolgedessen die Notwendigkeit des Egos – dazu, daß die Rückkehr zum göttlichen Bewußtsein eine bewußte und gewollte Rückkehr mit der vollen, bewußten Beteiligung sei.

Zum Thema Individualisierung stellte ich mir eine Frage: Wenn man zum Beispiel vom „zentralen Wesen" spricht, besteht dieses Zentrale Wesen nicht im physischen Leben, es ist darüber, oder?

Es ist darinnen, darüber und überall! *(Mutter lacht)*
Nein, außer wenn du stets in der vierten Dimension zu denken lernst, läßt sich das niemals verstehen.

Aber Sri Aurobindo sagt, dieses zentrale Wesen sei „unborn" [ungeboren]. Ich würde gerne wissen, ob das zentrale Wesen etwas Individuelles ist, ob jeder ein zentrales Wesen hat?

Es ist nicht abgetrennt vom anderen.

Wie das: Es ist nicht abgetrennt vom anderen?Es ist nicht vom Göttlichen abgetrennt, es ist eins mit dem Göttlichen. Aber haben wir alle ein bestimmtes, individuelles zentrales Wesen oder ist es das zentrale Wesen aller?

In unserem Bewußtsein wird es persönlich. Es ist ein Phänomen des Bewußtseins.
Es ist nicht abgetrennt – nie abgetrennt.

Nein, nicht abgetrennt, aber hat es eine Individualität?

Es ist nie abgetrennt, weder vom Zentrum (wenn man das als „Zentrum" bezeichnen kann) noch vom Ganzen. Sobald man mit ihm in Verbindung steht, stellt sich das Problem nicht mehr: es ist völlig offensichtlich, es kann nicht anders sein.

Sri Aurobindo sagt nämlich, wenn man sich von seinem Ego befreit und das zentrale Wesen findet, bleibt eine Individualität bestehen, es bedeutet nicht die Auflösung. Man hat eine Persönlichkeit.

Ja, eine Persönlichkeit bleibt bestehen.

Demnach ist diese Persönlichkeit die des zentralen Wesens – das ist die wahre Persönlichkeit.

Ja.

Es ist also doch etwas Individuelles, es ist kein unpersönliches Ich.

Es ist individuell in der Handlung, in der Manifestation.

Dort liegt das Problem: Sri Aurobindo sagt, daß es bestehen bleibt, während alle alten Überlieferungen sagen, daß es mit der Auflösung des Körpers verschwindet.

Es ist ein fortdauerndes individuelles Ich?

Sonst könnte es kein fortdauerndes materielles Leben geben, denn das ist die eigentliche Charakteristik der Materialisierung. Müßte sie verschwinden, so würde das Phänomen der physischen Auflösung ein beständiges Phänomen, das heißt, es gäbe nie eine materielle Unsterblichkeit. Denn nachdem man eine gewisse... im Grunde, eine gewisse Summe von Illusionen oder Ungeregeltheiten oder Lügen erschöpft hätte, würde man zur Wahrheit zurückkehren. Während es nach Sri Aurobindo nicht so ist: Es ist die Wahrheit – diese Individualisierung, diese individuelle Personifizierung ist ein wirkliches göttliches Phänomen –, nur die Entstellung des Bewußtseins ist eine Lüge. Das heißt, wenn man das wahre Bewußtsein der Einheit wiederfindet (die Einheit ebenso im Manifestierten wie im Nicht-Manifestierten und in dem, was jenseits des Manifestierten und Nicht-Manifestierten liegt – „jenseits" heißt, gleichermaßen das Manifestierte und Nicht-Manifestierte enthaltend) dann umfaßt diese Wahrheit auch die materielle Personifizierung, sonst könnte das[1] nicht existieren.

Aber jeder hat eine unterschiedliche Persönlichkeit?

---

1. „Das" bezeichnet wohl die physische Unsterblichkeit.

Ja... vielleicht nicht jeder im gegenwärtigen Chaos! Aber im Prinzip.

Jedes bewußte Wesen?

Ja, im Prinzip – jede WAHRE seele.

Wahr, das heißt geformt?

Ja, „geformt", wenn du von unten anfängst. Aber wenn du es von oben nimmst...*(Mutter lacht)*

Jeder repräsentiert etwas vom Göttlichen?

So kann man sagen, aber das ist noch separativ.

Aber was ist diese Persönlichkeit!?

Eine Seinsart.

Das, was jeden von den anderen unterscheidet.

Es ist eine Seinsart, ja, in einer gewissen Weise, in seiner Essenz – in seiner Essenz, denn wenn es in der Manifestation wäre, wäre all das dazu bestimmt zu verschwinden. Ja, es sind Seinsarten. Wie in der ersten Manifestation, als es die vier Seinsarten gab, die die Erstgeschaffenen waren.[1]

Aber dann gäbe es unzählige Seinsarten, von denen jede einen Aspekt repräsentiert?

Ja, ohne die Vielfalt gäbe es nicht Das Spiel.

Gerade übersetzte ich einen Text, wo Sri Aurobindo von „der Freudigkeit und vom Besitz des Einen durch die Vielzahl, der Vielzahl durch das Eine, und der Vielzahl durch die Vielzahl" spricht.[2] Wenn es also ein Spiel gibt, muß es unzählig sein: eine unzählige Vielfältigkeit.

Wie kommt es dann, daß alle, die in der Vergangenheit eine Verwirklichung erreichten, die das wahre Ich fanden, sagten, es bedeute die Auflösung des Individuums, es bliebe keine Persönlichkeit?

---

1. Bewußtsein oder Licht, Leben, Liebe oder Wonne, Wahrheit, die die ersten Asuras oder Dämonen wurden.
2. Siehe *Thoughts and Glimpses:* „Was war also der Anfang der Angelegenheit? Eine Existenz, die sich für die alleinige Freude des Seins vervielfältigte und die sich in zahllose Milliarden Formen tauchte, um sich schließlich unzählige Male wiederfinden zu können... Und was wird das Ende der Angelegenheit sein? Wenn der Honig sich gleichsam selbst schmecken könnte und alle seine Tropfen zur selben Zeit schmecken könnte, wenn alle Tropfen sich untereinander auskosten könnten und jeder die gesamte Wabe wie sich selbst auskostete; so sollte das Ende für Gott, die Seele des Menschen und das Universum sein."

Nicht alle! Nur jene, die in die Nicht-Existenz eingingen.

Aber es ist offensichtlich, auf Grund des Inhalts der Veden zum Beispiel, daß die „Vorfahren", derer sie sich erinnern, Leute waren, die die Unsterblichkeit auf der Erde verwirklicht hatten (vielleicht gibt es sie noch, und wir wissen nicht wo sie sind!). Sie hatten dieselbe Auffassung wie Sri Aurobindo.

Die andere Überlieferung, von der Theon meinte, sie stünde am Ursprung der Kabbala (er sagte, sie wäre der Ursprung sowohl der Kabbala als auch der Veden), hatte dieselbe Vorstellung wie Sri Aurobindo, das heißt die des göttlichen Lebens, einer göttlichen Welt. Der Gipfel der Evolution sei die Vergöttlichung von allem Geschaffenen, und von da an gäbe es einen Fortschritt ohne Rückschritte (denn jetzt schreitet man immer fort und fällt zurück, schreitet fort und fällt zurück). Diese Bewegung des Rückschritts wäre nicht mehr nötig: es wird ein kontinuierlicher Anstieg sein. Sie hatten diese Auffassung. Denn Sri Aurobindo hatte zu dem Zeitpunkt, als ich Theon traf, noch nichts geschrieben. Theon sprach zu mir in sehr deutlichen Worten über diese Vorstellung. (Theon hatte alle möglichen Dinge geschrieben, aber nichts Philosophisches: alle möglichen Geschichten, phantastische Geschichten! Aber das Wissen dahinter war dasselbe.) Wenn man ihn fragte, woher er es hätte, sagte er, es wäre älter als die Kabbala und die Veden – er kannte den Rig Veda sehr gut.

Aber Theon hatte keinerlei Idee des *Bhakti*-Wegs [Liebe, Ergebenheit], ganz und gar nicht. Die Idee des *surrender* zum Göttlichen [Hingabe, Überantwortung] war ihm völlig fremd. Aber er stellte sich eine göttliche Gegenwart hier vor *(Geste zum Herzzentrum)*, das immanente Göttliche und die Vereinigung mit *Dem*. Seiner Auffassung nach können wir durch eine Vereinigung mit *Dem*, und indem *Es* unser Wesen transformiert, zu einer göttlichen Schöpfung und zur Transformation der Erde gelangen.

Er vermittelte mir als erster die Idee, daß die Erde repräsentativ sei – eine symbolische Konzentration des universellen Handelns, um den göttlichen Kräften zu erlauben, sich zu inkarnieren und konkret zu arbeiten. All dies lernte ich von ihm.

Diesbezüglich sagst Du irgendwo, daß die Götter sich auch inkarnieren müssen, um völlig bewußt zu werden.

Ja, denn...

Wie ist das möglich? Sind die Götter nicht vollständig bewußt!?

Nein: sie haben kein psychisches Wesen – alles, was diese Seite des Lebens betrifft, besteht deshalb nicht für sie.

In allen Überlieferungen, die man hier in Indien findet (auch in anderen Ländern, in anderen Religionen), sind die Götter meistens unmögliche Wesen (!), und zwar genau weil sie kein psychisches Wesen haben. Das psychische Wesen ist nur dem irdischen Leben eigen. Das war (wie soll ich sagen?)... eine Gnade, um wiederherzustellen, wiedergutzumachen, was geschehen war.

Ja, aber die Götter sind sich des Göttlichen bewußt?

Hör zu, mein Kind, sie sind sich vor allem ihrer eigenen Göttlichkeit bewußt!

Sie sind mit dem Göttlichen verbunden, ja, aber sie haben nicht die geringste Idee von HINGABE. Diese Erfahrung hatte ich.

Ich hatte eine SEHR interessante Erfahrung – letztes Jahr oder im Jahr davor, ich erinnere mich nicht mehr, aber es war nachdem ich nach oben ging[1]... Du weißt, daß zur Zeit der Pujas immer diese Göttinnen kommen (sie binden sich nicht an einen Körper, aber sie manifestieren sich). Diesmal (ich glaube, es war die Puja vom letzten Jahr, nicht länger her als das) kam Durga (Durga kommt immer einige Tage früher und bleibt in der Atmosphäre: sie ist hier, so – *Geste, als ob sie mit Mutter umherginge*), dieses Mal hatte ich während meiner Meditation oben eine Beziehung zu ihr, und diese neue Kraft war in mir, die jetzt im Körper ist – in diesem Körper – und... (wie soll ich sagen?) ich ließ sie am Begriff der *Hingabe* teilnehmen. Das gab ihr eine außergewöhnliche Erfahrung: die Freude, verbunden zu sein. Und sie verkündete: „Von nun an bin ich eine Bhakta[2] des Herrn."

Das war schön.

Sie bedeutet eine unglaubliche Kraft: eine ungeheure ewige universelle Kraft. Eine solche Erfahrung hatte sie niemals gehabt: zuvor hatte sie die Erfahrung IHRER Kraft. Sie erhielt Anordnungen und gehorchte, aber nur so, automatisch. Jetzt spürte sie plötzlich die EKSTASE, ein bewußtes Werkzeug zu sein.

Das war wirklich... wirklich schön.

Ich wußte es, denn ich erinnere mich der Zeit, als ich meine Meditationen in Sri Aurobindos Gegenwart abhielt. Ich kam die Treppe herunter, um mit den Leuten, die in der Halle warteten, zu meditieren – du weißt, da ist eine Plattform unter den Säulen: alle Götter saßen dort – Shiva, Krishna, Lakshmi, die Trimurti, alle, alle, alle, die Kleinen, die Großen, sie kamen und setzten sich dort hin. Es war richtig hübsch anzusehen. Sie kamen regelmäßig jeden Tag und wohnten der

---

1. 1958.
2. *Bhakta:* Anbeterin

Meditation bei. Aber das war keine Anbetung des Höchsten, sie hatten nicht das geringste Bedürfnis nach dieser Vorstellung: sie hatten die volle Empfindung ihrer ewigen Göttlichkeit, jeder nach seiner Seinsart. Sie fühlten sich wohl als eine Art Gruppe, da jeder wußte, daß jeder all die anderen repräsentieren konnte (die geläufige Anbetung war so[1], und sie wußten es), aber sie hatten keine der Eigenschaften, die das psychische Leben gibt: keine tiefe Liebe, keine tiefe Zuneigung, keinen Sinn der Einheit. So war es nicht: sie hatten den Sinn für IHRE eigene Göttlichkeit. Sie hatten auch ganz besondere Regungen, aber nicht diese Anbetung des Höchsten und das Gefühl, Instrumente zu sein – sie repräsentierten den Höchsten. Jeder vertrat den Höchsten und war folglich völlig befriedigt mit seiner Repräsentation.

Nur Krishna, denn... Ich glaube, es war 1926, da begann ich eine Art Erschaffung des *Overmind* [Übermental], das heißt, ich ließ den Overmind in die Materie, auf die Erde herabkommen und begann all das vorzubereiten (Wunder begannen sich zu ereignen und alle möglichen Dinge).

Da bat ich diese Götter, sich zu inkarnieren, sich mit einem Körper zu identifizieren (manche lehnten es kategorisch ab), aber ich sah mit meinen eigenen Augen, wie Krishna, der immer mit Sri Aurobindo in Beziehung stand, zustimmte, in dessen Körper zu kommen. Das geschah an einem 24. November. Es war der Anfang von „Mother"[2].

Ja, ich wollte dich schon fragen, was es mit der Verwirklichung von 1926 auf sich hatte?

Das war es: Krishna stimmte zu, in Sri Aurobindos Körper herabzukommen – sich dort NIEDERZULASSEN, verstehst du (es ist ein großer Unterschied, ob man sich inkarniert und niederläßt oder nur einen Einfluß ausübt, der kommt und geht, der wechselt). Die Götter wechseln ständig. Wir selbst, in unserem inneren Wesen, gehen, kommen, handeln an hundert oder tausend Plätzen zur selben Zeit, das ist offensichtlich. Es ist ein Unterschied, ob man bereit ist, in einer dauerhaften Weise an einen Körper gebunden zu sein oder einfach nach Belieben zu kommen – zwischen einem andauernden Einfluß und einer dauerhaften Gegenwart.

Diese Dinge versteht man erst mit der Erfahrung.

---

1. Jeder Anbeter eines Kultes weiß sehr wohl, daß sein Gott nur eine besondere Art der Repräsentation einer einzigen Sache ist.
2. Von 1926 an stellte Sri Aurobindo Mutter seinen Schülern offiziell als „Die Mutter" vor. Zuvor nannte er sie oft „Mirra".

In welcher Hinsicht bezeichnete diese Verwirklichung eine Wende in Sri Aurobindos Sadhana?

Nein, das war ein wichtiges Phänomen FÜR DIE SCHÖPFUNG. Für ihn war es ziemlich gleichgültig. Ich sagte es ihm nur.

Von diesem Moment an beschloß er, sich zurückzuziehen und sich nicht mehr um die Angelegenheiten der Leute zu kümmern. Er rief alle, es gab eine letzte Versammlung (denn er ging jeden Tag heraus, traf alle, die ihn zu sehen kamen, plauderte mit ihnen – das ist der Ursprung der berühmten „Abendgespräche mit Sri Aurobindo"[1] – *Mutter will etwas Kritisches sagen, dann besinnt sie sich* – nun...) Er empfing die Leute, sie kamen – ich sah niemanden, ich wohnte in den inneren Zimmern. Er kam auf die Veranda heraus, sah alle, empfing die Leute, sprach, diskutierte, etc., und erst wenn er zurückkam, sah ich ihn.

Aber nach einiger Zeit hielt ich auch Meditationen mit den Leuten ab. (Ich hatte diese „übermentale Schöpfung" angefangen, jeden Gott in ein Wesen herabsteigen zu lassen: es war eine außerordentliche aufsteigende Kurve!) Ich war also in Beziehung mit all diesen Wesen, da sagte ich Krishna (denn ich sah ihn immer um Sri Aurobindo herum): „Das ist sehr freundlich, aber jetzt will ich eine Schöpfung auf der Erde: Inkarniere dich!" Er stimmte zu. Ich sah mit eigenen Augen (natürlich mit meinen inneren Augen), wie er sich mit Sri Aurobindo verband.

Da ging ich in Sri Aurobindos Zimmer und sagte ihm: „Dies sah ich". Er antwortete mir: *Yes I know!* – „Ja, ich weiß" – *(Mutter lacht)*, und er sagte: „Gut, ich fasse den Entschluß, mich zurückzuziehen, und du übernimmst die Verantwortung für die Leute." (Es waren ungefähr dreißig.) Dann rief er alle und hielt eine letzte Zusammenkunft. Er setzte sich (mich ließ er an seiner Seite sitzen) und sagte den Leuten: „Ich habe euch herbeigerufen, um euch mitzuteilen, daß ich mich von heute an für meine Sadhana zurückziehe und Mutter die Verantwortung für alle übernehmen wird: an sie müßt ihr euch wenden, sie wird mich vertreten, sie wird die ganze Arbeit tun." – Mir hatte er nichts gesagt! *(Mutter lacht sehr)*

Es waren alles enge Vertraute, die immer sehr direkt mit Sri Aurobindo verkehrt hatten, und sie fragten: „Aber warum – warum – warum?" Er antwortete: „Man wird es euch erklären." Ich hatte nicht die geringste Absicht, irgend etwas zu erklären, und zog mich mit ihm zurück, aber Datta (eine Engländerin, die mit mir von Europa

---

1. *Abendgespräche mit Sri Aurobindo*, von A.B. Purani.

gekommen war und die bis zu ihrem Tode hier blieb – sie hatte gewisse Inspirationen) gab eine Erklärung ab. Als ich mit Sri Aurobindo das Zimmer verließ, begann sie zu sprechen. Sie sagte, daß sie Sri Aurobindo durch sich sprechen spüre, und sie erklärte alles: daß Krishna sich inkarniert hätte und Sri Aurobindo von diesem Moment an eine intensive Sadhana für die Herabkunft des Supramentals auf die Erde machen werde, daß es wie eine Zustimmung Krishnas zur Herabkunft des Supramentals auf die Erde sei. Und da Sri Aurobindo damit beschäftigt sein würde, könnte er sich nicht um die Leute kümmern, die er somit unter meine Obhut stellte, daß ich diese Arbeit übernähme.

Das war 1926.

Es war nur... (wie soll ich sagen?) Krishnas Teilnahme. Aber für Sri Aurobindo persönlich machte es keinen Unterschied: eine Formation aus der Vergangenheit akzeptierte, an der gegenwärtigen Schöpfung teilzunehmen, nicht mehr. Eine Herabkunft des Höchsten von vor einiger Zeit stimmte zu, an der neuen Manifestation teilzunehmen.

Shiva hingegen lehnte ab. Er sagte: „Nein. Wenn deine Arbeit beendet ist, werde ich kommen – nicht in eine Welt, wie sie jetzt ist. Aber ich will gerne helfen." Er hielt sich an dem Tag dort im Zimmer auf – er war so groß *(lachend)*, daß sein Kopf die Decke berührte! – mit seinem besonderen Licht, das ein Spiel von Gold und Rot ist: ungeheuer, ein ungeheures Wesen! Ich erhob mich und... (es war, als manifestierte er sein höchstes Bewußtsein) ich stand aufrecht und... (wahrscheinlich mußte ich auch sehr groß geworden sein, denn mein Kopf war auf der Höhe seiner Schulter, knapp unter seinem Kopf – ich war also auch ziemlich groß). In dem Moment sagte er mir (natürlich nicht mit Worten): „Nein, ich will mich nicht an einen Körper binden, aber ich gebe dir ALLES, was du von mir haben willst". Ich sagte ihm nur: „Ich möchte kein physisches Ego mehr haben."

Mein Kind *(lachend)*, es geschah! Außerordentlich!... Nach einiger Zeit ging ich zu Sri Aurobindo und sagte ihm: „Dies ist geschehen. Ich habe ein seltsames Gefühl *(lachend)*, als ob es nicht mehr zusammenhielte, die Zellen halten nicht mehr zusammen! Sie werden sich zerstreuen!" Da sah er mich an, lachte und sagte: „Noch nicht." *Not yet.* Und diese Wirkung verschwand.

Aber der andere hatte mir wirklich gegeben, was ich wollte!

Not yet, sagte Sri Aurobindo.

Nein, es fehlte die Bereitschaft, es war zu früh, viel zu früh.

(Schweigen)

Dasselbe erlebte ich vor zwei Jahren.[1] Aber jetzt ist es etwas anderes, die Dinge sind jetzt anders.

Gut. Aber ich habe dir nicht geantwortet.

Doch, doch. Du hast eine Vielzahl von Fragen beantwortet!

5. August 1961

(Mutter gibt Satprem Blumen)

Hier, „die Perfektion in der Arbeit" [Phlox, Flammenblume].
Dann „Mahalakshmi" [weiße Seerose], das bedeutet „Erfolg".
Morgen gehe ich nach unten.

Ah?

Wußtest du das nicht? Morgen ist Sonntag, ich verteile Saris und dann „gamchas" [Taschentücher].

Gut, mein Kind, hast du Fragen?

Nicht viele. Kleine Details.[2]

Gib mir doch den Fächer, die Moskitos sind unerträglich.
Welche?

Zunächst sprichst du in den „Entretiens" von der „Umkehrung des Bewußtseins". Ist das gleichbedeutend mit der Verwirklichung des Psychischen? Denn in einem Entretien verbindest du die beiden Dinge: die Umkehrung des Bewußtseins und die Entdeckung des psychischen Wesens.

Es ist das Ergebnis der Entdeckung. Eigentlich ist es das Ergebnis der Vereinigung mit dem psychischen Wesen.

Ein anderes Detail: Sri Aurobindo spricht an mehreren Stellen von einem „Umfeld-Bewußtsein" („circum-conscient"). Nach

---

1. Wieder die Auflösung des physischen Egos.
2. Für die Vorbereitung des Buches über Sri Aurobindo.
3. Das psychische Wesen bezeichnet in Sri Aurobindos Terminologie die Seele.

301

ihm vollzieht sich dort der Kontakt mit der äußeren Welt. Ist es dasselbe wie das „Subtilphysische", die subtile Hülle?

Was ist dieses Umfeld-Bewußtsein?

Das Umfeld-Bewußtsein, sagst du? Nennt man das auf französisch nicht „Milieu"?

Nein, Milieu ist nicht etwas Persönliches.

Er spricht davon als etwas Persönliches?

Ja, es gibt ein Unterbewußtsein, ein Bewußtsein, ein unter-schwelliges Bewußtsein und ein Umfeld-Bewußtsein.

Oh!

Vielleicht sollte ich dir den Abschnitt mitbringen, in dem er davon spricht.

Ja, denn ich verstehe nicht recht, was gemeint sein könnte.

Das Subtilphysische reicht ja weit über den Körper hinaus. Danach kommt das, was Theon *„le sous-degré nerveux"* nennt, das heißt das Zwischenglied zwischen dem Subtilphysischen und dem Vital. Diese Zwischenschicht wirkt wie ein Schutz: Wenn sie in Gleichgewicht, harmonisch und stark ist, beschützt sie euch – beschützt euch sogar physisch – zum Beispiel vor Ansteckungen bei Krankheiten und sogar vor Unfällen. Diese Erfahrung hatte ich, als ich am Val-de-Grâce wohnte. Es war in dem Jahr, als ich beschlossen hatte, die Vereinigung mit dem psychischen Wesen zu erreichen, ich konzentrierte mich von morgens bis abends und von abends bis morgens darauf. Jeden Tag verbrachte ich einige Zeit im Jardin du Luxembourg (er war gleich nebenan), dafür mußte ich die ganze Rue du Val-de-Grâce hinuntergehen, dann den Boulevard Saint Michel überqueren, und dort waren Straßen-bahnen, Autos, Omnibusse, der ganze Betrieb. Ich blieb in meiner Konzentration, und einmal, als ich die Straße überquerte, spürte ich eine Erschütterung ungefähr in solchem Abstand von meinem Körper *(etwas weiter als der ausgestreckte Arm)* und sprang spontan zurück, gerade rechtzeitig, damit die Straßenbahn vorbeifahren konnte – ich hatte nichts gehört. Ich war völlig absorbiert, und ohne diesen Schutz wäre ich sicher darunter gewesen – so konnte ich gerade noch springen, und die Straßenbahn fuhr vorbei. Da verstand ich, daß es etwas sehr Konkretes war, denn ich spürte einen Schock: nicht die Idee einer Gefahr sondern einen materiellen STOSS.

Es stimmt also, solange diese Hülle stark und unbeschädigt ist, ist man geschützt, wenn man sich aber zum Beispiel zu sehr ermüdet, sich beunruhigt, sich aufregt – alles, was Unordnung in die Atmosphäre bringt –, bewirkt das gleichsam Löcher, und alles mögliche kann eindringen.

Vielleicht meint Sri Aurobindo das?

Aber ist das nicht das Subtilphysische?

Es umgibt das Subtilphysische unmittelbar.

Zuerst kommt also das Subtilphysische und danach das Umfeld-Bewußtsein?

Ja, das Subtilphysische ist sichtbar – man kann es sehen. Weißt du, wenn es sehr heiß ist, gibt es eine Art Hitzewellen: so ist das Subtilphysische. Das ist eine der Formen des Subtilphysischen.

Aber das Subtilphysische ist direkt hier *(Geste knapp über der Haut)*. Manche Leute sind empfindsam im Subtilphysischen: wenn man seine Hand nähert, spüren sie es sofort. Andere bemerken nichts! Das hängt von der Empfindsamkeit des Subtilphysischen ab. Und dies [das Umfeld-Bewußtsein] liegt direkt darum herum, wie eine Hülle. Es ist wie eine Hülle, und wenn sie keine Risse hat, ist sie ein wunderbarer Schutz.[1] Das hängt von keiner spirituellen oder intellektuellen Ursache ab, sondern allein von einer Harmonie mit der Natur und dem Leben, es ist eine Art Gleichgewicht im materiellen Wesen. Wenn diese Hülle stark ist, geht es den Leuten fast immer gut und sie haben Erfolg in ihrem Handeln – keine intellektuellen Erfolge, aber wenn sie arbeiten, gelingt es, wenn sie jemanden treffen möchten, begegnen sie ihm. Dinge dieser Art.

Dies muß das Umfeld-Bewußtsein sein.

Durch diese Hülle finden die Kontakte mit den Anderen statt?

---

1. Schließlich sind wir nicht sicher, ob diese Hülle und das Umfeld-Bewußtsein ein und dieselbe Sache sind, aber Sri Aurobindo sagt darüber: „Das Erste, das man wahrnimmt, wenn man die Schranke durchbricht, ist der physisch-vitale Körper. Er umgibt den physischen Körper und bildet mit ihm zusammen das, was man als die „nervöse Hülle" bezeichnen könnte. Die Kräfte der Krankheit müssen sie durchbrechen, um den Körper zu erreichen, außer wenn es sich um ganz materielle Angriffe handelt. Man kann die Ankunft der Krankheit spüren, man kann auch in der nervösen Hülle den Teil des Körpers spüren, den die Krankheit angreifen wird oder will, denn die nervöse Hülle besitzt einen entsprechenden Teil im Körper. Die physisch vitale Hülle wird also zuerst angegriffen, dann nimmt die Kraft die Form einer Krankheit im Organismus an. Ich hatte selbst die Erfahrung, ein Fieber um den Körper herum zu haben." (A. B. Purani, *Abendgespräche mit Sri Aurobindo*)

303

Ja, ich glaube schon! Mein Kind, für jemanden, der empfindlich ist, wird es genau deshalb unerträglich, gedrängt in einer Menge zu sein, einer gegen den anderen gepreßt – da wird alles vermischt, und deshalb ist es schrecklich. Man hat das Gefühl eines erstickenden Eindringens, als dringe man in eine Umgebung, die man sich nicht ausgesucht hat!

Das ist alles?

Eine andere Kleinigkeit: Gibt es einen Unterschied zwischen dem Schlaf und dem Tod? Oder ist es dasselbe?

Der Tod und der Schlaf? Oh, nein!

Das ist nicht dasselbe.

Nein... Stellst du diese Frage wegen Buddha? (Ja, vor ein, zwei Tagen dachte ich daran – plötzlich kam es mir in den Sinn, und ich sagte mir: „Sieh an, warum?") Ich erinnerte mich, daß Buddha, bevor er sein Heim verließ, durch die Räume des Palastes ging und seine Frau und seine Eltern schlafen sah. Er hatte den Eindruck, es wäre wie wenn sie tot wären – dort ist die Rede vom Schlaf, der wie der Tod ist.

Das ist nicht wie der Tod?... Man ist nicht mehr in seinem Kör-per, wenn man schläft: alles Übrige geht fort, wie im Augenblick des Todes, nicht?

Oh, nein! Ganz und gar nicht. Nein. Der kataleptische Zustand der Trance, ja, das ist wie der Tod – es bleibt nur ein Bindeglied, man ist also ganz herausgegangen. Aber der Körper wird kataleptisch, wenn man ihn ganz verlassen hat. Ansonsten bleibt der ganze materiellste Teil des Vitals zurück.

Ich meine, sind die Orte, in die man während des Schlafes geht, dieselben wie die, zu denen man nach dem Tod geht?

Nein, nein, nein. Im Schlaf ist man mit sehr wenigen Ausnahmen mit all dem in Kontakt, was vom Unterbewußten aufsteigt: das Unterbe-wußte des Gehirns, das Unterbewußte der Gefühle, das Unterbewußte der Materie. Daraus bestehen zu neunundneunzig Prozent die Träume der Leute. Manchmal macht das Mental Wanderungen (meistens macht es sich auf die Reise), aber zu neunundneunzigeinhalb Prozent erinnert man sich nicht daran: wenn es zurückkommt, erinnert man sich nicht, weil die Verbindung nicht geschaffen wurde.

Das Ziel des Schlafes ist ja, wieder mit dem Bewußtsein des *Sat-chitananda* in Verbindung zu treten. Doch ich glaube nicht, daß eine

Person von Hundert es tut! Sie treten vielmehr in ein Unbewußtes ein als ins Sat-Chit-Ananda.

Aber keine zwei Personen haben denselben Schlaf, mein Kind! Das gleiche gilt für den Tod, es gibt nicht zwei gleiche Tode.

Doch das sind zwei verschiedene Dinge, denn... es sind verschiedene ZUSTÄNDE. Die ZUSTÄNDE sind unterschiedlich. Solange man einen Körper hat, ist der Zustand nicht der gleiche wie wenn man „tot" ist. Während einer Zeit von sieben Tagen, nachdem die Ärzte euch für „tot" erklärt haben, seid ihr noch in einem Zwischenbereich. Aber der Zustand des Todes als solcher ist völlig anders, WEIL die physische Grundlage nicht mehr vorhanden ist.

Einmal (es ist mir zweimal passiert, aber das zweite Mal bin ich nicht sicher, denn ich war ganz allein), das erste Mal geschah es in Tlemcen, und ich war bei Theon. Mein Körper war in einem kataleptischen Zustand, und ich war in einer bewußten Trance... aber es war ein besonderer kataleptischer Zustand in der Hinsicht, daß mein Körper sprach: ich konnte sprechen (sehr langsam aber ich sprach, Theon hatte es mir beigebracht). Das ist so, weil das Leben der Form bestehen bleibt – dieses „Leben der Form" ist der Teil, der den Körper erst nach sieben Tagen verläßt. Wenn man das Leben der Form trainiert, ist es sogar fähig, den Körper zu bewegen, das heißt, das Wesen ist nicht mehr da, aber das Leben der Form kann den Körper bewegen (kann ihn jedenfalls Worte sprechen lassen). Nun, aus irgendeinem Grund – ich erinnere mich nicht mehr, aber es war offensichtlich eine Nachlässigkeit Theons, denn Theon war da um zu wachen: dieser Zustand ist nicht ganz ungefährlich, und der Beweis ist, während ich arbeitete, wurde das Band (ich weiß nicht, wie ich es nennen soll), das Bindeglied, pfft! abgetrennt durch einen bösen Willen.[1] Als ich dann zurückkehren wollte, als es Zeit war zurückzukehren, konnte ich nicht mehr eintreten. Aber ich konnte ihn warnen – ich warnte ihn: „Das Band ist gerissen." Da setzte er seine Macht und seine Kenntnis ein, um mich zurückkehren zu lassen – aber das war kein Vergnügen! Es war sehr schwierig.[2]

---

[1]. In der Tat, der böse Wille von Theon.

[2]. Satprem erinnert sich, daß Mutter ihm einige Jahre vorher erzählt hatte, bei welcher Gelegenheit dieser Vorfall sich ereignete: Während ihrer Arbeit in Trance hatte Mutter den Ort entdeckt, wo das „Mantra des Lebens" aufbewahrt wurde, das heißt das Mantra, das die Macht hat, Leben zu schaffen (und es auch zu nehmen). Natürlich verlangte Theon, der sehr interessiert war, da er eine Inkarnation des Asura des Todes war, von Mutter, es ihm zu wiederholen. Mutter weigerte sich. Theon geriet in heftige Wut, und die Verbindung wurde durchtrennt (das Bindeglied, das Mutter mit dem Körper verband). Als Theon sich der Katastrophe bewußt wurde, die er durch seinen Zorn verursacht hatte, bekam er Furcht (er

305

Bei dieser Gelegenheit konnte ich die Erfahrung der zwei verschiedenen Zustände machen, denn der Teil, der herausgegangen war, war ohne die Unterstützung des Körpers herausgegangen: die Verbindung war gebrochen. So wußte ich es. Ich war natürlich in einem besonderen Zustand, denn ich verrichtete gerade bei vollem Bewußtsein mit all der vitalen Kraft eine Arbeit. Ich beherrschte nicht nur meine Umgebung sondern... Verstehst du, das ist wie eine Umkehrung des Bewußtseins: man beginnt einer anderen Welt anzugehören. Das fühlt man sehr deutlich. Er sagte mir sofort, ich solle mich konzentrieren. (Mich interessierte das alles – *Mutter lacht* – denn ich erlebte Erfahrungen, ich wollte umherwandern! Aber er hatte furchtbare Angst, daß ich ihm zwischen den Händen dahinschwände!) Er flehte mich an, mich zu konzentrieren, also konzentrierte ich mich auf meinen Körper.

Als ich zurückkam, tat es furchtbar weh. Furchtbar. Ein schrecklicher scharfer Schmerz, schrecklich, als ob man eine Hölle beträte.

Eine...?

Eine Hölle.*(Mutter lacht)*
Es war schrecklich. Das dauerte nicht lange.

Er gab mir ein halbes Glas Kognak zu trinken (das tat er immer hinterher, denn ich blieb mehr als eine Stunde in Trance, um zu arbeiten, was normalerweise verboten ist). Jedenfalls bin ich mir sicher, wenn es sich nicht um mich und ihn gehandelt hätte, wäre es zu Ende gewesen, ich hätte nicht mehr zurückkommen können.

Ich habe also ein wenig Ahnung davon, selbst in meinem äußersten Bewußtsein. Ein wenig, aber das ist alles, was ich weiß.

Nein, es ist etwas anderes. Es ist etwas anderes. Der Schlaf wäre mehr ein Wieder-Abstieg ins Unbewußte – es ist vielmehr das, wie ein Eindringen des *Tamas*.

Natürlich liegt am Grunde des Unbewußten das göttliche Bewußtsein, das wissen wir alle, aber offensichtlich ist es ein Wieder-Abstieg (manche Leute steigen fast völlig ins Unbewußte zurück und kommen viel erschöpfter aus ihrem Schlaf als sie ihn begannen). Aber aus gewissen Gründen, wahrscheinlich wegen der Notwendigkeit der

---

wußte nämlich, wer Mutter war), und da nahm er, wie Mutter erzählt, alle seine Kraft zusammen, um ihr zu helfen zurückzukehren. Später gab Mutter dieses Mantra Sri Aurobindo... der es klugerweise in Vergessenheit fallen ließ. Denn das Geheimnis des Lebens (oder des Todes) soll nicht durch ein Mantra gemeistert werden, sondern durch die Kenntnis der Wahren Macht, das heißt letztlich die Kenntnis der Realität der Materie und des Mechanismus, der den Tod bewirkt: genau darin besteht das ganze Yoga der Zellen von Sri Aurobindo und Mutter.

Arbeit, hatte ich meines Wissens nach niemals einen völlig unbewußten Schlaf.

Es gab da etwas anderes *(lachend)*, schon als Kind, sehr jung, trat
ich mit einem Schlag mitten in einer Handlung oder in einem Satz
oder sonst etwas in Trance – niemand wußte, was es war! In dem
Augenblick glaubten alle, ich schliefe ein! Aber ich blieb bewußt, mit
einem erhobenen Arm oder mitten im Wort, plötzlich pfft, nichts
mehr! *(Mutter lacht)* Äußerlich nichts mehr, aber innerlich eine sehr
interessante intensive Erfahrung. Das passierte mir schon, als ich
ziemlich klein war.

Ich erinnere mich, als ich wohl zehn oder zwölf Jahre alt war, wurde
bei meinen Eltern ein Essen abgehalten. Es war ein Dutzend Leute,
und alle waren wie aus dem Ei gepellt. (Es waren Familienangehörige,
aber schließlich war es ein „Essen", und ein gewisses Protokoll mußte
eingehalten werden. Kurz, man mußte sich gehörig benehmen!) Ich
saß am Ende des Tisches neben einem Cousin, der später für eine
gewisse Zeit Direktor des Louvre wurde (er besaß eine künstlerische
Intelligenz und war ein ziemlich fähiger Bursche). Wir saßen also da,
und ich erinnere mich, daß ich etwas recht Interessantes in seiner
Atmosphäre bemerkte (du mußt aber wissen, daß ich nichts wußte –
hätte man mir über die „Aura" und all das erzählt... nichts, ich wußte
nichts über okkulte Dinge, aber die Fähigkeit dazu war schon da). Ich
verfolgte eine Empfindung, die ich in seiner Atmosphäre spürte, und
dann, als ich gerade die Gabel in den Mund stecken wollte, war ich
weg! – Sie erwischten mich. Man sagte mir, wenn ich mich nicht zu
benehmen wüßte, dürfe ich nicht zu Tisch kommen! *(Mutter lacht sehr)*
In dieser Epoche verließ ich jede Nacht meinen Körper. Jede Nacht
verrichtete ich die Arbeit, von der ich in *Prières et Méditations*[1] sprach
(ich erwähne es nur nebenbei), aber jede Nacht zur selben Stunde, als
das ganze Haus schön ruhig war, verließ ich meinen Körper und hatte
die verschiedensten Erfahrungen. Allmählich wurde mein Körper
dann somnambul (das heißt, das Bindeglied blieb fest bestehen und
das Bewußtsein der Form war immer bewußter geworden), ich begann
regelmäßig aufzustehen – aber nicht auf die Art gewöhnlicher „Schlaf-
wandler": ich stand auf, öffnete meinen Schreibtisch, nahm ein Papier
und schrieb Gedichte... ich, die nichts von einem Poeten in mir hatte!
Ja, Gedichte! Ich notierte Dinge. Sehr bewußt legte ich alles wieder
zurück in die Schublade und verschloß sie sehr sorgfältig, bevor ich
mich wieder ins Bett legte. Eines Tages vergaß ich es aus irgendeinem
Grund: ich ließ es offen. Meine Mutter kam... (Meine Mutter weckte

1. 22. Februar 1926.

mich immer, denn in Frankreich verschließen sie einem die Fenster mit dicken Vorhängen. So kam sie morgens, riß die Vorhänge auf und weckte mich, brrm! ohne Vorwarnung. Ich war nur schon daran gewöhnt und war bereit aufzuwachen, sonst wäre es nicht sehr gut gewesen!) Jedenfalls kam sie und rief mich mit ihrer unantastbaren Autorität, als sie den offenen Schreibtisch und ein Papier darauf sah: „Was ist das!…" Sie riß es an sich: „Was machst du da?" Ich weiß nicht, was ich antwortete, aber sie suchte einen Arzt auf: „Meine Tochter ist eine Schlafwandlerin geworden! Sie müssen ihr eine Medizin geben!"

Es war nicht angenehm.

Ich erinnere mich, einmal… Sie schalt mich sehr häufig (aber das war gut, es war eine gute Übung) sie schalt mich sehr oft – für Dinge, die ich nicht getan hatte! Einmal schalt sie mich für etwas, das ich getan hatte, aber das sie nicht verstanden hatte (ich hatte es mit bester Absicht getan). Sie warf mir das als eine Handlung vor, die man nicht tun durfte (ich hatte jemandem etwas gegeben, ohne ihre Erlaubnis einzuholen!). Zuerst trotzte ich ihr und sagte: „Ich habe es nicht getan". Da fing sie an zu sagen, ich löge. Ohne ein Wort sah ich sie an, dann fühlte ich… das ganze Elend und diese ganze Lüge der Menschheit, und leise flossen die Tränen. Sie sagte mir: „Was! Jetzt fängst du auch noch an zu weinen!" Plötzlich war ich etwas *fed up* [der Sache überdrüssig] und sagte ihr: „Oh! ich weine nicht wegen mir, es ist wegen des Elends der ganzen Welt." – „Du wirst verrückt!"

Sie glaubte tatsächlich, daß ich verrückt werde!

Das war sehr komisch.

Seltsam… Ich sage „seltsam", denn wegen ihr wurde ich in diesem Körper geboren, wurde das so gewählt. Als sie jung war, hatte sie eine große Aspiration. Sie war genau zwanzig Jahre älter als ich: sie war zwanzig, als ich geboren wurde. Ich war das dritte Kind, das erste war ein Sohn, der – glaube ich – mit zwei Monaten in der Türkei starb. Man hatte ihn gegen Pocken geimpft und dabei vergiftet *(lachend)*, Gott weiß, was es war! Er starb an Krämpfen. Dann kam mein Bruder, der in Ägypten, in Alexandria geboren wurde, und ich wurde in Paris geboren, als sie genau zwanzig war. In dem Moment fühlte sie eine GROSSE ASPIRATION in sich (besonders nach dem Tod des Ersten): ihre Kinder mußten „die Besten der Welt" sein. Es war kein Ehrgeiz (ich weiß nicht, was es war). Sie hatte einen Willen! Meine Mutter hatte einen ungeheuren Willen! Wie eine Eisenstange, völlig ungerührt durch alle von außen kommenden Einflüsse. Wenn sie etwas entschied, war es entschieden – sogar wenn jemand im Sterben gelegen hätte, wäre sie nicht zu bewegen gewesen! Sie hatte also entschieden: „Meine Kinder werden die Besten der Welt sein."

Sie hatte vor allem einen Sinn für Fortschritt. Sie spürte, daß die Welt sich weiterentwickelte und daß wir besser sein sollten als alles, was es vorher gegeben hatte – das genügte.

Das genügte, seltsam.

Erzählte ich dir schon, was meinem Bruder geschah? Nein?... Mein Bruder war ein schrecklich ernsthafter Junge und schrecklich lerneifrig – oh, es war schlimm! Jedenfalls hatte er auch einen sehr starken Charakter, einen sehr starken Willen. Interessant! Er hatte etwas Interessantes. (Als er sich auf das Polytechnikum vorbereitete, lernte ich mit ihm, das interessierte mich.) Wir waren sehr vertraut (zwischen uns lagen nur achtzehn Monate). Er war sehr heftig, aber mit einer außergewöhnlichen Charakterstärke, denn nachdem er mich dreimal beinahe getötet hatte, sagte meine Mutter beim dritten Mal: „Beim nächsten Mal, wirst du sie töten." Daraufhin beschloß er, daß es nicht mehr vorkommen sollte – und es geschah nie wieder.[1] Aber eigentlich wollte ich folgendes erzählen: Als er achtzehn war und sich auf das Polytechnikum vorbereitete, kurz vor der Prüfung, überquerte er eines Tages die Seine (ich glaube es war auf der Pont des Arts), und auf der Mitte spürte er plötzlich, wie eine Kraft in ihn niederstieg, die ihn so sehr immobilisierte, daß er wie versteinert stehenblieb. Da hörte er nicht direkt eine Stimme, aber innerlich hörte er sehr deutlich: „Wenn du willst, kannst du ein Gott werden" (so übersetzte es sich in seinem Bewußtsein). Er sagte mir, daß es ihn in seinem ganzen Wesen gepackt hätte, er war wie versteinert, eine ungeheure und außerordentlich leuchtende Kraft: „Wenn du willst, kannst du ein Gott werden." Da antwortete er noch während der Erfahrung, im selben Augenblick: „Nein, ich will der Menschheit dienen." Und es verschwand. Natürlich hütete er sich, meiner Mutter davon zu erzählen, aber wir waren vertraut genug, und er erzählte es mir. Ich sagte ihm *(lachend)*: „Du bist aber ein Dummkopf."

So ist es.

In diesem Augenblick hätte er folglich eine spirituelle Verwirklichung erreichen können: er hatte das Zeug dazu. Etwas später (einige Jahre danach, drei Jahre danach) hatte ich die Erfahrung, von der ich dir erzählte, von diesem Licht, das mich durchdrang: ich sah es

---

1. Ein anderes Mal erzählte Mutter Sujata die Einzelheiten der drei Vorfälle: „Eines Tages spielten wir Kroquett – entweder verlor er oder er wurde aus einem anderen Grund furchtbar wütend und schlug mir seinem Hammer auf den Kopf; zum Glück bekam ich nur eine Schramme. Ein anderes Mal saßen wir in einem Zimmer, und er warf einen großen Stuhl nach mir – ich konnte mich gerade noch rechtzeitig ducken. Das dritte Mal geschah, als wir aus einer Kutsche ausstiegen: er schubste mich darunter – zum Glück bewegte sich das Pferd nicht."

physisch in mich eindringen. Es war offensichtlich die Herabkunft eines Wesens – keine vergangene Inkarnation sondern ein Wesen von einer anderen Ebene. Ein goldenes Licht. Es war die Inkarnation eines göttlichen Bewußtseins. Das beweist also, daß es ihr für ihre beiden Kinder gelungen war.

Aber was konnte sie nur…

Doch vor meinem Bruder lag sie auf den Knien.

Weißt du, meine Mutter verachtete jedes religiöse Gefühl als Schwäche und Aberglaube, sie leugnete das Unsichtbare gänzlich, sie sagte: „All das sind Gehirnkrankheiten" (!). Aber sie sagte dennoch: „Oh, mein Matteo…" (sie hatte ihn Matteo genannt, ein italienischer Name in Alexandria, ich weiß nicht, warum bloß), „oh, mein Matteo ist mein Gott, er ist mein Gott." Sie verhielt sich ihm gegenüber wirklich wie zu einem Gott. Eigentlich ließ sie erst von ihm ab, als er heiratete und sie tatsächlich nicht mehr hinter ihm stehen konnte!

Interessant ist aber zum Beispiel, als ihr Vater starb, wußte sie es: sie sah ihn. Sie dachte, es wäre ein Traum – „ein dummer Traum". Aber er kam, um ihr mitzuteilen, daß er tot sei, und sie sah ihn. Sie sagte: „Es ist nichts, es ist ein Traum!"*(Mutter lacht)*

Als meine Großmutter starb… Meine Großmutter hingegen hatte den Sinn fürs Okkulte. Sie hatte ihr Vermögen selbst gemacht (ein ziemlich beträchtliches Vermögen) und sie hatte fünf Kinder, eines verschwenderischer als das andere. Mir sagte sie (sie hielt mich für die einzige vernünftige Person in der Familie und vertraute sich mir an): „Siehst du, alle diese Leute wollen mein ganzes Geld verschwenden!" Sie hatte einen Sohn von sechzig Jahren (denn sie hatte sehr jung geheiratet und hatte ihn sehr jung bekommen: sie hatte mit fünfzehn Jahren in Ägypten geheiratet, und ihr Sohn war inzwischen sechzig), sie sagte mir also: „Sieh diesen Burschen (!), er besucht unmögliche Leute! Dann spielt er Karten und verliert all mein Geld." Ich sah ihn, „diesen Burschen": ich war bei ihr, als es geschah – er kam und sagte sehr höflich: „Auf Wiedersehen, Mutter, ich gehe aus, ich besuche soundso." – „Ah, bitte gib nicht all mein Geld aus und nimm einen Überzieher mit, denn es wird kalt nachts." Sechzig Jahre! Das war sehr komisch… aber nun, um auf meine Geschichte zurückzukommen: als meine Großmutter starb (ich hatte mich viel um sie gekümmert), suchte sie meine Mutter auf (meine Mutter war bei ihr, als sie starb – sie wurde einbalsamiert, denn sie wollte verbrannt werden, das hatte sie sich in den Kopf gesetzt, und da sie in Nizza gestorben war, mußte man sie einbalsamieren, um sie hier in Paris zu verbrennen). Ich war in Paris. Meine Mutter kehrte also mit dem Sarg zurück und sagte mir: „Stell dir vor, ich sehe sie die ganze Zeit! Dann ermahnt sie mich:

„Verschwende nicht dein Geld.““ Ich antwortete meiner Mutter: „Sie
hat Recht, man muß aufpassen." – „Aber schließlich ist sie TOT! Wie
kann sie zu mir sprechen! – Ich sage dir, sie ist tot, mausetot!" Ich sagte
ihr: „Was heißt es, zu sterben?"

All das war sehr komisch.

Es gab einen anderen Grund... Mein Vater hatte eine bewun-
dernswerte Gesundheit, und er war stark! Ein Gleichgewicht! Er war
nicht sehr groß, aber stämmig. Er hatte seine Studien in Österreich
gemacht (zu der Zeit sprach man in Österreich viel Französisch, aber
er kannte Deutsch, Englisch, Italienisch, Türkisch...), und er hatte
dort Reiten gelernt, ganz außerordentlich: er war so stark, wenn er die
Knie anspannte, zwang er das Pferd nieder. Mit einem Faustschlag
zerschlug er alles, ein Fünf-Franken-Stück (die großen Stücke zu fünf
Franken, die es früher gab, aus Silber), mit einem Faustschlag: in zwei
gebrochen. Es war seltsam. Er hatte etwas Russisches. Ich weiß nicht
warum. Man nannte ihn Barine. Ein solches Gleichgewicht! Dieser
Mann kannte nicht nur all diese Sprachen, auch auf dem Gebiet der
Arithmetik habe ich niemals ein solches Gehirn gesehen! Er machte
Abrechnungen einfach so im Kopf, wie ein Spiel, ohne die geringste Anstrengung – Berechnungen mit Hunderten von Zahlen. Und
er liebte Vögel! Er hatte sein eigenes Zimmer in unserer Wohnung
(denn meine Mutter konnte ihn nicht sehr gut ertragen), er hatte ein
getrenntes Zimmer mit einem großen Käfig – voller Kanarienvögeln!
Aber tagsüber schloß er das Fenster und ließ alle Kanarienvögel frei
umherfliegen.

Er erzählte Geschichten! Ich glaube, er hatte alle nur denkbaren
Unterhaltungsromane gelesen, alle Geschichten: außergewöhnliche
Abenteuergeschichten (er liebte Abenteuer). Als wir Kinder waren,
empfing er uns früh morgens in seinem Zimmer (er saß noch im Bett)
und erzählte uns Geschichten – er erzählte Geschichten aus Büchern,
die er gelesen hatte, aber anstatt uns zu sagen, daß es Bücher waren, die
er gelesen hatte, erzählte er sie, als wären es seine eigenen Geschichte!
Er hatte also außergewöhnliche Abenteuer! Mit Räubern, mit wilden
Tieren... Alle Geschichten, die er hatte sammeln können, erzählte er,
als wären es seine eigenen. Uns machte das natürlich ungeheuer Spaß!

Eines Tages hatte mein Bruder ihm nicht gehorcht (mein Bruder
mußte ungefähr zehn oder elf Jahre alt gewesen sein, und ich neun
oder zehn). Ich kam ins Eßzimmer und sah meinen Vater mit meinem
Bruder auf seinen Knien auf dem Sofa sitzen: er hatte ihm seine Hosen
heruntergezogen und haute ihn auf den Hintern. Es war nicht sehr
ernst, aber immerhin (ich weiß nicht, was mein Bruder getan hatte),
ich ging hin, richtete mich zu meiner vollen Größe auf und sagte:

„Papa, wenn du das noch einmal tust, verlasse ich das Haus", und mit einer solchen Autorität, mein Kind! – Er hörte auf und tat es nie mehr.

Sehr unterhaltsame Geschichten.

Jetzt habe ich dir jedenfalls genug Geschichten erzählt.

Wie ich geschwatzt habe! Du bringst mich immer zum Schwatzen!

8. August 1961

X schrieb mir und drückte seine „Dankbarkeit für all die Offenbarungen DES HÖCHSTEN" aus, die er während der Meditationen mit mir hatte.

Das ist das Neue, das er akzeptiert hat, denn allgemein erscheint der Höchste im Tantrismus nicht – sie stehen in Verbindung mit der Shakti und kümmern sich nicht um den Höchsten: das hat er hier akzeptiert.

Er machte eine große Anstrengung, es zu verstehen. Aber seine spirituelle Auffassung blieb für ihn die folgende: man kann das Leben meistern (man MUSS es meistern), und bis zu einem gewissen Grad kann man darin eine Anpassung an die höheren Kräfte bewirken; eine Transformation kommt aber nicht in Frage: die physische Welt bleibt die physische Welt, sie kann etwas besser organisiert werden, harmonischer, aber von etwas anderem ist keine Rede – die Vergöttlichung steht außer Frage.

Wahrscheinlich gibt es für ihn deshalb im Kontakt mit mir Dinge, die er nicht versteht, denn er sieht das nicht: die physischen Störungen entgehen ihm zum Beispiel, denn sie scheinen ihm unvereinbar mit meiner Verwirklichung. Solange die Frage der Transformation nicht auf dem Spiel steht, genügt die Verwirklichung, die ich erreichen konnte, um eine Art Ordnung herzustellen, die sehr stetig ist – erst die Reaktion gegen den transformierenden Willen verursacht die Störungen. Das versteht er nicht. Er versteht es nicht, das erscheint ihm als etwas, das nicht angemessen funktioniert. Er muß einen Widerspruch zwischen bestimmten Dingen, die er in meinem Bewußtsein wahrnimmt, und dem Kontakt mit der materiellen Welt spüren: „Wenn dies so ist", denkt er, „müßte das so sein; wie kann das dann so sein...?" Er versteht es nicht.[1]

11. August 1991

(Bezüglich des Buches, das Satprem über Sri Aurobindo zu schreiben plant)

Heute morgen zwischen drei und vier Uhr war es wieder, als führte mich Sri Aurobindo durch die Welt der Ausdrucksformen. Dort sehe ich zahlreiche Leute, die ich nicht kenne (es sind auch welche darunter, die ich kenne), und da sind ungeheure Räume. Es sind keine Bibliotheken, es gibt keine Bücher, dennoch ist alles dort. Es sind große Räume, die aber kein Dach haben! Alles ist offen. Trotzdem ist alles geordnet und geregelt. Ich sehe Sri Aurobindo von einem zum anderen gehen, von einer Gruppe zur anderen, von einem Ort zum anderen, von einem Raum zum anderen, und all das bringt er in Einklang – ich gehe mit ihm umher. Manchmal antwortet er mit einem Satz; andere zeigen ihm Dinge. All das ist für den *background* [Hintergrund] des Buches, damit es potentiell all dies enthalte – nicht ausdrücklich, aber in seiner Kraft.

Eine solche Klarheit! Es ist durchsichtig, eine so transparente Atmosphäre, so durchsichtig, so klar!... Da sind Leute der Gegenwart, Leute der Vergangenheit und Leute von immer. Sie sind wie lebendige

---

1. Die Verwunderung von X hebt einen sehr wichtigen Punkt hervor, der genau die Trennlinie zwischen all den traditionellen Yoga-Disziplinen und dem neuen Yoga von Sri Aurobindo und Mutter markiert. Für einen Tantriker scheint es zum Beispiel undenkbar, daß Mutter mit ihrem so mächtigen Bewußtsein, das die Naturgesetze meistert und die Elemente befehligt (wenn sie will), einem lächerlichen Schnupfen anheimfällt oder einer Blutung des Auges oder sogar ernsthafteren Störungen. Für ihn genügt es, den Finger daran zu legen und eine Vibration auszusenden, die die Störung sofort knebelt – gewiß, aber für Mutter geht es nicht um die „Heilung" eines Schnupfens durch eine höhere Macht, die sich der Materie auferlegt: Es geht darum, an die zelluläre Wurzel zu gehen und die Quelle des Übels zu heilen oder zu transformieren (die sowohl einen Schnupfen wie auch den Tod verursacht, denn es ist dieselbe Wurzel der Störung). Es geht nicht darum, der Materie durch eine „Macht" etwas aufzuerlegen, sondern die Materie zu transformieren. Das ist das Yoga der Zellen.

Intelligenzen, die die Erinnerungen [der Erde] versammeln. Tag für Tag, Tag für Tag zeigt Sri Aurobindo mir das.

*
* *

(Etwas später macht sich Mutter daran, an die dreihundert
Bücher zu unterzeichnen. Sie bemerkt:)

Ich habe eine praktische Unterschrift!

Deine Unterschrift fliegt davon!

Aber es ist ja ein Vogel!
Es ist der Vogel der Gnade, der vom Himmel steigt.
Der Punkt *(am Ende der Unterschrift)* ist sehr wichtig. Der Punkt bedeutet das Bewußtsein, das sieht. Er ist das Auge. Da ist ein Schwanz, ein Flügel, der andere Flügel und das Auge – das Bewußtsein, das sieht.
Ich hatte es nicht vorher überlegt! Es kam danach. Als ich sie betrachtete, sagte ich: „Sieh an!..."

*
* *

Später

Was sollen wir tun?

Da ist Arbeit, wenn du willst.

Oh, Schluß damit!
Erstaunlich ist, daß ich keine einzige Idee mehr im Kopf habe – nichts. Nicht „Ideen",von denen habe ich nie viele (!), aber keine Worte kommen, nichts, mein Kind! Ich habe zwei Hefte von T neben mir liegen, die warten – ich las sie, sagte „ah!" und schloß sie wieder. Und das ist schon seit zwei Wochen oder wer weiß wie lange da. NICHTS, völlig *blank* [leer]. ABER auf der tiefsten Ebene sehr interessante Dinge: plötzlich (nicht plötzlich von Zeit zu Zeit: plötzlich die ganze Zeit, das heißt fast die ganze Zeit) ist es, als nähmen alle Zellen des Körpers an einer Bewegung der Kraft teil, wie eine Kreisbewegung, aber mit allen Vibrationen – allen physischen Vibrationen –, von der materiellsten Empfindung *(Mutter berührt die Haut ihrer Hände)* bis zu allen Eindrücken der Kraft, der Macht, des Verständnisses (hauptsächlich in aktiver Hinsicht, vom Standpunkt der Handlung, der Bewegungen, der Einflüsse). Und es ist überhaupt nicht auf den Körper beschränkt, es ist so, so, so... *(Geste, die sich ins Unendliche erstreckt)*. Es hat weder

Anfang noch Ende. Der Körper fängt dort an zu spüren, wie sich die Energie verhält.

Das ist sehr interessant.

In jedem beliebigen Augenblick, wenn ich dem nur etwas Aufmerksamkeit widme, ist es so. Und dann gibt es keine Begrenzungen für den Körper mehr: das scheint mehr und mehr zu verschwinden.

Und gerade bei den geringsten Dingen, bei den kleinsten Dingen. Und... all das, im Innern des Höchsten, mit der Ekstase Seiner Gegenwart. Aber für die winzig kleinen Dinge: Wie verhält sich die Kraft, wenn man Gegenstände ordnet, wenn man etwas verstellt... für alles, für die Nahrung, für...

Seltsamerweise besteht kein großer Unterschied in Hinblick auf die Einstufung der Werte oder Umstände. Manchmal, wenn ich zu jemandem spreche (eine Unterredung), wenn ich jemanden sehe, kommt dieses große universelle Licht von einem vollkommenen Weiß und wandert umher. Aber ich kann nicht sagen, es wäre nur dann – es ist auch in den kleinsten Dingen: wenn ich gerade etwas Käse probiere, den mir jemand schickte, oder Gegenstände in einen Schrank räume oder gewisse Dinge entscheide, die ich brauche oder die ich ordne – da ist es zwar nicht dieselbe Masse (wenn es direkt ist, kommt es und bewegt sich so: es ist eine Masse – *Mutter zeigt das Licht, das wie eine Masse direkt von oben herunterkommt und durch ihren Kopf geht, um sich überall zu verbreiten*), aber da ist es wie pulverisiert. Es ist wie bei diesen Sprühgeräten, wie pulverisiert. So ist es. Aber es ist dasselbe Schimmern, weiß, absolut weiß! Ein weißes Licht. Dann eine Empfindung im Körper, was immer ich auch tue: eine Empfindung, auf einem Meer von etwas Sanftem, sehr Vertrautem, sehr Tiefem und Ewigem, Unbewegtem gebettet zu sein: der Herr. Die Zellen des Körpers sagen: „Du, Du, Du..." in Freude.

Das ist also der gegenwärtige Zustand.

Die Augenblicke, in denen man vergißt, sind so kurz! Das kommt so: plumps! etwas stößt, von jemanden, von etwas – es macht klack: die gewöhnliche Vibration. Das ist ohne Bedeutung, man wendet den Kopf ab und fegt es weg. Aber auch das möchte ich nicht (*diese Bewegung der Zurückweisung*), das muß völlig verschwinden.

In Hinblick auf das Praktische, Konkrete, Wirksame, gibt es also Resultate: Die Leute fangen an, meine Antworten zu erhalten, selbst wenn sie mir nicht schreiben – sehr klar, sehr genau. Leute, die ich gar nicht kenne, schreiben mir: schon bevor ich eine Antwort geschrieben habe, erhalten sie sie (sie sagen es einem Dritten). Heute hatte ich wieder ein Beispiel. Das hat Ergebnisse.

Die Erde ist sehr klein.

(Mutter erhebt sich, um zu gehen)

Gut, mein Kind. Wieder langweile ich dich mit meinen Geschichten, anstatt mit dir über dein Buch zu sprechen...

Oh, nein!

Vielleicht ist es besser, wenn ich nicht mit dir darüber spreche.

Das weißt nur du!

Denn *das*, diese Schaffenskraft, die von ganz oben kommt, von ganz oben, von ganz oben, jenseits aller Formen der Manifestation, mein Kind, das ist wie... etwas Ungeheuerliches... hinter einer Schleuse. Und manchmal *(Mutter lächelt)*, eine Versuchung, die Schleuse etwas zu öffnen.

Wenn sich das ergießt... wird es etwas sein.

Ich fange an, Unsinn zu reden, ich gehe!

15. August 1961

(Botschaft zu Sri Aurobindos Geburtstag)

In den Tiefen des Unbewußten
leuchtet auch das Göttliche Bewußtsein,
strahlend und ewig.

Mutter

18. August 1961

(Satprem begann sein Buch über Sri Aurobindo am 15. August)

Hast du gearbeitet?

Ja.

Ah!... Gut.

Hier *(Mutter verteilt Blumen)*, siehst du, das ist „Großzügigkeit der Inspiration"[1] und das ist die Krönung (die „göttliche Liebe"[2]).

Hier, Kind. Geht es gut?... Ja.

Etwas schwierig.

Das muß sich beruhigen *(Geste zur Stirn)*.

Ja, genau!

... Damit es von dort kommt *(Geste vom Herzen)*.

Ich habe volles Vertrauen.

Selbst wenn Verbindungen zu machen sind (manchmal muß man verschiedene Abschnitte verbinden), sogar das läßt sich bei der zweiten Lektüre arrangieren. Ich habe volles Vertrauen.

Mit der Gesundheit geht es gut?

Ja, ja, es geht!

Gut.

Die Leute schicken mir keinen Käse mehr![3]

Ich habe noch welchen, weißt Du!

Oh! wie machst du das?

Manchmal vergesse ich, davon zu nehmen, dann bleibt er übrig.

Um so besser, denn ich habe nicht mehr viel!

Ich habe eine ganze Reserve!

Dann mußt du ihn in kleinere Stücke schneiden. Bis dahin schicke ich dir etwas.

---

1. Balsamine, auch „Springkraut" genannt wegen der Empfindlichkeit der Frucht: wenn man sie berührt, zerplatzt sie und streut weit ihre Samen.
2. Blüte des Granatapfelbaums.
3. Jedesmal bringt Mutter Satprem etwas zu essen mit: ein wenig Käse, Suppenpulver, usw.

Aber liebe Mutter, ich habe noch genug für mindestens acht Tage!

Ah, gut! Das reicht, bis ich dich das nächste Mal sehe.

Also gut, Kind. Du hast keine Fragen?

Nein, liebe Mutter...

Dann ist alles in Ordnung.

Es fließt nicht gut.

Nein, das macht nichts. Sorge dich nicht – das wird kommen. Ich frage dich nicht einmal: ich bin sicher.

Es liegt nicht an den Ideen (die Ideen fühle ich, sehe ich), es ist mehr der Ausdruck. Es ist etwas eingefroren.

Ah!...

Es ist eine Schwerfälligkeit.

Es fehlt die Wärme.

Eine Schwerfälligkeit, die bewirkt, daß es nicht fließt.

Es muß von hier kommen *(Geste zum Herzen)*. Das wurde mir gesagt: von dort muß es kommen. Nicht von da *(der Kopf)*, nicht einmal von hier *(über dem Kopf)*: der Ausdruck HIER *(Herz)*. Normalerweise kommt der Ausdruck von oben, aber dort ist es nicht, sondern dort *(selbe Geste zum Herzen)*. Plötzlich so ein kleiner...

(Schweigen)

Gestern hatte ich eine Erfahrung. Sie dauerte nicht sehr lange (vielleicht eine Stunde oder eineinhalb, nicht mehr) aber sie war interessant... Jetzt finden die Erfahrungen immer auf einer völlig materiellen Ebene statt. Hier ging es um die Handlung, die Beziehung mit der Welt und den Dingen (es war ein ziemlich allgemeines Gefühl, jedenfalls irdisch – nicht universell aber irdisch): es gab kein Zentrum mehr, und zwar in Hinblick auf die Empfindungen und die Reaktionen, den Austausch: es gab kein Zentrum mehr. Alles war überall verteilt. Nur noch EIN zentrum, das war *das* Zentrum ganz oben (ganz oben oder ganz in der Tiefe). Das einzige Zentrum. Alles-alles-alles: Empfindungen, Kontakte, Austausche waren so.

Es war recht interessant insofern, als ich es nicht erwartete. Es kam ganz plötzlich, während ich abends oben ging: der Eindruck, es gäbe das nicht mehr – nicht daß der Körper nicht mehr bestand, denn er fuhr fort zu gehen –, aber es gab kein Zentrum mehr. Ich kann es nicht anders ausdrücken, es gab kein Zentrum mehr. Es gab nur noch *ein* Zentrum. Alles, alles war eins, und zwar in absolut, absolut materieller Hinsicht, die Empfindungen: materielle Empfindungen, Kontakte, Vibrationen, alles, alles. In einem gegebenen Augenblick war es sogar so stark, daß etwas lachte und sagte: „Sieh an! Aber so kann man aufhören zu existieren!"

Das war sehr interessant. Nur konnte die Erfahrung nicht andauern, denn... nach einiger Zeit, war ich nicht mehr allein. Um die Wahrheit zu sagen, war es die Zeit des Abendessens (es ist nicht so, als ob ich in dem Zustand nicht essen könnte; ich kann sehr gut essen – wie ich zum Beispiel durch andere esse, das macht keinen Unterschied; sehr oft passiert es mir, daß einer ißt und ich bin satt; es war nicht mehr notwendig, etwas in meinen Körper hineinzutun, das ist sehr bequem! das sind die Erfahrungen), aber hier war es fast wie ein völliges Auslöschen des Zentrums. Es war wegen der anwesenden Leute (sie waren zu viert wie gewöhnlich), die das Essen brachten, die Teller servierten, usw. Ihre Konzentration bewirkte, daß die Erfahrung nicht mehr so stark sein konnte: es verblaßte. Die Empfindung des „ich esse" kam ein wenig zurück – nicht „ich"! Das ist schon seit langer Zeit verschwunden! Nicht mein wahres Ich (mein wahres Ich ist dort und rührt sich nicht mehr, seit sehr langer Zeit), aber „dieser Körper ißt". Dieser Körper, der für die Aktion zur Verfügung gestellt wurde, ißt (das braucht nicht so viel Worte, nicht so viele Phrasen, aber nun!) kurz, die Empfindung zu essen. Deshalb verblaßte die Erfahrung. Ich konnte also nicht wissen, was die Wirkung sein würde.

Ich wollte wissen, welche Wirkung es auf das Funktionieren des Körpers hätte. Das wäre interessant. Zu wissen, ob das Funktionieren völlig harmonisch wird oder... was?... Wahrscheinlich werden wir es sehen. Aber es muß andauern. Es muß mindestens während eines Tages oder zwei oder drei andauern, dann wäre es interessant, das Resultat zu erfahren.

Gut, Kind.

Nun wirst du Deinen Käse verlieren! *(Mutter lacht aus vollem Herzen)*

Aber wenn du mich etwas fragen willst, schreibe mir.

Oh, es ist nichts!

Nein, wenn du aus irgendeinem Grund etwas brauchst, sage es mir – das ist keine Regel, die ich aufstelle, es ist einfach, um dich nicht bei der Arbeit zu stören.

Übrigens bin ich selbstverständlich dort [mit dir] völlig bewußt –
und ich bin nicht allein!

Gut, Kind.

25. August 1961

(Mutter bringt Blumen) Hier, das ist „Alchemie"[1]. Und hier! *(Mutter
gibt Satprem Käse)*

Ich habe noch viel, weißt du!

Das macht nichts, mein Kind, es ist das letzte. Ich habe vielleicht
noch ein, zwei Dosen, das ist alles.

Und wie geht die Arbeit?

Ich weiß nicht.

Das macht nichts.

Du mußt es wissen!

Wie?

Du mußt wissen, wie es geht!

(Mutter lacht) Ja! Ich sage: „das macht nichts... wenn du nichts
sagst" – ich dachte, daß du nichts sagen würdest! Aber es ist gut! Es
geht gut.

X schrieb mir (er schrieb auch an M), und mir schrieb er, daß er am
29. hier sein wird und am 10. abfahren muß. Es wird also nicht allzu
lange dauern – all das wegen bestimmter Zeremonien, diesem und
jenem[2]... Und er schrieb mir, daß er jemanden einweisen wird, der ihn
bei all den Zeremonien vertreten kann, um freier zu sein, länger hierher zu kommen. Aber zu M (ich weiß beim Teufel nicht, was der ihm
geschrieben hat) sagt er: Ja... (so etwa) die Situation im Ashram ist
sehr unangenehm und die Eifersucht und der Neid der Leute wächst
mehr und mehr, aber daß er sich so von der Gegenwart „der Mutter"
angezogen fühlt, daß er trotzdem kommen wird.

---

1. Pankrazlilie, Schönhäutchen.
2. Die tantrischen Zeremonien im Tempel von Parvati.

Ich gestehe, daß ich den Brief nicht mochte. Aber ich halte ihn nicht dafür verantwortlich, denn... Wenn die Leute ihm Dinge erzählen, glaubt er sie. Und Gott weiß, was der andere ihm erzählt hat!

(Schweigen)

Wenn ich vor langer Zeit, etwa vor drei, vier Jahren meditierte oder jemandem mit sehr schlechter Einstellung eine Meditation gab, mußte ich mich etwas anstrengen. Aber jetzt... gar nicht mehr. Gar nicht mehr. Ich bemerke es überhaupt nicht, wenn X eine Schwierigkeit hat, überhaupt nicht. Alles, was ich für meine Meditation mit ihm unternehme, ist, mich durch meinen gewohnten Zustand vorzubereiten, und sobald er kommt, mache ich einen Ruf (den ich sonst nicht mache, weil es nicht nötig ist), ein Ruf, und dann befinde ich mich sofort in einem glückseligen Zustand. Ich fand nicht, daß es in gewissen Fällen mehr Schwierigkeiten gab als in anderen – ich SPÜRE DEN WIDERSTAND NICHT, weder in der Atmosphäre noch in den Menschen: das ist zwingend (die Macht). Deshalb war ich so erstaunt, als er das andere Mal anfing zu erzählen, daß er mindestens zehn Minuten brauchte, um sich in Meditation zu versetzen – das erscheint mir phantastisch! Er sagte es mir selbst, sonst hätte ich es niemals geglaubt.[1]

Nun, wir werden sehen.

Gut, mein Kind.

Es geht nicht schnell voran, weißt du.

Es geht nicht schnell... Hast du am Anfang angefangen?

Ja.

Ah!... Geht es? – Ja, ja, ich verlange keine Erklärungen (!).

Ich kann nicht sagen, daß ich zufrieden bin.

Hmm!...

*
* *

Etwas später

Oh! Letzte Nacht wieder... es geschehen charmante Dinge.

Jetzt verbringe ich immer einen Teil der Nacht im Bereich der Ausdrucksformen, ein Bereich, in den ich sonst nie ging. Es ist ein sehr

---

1. In Wirklichkeit war er es nicht selber, sondern einer von Mutters Sekretären, N, der in der Folgezeit große Verwirrung in Xs Beziehung mit Mutter und mir bringen wird. Schon hatte die Jagd nach den kleinen tantrischen Mächten begonnen.

angenehmer Ort. Er ist sehr menschlich im Sinne, daß es keine Natur-szene ist: es sind große Räume und große, sehr intellektuelle Organi-sationen, aber sehr angenehm! Mit einer so klaren, so transparenten Atmosphäre – es ist alles in hellen Tönen, zwischen... *(Mutter gibt den Versuch auf, es zu beschreiben)* oh, es ist sehr leuchtend und angenehm! Es ist sehr gut organisiert, es geht ins Unendliche: es scheint so groß wie die Erde zu sein. Aber, stell dir vor, es sind Räume ohne Dach! Große Räume voller Licht, aber kein Dach, und die Trennwände sind durchsichtig. Drinnen sind Leute, die sehr aufgeweckt erscheinen – nicht viele, aber sehr eifrig, sehr aufmerksam. Sie ordneten – sie ordnen. Es müssen Leute sein, die gerade Bücher schreiben. Sie stellen Dinge zusammen, wenn du wüßtest, wie schön das zu sehen ist! Es ist als brächten sie Farben und mehr oder weniger geometrische Formen zusammen und stellten sie an ihren Platz in Bezug zu einander. Dort sind große Regale, aber Regale, in denen alles geordnet ist, und gleich-zeitig gibt es keine Türen! Sie sind nicht verschlossen. Alles ist offen, und alles ist geschützt. Ein interessanter Platz, gewöhnlich gehe ich nicht dorthin (ich war vielleicht zwei- oder dreimal in meinem Leben dort, ohne dem große Aufmerksamkeit zu schenken), aber jetzt, wegen dem Buch, das du schreibst, führt mich Sri Aurobindo immer dort hin.

Da sind Leute, die keinem Land angehören. Er führt mich zu einem Platz, wo die Leute keinem Land angehören. Sie gehören keiner Rasse an und haben keine besondere Kleidung. Sie scheinen sehr universell zu sein. Sie bewegen sich darin mit Harmonie und in Schweigen: es ist, als ob sie gleiten – und mit einer Genauigkeit! Alles ist so genau. Einige zeigten mir sogar Dinge: so schöne farbige Papiere! Es sind aber keine irdischen Farben, wie transparent. Und sie ordnen all das. Sie zeigten es mir, erklärten, wie man es arrangieren muß, um die größte Wirkung zu erzielen.

Ich sah dich mehrere Male. Du hattest die Kleidung, die du hier trägst *(ein Dhoti)*, nicht genau das, aber etwas ähnliches: keine euro-päische Kleidung – dort haben sie nicht die Kleidung eines speziellen Landes. Meistens ist es weiß. Es ist weiß, aber nicht aus Stoff. Das liegt in einem SEHR leuchtenden, sehr geordneten und sehr klaren Mental: dort gibt es so gut wie keine Objekte, nur Dinge, die Papieren ähneln und die Ideen zu sein scheinen, oder Anordnungen von Ideen – aber es verursacht keine Überfüllung. Und es ist weit! Weit-weit, man sieht kein Ende. Und nach oben ist es ganz offen. Die ganze Zeit ist es wie ein Licht, das herabkommt. Man geht auf etwas, das solider ist, aber auch nicht sehr. Es ist ein interessanter Platz.

Fast jede Nacht gehe ich für eine halbe oder dreiviertel Stunde zu diesem Platz, und Sri Aurobindo ist dort und zeigt mir alles. Dann sind da Leute, die ihn erwarten (in bestimmten Ecken haben die Leute alles vorbereitet und erwarten ihn), und wenn er ankommt, zeigen sie ihm, was sie gemacht haben. So erklärt er es ihnen: ein Wort, eine Geste, nicht viel und dann, ah! es nimmt Form an. Ein interessanter Ort. Und ich bringe dich die ganze Zeit, die ganze Zeit, jeden Tag damit in Kontakt – es macht nichts, wenn du dich nicht erinnerst! Das hat keine Bedeutung...

(Satprem scheint nicht zuzustimmen)

Im Grunde ist die Erinnerung nur eine Unterhaltung. Ich bin zu dieser Schlußfolgerung gekommen, daß es nur zur Unterhaltung und für die persönliche Befriedigung ist – aber es ist überhaupt nicht nötig. Ich sehe, daß ich den ÜBERWIEGENDEN Teil meiner Arbeit verrichte – und mit großer Genauigkeit verrichte –, ohne daß es notwendig ist, hier zu registrieren – absolut nicht notwendig. Ich bin völlig bewußt, wenn ich sie verrichte, aber mir liegt nicht daran, mich zu erinnern.

Gut, mein Kind. Auf Wiedersehen.

Brauchst du wirklich nichts?

Nein, liebe Mutter, ich habe alles, was ich brauche.

Du sagst, wenn du etwas benötigst. Man muß für dich sorgen während deiner Arbeit.

Es geht mir sehr gut.

Auf Wiedersehen, mein Kind.

September

3. September 1961

(Der Anfang dieses Gesprächs ist leider nicht erhalten geblieben. Es ging um das Buch, das Satprem über Sri Aurobindo schreibt, und Satprem erklärte Mutter, es sei sein Traum, automatisch zu schreiben, ohne überhaupt denken zu müssen: daß es ganz von alleine fließe.)

… Du möchtest das Denken in die höheren Bereiche versetzen, jenseits des Denkens selber!… Das ist fast unmöglich.

Verstehst du, würde ich auf Englisch schreiben, könnte ich versuchen, nur mit Savitri ein Buch über Sri Aurobindo zu machen. Mit Zitaten aus Savitri kann man einen dichterischen Rhythmus aufrechterhalten, der die Dinge öffnet. Aber auf Französisch ist das nicht möglich – wie das übersetzen?

Ja, das meine ich auch. Aber sogar auf Englisch.

Auf Englisch wäre es möglich. Es ist aber trotzdem für ein durchschnittliches Publikum bestimmt, deshalb darf ich sie auch nicht überfluten!

Das ist nicht so sehr eine Frage des Publikums als der Sprache – das Publikum, weißt du: auf jeder beliebigen Ebene kann man plötzlich eine Seele berühren, überall. Wenn man mit einem solchen Buch ein oder zwei Seelen berührt, ist das im Grunde schon ein wunderbares Ergebnis. Aus intellektueller Sicht öffnet es den Leuten den Weg: jene, die möchten, können ihn gehen. Nun…

Ich glaube, ich werde nicht überrascht sein, wenn ich dein Buch bekomme! Manchmal höre ich ganze Stücke. Letzte Nacht war es fast, als würdest du es mir vorlesen – nicht direkt mit Worten, aber… Als ich erwachte, war Sri Aurobindo zugegen, und der Eindruck war, als hättest du etwas vorgelesen – er fand es gut und sagte: „Ja, es ist gut so, es ist gut – *it is all right.*"

(Schweigen)

So, mein Kind.
Jetzt sehe ich dich wieder eine ganze Woche lang nicht…
Wir bleiben einander sehr, sehr nahe. Sehr nahe – du brauchst es nicht einmal zu fühlen!

(Satprem verzieht das Gesicht)

... es zu fühlen ist Luxus. Das kommt später.
Auf Wiedersehen.

10. September 1961

(Über den Tantra-Guru)

Hast du A. gesehen? Hat er es dir erzählt? Nein?... X sagte ihm, du
wärest die Brücke zwischen ihm und mir gewesen. Er sagte es sogar
auf Englisch: „Oh, Satprem was the bridge." *(Mutter lacht)* Nach einer
kurzen Pause fügte er dann hinzu: „Aber jetzt brauchen wir sie nicht
mehr!" *(Mutter lacht sehr herzhaft)* Das amüsierte mich sehr!

*
* *

(Etwas später, in Bezug auf das Buch über Sri Aurobindo)

*... Alles, was man schreiben kann, wirkt so flach – so flach im
Vergleich zu dem, was man spürt!*

Ja, im Vergleich zum Kontakt mit Sri Aurobindo (die Schwingung,
die von ihm ausgeht, wenn du so willst) erscheint es immer dürftig
und flach. Sogar die Erklärungen, die am besten... nun, sogar die
spirituellen Erfahrungen, von denen andere berichten, selbst wenn sie
stärker, mächtiger, heller, vollständiger als diese hier sind, wirken so
oberflächlich im Vergleich zum Kontakt mit Sri Aurobindo!

*Nicht nur das. Das Geschriebene als Ausdrucksmittel ist... eine
Mühsal, weißt du. Zu schreiben ist keine Freude. Es ist nicht
wie die Musik oder die Malerei.*

Genau!

Wirklich, ich versichere dir...

Es ist schwer.

*Es ist schwer, und hätte ich die Wahl gehabt, wäre ich Musiker
geworden. Hätte ich Musiker sein können, wäre mein Leben
völlig anders gewesen. Ich habe immer den Eindruck, mir fehlt
etwas, um die Leute zu öffnen...*

Nein. Vielleicht...

Ich weiß nicht. Am Ende von *The Secret of the Veda* ist ein Kapitel über den Ursprung der Sprachen, und dort scheint er zu sagen, daß es besser wäre, wenn man zum Ursprung dieser Schwingungen zurückgeht. Im Grunde wurden die Sprachen erst mit zunehmender Intellektualisierung so hart und trocken.

Als es nur Laute gab („ah" und „oh", besonders die „oh" sind sehr flexibel, das ganze Spektrum der „oh"), vielleicht war es da... anpassungsfähiger?

Jetzt spüre ich das sehr häufig. Wie soll ich sagen?... Ich bemühe mich immer, nicht zu sprechen – zu sprechen finde ich lästig. Ja, es ist lästig. Wenn ich jemandem begegne, bemühe ich mich als erstes, nicht zu sprechen. Wenn dann Die Schwingung kommt, ist es gut. Eine Art Verständigung findet statt, und wenn die Person auch noch so wenig empfänglich ist, so kommt es und... es ist subtiler als Musik: eine Schwingung, mit ihrem eigenen Gesetz der Harmonie. Nach einiger Zeit werden die Leute dann meistens ungeduldig und möchten etwas „Konkreteres" haben (!) und zwingen mich zu sprechen. Sie bestehen immer darauf. Ich bin in einer bestimmten Atmosphäre, in einer bestimmten Schwingung, und dann spüre ich immer, wie etwas augenblicklich so macht *(Geste des Absinkens der Ebene)*, es verhärtet sich. Selbst wenn ich nur stammele (in der Bemühung, subtil zu bleiben, stammele ich), selbst mein Stammeln *(lachend)* wird vergleichsweise härter. Da sind so viele Dinge, die voller, gehaltvoller, von innerer Reichhaltigkeit sind, aber sobald es ausgesprochen wird...

Dazu fällt mir etwas ein: in der Nacht zwischen vorgestern und gestern, gegen drei Uhr morgens, befand ich mich in einem Ort mit vielen Leuten von hier (du warst auch dort), und ich versuchte, Musik zu spielen, genau um etwas zu SAGEN. Da standen drei Klaviere, irgendwie ineinander verschachtelt, und ich setzte mich schräg davor, um eines davon zu erreichen und darauf zu spielen... Oh, es war eine große Halle, und die Leute saßen sehr weit weg von mir, aber du befandest dich zu meiner Linken, mit einer symbolischen jungen Frau (das heißt ich könnte ihre Schwingung oder ihren Eindruck oder die Beziehung zu ihr mit vier oder fünf Personen hier verbinden, wie ein Amalgam – das ist etwas sehr Interessantes, das mir häufig passiert). Ich setzte mich also schräg davor und versuchte zu spielen. Ich wollte etwas erklären: wie dies sich durch jenes ausdrückt. Schließlich merkte ich, daß ich eine unnötige Gymnastik unternahm, und setzte mich gerade vor das Klavier. Eines der Klaviere war ein Flügel, und ich setzte mich mitten davor, anstatt halb stehend darüber gebeugt zu sein. Ich setzte mich hin. Aber das lustigste war, daß alle Tasten (es hatte zwei

Tastaturen) wie dieses gemusterte Papier waren, das wir hier jetzt herstellen: ganz blau. In allen nur vorstellbaren Mustern! Alle Tasten: die schwarzen, die weißen, die oberen und die unteren, sie waren alle gleich groß, ziemlich breit, und wie überzogen mit diesem... es war kein Papier, aber mit diesem Blau überzogen. Vor diesem Klavier sagte ich mir dann: „Ah, endlich!... Das kann man nicht mit physischen Augen spielen: das muß man von DORT OBEN spielen."

Und während ich spielte, sagte ich mir: „Endlich das, was ich mein ganzes Leben lang mit der Musik tun wollte: auf dem blauen Klavier zu spielen!"

Das war wirklich amüsant.

Auf einmal kam ein TON! Kein physischer Ton, aber so vollkommen, so voll! Es war, als... als würde etwas bersten... ich weiß nicht, viel voller als ein Orchester, etwas, das barst, ungeheuer!

Es tat mir so leid, als es aufhörte, denn ich dachte *(lachend)*: „Wenigstens ein Mal werde ich etwas Gutes gehört haben!" Es war ein solcher Ausbruch von Tönen! So außerordentlich und mächtig. Dann war es Zeit aufzustehen. Es war vier Uhr.

Aber vielleicht war es das, was du meintest. Vielleicht möchtest du das in deinem Buch ausdrücken. Denn ich sagte dir schon, daß ich in letzter Zeit immer in die Welt der Ausdrucksformen gehe, und dies war ein solcher Ort. Dort ist es sehr sehr weitläufig, sehr offen. Diesmal gab es auch keine Mauern – keine Decke und keine Mauern –, nur eine Art Fußboden, der sehr hell war, sehr hell und leuchtend und weitläufig... sehr leer. Die Leute saßen, aber ich sah keine Stühle. Man sah nur die Klaviere, die sehr seltsam waren. Das Klavier vor mir war ein großer Flügel, aber nur die verschachtelten Tasten waren davon deutlich erkennbar. Das eine war etwas größer, auf dem spielte ich zuerst. Das andere war verschoben, und dann dieser große Flügel, aber der Körper war nicht sichtbar, nur die Tasten! Schließlich sagte ich mir: „Warum setze ich mich denn nicht bequem hin!" Ich setzte mich, dann wurde alles blau – große blaue Noten. Ich fragte mich: „Wie soll ich spielen?" Ich versuchte, wie gewohnt zu spielen, dann dachte ich: „Das geht nicht... Aber man muß ja von oben spielen!" Dann legte ich die Finger auf die Tasten, konzentrierte mich, und brumm! Oh, es war wie... Nicht aggressiv, es machte nicht viel Lärm, aber so ungeheuer! Drei, vier... keine Noten, sondern Töne, Akkorde... ich weiß nicht.

Aber das muß es sein: du dachtest daran – damit würdest du gerne dein Buch formulieren.[1]

---

1. Interessanterweise hatte einige Jahre zuvor, als Satprem sein erstes Buch *L'Orpailleur* schrieb, eine nahe Bekannte eine Vision gehabt, wo sie Satprem an

Schön wäre es...

Das wird kommen. Oh, es wird kommen!
Jetzt muß ich gehen, es ist Zeit.
Ja, mein Kind, es wird kommen.

16. September 1961

*(Satprem beschwert sich über die Schwierigkeiten, die er beim
Verfassen des Buches über Sri Aurobindo verspürt. Insbesondere
sagt er, er habe das Gefühl, „blockiert" zu sein.)*

Ich bat Sri Aurobindo, dir zu helfen.

Weißt du, man ist von Komplikationen umgeben, und dann gibt es
immer eine Stelle, wo sich das ganz einfach und direkt öffnet – das
ist meine Erfahrung. Man wendet sich hierhin und dorthin, sucht, tut
dies und jenes, und man hat den Eindruck, festgefahren zu sein. Dann
kommt ein kleiner Auslöser der inneren Haltung, und plötzlich öffnet
es sich – ganz einfach.

Diese Erfahrung hatte ich sehr häufig. Deshalb bat ich Sri Aurobindo, sie dir zu geben.

Immer wieder betonte er: *Be simple, be simple, say simply what
you feel. Be simple, be simple.* [Sei einfach, sei einfach, sage einfach,
was du fühlst]. Er betonte es. Dies sind nur die Worte, aber als er sie
aussprach, war es wirklich wie ein leuchtender Weg, der sich öffnete,
so einfach: „Oh, man braucht ja nur einen Schritt nach dem anderen
zu tun!" Das war mein Eindruck.

Es ist seltsam, als stammten alle Komplikationen von hier *(Mutter
berührt ihre Schläfen)*, dort war es sehr kompliziert und schwer einzu-
stellen. Als er dann sagte: „Be simple", war es seltsamerweise, als käme
ein Licht von den Augen, als landete man plötzlich in einem Garten
aus Licht.

Das war der Eindruck.

Es war wie ein Garten voller Licht.

---

einer Schreibmaschine sitzen sah, aus der aber statt geschriebenen Worten Musik
hervorkam.

Eine sehr große Betonung auf des Einfache: einfach sagen, was man sieht oder weiß – einfach, einfach. Eine Einfachheit... ganz und gar der Eindruck eines freudigen Gartens.

Be simple, be simple...

Die Komplikationen liegen hier *(dieselbe Geste)*, dort ist es hart und kompliziert – und dann öffnete sich gleichsam ein Tor: *be simple*.

Als wäre die mentale Spannung zu groß: etwas dort, in den Schläfen.

(Schweigen)

Auf einer anderen Ebene werde ich mit einer ähnlichen Schwierigkeit konfrontiert: eine so ungeheure Ansammlung von Leuten zu empfangen, Dingen zu tun, Fragen zu regeln – alles. Die Ansammlung ist so GEDRÄNGT – gedrängt, als wäre alles verdichtet! Zu dicht für das Leben eines gewöhnlichen Körpers (für seine verfügbare Zeit und Kräfte). Dahinter besteht ständig eine Art „aktive Unbewegtheit", im Sinne, daß das Bewußtsein den Eindruck hat, unbewegt zu sein und vom Strom des Fortschritts – das heißt von der Evolution – mitgetragen zu werden. Aber diese Unbewegtheit... Wenn ich versuchen will, all das zu tun, was ich zu tun habe, dann wird es unmöglich, die Dinge verkrampfen sich und es wird schmerzhaft. Da gibt er mir dieselbe Antwort: *be simple, be simple...*

Als ich heute morgen auf und ab ging, erschien das Tagesprogramm und die Arbeit so ungeheuer, daß ich es für unmöglich hielt. Gleichzeitig bestand in mir diese innere HALTUNG, diese Unbewegtheit, und sobald ich in meiner Bewegung des Schaffens und Handelns innehalte, wird es wie ein Freudentanz: alle Zellen schwingen (das ergibt eine außerordentliche Musik und Bewegung) – die Zellen selber schwingen in der Freude der Gegenwart, der Göttlichen Gegenwart. Aber wenn das Äußere kommt und angreift und ich schaue, dann verschwindet diese Freude zwar nicht, aber sie weicht zurück. Das Ergebnis ist, daß ich mich ständig hinsetzen und ruhig bleiben möchte – wenn ich das tue, ist es wunderbar. Natürlich kommen auch all die Suggestionen von außen: Kraftlosigkeit, hohes Alter, Verschleiß, Schwinden der Macht, all das – ich weiß sehr genau, daß es nicht stimmt. Aber die Gelassenheit des Körpers ist unerläßlich. Da ist Sri Aurobindos Antwort stets dieselbe, auch für mich: *be simple, be simple, very simple.*

Ich weiß, was er damit sagen will: nicht dieses Denken eintreten lassen, das ordnet, organisiert, befiehlt, urteilt, all das – das will er nicht haben. Was er *simple* nennt, ist eine freudige Spontaneität: in der Handlung, im Ausdruck, in der Bewegung, im Leben – *be simple, be simple, be simple.* Eine freudige Spontaneität. In der Evolution den Zustand wiederfinden, den er göttlich nannte, ein spontaner und glücklicher Zustand. Er will, daß wir dies wiederfinden. Seit Tagen sagt er mir das (und für deine Arbeit gilt dasselbe): *be simple, be simple, be simple.* In dieser Einfachheit war eine leuchtende Freude.

Eine freudige Spontaneität.

Das Schreckliche ist dieses ordnende Mental! Schrecklich. Es hat uns so gründlich überzeugt, daß wir ohne es nichts ausrichten können, daß es sehr schwer ist, ihm zu widerstehen. – „Überzeugt": es hat die gesamte Menschheit überzeugt! Die ganze sogenannte Elite der Menschheit hat es überzeugt, daß man ohne die organisierende Macht des Mentals nichts Rechtes bewirken kann. Sri Aurobindo möchte, daß wir mit derselben einfachen Freude leben wie eine erblühende Rose: *be simple, be simple, be simple.* Wenn ich ihn höre oder sehe, ist es wie ein herabrieselndes goldenes Licht, ein wohlduftender Garten– alles, alles ist offen. *Be simple.*

Das ist es, mein Kind.

Und seit zwei oder drei Tagen sehe ich das auch für dich, die ganze Zeit. Heute morgen kam dasselbe für mich, weil die Arbeit sich so ungeheuer aufgestaut hat, daß ich zehnmal soviel Zeit bräuchte, nur um die überfälligen Dinge nachzuholen. Ich steckte etwas in der Klemme, denn auf der anderen Seite kam eine Kraft, daß ich mein Gehen abbreche, um mich zu ENTSPANNEN, und ich widersetzte mich mit allem Willen. Dann merkte ich, daß ich eine Dummheit beging. Es war dasselbe, er sagte mir dasselbe. Also entspannte ich mich – alles ging sofort sehr gut.

Im Grunde leben wir zu angespannt. Stimmt das nicht?...

Das ist meine Botschaft für diese Woche, mein Kind.

Was tun!... Oh, es wird kommen. Aber es stimmt, wir leben immer zu angespannt – immer. Ich kenne das: solange man in diesem prächtigen Mental lebt, glaubt man, wenn man sich entspannte, würde man ins Tamas oder in Unbewußtheit fallen – das ist ein Überbleibsel dieser alten Gewohnheit. Da ist etwas wie ein Rest einer dieser großartigen Kritiker, der euch sagt: „Aha, Vorsicht! Tamas, Tamas! Achtung, du schläfst ein – sehr schlecht, sehr schlecht." Aber das ist idiotisch, denn das Tamas ist weder freudig noch leuchtend, während hier sofort Freude und Licht ist.

*
* *

Etwas später

Ich bin weiterhin unfähig, auch nur eine einzige Zeile zu schreiben! Mit der einzigen Ausnahme, wenn jemand eine Antwort *braucht*, dann kommt es sehr direkt, ohne nachzudenken, in wenigen Zeilen – das gelingt vorzüglich. Aber eine Frage zu lesen und dann zu beantworten, uff!... Das ist keine Mattheit, sondern eine Weigerung sich zu rühren.

Du wirst aber auch von Leuten belästigt, die wirklich nicht...

Ach, mein Kind, es ist eine Schande!

Ja, wirklich.

Eine Schande.

Ich weiß nichts im Detail, ich höre nur einiges von Sujata, aber ich habe den Eindruck, daß ein Großteil deiner Zeit nutzlos in Beschlag genommen wird.

Oh, es ist schrecklich! Stell dir vor, diese Tage komme ich erst gegen halb sieben, sieben Uhr abends wieder nach oben.

Ja, das sagte mir Sujata. Das ist nicht gut.

Es ist schrecklich. Und WOZU?

In einem der Briefe in *On Himself* sagt Sri Aurobindo: „Sie verlangen doch wohl nicht, daß wir unsere Zeit damit verbringen, den Familienvorstand zu spielen und Ihre dummen Streitereien zu schlichten...“

Genau!

„... und uns um Ihre idiotischen Angelegenheiten zu kümmern.“ Er sagte es sehr offen, er scheut sich nicht vor den Worten, er sagt deutlich: *It is idiotic*. Das tröstete mich enorm! *(Mutter lacht)*

Hier, hör dir das an, ich habe den Schullehrern einen Brief geschrieben: „Wir sind nicht hier, um nur ein wenig besser zu machen, was die anderen tun, sondern um das zu tun, was die anderen nicht tun KÖNNEN, weil ihnen nicht einmal bewußt ist, daß es getan werden kann. Wir sind hier, um den Kindern, die der Zukunft angehören, den Weg in die Zukunft zu öffnen. Alles andere wäre nicht der Mühe wert und wäre Sri Aurobindos Hilfe unwürdig.“

Natürlich steht er dahinter, weil es auf Englisch kam.

(Mutter steht auf, um zu gehen)

Also gut, mein Kind. Wenn ich dir diese Vision vermitteln kann, wird dein Buch sehr leicht kommen.

23. September 1961

Sie geben mir 150 Seiten! Der Herausgeber gibt mir 150 Seiten in seiner Reihe... Fürchterlich... Verstehst du, in diesem „Sri Aurobindo" möchte ich immerhin den ganzen dichterischen Aspekt in ihm herausbringen: diese Poesie gleich dem Veda, wie eine Offenbarung. Dazu braucht es ein wenig Platz, das läßt sich nicht in nur einigen Zeilen machen, es darf nicht nur ein Gerüst sein.

-[323b]-Das ist die Entsprechung zu der alten Form der spirituellen Offenbarung in *Savitri*, die dichterische Fülle seiner prophetischen Offenbarung, die man als den außergewöhnlichsten Teil seines Werkes bezeichnen könnte. Bemerkenswert ist, daß er *Savitri* änderte (ich sah das): er paßte es den fortschreitenden Veränderungen seiner Erfahrungen an.

Es war offensichtlich der ständige Ausdruck seiner Erfahrung.

Nolini erzählte mir, daß er ganze Stücke völlig überarbeitete und sie wie Beschreibungen der Erfahrungen wurden, die ich ihm erzählte. Denn vor kurzem laß ich *Savitri* wieder, und bei manchen Stellen sagte ich Nolini: „Seltsam, das sind fast meine eigenen Worte!" Worte, die ich Sri Aurobindo gesagt hatte. Nolini erwiderte: „Ja, das änderte er. Früher war es anders, und es WURDE erst so." Als die Erfahrung für ihn zunehmend konkreter wurde, änderte er es. Der Hauch offenbarender Prophezeiung in *Savitri* ist außerordentlich! Es ist von außerordentlicher MACHT!

Auffallend war für mich, daß er danach nie etwas anderes schreiben wollte. Es war wirklich ein großes Opfer für ihn, die Artikel für das *Bulletin* zu schreiben.[1] Und als man ihn bat, bestimmte Teile der

---

1. Mutter hatte Sri Aurobindo gebeten, etwas für das Ashram „Bulletin" zu schreiben. Sein Aufsatz erschien später als *The Supramental Manifestation upon Earth*.

Synthesis of Yoga fertigzustellen,[1] die er angekündigt hatte, erwiderte er: „Nein, ich will nicht auf diese mentale Ebene hinabgehen"!

Savitri stammt von einer ganz anderen Ebene.

So halte ich *Savitri* für das Bedeutendste, das zu erwähnen ist.

Hier und dort zitiere ich einen Vers von Savitri in dem Buch, wie um ein Fenster zu öffnen. Mehr kann ich hier nicht tun.

*
* *

(Etwas später bemerkt Mutter in Bezug auf Sri Aurobindos Biographie:)

All diese Details fand ich immer schrecklich.

Wenn je irgendwer etwas über mich schreiben wollte, würde ich ihm als allererstes sagen: KEIN EINZIGES WORT über mein Privatleben – kein einziges Wort.

28. September 1961

(Brief von Satprem an Mutter)

Liebe Mutter,

Ich habe das Gefühl, völlig mir selbst überlassen zu sein. Dieses Buch ist ein wahrer *Leidensweg*. Ich sehe nicht, wohin er führt, ich suche in allen Richtungen. Mutter, bitte hilf mir. Wo liegt der Fehler? Ich leide, weißt du. Ich möchte es ja gerne tun, aber es kommen nur Fragmente, nichts Zusammenhängendes. Manchmal glaube ich, dieser Aufgabe nicht gewachsen zu sein.

Was soll ich tun?

Dein Kind,

Satprem[2]

---

1. Der unvollendete dritte Teil: *The Yoga of Self-Perfection*.
2. Mit ein oder zwei anderen ist dieser Brief der einzige Verbliebene. Satprems gesamte Korrespondenz mit Mutter nach 1960 – dreizehn Jahre – wurde nach Mutters Abschied vom Ashram beschlagnahmt, aus welchen Gründen auch immer. Die Briefe bis 1960, die bereits im 1. Band der *Agenda* erschienen, entgingen dem

(Mutters Antwort)

Donnerstag

Satprem, mein liebes Kind,

Eines können wir tun, wenn du einverstanden bist. Lies mir vor, was du bisher geschrieben hast. Es in meinem Bewußtsein reflektiert zu sehen, hilft dir vielleicht.

Wenn du glaubst, es könnte hilfreich für dich sein, komme ich Samstag (übermorgen) um zehn Uhr morgens.

Mit all meiner Zärtlichkeit,

Mutter

30. September 1961

(Mutter gibt Satprem eine neue Blumenart, die sie „Gewißheit ohne Angeberei" nannte – Platycodon grandiflorum)

Dies ist das genaue Gegenteil der Angeberei. Ich finde das sehr schön. Als ich diese Blume sah, fühlte ich etwas sehr Tiefes, sehr Ruhiges – und absolut gewiß: es wankt nicht. Ich weiß nicht warum, aber je länger ich sie ansah, um so mehr machte sie diesen Eindruck auf mich. Als man mich nach ihrer Bedeutung fragte, sagte ich: „Eine Gewißheit ohne Angeberei." Man könnte es als den äußersten „guten Geschmack" im Bereich der spirituellen Erfahrung bezeichnen: es hat mehr Inhalt, als es nach außen zeigt.

*
* *

(Über Satprems Brief an Mutter vom 28.)

Ich hatte eine deutliche Vision dieser zwei Gegensätze in der Natur (und auch im Leben), die beinahe jeder in sich trägt: der eine ist die

---

Massaker, weil Mutter sie persönlich aufbewahrte. Dies bedeutet ein großes Loch in der *Agenda*, nicht nur für Satprem, der all sein Herz, seine Fragen, Zweifel und Schwierigkeiten in diese Briefe geschüttet hatte, sondern auch aus dokumentarischer Sicht, weil viele der Gespräche mit Mutter unsichtbar von seinem eigenen Zustand beeinflußt wurden. Tatsächlich war Satprem innig mit dem Fluß dieser *Agenda* verbunden, der so verstümmelt ist. Überhaupt wäre hier zu erwähnen, daß Satprem diese ersten beiden Bände auf der Flucht zusammenstellen mußte und es Mutters wunderbarer Hilfe bedurfte, um noch schwerwiegenderen Verstümmelungen als der Zensur seiner Korrespondenz zu entgehen.

Möglichkeit der Verwirklichung, und der andere ist der Weg, den man wählt, um sie zu erreichen. Dabei gibt es immer (wahrscheinlich ist das unvermeidlich) den Weg des Kampfes und den sonnigen Weg. Nach langem Forschen und Studieren hatte ich etwas wie einen „spirituellen Ehrgeiz", der Welt einen sonnigen Weg zu bringen, um die Notwendigkeit des Leidens und Kämpfens zu beseitigen: etwas mit der Aspiration, daß diese Phase der universellen Evolution von einer weniger schmerzlichen Phase abgelöst werde.

Als ich deinen Brief laß, interessierte mich das sehr. Ich versuchte zu sehen, warum du so große Schwierigkeiten hast – zweimal benutzt du das Wort „Leiden" [über das Schreiben], und dies ist ein Wort, das du sehr oft geschrieben und ausgesprochen hast und das in einem Teil deines Wesens zu dominieren scheint, während in anderen Teilen diese Pracht von höchster Freude ist, die die eigentliche Substanz der zukünftigen Verwirklichung wäre.

Dies sind die beiden Aspekte, nicht deines Wesens, aber man könnte sagen, die beiden Seinsarten deiner Seele.

(Schweigen)

Sri Aurobindo sagte mir: *He has all the necessary stuff* [er hat das Zeug dazu].

Dieses Buch hat seine unabhängige Existenz, und du brauchst ihm nur mit Einfachheit zu folgen, wie man einem Pfad folgt, den man nicht bauen muß, der VORHANDEN ist, der von der Offensichtlichkeit des Bedürfnisses automatisch geschaffen wurde *(Mutter blickt lange ins Weite)*... Erschrecke nicht, ich sehe gerade!

Aber ich behaupte: man soll nicht leiden, es ist nicht notwendig.

Alle Schwierigkeiten stammen daher, daß du denkst, sie existieren.

Auf Wiedersehen, mein Kind. Möchtest du mich einen Tag vorher sehen?

Ich will nicht deine Zeit unnötig vergeuden.

Mein Kind, ich tue absolut nichts! Ich habe einen solchen Berg von Briefen, die ich nicht beantworte. Ich habe kein einziges Wort geschrieben. Ich tue nichts, außer Leute zu empfangen, was weder sehr wichtig noch interessant ist.

Oktober

2. Oktober 1961

Ich hielt eine dieser Blüten[1] in der Hand, als ich Z traf. Da erklärte ich ihm, was ich damit meinte. Ich erklärte ihm die Wirkung des Egos, daß es das Wesen zusammenschrumpfen läßt. Dies ist auch der Ursprung des Alterns: es schrumpft zusammen wie eine welkende Blume, es trocknet aus. Als ich sprach, hatte ich die Erfahrung – jetzt erinnere ich mich nicht mehr. Ich erinnere mich nur noch an die Idee, aber die Idee allein ist nichts. Da war es die Erfahrung.

Ich weiß, daß ich ihm unter anderem den Unterschied zwischen den beiden Zuständen erklärte: einerseits die Person, das persönliche individuelle Wesen, das sich zum Höchsten wendet und ihn anfleht, Seinen Willen zu kennen, und dann diese Erfahrung des Werdens – das Werden durch Ausweiten, Öffnung, Wachstum, Verschmelzung mit der Schöpfung – der Wille des Herrn, der Höchste Wille ZU WERDEN. Man braucht Ihn nicht mehr anzuflehen, man braucht seinen Willen nicht mehr zu „kennen", ihn wie etwas Fremdes zu empfangen: man wird dieser Wille.

In dem Augenblick war die Erfahrung zugegen, und sie war hinreichend eloquent.

Ich nannte Z das Beispiel, die Sache zu SEIN, die man handhabt, und damit nicht nur die Freude des vollkommenen Wissens zu haben – weil man das IST –, sondern auch die Freude der Zusammenarbeit (nicht Zusammenarbeit: die Anteilnahme des gehandhabten Gegenstands). Das gilt von den kleinsten Dingen (zum Beispiel Gegenstände, die man aufräumt) bis zur universellen Transformation in der Neuen Schöpfung – alles befindet sich in derselben Bewegung, die die Grenzen auflöst: die Bewegung der Ausweitung, der Großzügigkeit löst die Grenzen auf. Das beginnt mit einer Selbsthingabe und endet mit der Vereinigung.

(Schweigen)

Dann suche ich noch die Konsequenzen einer wirklich interessanten Erfahrung. Manche Dinge weiß man („weiß", das heißt man hat das Wissen, aber was bedeutet schon das Wissen! es ist ein WINZIGER TEIL der Sache), aber wenn man die Erfahrung der Sache IST, dann wird es interessant… Ich suche, was genau die Falschheit der Welt ist.

All das fing mit einem völlig konkreten und materiellen Vorfall an, etwas sehr Amüsantes (das mir nicht zum ersten Mal passierte, aber diesmal war es so konkret und präzise, daß es interessant wurde). Eine

---

1. „Integrale Großzügigkeit" – *Impatiens Balsamina*.

Person, die sich beklagte, krank zu sein, suchte mich auf (aber es war eine schwerwiegende psychologische Krankheit: sie wurde regelmäßig einmal im Monat für eine mehr oder weniger lange Zeit von einem Geist der Falschheit besessen). Als sie vor mir stand, sprang in mir ein tiefes Mitgefühl der Liebe hervor mit einer beträchtlichen konzentrierten Macht, um diese Besessenheit zu entfernen – all das auch äußerlich von Zeichen der Zuneigung begleitet. Diese Person verließ mich, und eine halbe Stunde später erhielt ich einen Brief: „Jetzt weiß ich, daß Sie mich hassen und wollen, daß ich krank bin und daß ich sterbe, weil ich Sie anwidere."

Das war sehr interessant, weil es so konkret war (!). Ich war mir meiner Bewegung des Mitgefühls der Liebe bewußt, und was wurde es im Bewußtsein der anderen!

Das ist sehr leicht zu erklären: sie war bereits mehr als zur Hälfte besessen, und dieser Geist der Falschheit fühlte sich natürlich sehr unwohl in meiner Gegenwart! Doch die Identifikation [der betroffenen Person mit dem Geist] war so vollständig (nicht nur mental, sondern auch vital, in den Empfindungen), daß sie diese Liebe als Geste des Hasses empfand. Als ich diese beiden Phänomene sah, erkannte ich: Aber genau das geschieht ja in der Welt! Alle sind so. Genau so sind sie ALLE.

Ich muß dazusagen, daß diese Erfahrung kam, nachdem ich mich drei Tage lang fast ununterbrochen auf dieses Problem konzentriert hatte: Wie ist das so geworden? (Das Warum ist unmöglich zu finden, aber den MECHANISMUS.) Der Mechanismus wäre bereits etwas. Das „Warum" ist unmöglich zu finden, weil diese Frage vom Verstand gestellt wird und es etwas ist, daß jenseits des Verstandes liegt. Aber der Mechanismus: die Erfahrung des Mechanismus. Dann kam in dieser Erfahrung die KONKRETE Überlagerung der Schwingung der Liebe und wie sie als Haß empfangen wurde. Da sagte ich mir: „Genau das ist es! Der Herr ist All-Liebe, All-Wahrheit, All-Wonne, All-Glückseligkeit – Er ist STÄNDIG so –, doch die Welt, insbesondere die menschliche, nimmt ihn immer auf die andere Weise auf." Die beiden Dinge überlagern sich *(Mutter verdeckt ihre rechte Hand mit der linken)*.

Die Worte vermitteln nichts: es war die Erfahrung. Ich... berührte es. Das war sehr interessant. Es blieb lange: zwei, drei Tage. Es hatte auch Folgen (denn es hatte auch mit einem gesundheitlichen Zustand zu tun: Kopfschmerzen, die es zu heilen galt), da kam hell wie der Tag die Erklärung der Krankheiten... Aber ich muß noch etwas Vorhergehendes erwähnen.

Diese konzentrierte Suche nach dem Mechanismus war dadurch ausgelöst worden, daß bestimmte Störungen im Körper immer wieder verschwanden, aber dann wieder auftauchten – die endgültige Heilung schien unmöglich. Da sagte ich mir: „Irgendwo (wahrscheinlich im Unterbewußtsein) muß etwas sein, was diese Störung zuläßt." Nach langer Konzentration und vielem Suchen kam auf einmal aus dem Unterbewußten die Erinnerung (die Erinnerung bedeutet das Fortbestehen der Sache in einer gewissen Form) an eine bestimmte Folge von Gesten und Handlungen (keine materiellen Gesten, sondern Einstellungen), die Jahre zurücklagen und nie meine Aufmerksamkeit erweckt hatten: sie waren der allgemeinen Aussonderungsarbeit entgangen, weil sie den alltäglichen Umständen anzugehören schienen wie so viele andere. Da erkannte ich (wie soll ich sagen?) den Anklang von Falschheit. Das ist äußerst subtil – dies sind sehr subtile Dinge. Aber dann ergriff es mich plötzlich wie eine Revolution im gesamten Wesen: all diese Schwingungen wurden erfaßt und transformiert – etwas Außerordentliches. Es verursachte viel mehr Lärm und Umstürze, als ich erwartete. Und... uff! Eine Erleichterung. Etwas klärte sich, ein neues Verständnis wurde BLENDEND, und die physischen Folgen waren höchst interessant: vorher fühlte ich mich wirklich ziemlich unwohl, äußerst müde, mit dem Gefühl, in Gebrechlichkeit zu sinken (relativ! in einem sehr oberflächlichen Teil des Wesens, aber doch ausreichend, um unangenehm zu sein) – all das, pfft! Mit einem Schlag verschwunden.

Am selben Tag hatte ich diese Erfahrung mit der besessenen Person – all das fiel zusammen. Damit ergab sich eine Art Beherrschung des Problems und der Eindruck, einen Schritt vollbracht zu haben. Zugleich öffnete sich DER WEG, das zu ändern, und zwar dieses Ausweiten. Zuerst die Geste der Großzügigkeit (statt der schrumpfenden Bewegung, die des Ausweitens: genau das Gegenteil), und von dort gelangt man zur Universalität, und von der Universalität zur Gesamtheit.

All das bildet ein interessantes Erfahrungsfeld.

Dann ist da ein Arzt, der ein- oder zweimal im Jahr kommt, um die Gesundheit der Kinder und aller am Sportprogramm Beteiligten zu überwachen. Er ist ein höchst ehrlicher und aufrichtiger Mann, der an die medizinische Berufung glaubt. Bei jedem seiner Besuche schreibe ich am Tag seiner Abreise etwas in sein Tagebuch (es ist voll von Dingen, die ich schrieb – meist aus dem *Bulletin* oder von anderen Stellen). Gerade an dem Tag sagte man mir: V reist ab. Da erschien mir plötzlich so deutlich: Die Falschheit im Körper... (diese Gegenüberstellung der Gegensätze, die Umkehrung der Schwingung – aber sie kehrt sich nicht einmal um: sie bleibt, wie sie ist, aber sie wird verkehrt empfangen), die Falschheit liegt im BEWUSSTSEIN. Mit der Falschheit im Bewußtsein entstehen dann natürlich auch materielle Folgen...

und das ist die „Krankheit"! Ich unternahm sofort einen Versuch mit meinem Körper, um zu sehen, ob das stimmte, ob es stichhaltig war. Und ich sah, daß es wahr ist! Wenn ihr offen und in Verbindung mit dem Göttlichen seid, gibt euch Die Schwingung Kraft und Energie (wenn ihr ruhig genug seid, erfüllt es sich mit einer großen Freude), all das in den Körperzellen. Fallt ihr zurück in das gewöhnliche Bewußtsein, so verwandelt sich DASSELBE – ohne daß irgend etwas geändert wird, DIESELBEN schwingungen von DERSELBEN Quelle – in Schmerzen, Unbehagen und ein Gefühl der Ungewißheit, der Unbeständigkeit und des Verfalls. Ich wiederholte die Erfahrung drei-, viermal, um ganz sicher zu sein, und es war absolut automatisch, wie ein chemisches Experiment: dieselben Bedingungen ergaben dieselben Resultate.

Das interessierte mich sehr.

Vom ganz äußeren und praktischen Standpunkt schrieb ich dann: „Die Krankheiten sind die Lügen des Körpers..." (auf Englisch ist es markanter, weil es *falsehood* und *lie* gibt, während es auf Französisch in beiden Fällen das Wort „Lüge" ist – hier geht es nicht um *lie* sondern um *falsehood*[1]) „... und jeder Arzt..." (natürlich müßte man hier präzisieren: jeder, der aufrichtig und ehrlich ist und im wahren Sinne heilen will), „...jeder wahre Arzt ist ein Soldat in der großen Armee jener, die für die Wahrheit kämpfen."[2]

So schrieb ich meinen Satz für den Arzt.

Das ist die Geschichte der letzten zwei Tage.

*
* *

(Am Ende des Gesprächs klagt Satprem wieder über die Schwierigkeiten beim Verfassen seines Buches. Mutter schlägt vor, daß er ihr sein Manuskript vorlese, um zu versuchen, den Weg zu öffnen:)

Weißt du, mein Bewußtsein ist ein unbewegter Spiegel, der die Dinge von unten nach oben reflektiert und die Dinge von oben empfängt und nach unten weiterleitet. Es ist ein völlig unbewegter zweiseitiger Spiegel, der dem Empfangenen oder Weitergeleiteten keinerlei Vibrationen hinzufügt: das heißt eine vollkommene Neutralität. In diesem Spiegel

---

1. Keine lügenhaften Worte *(lie)* sondern Falschheit *(falsehood)*, ein lügenhafter Zustand.
2. Hier der vollständige Text von Mutters Botschaft: *Die Wahrheit ist höchster Einklang und höchste Freude. Alle Störungen und alles Leiden sind Lügen. Folglich läßt sich sagen, daß Krankheiten die Lügen des Körpers sind, und somit sind die Ärzte Soldaten in der großen edlen Armee, die in der Welt für die Eroberung der Wahrheit kämpft.*

könntest du dein Buch etwas außerhalb deiner selbst und deiner schöpferischen Kraft betrachten, auf eine unpersönlichere Weise.

(Satprem verzieht das Gesicht, er schämt sich, seinen Text laut vorzulesen)

... Ja, um herauszufinden, ob er deinem Bewußtseinszustand und deiner Arbeitsweise entspricht!

Wenn du es mir hinterher zu lesen gibst, wenn es fertig ist, wie dein anderes Buch *(L'Orpailleur)*, wird es genau so empfangen werden: das geht überhaupt nicht durch den Kopf sondern wird in diesem Spiegel reflektiert und geht von dort nach oben. So sah ich dein anderes Buch, und so zeigte es mir eine Vielzahl von Dingen über dich, die ich nicht kannte. Du kannst es so oder so machen, das heißt du kannst dich des Spiegels bedienen, bevor es fertig ist – nicht wegen dem, was ich darüber denken könnte, denn das hat keinerlei Bedeutung (!), sondern für die Auswirkung, die es auf deine Arbeit haben könnte – wie du willst.

Es ist noch nicht so weit. Ich muß noch vieles verbessern...

Verbessern?... Viele Tore haben sich geöffnet, und über diese Tore können Dinge, die du überhaupt nicht ermessen kannst, durch das wirken, was du geschrieben hast. Sie werden dem Leser unendlich mehr überbringen, als du hineingegeben zu haben denkst. Es wird die Leute damit in Berührung bringen und entsprechend seiner Empfänglichkeit wird jeder etwas davon erfassen. Das ist von höchster Bedeutung – das darfst du nicht anrühren.[1]

Ich will es dir gerne vorlesen, aber das nimmt deine Zeit in Anspruch...

Oh, nein! Sobald ich zuhöre, wird alles still, bleibt alles ruhig. Ich werde wirklich zum unbewegten Spiegel.

Aber bei manchen Leuten höre ich gar nichts! Ich sehe, wie ihre Lippen sich bewegen, aber sonst nichts, nicht einmal gewöhnliche Gedanken! Sobald die Leute etwas klarer denken, verstehe ich alles, was sie sagen, aber bei den anderen macht es nur uh-uh-uh... Neulich passierte da etwas wirklich Amüsantes. Ich weiß nicht mehr, wer es war, aber jemand besuchte mich und fing an zu sprechen – ich verstand kein Wort! Ich hörte nur den Lärm, sonst nichts. Was tun? Dieser Mann stellte mir Fragen (noch dazu über die Sadhana – keineswegs Äußerlichkeiten: ein ernsthafter Besuch), und es machte nur

---

1. Satprem brauchte noch 14 Jahre, um diese Gewohnheit des „Korrigierens" fallen zu lassen.

uh-uh-uh. Dann konzentrierte ich mich und trat in Verbindung mit seiner Seele, weil sie das einzige war, das ich erreichen konnte. Dazu brauchte ich ein wenig Zeit. Ich blieb still, und schließlich wurde auch er still, weil er sah, daß ich nicht antwortete. Dann kam es auf einmal so hell und klar, weißt du, wie Tropfen von Wasser, von oben: ganze vorgefertigte Sätze. Ich sagte ihm die verschiedensten Dinge über das, was seine Seele suchte und was er auf der Erde zu tun habe... Das war eine Offenbarung. „Ah!" sagte er. „Mein ganzes Leben wartete ich darauf, das zu hören!"

Es dauerte aber einige Zeit, weil er erst aufhören mußte zu reden und ich mich konzentrieren mußte.

Und ich erfuhr nie, was er mir gesagt hatte!

*
* *

(Kurz vor dem Weggehen sucht Mutter bestimmte Papiere, die Pavitra ihr zur Begutachtung unterbreitete: ein Programm für Schulreformen)

Reiche mir diesen Bericht.

Ich bringe sie zur Verzweiflung, weil ich ihnen immer sage: „Aber das ist doch egal! Macht es so oder so, das kommt immer auf dasselbe hinaus." Sie entrüsten sich: „Wie kann es auf dasselbe hinauskommen!" *(Mutter lacht von ganzem Herzen)*

So ist es.

15. Oktober 1961

(In den beiden vorhergehenden Gesprächen hatte Satprem Mutter Teile seines Manuskripts über Sri Aurobindo vorgelesen)

Du hast mir zu einer merkwürdigen Erfahrung verholfen.

Als du mir beim ersten Mal dein Manuskript vorlasest, rief ich Sri Aurobindo, damit er zuhöre, und er war im Subtilphysischen zugegen und hörte zu. Als ich mich dann gestern hinsetzte, um dir zuzuhören, dachte ich: „Es wäre doch viel besser, wenn er in mein Gehirn käme (!), denn so..." Ich rief ihn auch, und er kam in mein Gehirn. Das dauerte einige Zeit: während des ganzen ersten Teils waren wir noch beide zugegen, dann wurde es immer mehr er, mehr und mehr, mehr und mehr... Es war, als würde sich mein Kopf physisch blähen! Es gab nur noch Platz für ihn. Da war das Licht... dieses dunkelblaue Licht der mentalen Macht im Physischen (aber das wahre Mental), das auch die Tantriker benutzen und das man immer bei X wirken sieht. Aber hier war es, wie ich es noch nie gesehen hatte! Weißt du, mein Kopf war voll davon! Ganz voll, kein Atom von Platz mehr – ich hatte sogar das Gefühl, daß er sich blähte!

Dieses Licht war ABSOLUT unbewegt, ohne jede Vibration, vollkommen kompakt und... zusammenhängend. Wenn ich zum Beispiel das Licht bei X sehe, enthält es immer Vibrationen: es schwingt, Dinge bewegen sich – hier war keine einzige Vibration, keine einzige Bewegung: eine MASSE, die ewig unbewegt erschien, aber (wie soll ich sagen?) aufmerksam, sie hörte zu. Es war eine Fülle dieser Art. Und es hatte die Form meines Kopfes, als hätte „das" den gesamten Kopf eingenommen. Mein Kopf fühlte sich so voll an! Aber es war nicht der Eindruck einer Spannung oder des Widerstandes, nichts derartiges: einzig eine unbewegte Ewigkeit – so KOMPAKT, kompakt und absolut einheitlich, ohne Vibrationen. Und es nahm zu, wurde immer mehr, immer mehr, es wurde schwer, aber von einer ganz besonderen Schwere: kein Gewicht, sondern der Eindruck von Masse.

Darin war nichts mehr von mir selber. Ich war gleichsam in einer Art Trance entschwunden – aber ich war bewußt (es war jedoch nicht ich), das Bewußtsein war sich dessen bewußt und verfolgte es. Ich konnte mich allerdings nicht an die Worte erinnern – in diesem Augenblick konnte ich es nicht beobachten. Alles, was ich dir jetzt schildere, kommt daher, daß die Erfahrung hinterher noch mindestens eineinhalb Stunden andauerte. Als ich von hier wegging, begann ich es zu objektivieren, zu sehen, was es war, ansonsten befand ich mich einfach in diesem ZUSTAND. Aber in diesem Zustand blieb die Wahrnehmung dessen, was er hörte, und an zwei oder drei Stellen kam der Eindruck, als sagte er (ich kann es nicht genau bestimmen, es ist nur ein Eindruck): *Not necessary* [„NICHT nötig"]. Deshalb sagte ich auch hinterher, als du nach meiner Meinung fragtest, daß dieser Teil „zu philosophisch" wäre (in dem Augenblick war ich noch in einem sonderbaren Zustand: nichts war aktiv in mir, alles war so, wie ich beschrieb). Bei ihm war es sehr deutlich, fast als sagte er bei bestimmten Worten: *That, not necessary. That, not necessary.* Nicht viele, nicht oft, aber hier und da. Besonders am Ende (das war noch er, der gegenwärtig war, als du sprachst), als du meintest, man müsse es den Leuten „erklären", da sagte er sehr deutlich: *No, not necessary.*

Ich selber war unfähig, mich zu erinnern oder es aufzunehmen... da war nur noch sein Kopf zugegen.

Das passierte mir zum ersten Mal.

Seine Gedanken zu empfangen (zum Beispiel zu denken, was er denkt), das passiert mir ununterbrochen, aber dies war anders: es war eine GEGENWART – im Kopf. Und mein Kopf kam mir zunehmend größer und schwerer vor! Wirklich schwer, von ungewohnter Macht. Das blieb noch lange hinterher. Das hatte ich noch nie physisch erlebt, nie mit dieser Macht, dieser Macht des Denkens, eine materielle Macht des Denkens – im Gehirn.

Gelegentlich sieht man Bruchstücke davon. Ich erwähnte bereits, daß ich es oft bei X sah. Auch bei einem anderen Tantriker (anscheinend genießt er im Norden große Hochachtung) sah ich diese sehr sorgfältig ausgearbeitete Organisation der mentalen Macht – der physischen mentalen Macht. Aber es war stets vibrierend oder unterbrochen oder partiell, vorbeihuschende Blitze oder vorübergehende Formationen. Hier war es anders: das Gefühl der Ewigkeit.

Dann...

Normalerweise hätte man sagen können, ich (mein Körper) wäre in Trance, aber er konnte sich bewegen, er konnte sprechen, denn ich sprach ja mit dir – dennoch war es ein sonderbarer Eindruck (der auch jetzt noch ein wenig geblieben ist): als wäre mein Kopf zu groß für meinen Körper. Es ist nicht unangenehm, aber ungewohnt.

Nach unserem gestrigen Treffen „schickte" ich dir all das, sobald ich es deutlich sah und es objektivieren konnte (ich schrieb dir nicht, weil ich keine Zeit hatte, aber ich „sagte" dir all das), denn ich hatte das Gefühl, du wüßtest natürlich nicht, was passiert war, und dachtest vielleicht, ich hätte nicht zugehört oder was weiß ich!

Nein, nein! Ich fühlte, daß das, was ich geschrieben hatte, nicht das Richtige war.

Aber dies war eine ungeheure Erfahrung! Und es beweist, daß dieses Buch ihn wirklich interessiert.

Die gesamte Arbeit der letzten 8 Tage muß ich nochmal machen.

Warum? Du bist nicht damit zufrieden?

Es ist nicht so recht „das". Der Faden fehlt.

Weißt du, am ersten Tag, als du es mir vorlasest, war er so froh! Ich sah seine Kraft darin, seine Macht, es war golden, mein Kind! Es enthielt eine Fortbewegungskraft. Über das, was du gestern gelesen hast, kann ich natürlich nichts sagen, weil ich von dieser Erfahrung ein wenig überwältigt war! – Ich erlebte das zum ersten Mal.

Seit sehr langer Zeit bete ich... Immer wenn ich sagte: „Herr, nimm dieses Gehirn in Besitz", erwartete ich etwas derartiges, aber ich erwartete es mit dem supramentalen Licht (teilweise und vorübergehend hatte ich es auch). Aber dies war wirklich... Ich weiß nicht, was er mit meinem Gehirn getan hat! (Nicht mein Gehirn, aber was er mit meiner Mentalkraft getan hat). Ich nehme an, in diesem Augenblick hatte er sie absorbiert, weil es kein Gefühl eines Unterschieds mehr gab. Ich hatte den Eindruck, daß sich die physischen, materiellen Zellen dadurch entwickeln und transformieren werden – ich denke, das wird geschehen, mir wurde auch eine Art Zusicherung gegeben, daß dies eintreten wird. Wenn ich es jetzt betrachte, während ich es dir erzähle (es hat jetzt nicht mehr diese überwältigende Macht, aber es ist geblieben, die Wirkung bleibt), sehe ich, daß es eine Art Wärme verleiht. Es ist nicht genau das (es ist nicht mit den uns geläufigen physischen Begriffen vergleichbar). Auf Englisch gibt es die Worte *warmth* und *heat* – es ist *warmth* nicht *heat*. Die Ohren sind ganz davon ergriffen *(Mutter berührt ihren Kopf)*, alles ist ergriffen, hier, dort, überall – beträchtlich! Und diese Unbewegtheit! Sobald man innehält, ist es die Unster... nein: die Ewigkeit.

Es bedeutet wirklich, DAS hierhin zu bringen [in die Materie].

Aber liest du mir jetzt die Fortsetzung vor?

Nein, Mutter, ich glaube, ich muß das alles überarbeiten. Ich habe nicht den Faden, nur kleine Stücke hier und da.

Ist der Faden wirklich so notwendig? Denn letztes Mal – ich kann es nicht genau sagen, weil ich mich nicht daran erinnere –, aber ich hatte den Eindruck, Sri Aurobindo griff immer dann ein, wenn die Verknüpfungen der gewohnten Intelligenz erschienen, gerade das, was du wahrscheinlich schriebst, um die Dinge zu verbinden und verständlich zu machen. Ich erinnere mich nicht an die genauen Stellen, aber dort sagte er hin und wieder: *Not necessary, not necessary. That can go.* [„NICHT nötig, das kann wegfallen."]

Danach versuchte ich, es zu verstehen (ich versuchte, mich genügend zu identifizieren, um zu verstehen), und ich hatte den Eindruck, daß er es viel mächtiger fand, wenn du nicht der gewohnten Logik folgst (ich interpretiere, weil es nicht genau das war), aber wenn du so willst, ist es besser prophetisch zu sein als didaktisch – Ideen einfach aufwerfen, pluff! Und dann sollen die Leute daraus machen, was sie können. Ich hatte den Eindruck, er betrachtete das nicht nur vom Wesentlichen her, sondern auch vom Standpunkt des Publikums, und er wollte nicht, daß es ermüdend sei – es sollte auf keinen Fall ermüdend sein. Es kann bestürzend sein, aber nicht ermüdend. Man muß in... sonderbare und fremde Dinge gestoßen werden, aber nicht... Es wäre zum Beispiel besser (das ist meine Ausdrucksweise, nimm es für was es wert ist), daß die Leute sagen: „Er ist verrückt", als daß sie sagen: „Er ist ein lästiger Prediger". All das mit seinem Sinn für Humor – wie da, wo er sagt, daß die Verrücktheit den Göttern viel näher steht als die Vernunft!

Den Anfang hörte ich nicht, aber alles, was mit den physischen Gegebenheiten [in Sri Aurobindos Leben] zu tun hat, wird sicher sehr vernünftig und normal sein (in Stil und Ausdrucksweise), da besteht nicht so leicht die Gefahr, daß die Leute sagen: „Er ist ein etwas verrückter Erleuchteter"!... Ich weiß nicht, aber der ganze erste Teil, den du mir vorgelesen hast, war so gut! Da kamen die ganze Zeit wie Schübe von goldenem Licht. Vielleicht wolltest du hinterher zu viel erklären? Du weißt nicht, was geschehen ist?

Doch, das Bedürfnis, zu erklären.

Er scheint zu meinen, das wäre nicht nötig!

Insbesondere möchte er, daß das Ende sehr kurz sei. Das spürte ich seit dem ersten Tag: daß das Ende wie ein Hervorquellen sei, das einen in der Schwebe läßt – vor allem nicht versuchen, vernünftig zu sein. Ein Hervorquellen, das wie ein offenes Tor in eine sehr leuchtende, völlig unbekannte Zukunft führt, ohne sie greifbar und nahbar machen zu wollen. Dieses Eindrucks bin ich mir sicher. Weißt du, ganz und gar dieser Eindruck: ein geschlossenes Tor (die Leute leben ja alle hinter verschlossenen Toren), und dann stößt man das Tor plötzlich auf, ein Ausbruch von Licht, und dann... läßt man euch dort: setzt euch, betrachtet, besinnt euch – und wartet, daß die Zeit kommt, hindurch zu gehen.

Vor allem nicht den Ehrgeiz haben, ihnen etwas erklären zu wollen.

Aber Sri Aurobindos Arbeit – das, wofür er gekommen ist – muß man ihnen doch darlegen!

Aber das ist ja, wofür er kam... wie ein umgekehrter Vulkan.
Ein Ausbruch, eine Explosion.
So wirft er den Keim aus, und jenen, die ihn aufsammeln können, fällt die lange, langsame Arbeit zu.

(Schweigen)

Wenn man die Kurve dessen verfolgt, was er am Ende schrieb, sieht man es sehr deutlich: nachdem er dies aufgeworfen hatte (ja, wie ein mächtiger Lichtkeim) und sogar sagte: „Diesmal wird es verwirklicht", sah er, je mehr seine Arbeit fortschritt und er genau an der Verwirklichung arbeitete, immer deutlicher all die zu bewältigenden Etappen, und je mehr er das sah, um so mehr betonte er: „Glaubt nicht, daß es euch über Nacht widerfahren wird. Glaubt nicht, dieser Weg wäre ein sofortiges Wunder."

Nachdem er von der supramentalen Herabkunft gesprochen hatte, sagte er, es müsse eine ZWISCHENSTUFE zwischen unserem gegenwärtigen mentalen Zustand (selbst dem höchsten Mental) und dem supramentalen Bereich vorbereitet werden, denn würde man direkt in die Gnosis eintreten, bedeutete es eine so abrupte Veränderung, daß die physische Verfassung unseres Wesens es nicht aushielte – es erfordert eine Zwischenstufe. Davon bin ich aufgrund meiner eigenen Erfahrungen vollkommen überzeugt: zweimal wurde ich richtiggehend von der supramentalen Welt in Besitz genommen, und beide Male war es, als würde der Körper – wirklich der physische Körper – völlig aufgelöst durch... die Gegensätzlichkeit der Zustände.

Erst gestern sah ich deutlich... *(Mutter deutet auf diese Masse in ihrem Kopf)* Meine Augen quollen davon über, weißt du. Und ich sehe: in seiner Arbeit, sich hier zu festigen, verursacht es diese winzige Schwingung – wie ein Tüpfeln von Schwingungen –, die unerläßlich zu sein scheint, um in diese Materie eindringen zu können.

Interessanterweise verursachte es weder Kopfweh noch Unbehagen, nichts dergleichen, aber auch keine große Freude oder Befriedigung... Unsere Worte erscheinen immer abwertend, das geht nicht, aber der Unterschied zwischen unserer gewohnten Funktionsweise und der neuen ist etwas so ungeheuer Erdrückendes, daß es offensichtlich einer Anpassung bedarf. Und er sagte immer, daß die Anpassung anfänglich eine Verminderung sein wird und wir erst ganz allmählich die ursprüngliche Reinheit wiedererlangen können. Das ist es.

Aber für all das ist jetzt nicht die Zeit, es zu sagen, mein Kind!

Ich habe zum Beispiel nichts für das nächste *Bulletin*. Ich hätte etwas von den Dingen aussuchen können, die du notiert hast [die *Agenda*] – aber das ist unmöglich, das *kann nicht* veröffentlicht werden! Unmöglich, die Zeit ist noch nicht gekommen. Die Leute verstehen nicht einmal die einfachsten Dinge, die ich sage! Ich sehe, daß sogar Nolini manchmal zögert, er begreift es nicht. Was ist es dann erst bei den anderen!

(Schweigen)

Im Grunde ist es das, was er tat: es ist, als hätte er mit der Macht des Ursprungs die Neue Möglichkeit über der Welt ausgeschüttet: „Die Zeit für DAS ist gekommen" – plumps!... Jetzt laßt uns ruhig bleiben und sehen, wie es sich entwickelt.

(Schweigen)

Weißt du, er ist so sehr HIER.

Vor wenigen Tagen sagte ich mir in einem dieser Augenblicke, wo man etwas idiotisch ist („ETwas" ist untertrieben!): „Wie schön war es doch in der Zeit, als ich ihn ständig bei mir spürte. Jetzt bin ich in dieser Periode, wo ich ihn nicht mehr fühle." Da sagte er mir so klar und bestimmt: *You don't feel me, because I AM you.* [Du fühlst mich nicht, denn ich BIN du.]

Und ich sah, daß es stimmt. Die Vereinigung vollzieht sich in so detaillierter Weise, daß man nicht mehr die Freude hat, sich so zu spüren *(Geste der Umarmung).*

(Schweigen)

Aber jetzt begreife ich, was er meinte, als er mir sagte: *You alone have the endurance* [Du allein hast die nötige Ausdauer]. Was für eine Ausdauer das erfordert, mein Kind!

Wie kann man den Leuten all das sagen! Was sagen?... Sie sind Millionen Meilen davon entfernt.

Erwecke einfach die Hoffnung in ihnen – DIE Hoffnung. Eine Hoffnung, die auf der Gewißheit beruht – auf der Gewißheit der Erfahrung. Weißt du, wenn man sich das vorstellen könnte: Der Höchste selber kommt und sagt: „Jetzt komme ich, um euch zu sagen: So ist es, bereitet euch vor."

Immer – immer – war die erste Reaktion der Menschen auf der Erde, zu sagen: „Er ist verrückt."

Aber was macht das schon aus!

Das ist genau der Punkt: Dein Buch hat einen ganzen Teil, der genügend vernünftig, künstlerisch, gut formuliert und dargestellt ist, daß es einige solche Seiten geben darf (es dürfen nicht zu viele sein): Wir springen mitten ins Verrückte!

Ich SEHE es, ich sehe, wie all das glitzert...

Wenn du mir jetzt etwas vorlesen willst, bin ich ganz Ohr – ich kam, um zuzuhören.

Nein, Mutter, ich muß erst den Faden erwischen.

Ja.

Aber konzentriere dich, ruf ihn! Ruf ihn. Mache eine Invokation, ruf ihn – er ist HIER. Es ist nur eine Frage der Verbindung. Diesen Faden mußt du fangen – nicht im Kopf.

Das ist es ja gerade. Verstehst du, bevor ich anfange zu arbeiten, bleibe ich immer ganz still, aber in diesem Schweigen kommt NICHTS. *Ich könnte Stunden so bleiben!*

Aber ja, mein Kind!

Es kommt nichts!

Und dann?

Nach einiger Zeit, weil die Zeit vergeht, muß ich arbeiten...

Ah! Vielleicht ist das nicht das richtige Mittel!

So erwische ich natürlich eine Idee – manchmal ist es die richtige, manchmal nicht.

Es geht nicht so sehr um richtig oder nicht richtig, sondern um die Schwingung der Kraft.

Ich sage das, weil ich sehe, wie sehr Sri Aurobindo dieses Buch für ein wichtiges Werkzeug für die weltweite Arbeit hält – wenn du so willst, hat er es von Anfang an ernst genommen. Er ist so sehr HIER, daß es mir gar nicht unmöglich scheint, daß ER die Ausdrucksweise DIKTIERT.

Es geht nicht so sehr um die Ideen, denn das ist alles sehr gut.

Lies mir deine letzte Seite vor. Ich kümmere mich nicht um die Gedankenfolge, lies die letzte Seite, damit ich sehen kann, ob ich dieselbe Kraft darin spüre.

Ja, aber alles Vorhergehende muß ich neu schreiben.

Du willst es neu schreiben? Das macht nichts. Weißt du, die Logik eines Buches und ich!...

Wenn ich einen WAHREN Eindruck eines Buches haben will, öffne ich es irgendwo in der Mitte, dann lese ich die erste Seite und die letzte Seite – manchmal lese ich zuerst das Ende und dann den Anfang – irgendwo. Das heißt, ich will wissen, ob die Kraft darin ist.

Die gewöhnliche Logik... Lies! Fang irgendwo an, mitten im Satz, das ist egal!

(Nach dem Lesen)

Ich möchte alles überarbeiten.

Aber wird das, was du „Verbindungen" nennst, das ganze nicht etwas schwerfällig machen?

Mir fehlt ein Faden. Ich weiß nicht, manche Leute können ein Buch in Stücken hier und dort schreiben – ich kann das nicht. Wenn ich nicht fühle, daß all das hinter mir liegt, kann ich nicht weiterschreiben. Für mich muß es ein Fluß sein.

Hör zu, überlege... Denn ich bin nicht so sicher wie du. Was ich sehe, sind Stücke: ein Leerraum, ein weiteres Stück, ein Leerraum *(Mutter scheint ein Bild in die Luft zu malen),* und dann eine Apotheose am Ende – wirklich, dein Ende ist fabelhaft.

Es braucht keineswegs im ganzen Buch dasselbe zu sein.

Die wesentliche Offenbarung kann in Stücken erscheinen (wie es einem ja auch kommt). Die Verbindung bleibt unsichtbar – die Verbindung durch Eine Gegenwart. Ansonsten kommt es in Schüben, und das besitzt eine große Kraft.

Alles, was du mir jetzt vorgelesen hast, ist sehr gut, und es wäre gewiß weniger gut, wenn es irgendwie verbunden würde.

Ich fühle deutlich, daß manche Stücke nicht gut sind.

Sie sind nicht gut oder sie fehlen?

Sie sind nicht gut.

Dann brauchst du sie nur herauszunehmen! Warum nicht? Das mag der Logik widersprechen – sogar einer höheren Logik –, aber das ist uns egal!

Ich will sehen... Wenn ich den Faden erwische, wird es gehen – aber ich muß ihn erwischen.

Du mußt konkret spüren, daß Sri Aurobindos gesamte Ausdruckskraft (ich meine nicht seine Worte, darum geht es nicht), die Macht, Das Wissen zu vermitteln (nicht das mentale Wissen: die Erfahrung), daß dies zugegen ist. Es ist ständig zugegen. Deshalb... ein aufmerksames Schweigen. Aber sehr geduldig, denn sobald die Kraft kommt, setzt sich im mentalen Bereich etwas in Bewegung. Dann kommt auch eine Art Eifrigkeit, das zu erwischen, die alles verdirbt.

Ich habe bemerkt, daß die wahre Inspiration nicht kommt, wenn man sich sehr darum bemüht oder wenn man eine sehr intensive Aspiration hat, sondern... (wie soll ich sagen?) wenn man in einem Lächeln nachgibt.

Zuerst ist es dann weiß, nichts kommt. Wenn man es versteht, nicht ungeduldig zu werden (sich einfach Seiner Wonne erfreuen, einfach so

– selbst wenn Zeitalter verstreichen, erfreut man sich Seiner Wonne), dann kommt auf einmal, wenn man es am wenigsten erwartet, der Blitz: DAS ist es!

Dies ist mir sehr oft passiert: mit einem Schlag, pluff! Aber dann mit einer Gewißheit!

Gut.

Mutter, gib mir nur einen Hinweis. Soll ich das, was ich dir gestern vorlas, nicht herausnehmen? Es wäre mir eine Erleichterung, wenn du es mir sagtest.

Ich glaube nicht, mein Kind! Ich kann es dir nicht mit Gewißheit sagen, weil das nicht ich war, die zuhörte, verstehst du? Es gab keinen Erinnerungsmechanismus. Ich könnte dir kein einziges Wort von dem sagen, was du geschrieben hast – aber ich hörte es.

In meinem Kopf habe ich eine Vision von bestimmten Satzteilen, drei oder vier Worten, wo er sagte, was ich beschrieb: *Not necessary.* Aber das waren nur wenige Stellen. Es war nur eine Einstellung: eine Haltung der Ausdrucksweise. Aber es störte nicht.

Mit Sicherheit fühle ich weiterhin: Sri Aurobindo will, daß das Ende kurz sei. Und ich hatte selber eine Art Vision (wahrscheinlich kann das nicht mit seiner Macht des Verständnisses gewesen sein), eine Art Gefühl sehr hoch oben, daß das Wichtigste am Buch sehr kurz sein soll: der Eindruck, ein Tor zu durchbrechen, es weit aufzustoßen, und man taucht in eine Lichtfontäne. Das ist alles. Jetzt bleibt ruhig und seht, was geschehen wird.

*
* *

(Mutter erhebt sich, um zu gehen)

Wir sind zu sehr Sklaven der Zeit.

Aber es geht nicht immer dann am langsamsten, wenn man seine Zeit zu vergeuden glaubt. Ich habe gemerkt, daß mit einer bestimmten Einstellung – genau eine offene Haltung zur Ewigkeit – die Dinge sehr viel schneller geschehen. Sehr viel schneller.

17. Oktober 1961

(Botschaft zur Durga-Puja)

Durga ist Mutters Kraft des Schutzes.

Sri Aurobindo

Jenen, die nicht aufrichtig sind, kann Mutters Hilfe nichts nützen, denn sie selber weisen sie zurück. Wenn sie sich nicht ändern, können sie nicht auf die Herabkunft des supramentalen Lichts und der supramentalen Wahrheit in die niedere vitale und physische Natur hoffen; sie bleiben in ihrem selbstgeschaffenen Morast stecken und können keinen Fortschritt machen.

Sri Aurobindo

30. Oktober 1961

(Am Vortag und zu Beginn dieses Gesprächs hatte Satprem Mutter Teile seines Manuskripts vorgelesen, die vom Veda handeln. Dann suchte Mutter ein Bild von Sri Aurobindo für den Umschlag aus. Sie spricht langsam, wie aus großer Ferne, fast in Trance:)

So sah ich ihn beim ersten Mal, am oberen Treppenende.

(Schweigen)

Als ich dich lesen hörte, hatte ich eine Erfahrung. Es war, als hörte ich: „Der Anfang der Legende... der Anfang der Legende...“
Sehr sonderbar.
Er ist anwesend, die Atmosphäre ist erfüllt von einer konzentrierten Kraft, und ich höre diese zwei Dinge: „So beginnen die Legenden... Der Anfang der Legende...“ Eine Art Analogie mit den alten Überlieferungen: Buddha, Christus... Sonderbar.
Als blickte ich nach einigen Tausend Jahren zurück auf die jetzige Zeit (ich bin nicht mehr in der heutigen Zeit, sondern blicke von

irgendwo zurück, und die jetzige Zeit liegt einige Jahrtausende zurück), und es ist der Anfang der Legende.

Für die Legende wurde das Foto gewählt, wo er jung ist, von vorne, nur der Kopf. Dieses Foto wurde in Frankreich aus einem alten Bild von schlechter Qualität präpariert, sie nahmen nur den Kopf heraus – zur selben Zeit, als sie dieses Foto von mir mit dem Schleier machten.

Ein seltsamer Eindruck...

Am Anfang des Buches hätte ich mir meine Vision gewünscht: wie ich ihn jetzt sehe. Aber das ist unübersetzbar.

(Schweigen)

Es ist so gebündelt.

Ein sonderbarer Eindruck – der Eindruck des Körpers und der Atmosphäre – als ich mich in die Zukunft versetzte. Etwas Dichteres und Kompakteres als das Physische: die Neue Schöpfung. Man neigt immer dazu zu denken, es wäre etwas Ätherisches, aber das stimmt nicht! Theon sagte das, aber er drückte sich nicht gut aus. Seine Beschreibungen hatten nicht diese Macht der Offenbarung (sie basierten auf Erfahrungen, aber das waren nicht seine eigenen, sondern die von Madame Theon, und sie... sie war eine wunderbare Frau vom Standpunkt der Erfahrung – einzigartig –, aber ohne wirkliche Intelligenz, äußerlich war sie kultiviert und intelligent, aber mehr nicht, das war nichts Außergewöhnliches). Sie waren wirklich als Vorläufer gekommen. Und Theon betonte immer: „Es wird eine größere Dichte haben." Vom wissenschaftlichen Standpunkt scheint das eine Häresie zu sein, weil „Dichte" etwas anderes bedeutet. Aber er sagte das: „Eine größere Dichtigkeit." Auf mich machte diese Atmosphäre den Eindruck von etwas Kompaktem – kompakt, aber gleichzeitig ohne Schwere oder Dicke. Vom wissenschaftlichen Standpunkt sind das natürlich alles Absurditäten. Aber der Eindruck ist von etwas Kompaktem.

Gestern war es so. Ich blieb mit... diesem Soliden *(Mutter berührt ihren Kopf)* – wie soll ich sagen?... Es ist solide, aber nicht in der Weise, wie wir es verstehen! Es ist anders.

Dann wurde mein Kopf schwer.

Aber er war die ganze Zeit anwesend, während du lasest. Auch jetzt noch ist es dasselbe: er ist da. In seinem Bewußtsein lag all dies bereits in der Vergangenheit (ich wurde in die Zukunft versetzt, und der gegenwärtige Augenblick lag in der Vergangenheit), und es hieß: „Ah, dies ist der Anfang der Legende!"

Folglich wird es eine Legende geben.

Aber ich hatte den Eindruck desselben Unterschieds wie zwischen der physischen Tatsache von Christus oder Buddha und dem, was wir jetzt darüber wissen (und sagen und denken und fühlen) – es bestand derselbe Unterschied zwischen dem, was wir jetzt über Sri Aurobindo wissen, und in der Zeit, in die ich versetzt wurde.

Dieses Buch war wie der Auslöser der Legende. Sri Aurobindo war anwesend: so, wie ich ihn jetzt kenne – denn ich kenne einen ewigen Sri Aurobindo.

So solide! Ein solcher Zusammenhalt, etwas so MASSIVES, und zugleich... ich weiß nicht. Etwas ganz anderes, als man erwartet – völlig anders. Du kannst es dir nicht vorstellen.

Das blieb den ganzen Tag: etwas Kompaktes und ohne Teilungen.

Als ich dann gestern nachmittag und abends meinen Kopf berührte, schien er weich zu sein! Das ist das Erstaunliche – wenn ich es so berühre *(Geste)*, scheint es weich zu sein! Der Kopf scheint weich geworden zu sein! Und gleichzeitig eine dichte Masse.

Was bedeutet das alles?

Man wird mich einsperren!

Gut, mein Kind. Das ist eine Erfahrung für deinen Geburtstag.

Gestern begann ich das zu sehen, da dachte ich: „Hier ist der Faden!" Ich weiß nicht warum, aber es ist etwas in der Art, wie du die Sache darstelltest, als du erklärtest, daß das Unbewußteste und das Bewußteste sich berühren[1] – das war... wie der Faden oder der Schlüssel. Dann verfolgte ich diesen Faden, und diese Erfahrung kam. Heute ist es die Fortsetzung.

Das heißt, man glaubt den falschen Weg genommen zu haben... Wenn man das Supramental sucht, sucht man es meist dort oben, aber das ist falsch! Das ist es nicht. Und man stellt sich immer eine Verdünnung, etwas Ätherisches vor – aber das ist es nicht.

Das ist es nicht.

Gut, all das darfst du nicht aufheben [für die *Agenda*], sonst stecken sie mich in eine Zelle!

Diesen Eindruck hatte ich heute morgen: „Wenn ich so weitermache, werde ich bald nichts mehr sagen können, sonst stecken sie mich ins Irrenhaus!"

Oder nicht?...

Nein, Mutter, das scheint mir sehr...

---

1. Am Vortag hatte Mutter den Teil des Manuskripts angehört, der sich auf *Das Geheimnis des Veda* bezieht. Als Anhang zu diesem Gespräch fügen wir einige Auszüge davon an.

Keine Gefahr? *(Lachen)*
Oh, ich fürchte mich vor nichts!
Ein gutes Jahr, mein Kind. Aber dein Jahr fängt gut an.

*
* *

Anhang:

Das Geheimnis des Veda

*(Ein Teil von „Sri Aurobindo oder die Transformation der
Welt", den Satprem Mutter vorlas. Dieses Manuskript wurde nie
veröffentlicht, es erschien später in veränderter Form als „Das
Abenteuer des Bewußtseins")*

Es scheint, daß wir es seit Adam vorzogen, die Frucht vom Baum
des Wissens zu essen, aber auf diesem Weg gibt es keine Halbheiten
und kein Bereuen, denn bleiben wir unter dem Einfluß einer falschen
Demut mit der Nase im Staub auf den Knien liegen, so werden die
Titanen und Djinne unter uns nicht zögern, die Macht an sich zu
reißen, die wir verschmähten – sie tun es auch bereits, und sie werden
den Gott in uns erdrücken. Wir müssen wissen, ob wir diese Erde nun
den Händen des Schattens überlassen wollen, um wieder einmal in
unsere diversen Paradiese zu flüchten, oder ob wir Die Macht ergreifen
werden – und sie erst einmal finden –, um diese Erde nach einem
göttlicheren Bild zu gestalten und in den Worten der Rishis „die Erde
und den Himmel gleich und eins werden" lassen.

Es gibt ein Geheimnis, das ist offensichtlich. Alle Überlieferungen
bezeugen es, seien sie jene der Rishis, der Magier von Iran, der Priester
von Chaldäa oder Memphis oder Yucatan...
......
Als er zum ersten Mal die Veden in den Übersetzungen der westlichen Sanskritisten oder der indischen Gelehrten las, sah Sri Aurobindo darin nur ein wertvolles Dokument für Indiens Geschichte, *aber
von geringem Interesse oder Bedeutung für die Geschichte des Denkens
oder für eine lebendige spirituelle Erfahrung.*[1] Fünfzehn Jahre später las
er die Veden jedoch im Sanskrit Original und entdeckte in ihnen *eine
beständige Goldader des reichsten Denkens und der spirituellen Erfahrung.*[2] In der Zwischenzeit hatte Sri Aurobindo *seine eigenen inneren
Erfahrungen gehabt, für die er weder in der europäischen Psychologie*

---

1. *The Secret of the Veda*, S. 34
2. *Ibid.*, S. 38

*noch in den Lehren des Vedanta oder Yogas hinreichende Erklärungen
fand, die aber die Mantras des Veda mit klarem und präzisen Licht erhell-
ten.*[1] Seine „eigenen" Erfahrungen hatten Sri Aurobindo also befähigt,
die wahre innere Bedeutung des Veda zu entdecken (vor allem des
ältesten der vier Veden, des Rig-Veda, den er besonders aufmerksam
studierte). Der Veda gab ihm nur eine Bestätigung dessen, was er
bereits *direkt empfangen* hatte. Aber erwähnten die Rishis nicht selber
„geheime Worte, hellseherische Weisheiten, die dem Seher ihre innere
Bedeutung offenbaren" (Rig-Veda IV.3.16)?

Es überrascht also nicht, daß die Gelehrten darin nur eine Samm-
lung von Beschwörungsriten sahen, die von Opferfeuern und obsku-
ren Inkantationen an die Naturgottheiten handelten: Wasser, Feuer,
Morgenröte, Mond, Sonne usw., um Regen und reiche Ernten für den
Stamm, männliche Nachkommen und Segnungen für Reisen oder
Schutz vor den Räubern der Sonne zu erhalten – als wären diese
Hirten so barbarisch zu glauben, an einem schlechten Tag würde
die Sonne nicht mehr aufgehen, weil sie endgültig gestohlen wurde.
Nur einige „moderne" Hymnen ließen hier und dort fast aus Versehen
einige erleuchtete Stellen durchblicken, die mit Mühe und Not den
Respekt rechtfertigen könnten, den die Upanischaden zu Beginn der
Geschichtsschreibung dem Veda bekundeten. Für die indischen Überlieferungen waren die Upanischaden zum wahren Veda geworden,
zum „Buch des Wissens", während der Veda als Werk einer stammeln-
den Menschheit ein „Buch der Werke" war, auf das sich alle gewiß als
ehrfürchtige Autorität bezogen, das aber keiner mehr anhörte. Man
mag sich mit Sri Aurobindo fragen, warum die Upanischaden, deren
Tiefgründigkeit alle Welt bezeugt, sich auf dem Veda begründeten,
wenn dieser nur eine Sammlung primitiver Rituale wäre, oder wie es
kommt, daß die Menschheit abrupt von diesem angeblichen Gestotter
zum intensiven Reichtum der upanischadischen Epoche übergegangen
wäre oder wie wir im Westen von den arkadischen Hirten zur Weisheit
der griechischen Denker springen könnten. Wir können kaum annehmen, *zwischen dem primitiven Wilden und Plato oder den Upanischaden
hätte es nichts gegeben.*[2]

......

Nicht umsonst stand das Feuer, *Agni,* im Zentrum der vedischen
Mysterien: *Agni,* die innere Flamme, die Seele in uns (und wer kann
nicht bestätigen, daß die Seele Feuer ist?), die tiefe Aspiration, die
den Menschen in die Höhen zieht; *Agni,* der inbrünstige Wille dessen,

---

1. *Ibid.,* S. 37
2. *Ibid.,* S. 25

das seit allen Zeiten in uns sieht, und sich erinnert; *Agni* „der Opfer-
priester", „der göttliche Arbeiter", „der Vermittler zwischen Erde und
Himmel" (Rig-Veda III.3.2), „er ist dort inmitten der Behausung"
(I.70.2). „Die Väter mit ihrer göttlichen Sicht legten ihn dorthin wie ein
Kind, das geboren werden soll" (IX.83.3). Er ist „das Kind verborgen
in der geheimen Höhle" (V.2.1). „Er ist wie das Leben und wie der
Atem unseres Daseins, er ist wie unser ewiges Kind" (I.66.1). „o sohn
des Körpers" (III.4.2)... „o feuer, Sohn des Himmels durch den Körper
der Erde" (III.25.1). „Unsterblich in den Sterblichen" (IV.2.1)... „alt und
verbraucht wird er wieder und wieder jung" (II.4.5). „Wenn er geboren
wird, wird er zur Stimme der Gottheit; wenn er in der Mutter geformt
wird, wie das Leben, das in der Mutter wächst, wird er ein galop-
pierender Wind in seinen Bewegungen" (III.29.11). „o feuer, wenn Du
von uns richtig getragen wirst, wirst Du das höchste Wachstum, die
höchste Weite unseres Wesens; alle Pracht und alle Schönheit sind in
Deiner begehrlichen Farbe, in Deiner vollkommenen Sicht. o weite, Du
bist die Fülle, die uns ans Ende des Weges trägt, Du bist eine allerseits
ausgebreitete Vielfalt von Reichtümern" (II.1.12). „o feuer... leuchtender
Ozean von Licht, in dem die göttliche Vision ist" (III.22.2), „o Flamme
mit den hundert Schätzen... o kenner aller geborener Dinge" (I.59).

Wir haben aber nicht das ausschließliche Anrecht auf das göttliche
Feuer; *Agni* ist nicht nur im Menschen: „Es ist das Kind der Wasser,
das Kind der Wälder, das Kind der festen Dinge und das Kind der
bewegten Dinge. Selbst im Stein ist es zugegen..." (I.70.2).

......

Aber wir haben noch nicht den Kern des vedischen Geheimnisses
berührt. Die Geburt von *Agni*, der Seele (so viele Menschen sind noch
nicht geboren) ist erst der Anfang der Reise. Diese innere Flamme
sucht, sie ist der Suchende in uns, denn sie ist ein Funken des großen
Ursprünglichen Feuers und sie wird erst dann zufrieden sein, wenn sie
ihre sonnenhafte Gesamtheit wiederfindet, „die verlorene Sonne", von
der im Veda ständig die Rede ist. Aber wenn wir von Ebene zu Ebene
höher gestiegen sind und die Flamme nacheinander in der dreifachen
Welt unseres niederen Daseins geboren wurde – in der physischen, der
vitalen und in der mentalen Welt –, wird sie noch nicht zufrieden sein.
Sie will höher und höher steigen, und bald erreichen wir eine mentale
Grenze, wo es scheint, als gebe es nichts mehr zu erfassen, nicht einmal mehr zu sehen, und als müsse alles aufgelöst werden, um in die
Ekstase eines Großen Lichts zu springen. Dann spürt man überall um
sich diesen fast schmerzlichen Panzer der Materie, der uns einsperrt
und die Apotheose der Flamme verhindert. Nun versteht man den
Ausruf dessen, der sagte: „Mein Königreich ist nicht von dieser Erde",

die vedantischen Weisen Indiens und vielleicht sogar die Weisen aller Welten und aller Religionen, die ohne Unterlaß erklärten: man muß diesen Körper verlassen, um Das Ewige zu erschließen. Wird unsere Flamme hier unten also immer unvollständig bleiben und unsere Suche enttäuscht werden? Werden wir immer zwischen den beiden wählen müssen, um des Himmels willen auf die Erde verzichten?

Doch jenseits der dreifachen niederen Welt entdeckten die Rishis „ein bestimmtes Viertes", *turiyam svid*. Sie entdeckten „die weite Wohnstätte", „die sonnenhafte Welt", *svar*: „Ich erhob mich von der Erde in die Welt der Mitte [das Leben], und von der Welt der Mitte stieg ich in den Himmel [das Mental]. Vom himmlischen Firmament ging ich in die sonnenhafte Welt, in Das Licht." (Yayur-Veda 17.67) Und es heißt: „Als Sterbliche erreichten sie die Unsterblichkeit." (Rig-Veda I.110.4) Was war also ihr Geheimnis? Wie gingen sie vom „mentalen Himmel" in den „großen Himmel", ohne den Körper zu verlassen, ohne sich sozusagen in Ekstase zu verlieren?

Das Geheimnis liegt in der Materie. Denn in der Materie ist *Agni* eingeschlossen, wie wir selber. Es heißt, *Agni* sei „ohne Kopf und ohne Füße", „er verberge seine beiden Extreme": oben entschwindet er im „großen Himmel" des Überbewußten (das die Rishis auch „großen Ozean" nannten), und unten versinkt er im „formlosen Ozean" des Unbewußten (das sie auch „den Fels" nannten). Wir sind verstümmelt. Aber die Rishis waren Menschen von solidem Realismus (des wahren Realismus, der auf dem Geist basiert), und nachdem die Gipfel des Mentals in eine leuchtende Leere führten – sicherlich ekstatisch, aber ohne Einfluß auf die Welt –, schlugen sie den Weg nach unten ein.[1] Hier beginnt die Suche nach der „verlorenen Sonne", die lange „Wallfahrt" des Hinabstiegs ins Unbewußte und der erbarmungslose Kampf gegen die dunklen Kräfte, die „Räuber der Sonne", die *panis* und *vritras*, Pythons und Riesen, die sich samt der ganzen Horde von Thronräubern in der „dunklen Höhle" verbergen: sie sind jene, die dualisieren, verstellen, zerreißen und VERDECKEN. Aber dem „göttlichen Arbeiter", *Agni*, helfen die Götter, und in seiner Suche wird er vom „intuitiven Strahl" geführt: *Sarama*, der himmlische Hund mit seinem subtilen Gespür bringt sie auf die Fährte der „gestohlenen Herden" (seltsame „leuchtende" Herden). Manchmal erleuchtet eine flüchtige Morgenröte, dann verlischt alles. Man muß Schritt für Schritt voranschreiten, „graben und graben", gegen die „Wölfe" kämpfen, die sich um so mehr erbittern, je näher man zum Versteck gelangt – *Agni* ist ein Krieger. *Agni* wächst an seinen Schwierigkeiten, unter den Schlägen

---

1. Besonders auf diese Stelle bezog sich Mutter im vorhergehenden Gespräch.

des Gegners wird seine Flamme immer funkelnder. Aber sagten die Rishis nicht: „Die Nacht und Der Tag säugten beide das Göttliche Kind", sie sagten sogar, Die Nacht und Der Tag seien „zwei unsterbliche Schwestern mit einem gemeinsamen Geliebten [der Sonne]... eins, in Wahrheit, obwohl von verschiedener Form" (I.113.2, 3). Die Folge von Nacht und Helligkeit beschleunigt sich. Schließlich bricht Der Tag an, und „die Herden der Morgenröte"[1] stoßen hervor und „erwecken einen, der tot war" (I.113.8). „Der unendliche Fels" des Unbewußten wurde gebrochen, der Suchende entdeckt „die Sonne, die in der Finsternis weilt" (III.39.5), das göttliche Bewußtsein im Herzen der Materie... Im tiefsten Grund der Materie, das heißt im Körper, auf der Erde, fanden sich die Rishis plötzlich ins Licht versetzt – dasselbe Licht, das andere hoch oben suchten, ohne Körper und ohne Erde, in Ekstase –, und sie nannten es „den Großen Übergang". Ohne die Erde zu verlassen, hatten sie „die weite Wohnstätte" gefunden, „die eigentliche Wohnstätte der Götter", *Svar*, die ursprüngliche sonnenhafte Welt, die Sri Aurobindo die *supramentale Welt* nennt: „Menschenwesen [die Rishis betonten deutlich, daß sie Menschen waren] töteten Jenen-der-Verdeckt und durchquerten die Erde und den Himmel [die Materie und das Mental] und machten die weite Welt zu ihrer Wohnstätte" (I.36.8). Sie betraten „das Weite, das Wahre, das Genaue", *Brihat, Satyam, Ritam*, „das ungebrochene Licht", „das Licht, das ohne Angst ist", denn es gibt kein Leiden, keine Lüge und keinen Tod mehr: es ist die Unsterblichkeit, *amritam*.

......

Alles ist wieder versöhnt. Der Rishi ist „der Sohn der beiden Mütter", der Sohn von *Aditi*, der leuchtenden Kuh, der Mutter des unendlichen Lichts, der Schöpferin der Welten, aber er ist auch der Sohn von *Diti*, der schwarzen Kuh, der Mutter des „finsteren Unendlichen" und des geteilten Daseins, denn am Ende ihrer scheinbaren Nacht gibt uns *Diti* letztlich die Milch des Himmels und die göttliche Geburt. Alles ist erfüllt. Der Rishi „hält in derselben Bewegung die menschlichen Kräfte und die göttlichen Dinge" (IX.70.3), er hat das Universelle im Individuellen verwirklicht, er wurde Das Unendliche im Endlichen: „Dann wird deine Menschheit wie das Werk der Götter, als wäre der Himmel des Lichts sichtbar in dir begründet" (V.66.2). Weit davon entfernt, die Erde abzuweisen, betet er: „O GOTTHEIT, bewahre für uns das Unendliche und überschütte uns mit dem Endlichen" (IV.2.11).

Die Reise ist vollendet. *Agni* findet seine sonnenhafte Ganzheit wieder, seine beiden verborgenen Extreme. „Das unantastbare Werk" wird

---

1. Erinnern wir an Homer und die „Herden von Helios"

erfüllt. Denn *Agni* ist der Ort, wo das Hohe dem Tiefen begegnet – und in Wahrheit gibt es kein oben und unten mehr, sondern nur noch eine einzige Sonne überall: „O Flamme, Du gehst zum Ozean des Himmels, zu den Göttern. Du führst die Gottheiten der Ebenen zusammen, die Wasser der Lichtbereiche über der Sonne und die Wasser, die unten weilen." (III.22.3) „O Feuer, O universelle Gottheit, Du bist der Nabelknoten der Erden und ihrer Bewohner, alle geborenen Menschen beherrschst Du und stützt Du wie eine Säule." (I.59.1) „O Flamme, Du begründest das Sterbliche in einer höchsten Unsterblichkeit... Du schaffst göttliche Wonne und menschliche Freude." (I.37.7) Denn die Freude ist das Herz der Welt, sie ist der Grund der Dinge, sie ist „der Honigbrunnen, der vom Fels verdeckt ist" (II.24.4).

November

5. November 1961

(Mutter erklärt, daß es ihr lieber wäre, wenn Satprem in seinem
Buch über Sri Aurobindo P. Richard nicht namentlich erwähnte)

... All diese Jahre tat ich mein Bestes, um ihn fernzuhalten. Er hat
eine Macht – eine fürchterliche asurische Macht. Unter uns gesagt,
erkannte ich ihn von Anfang an als solchen, und deshalb trat ich ihm
näher. Ich hatte nicht beabsichtigt, ihn zu heiraten (nur seine Famili-
enangelegenheiten führten zu dieser Notwendigkeit), aber als ich ihm
begegnete, erkannte ich ihn sofort als eine Inkarnation des „Herrn der
Lüge". Dort ist sein „Ursprung" (er selber nannte ihn „Herr der Nationen"), und in der Tat ist er derjenige, der seit einigen Jahrhunderten
die irdischen Ereignisse bestimmt. Theon war...

Es war keine Wahl sondern eine Entscheidung des Höchsten, daß
ich allen vier Asuras begegnete. Der erste bekehrte sich (ihn nennen
die Religionen Satan, der Asura des Bewußtseins): er bekehrte sich
und arbeitet noch immer. Der zweite löste sich im Höchsten auf. Der
dritte war der Herr des Todes (das war Theon). Der vierte, der Meister
der Welt, war der Herr der Lüge, und Richard war eine Emanation von
ihm (was in Indien *vibhuti*[1] genannt wird).

Theon war der Vibhuti des Herrn des Todes.

Das ist eine erstaunliche Geschichte, weißt du, eines Tages kann
man sie vielleicht erzählen... wenn es keine Asuras mehr gibt. Dann
kann man darüber sprechen.

Jedenfalls führte Theon mich dazu, das „Mantra des Lebens" zu
finden – das Mantra, mit dem man Leben geben kann –, und er wollte,
daß ich es ihm sage, er wollte es besitzen. Etwas Ungeheures! Dieses
Mantra wurde an einem Ort aufbewahrt[2]. Es war das Mantra, das das
Leben gibt (es kann jeden wieder leben lassen, aber das ist nur ein kleiner Teil seiner Macht). Es war verschlossen und versiegelt, mit meinem
Namen in Sanskrit darauf. Ich kannte das Sanskrit damals nicht, aber
er verstand es. Er führte mich zu diesem Ort, und ich sagte ihm: „Da
ist eine Art Diagramm, es muß Sanskrit sein" (denn ich wußte, daß die
Schriftzeichen so aussahen). Er forderte mich auf zu reproduzieren,
was ich sah, und ich tat es. Es war mein Name, Mirra, auf Sanskrit: es
war für mich bestimmt, und nur ich konnte es öffnen. All das geschah,
während ich mich in einer kataleptischen Trance befand, und er sagte

---

1. Die indische Überlieferung unterscheidet zwischen einer direkten „Inkarnation"
   (avatar) und einer einfachen „Emanation" *(vibhuti)*, die aus dem Bewußtsein eines
   Gottes (oder eines Teufels) hervorgeht.
2. Kein physischer Ort.

mir: „Öffnen Sie es und sagen Sie mir, was dort geschrieben steht!"
Augenblicklich WUSSTE etwas in mir, daß ich es nicht tun durfte, und
ich sagte: „Nein." Ich las es ihm nicht vor.

Später, als ich bei Sri Aurobindo war, fand ich es wieder und gab es
ihm.

Aber das ist wieder eine andere Geschichte...

(Schweigen)

Was man in der okkulten Welt erlebt und was es dort alles geben
kann, ist wirklich phantastisch – das ist für später, wenn es an der Zeit
ist, diese Dinge zu sagen.

Jedenfalls verstehst du, warum mir nicht besonders daran gelegen
ist, Richard in diesem Buch zu erwähnen, denn allein die Tatsache,
ihn zu erwähnen, zieht ihn an.[1]

Ungefähr zehn Jahre lang war er Pastor in Lille, in Frankreich,
gewesen – er hatte lange praktiziert –, aber all das ließ er hinter sich,
sobald er den Okkultismus zu studieren begann. Zuerst hatte er für die
Prüfungen, um Pastor zu werden, theologische Philosophie und alle
modernen europäischen Philosophien studiert (er hatte einen ziemlich
bemerkenswerten Kopf für Metaphysik). Dann begegnete ich ihm in
Zusammenhang mit Theon und der *Revue Cosmique*, und ich war es,
die ihn mit dem okkulten Wissen vertraut machte. Danach geschahen etliche uninteressante Geschichten... Während wir uns kannten,
wurde er Rechtsanwalt (ich lernte die Rechtswissenschaften mit ihm –
ich hätte die Prüfung bestehen können!). Dann kamen die Geschichten
mit der Scheidung: er ließ sich von seiner Frau scheiden und er wollte
das Fürsorgerecht für seine drei Kinder bekommen, deshalb brauchte
er einen geregelten legalen Stand und fragte mich, ob wir heiraten
könnten. Ich willigte ein. Alle diese Angelegenheiten waren mir immer
vollkommen gleichgültig. Aber als ich ihm begegnete, wußte ich, wer
er war, und beschloß, ihn zu bekehren – so kam es. Darum geht es in
dieser ganzen Geschichte.

Die Bücher, die er verfaßte (vor allem das erste *L'Éther Vivant* – „Der
Lebende Äther"), bestanden im wesentlichen aus meinem Wissen, das
er in gutes Französisch setzte (wirklich sehr schönes Französisch,
muß ich sagen). Ich erklärte ihm meine Erfahrungen, und er schrieb
sie auf. Danach verfaßte er *Les Dieux* [„Die Götter"] – es war unvollständig: es beschrieb nur einen Aspekt. Dann wurde er Rechtsanwalt

---

1. Richard starb 1967 in Amerika, dann versuchte er vergeblich, sich in Auroville zu
reinkarnieren. Die Gefahr ihn „anzuziehen" scheint also zumindest in dieser Form
vorüber zu sein.

und beschäftigte sich mit Politik (er war ein erstklassiger Redner, der sein Publikum begeistern konnte), und so entsandte man ihn hierher, nach Indien, um einem bestimmten Mann im Wahlkampf zu helfen[1], der es alleine nicht schaffte. Weil er sich für Okkultismus und Spiritualität interessierte, benutzte er die Gelegenheit, um hier zu suchen – er suchte einen „Meister", einen Yogi. Sobald er hier ankam, sagte er als erstes, anstatt sich um seine Politik zu kümmern: „Ich suche einen Yogin." Da antwortete man ihm: „Sie haben unglaubliches Glück (!), denn der Yogin ist gerade eingetroffen." Sri Aurobindo war gerade in Pondicherry angekommen. Sie fragten Sri Aurobindo: „Hier ist ein Franzose, der sie besuchen will..." Sri Aurobindo war nicht gerade begeistert, aber die zeitliche Übereinstimmung erweckte sein Interesse, und er empfing ihn. Das war 1910.

Als Richard seine politische Aufgabe abgeschlossen hatte, kehrte er mit einem schlechten Foto von Sri Aurobindo und einem sehr oberflächlichen Eindruck nach Frankreich zurück, aber er spürte dennoch, daß Sri Aurobindo WUSSTE (den Menschen Sri Aurobindo verstand er überhaupt nicht, er merkte nicht, daß er ein Avatar ist, aber er spürte, daß Sri Aurobindo das Wissen besaß). Ich glaube auch, daß er diese Meinung beibehielt, denn er sagte immer, Sri Aurobindo wäre ein einzigartiger Riese vom intellektuellen Standpunkt, hätte aber spirituell keine besonderen Erkenntnisse erlangt! Irgend so eine Dummheit (dieselbe Dummheit wie Romain Rolland). Verstehst du, meine Beziehung mit ihm lag auf einer okkulten Ebene, die schwer zu erfassen ist. Jedenfalls geschahen dort viel aufregendere Dinge als in allen Romanen, die man sich vorstellen kann.

Aber er war...

Er lebt noch, er ist noch immer ein fürchterlich gefährlicher Mann wegen dem, was hinter ihm steht [der Herr der Lüge].

Du hast dies nicht auf Band aufgenommen?

Doch.

Oh, nein. Das mußt du löschen.

Wenn du einfach anmerken könntest: „Paul Richard, der Sri Aurobindo zum ersten Mal 1910 begegnete..." Du kannst erwähnen, daß er ein theologischer Schriftsteller war (irgend etwas derartiges), was die Tatsache erklärt, daß er Sri Aurobindo zum Schreiben drängte.

Als er zurückkam, sagte er mir, er würde mich sobald als möglich dorthin mitnehmen.

---

1. Pondicherry war damals noch eine französische Kolonie.

Im Juni 1914 begannen wir die Arbeit an der Zeitschrift *Arya* und kündigten die erste Nummer für den 15. August an – Sri Aurobindos Geburtstag –, und ich glaube, der Krieg brach am 3. August aus.

Der Krieg brach aus, bevor die erste Ausgabe erschien (dies ist eine interessante Tatsache). Der 21. Juni war Richards Geburtstag[1], und an diesem Tag kündigten wir das Erscheinen des *Arya* an, und die erste Nummer sollte am 15. August herauskommen. Zwischen dem 21. Juni und dem 15. August brach der Krieg aus. Weil aber alles fertig war, veröffentlichten wir es trotzdem.

> *In meinem Buch schreibe ich, Paul Richard startete gleichzeitig eine „Revue de la Grande Synthèse" in Paris – ist das richtig?*[2]

Nein, das stimmt nicht! Er hatte nie etwas derartiges vor! Nie. Der *Arya* war zweisprachig: eine einzige Zeitschrift, halb französisch und halb englisch, aber sie wurde in Pondicherry herausgebracht. Es war nie die Rede davon gewesen, etwas in Frankreich herauszubringen. Das ist völlig falsch – ein Märchen. Wir veröffentlichten diese Zeitschrift zweisprachig (ich übersetzte alles auf Französisch – ziemlich schlecht, muß ich gestehen).

Aber mir fiel schon früher auf: sobald man von Richard spricht, wird man, ohne es zu merken, dazu verleitet zu lügen. Deshalb hüte ich mich schrecklich vor diesem Thema.

Der französische Teil kam zuerst, und die erste Nummer begann mit „Das Warum der Welt". Richard gab die Begierde als Ursprung der Welt an – sie waren stets in Uneinigkeit, weil Richard sagte: „Es ist die Begierde", und Sri Aurobindo sagte: „Die Freude ist die ursprüngliche Kraft hinter der Manifestation." Dann erwiderte Richard: „Gott *begehrte*, sich selber zu kennen" und Sri Aurobindo erklärte: „Nein, Gott hatte die *Freude*, sich selber zu kennen." So ging es die ganze Zeit!

Als Richard in Japan war, schickte er Sri Aurobindo seine Manuskripte, der sie weiterhin auf Englisch übersetzte – „Das Warum der Welt" und „Die Ewige Weisheit".

Im Grunde war Sri Aurobindo erleichtert, als wir abreisten – er schrieb sogar irgend jemandem, allerdings auf einer sehr oberflächlichen Ebene, daß er sehr erleichtert war, als Richard abreiste.

Als wir nach Frankreich zurückkehrten, ließ er sich aus gesundheitlichen Gründen ausmustern (eine yogische Herzkrankheit!). Aber das Leben in Frankreich wurde unmöglich, und meine Gegenwart dort wurde auch gefährlich, weil dort wirklich monströse Dinge geschahen

---

1. Am 28. Juni wurde der Erzherzog Franz-Ferdinand in Sarajevo ermordet.
2. Ich weiß nicht mehr, woher ich diese falsche Auskunft erhalten hatte.

und, wie Sri Aurobindo sagte, alleine zu Hause sitzend konnte ich Revolutionen auslösen: die Armeen revoltierten.[1] Als ich das sah, wollte ich auch nicht, daß die Deutschen gewinnen – das wäre noch schlimmer gewesen! So beschloß ich, es wäre besser wegzugehen. Es gelang ihm, sich nach Japan entsenden zu lassen (auf einer wirtschaftlichen Mission – er war wirklich gewieft!), als Repräsentant bestimmter Firmen. (Niemand wollte reisen, weil es gefährlich war: man riskierte, auf dem Meeresboden zu landen. Als wir uns anboten, waren sie froh, uns nach Japan entsenden zu können.)

Das ergäbe wirklich einen Roman: Als wir dort waren, schrieb Richard weiter und schickte Sri Aurobindo seine Papiere, und als der Frieden unterzeichnet wurde und man wieder reisen konnte, erklärten die Engländer, sie würden uns einsperren, wenn wir versuchten, nach Indien zurückzukehren! Aber all das richtete sich wie durch ein Wunder. Es führte fast zu einem „diplomatischen Zwischenfall", denn die japanische Regierung beschloß, sie würden gegenüber der britischen Regierung protestieren, falls wir verhaftet wurden (was für eine Geschichte! man könnte wirklich einen Roman darüber schreiben). Kurz, Richard und ich kehrten hierher zurück. Und da begann die Tragi-Komödie.

Eines Tages erzähle ich dir das.

Wirklich phantastisch!

Sicherlich war Sri Aurobindos Macht dafür verantwortlich, daß Richard beschloß fortzugehen. Zwölf Jahre lang war ich Richards „Guru" gewesen (auf dieser Ebene lag unsere Beziehung), als wir aber hierhin zurückkamen, sagte ich ihm: „Für mich ist das zu Ende." – Ich hatte versucht, ihn zu bekehren, und es war mir nicht gelungen. Sobald Sri Aurobindo sich mit ihm befaßte, wurde es eine andere Geschichte... Er hielt es nicht aus: er ging fort.

Er war wirklich teuflisch. Es war phantastisch geworden.

Er ging fort.

Offensichtlich führte er ein ziemlich lockeres Leben. Als er fortging, lebte er eine Zeitlang als Sannyasin im Himalaja, dann ging er nach Frankreich und von dort nach England. In England heiratete er wieder: er wurde Bigamist! Mir bereitete das natürlich keine Sorgen

---

1. Mutter bezieht sich auf den folgenden Aphorismus von Sri Aurobindo: „Wenn du, während du einsam, still und wortlos auf dem Berggipfel sitzt, die Revolutionen erkennen kannst, die du anführst, dann hast du die göttliche Sicht erlangt und bist von den Erscheinungen befreit." Dieser Aphorismus wird durch einen weiteren ergänzt: „Wenn du, während du große Taten ausführst und gigantische Resultate bewirkst, erkennen kannst, daß *du* in Wahrheit nichts tust, dann wisse, daß Gott seine Siegel von deinen Augenliedern entfernt hat." (Centenary Edition, XVII, S. 92)

(je weniger er sich zeigte, desto besser), aber ihn störte es ein wenig! Dann begann ich plötzlich offizielle Briefe von einem Rechtsanwalt zu erhalten, um mich zu informieren, daß ich einen Scheidungsprozeß gegen Richard eröffnet hätte. (Ich hatte also plötzlich einen Rechtsanwalt dort, von dem ich nie zuvor gehört hatte! Er war „mein" Rechtsanwalt! Der Prozeß fand in Nizza statt.) Demnach beschuldigte ich Richard, mich mittellos verlassen zu haben!! (Seit dem ersten Tag unserer Begegnung hatte ich immer alle Unkosten getragen, das war also nichts Neues! Trotzdem...) Natürlich konnte er nicht auf Bigamie plädieren und konnte mich auch nicht ihn der Bigamie beschuldigen lassen, weil es wahr war! Also hatte er angeblich nicht meine Ausgaben gedeckt. Im Prozeß verlangte ich aber auch nichts von ihm, keine Alimente – all das war etwas inkohärent. Jedenfalls erhielt ich einige Monate später den Bescheid, daß ich geschieden war – was übrigens recht praktisch war, insbesondere für die Bank. Ich hatte zwar stets eine Heiratsabmachung mit Gütertrennung gehabt (denn er besaß nichts, und ich wollte frei sein, mit meinem Geld zu tun, was mir beliebte), aber da sind die Franzosen unmöglich (!), denn sie verlangten trotzdem, daß der Ehemann der Frau seine Zustimmung gibt. In Frankreich wird die Frau als Minderjährige behandelt – ich weiß nicht, ob es immer noch so ist, aber damals war es so –, bei jeder Transaktion mußte der Ehemann mit unterzeichnen. Selbst wenn das Geld der Frau gehörte, konnte sie nicht darüber verfügen. – Das war lästig. In Japan konnte ich das Problem umgehen, denn der japanische Bankier fand diese Regel dumm und sagte mir, ich brauche mich nicht darum zu kümmern, aber hier in der Bank sind sie lästig. Deshalb war es gut, daß es ein Ende nahm.

Dann heiratete er übrigens noch zwei- oder dreimal. Jetzt ist er Vater einer zahlreichen Familie (glaube ich), mit Enkeln und vielleicht sogar Urenkeln. Er lebt in Amerika. Jemand hatte mir berichtet, er wäre gestorben, aber ich spürte, daß er noch lebte. Dann kam plötzlich E. und erzählte mir voller Bewunderung, sie sei Richard begegnet und was für ein erstaunlicher Prediger er sei...

Wenn du wüßtest, was für ein Leben er führte!

Ich spreche nicht gerne über diese Dinge, denn sie interessieren mich nicht. Ich lebte mein ganzes Leben lang in völliger Freiheit, wie Sri Aurobindo sagte: ich durchlebte die Ereignisse, wie man einen Film sieht. Ich hatte eine innere Sicht, einen inneren Willen, ich hatte meine inneren Gründe, die Dinge zu tun, und das war ein Befehl, den ich empfing und dessen ich bewußt war – aber äußerlich war es phantastisch!... Natürlich konnte es nicht anders sein.

Die letzten Tage hier in Pondicherry wären beinahe tragisch ver-
laufen (aber das konnte einfach nicht geschehen): Er war sich vollkommen bewußt, wer ich war, und der große Streit war, daß er mir
sagte: „Aber warum wählst du Sri Aurobindo als Avatar, wo du doch
die universelle Mutter bist – wähle mich! Mich muß du wählen." Der
Asura in ihm sprach so. Ich lächelte nur. Ich diskutierte nicht mit ihm
und sagte *(lachend)*: „So geht das nicht!" Eines Tages sagte er dann:
„Aha, du willst also nicht..." *(Mutter führt die Hände an die Gurgel)* „...
nun gut, wenn du mich nicht nimmst, dann..." Er war ein großer Kerl
mit riesigen Händen. Da blieb ich sehr ruhig und sagte innerlich: *My
Lord, my Lord, my Lord...* [Herr...] – so rief ich Sri Aurobindo. Ich sah
ihn kommen *(Geste, die Mutter umhüllt und alles unbeweglich macht)*.
Dann entspannten sich seine Hände.

Aber auf meinem Hals waren die Abdrücke.

An einem anderen Tag war es eine ähnliche Szene – immer dieselbe:
er fing an, die Möbel aus dem Fenster in den Hof zu werfen! (Sie
gehörten uns nicht: wir hatte das Haus möbliert gemietet.)

Ein Roman...

(Schweigen)

Verstehst du, das war nicht der Kampf eines Mannes gegen einen
Gott sondern der eines Gottes gegen einen Gott. Da ist offensichtlich,
daß er in dieser Situation eine UNGEHEURE Macht besaß! Er zwang alle,
ihm zu gehorchen. Aber das war Die Lüge – und du kannst dir nicht
vorstellen, was für eine asketische Spiritualität er predigte![1] Er war so
überzeugend! Und sobald er einen Unterrock sah... Jungen, Mädchen,
alles war ihm recht!

Phantastisch.[2]

Er schrieb „Der Herr der Nationen"... Oh, ich sah ihn, diesen Herrn
der Nationen! Während des Zweiten Weltkriegs bekam ich wieder mit
ihm zu tun, aber nicht durch Richard, sondern direkt. Das Wesen, das
Hitler in Visionen erschien, war der Herr der Nationen. Eine phantastische Geschichte!... Ich wußte, wann sie sich treffen würden (schließlich

---

1. Es ist bemerkenswert, daß sämtliche indische Überlieferungen die Asuras als große
Asketen darstellen: sie wollen die Macht durch Askese und Entbehrungen an sich
reißen. Tatsächlich sind die Menschen unfähig, die wahre Macht zu erfassen: sie ist
transparent.
2. Mutters Wunsch folgend löschte Satprem die Tonbandaufnahmen bis zu dieser
Stelle, als er aber die Transkription wiederfand, schien es ihm nach all diesen
Jahren und unter den veränderten Umständen angebracht, den Text wegen seines
historischen Interesses größtenteils stehen zu lassen. Mutters Schwierigkeiten
waren stets die Schwierigkeiten der „irdischen Arbeit", und dieser Asura, der die
Erde so besonders stört, konnte kaum verschwiegen werden.

ist er mein Sohn![1] das ist das komischste an der Geschichte), so nahm ich bei einer solchen Gelegenheit seine Gestalt an und ging an seiner Stelle – ich wurde Hitlers Gott (!) und riet ihm, Rußland anzugreifen. Zwei Tage später tat er es. Als ich von unserem „Gespräch" wegging, begegnete ich dem anderen, der ankam! Er war ziemlich wütend. Er fragte mich, warum ich dies getan habe; ich erwiderte: „Das geht dich nichts an! Es war das, was getan werden mußte." Da antwortete er: „Du wirst sehen! Ich WEISS, daß du mich zerstören wirst, aber vorher werde ich so viel Unheil anrichten, wie ich nur kann, darauf kannst du dich verlassen."

Dann kehrte ich von meinen nächtlichen Wanderungen zurück und berichtete es Sri Aurobindo.

Was für ein Leben!... Die Leute haben keine Ahnung, was vorgeht. Sie wissen gar nichts.

Aber es ist phantastisch.

Hin und wieder waren manche Menschen ein wenig bewußt, wie in der Zeit während des letzten Kriegs, als ich alle meine Nächte über Paris verbrachte, damit nichts geschehe (ein Teil von mir, nicht vollständig). Ich schwebte über Paris. Später erfuhren wir, daß manche Leute es sahen: etwas wie eine große weiße Kraft von unbestimmter Form, die über Paris schwebte, damit es nicht zerstört werde.

Während des ganzen Kriegs bedeutete es eine so STÄNDIGE spannung für Sri Aurobindo und mich, daß es das Yoga völlig unterbrach. Deshalb war der Krieg auch gekommen: um Die Arbeit anzuhalten. Denn in dieser Zeit hatte eine außerordentliche Herabkunft des Supramentals stattgefunden: es kam so *(massive Geste)*, eine Herabkunft! Es war gerade 1939. Dann kam der Krieg und unterbrach alles abrupt. Denn hätten wir trotzdem unsere persönliche Arbeit [der Transformation] fortgesetzt, wäre nicht sicher gewesen, daß wir rechtzeitig fertig würden, bevor der „andere" die Erde zu Brei schlug, und das hätte die ganze Arbeit um... Jahrhunderte zurückversetzt. ZUERST mußte dieses Tun des Herrn der Nationen gestoppt werden.

Der Herr der Lüge...

Glaubst du, er wird wieder anfangen?

(Schweigen)

X scheint davon überzeugt zu sein.
Er versucht es.

---

1. Siehe Gespräch vom 28. Juli 1961, S. 277.

Sie versuchen es.

Sri Aurobindo hatte gesagt: wenn wir bis 1967 durchhalten, ist die Gefahr überstanden... Es ist möglich.

Aber das „wenn"... In einem bestimmten Bereich gibt es kein „wenn" mehr. Wenn ich nicht mehr hier bin, wenn ICH „dort" bin, dann gibt es noch keine Anzeichen einer Unvermeidlichkeit. Der Bereich, in dem X sieht, ist völlig gemischt. Ich hatte einige Visionen, aber nicht die DIE vision des unvermeidlichen Kriegs.

Es ist nicht so, daß sie es nicht versuchen!

(Schweigen)

Und wann wirst du fertig sein?

??

Seit ich merkte, daß Sri Aurobindo diesem Buch Bedeutung beimißt, habe ich viel geschaut. Ich sagte dir bereits, was ich neulich sah, oder?... Du fragtest mich wegen dem Foto, und du hattest das Bild der „Meditation" gewählt *(Sri Aurobindo auf seinem Bett, nach seinem Abschied)*. Ich hatte vorher das Bild gesehen, wo er jung ist. Als ich es sah, war Sri Aurobindo anwesend und brachte mich plötzlich Jahrhunderte in die Zukunft – das erzählte ich dir. Er sagte: *The beginning of the legend* [„DER Anfang der Legende"]. Da verstand ich, daß dieses Foto das richtige für dein Buch war.

Offensichtlich betrachtet er dein Buch als Ausgangspunkt für alles, was man später auf intellektueller Ebene auf der Erde in Bezug auf ihn denken, sagen und tun wird. Aber ich versichere dir, daß er dir hilft, und er tut es!

Du mußt ihn fragen.

Wenn das *(Mutter deutet auf den Kopf)* sich ruhig verhalten könnte! Dort herrscht eine große Spannung *(in den Schläfen)*. Wenn du dein Bewußtsein nur ein wenig nach oben bringen könntest, um die Antwort zu erhalten, wenn du Probleme zu lösen hast: dann erhältst du die Inspiration von oben. Und das *(den Kopf)* hältst du ruhig, ruhig, ruhig – von dort stammt die Müdigkeit!

Weißt du, zwei, drei Minuten Stille nützen viel, es kostet nicht viel Zeit.

Du hast jetzt keine Zeit mehr, sonst hätte ich dir eine Frage gestellt... Ein anderes Mal.

Welche?

Über die Entdeckung des Supramentals im Veda und bei Sri Aurobindo. Da ist etwas, das ich nicht ganz begreife.

Weil es im Veda nicht vollständig ist.

Sie hatten nur einen *hint* [Andeutungen], wie eine Vision der „Sache", aber es gibt keinerlei Indizien, daß sie es verwirklichten. Wenn sie tatsächlich etwas verwirklicht hätten, scheint es mir offensichtlich, daß man Spuren davon gefunden hätte – es wären Spuren geblieben. Es sind aber keine geblieben.

Theon wußte auch davon. Ich weiß nicht mehr genau, wie er es nannte, „die neue Welt" oder „die neue Schöpfung auf der Erde und den glorreichen Körper" – jedenfalls wußte er von der Existenz des Supramentals, er hatte die Offenbarung davon gehabt und verkündete das. Er sagte, es würde DURCH die Entdeckung des inneren Gottes geschehen, das würde zur „Sache" führen. Für ihn war es, wie ich dir neulich erzählte, von einer größeren Dichtigkeit – das scheint eine konkrete Erfahrung zu sein. Ich ging der Frage selber nach und hatte unzählige Visionen über die irdische Geschichte – mit Sri Aurobindo sprach ich viel darüber...

(Schweigen)

Nach dem, was Sri Aurobindo sah und was ich selber auch sah, waren die Rishis mit der Erfahrung in Berührung gekommen... hatten eine Art erlebtes Wissen der Sache erlangt, das aber wie ein Versprechen kam: „DAS wird kommen." Aber so etwas ist nicht dauerhaft.

Das ist, was sie erreicht hatten. Etwas ganz anderes ist die HERAB-KUNFT – was Sri Aurobindo „die Herabkunft des Supramentals" nennt –, das heißt, die Sache kommt und festigt sich.

Denn selbst als ich diese Erfahrung hatte [die „erste supramentale Manifestation" vom 29. Februar 1956], als der Herr sagte: „Die Zeit ist gekommen", da war es keine vollständige Herabkunft. Es war die Herabkunft des Bewußtseins, des Lichts und eines Teils, eines Aspekts der Macht. Es wurde augenblicklich von der Welt des Unbewußten absorbiert, die all das verschlang. Und seit dieser Zeit arbeitet es in der Atmosphäre. Aber es war nicht DAS Ding, das kommt und sich endgültig festsetzt – wenn das geschieht, brauchen wir nicht mehr darüber zu reden, denn dann wird es offensichtlich sein!

Die Erfahrung von 1956 bedeutete einen weiteren Schritt, es war aber nicht... nicht die endgültige Sache.

Die Rishis erreichten eine Art Versprechen – eine INDIVIDUELLE Erfahrung.

Da ist jedenfalls ein Problem, über das ich dich fragen will. Aber jetzt hast du keine Zeit.

Könntest du es mir schreiben?

6. November 1961

(Brief von Satprem an Mutter)

Liebe Mutter,
Beim Lesen des Veda glaubte ich zu verstehen, daß die Rishis, nachdem sie den Durchgang oben blockiert fanden (weil sie in Ekstase verfielen und den Halt über ihren Körper verloren), den Weg nach unten einschlugen, um das Supramental zu suchen.

Als ich aber Sri Aurobindo las, glaubte ich das Gegenteil zu verstehen: er ging *absichtlich* zuerst ganz nach oben, um danach das Licht nach unten zu bringen und den Durchgang zu öffnen, daß der Druck des Lichts von oben die Pforten und in der Materie öffnet.

Ich würde gerne den Vorgang begreifen.

Mit all meiner Liebe,

Satprem[1]

(Mutters Antwort)

Indem man sich durch einen graduellen Aufstieg zum Gipfel des Bewußtseins erhebt, vereinigt man sich mit dem Supramental. Aber sobald die Vereinigung vollbracht ist, weiß man und sieht man, daß das Supramental auch im Herzen des Unbewußten liegt.

So wird einem die Erfahrung zuteil, daß es weder Hohes noch Tiefes gibt.

Um aber die physische Natur zu transformieren, läßt sich im ALLGE-MEINEN die Transformation dadurch in dauerhafter Weise vollziehen, daß man mit einem supramentalisierten Bewußtsein wieder die Stufen des Wesens HERABKOMMT.

---

1. Dieser Brief schuldet sein Überleben der Tatsache, daß Mutter ihn mit ihrer Antwort auf der Rückseite zurücksandte.

Nichts beweist, daß die Rishis anders vorgingen. Um die Transformation zu bewerkstelligen (falls sie es je schafften), mußten sie sich jedenfalls notgedrungen den Weg durch die Kräfte des Unbewußten und der Dunkelheit freikämpfen.

7. November 1961

(Botschaft zur Kali-Puja)

In der unbewußten grausen stummen Kluft
Sind die Herzschläge des Unendlichen zu hören.
Die unfühlende Mitternacht verschleiert Seine Trance
der Glückseligkeit,
Eine unergründliche versiegelte Überraschung des Lichts.

Sri Aurobindo

7. November 1961

(Über Satprems Brief bezüglich des Vedas)

Das brachte mich in Berührung mit einem Problem...
Du fragst nach dem Vorgang?
Mein Eindruck bei den Veden ist nicht, was du sagst, daß sie oben ankamen, dann in Trance verfielen und deshalb den anderen Weg versuchten. Als ich den Veda las – zumindest das, was Sri Aurobindo uns davon übersetzte, denn direkt wüßte ich nichts...
Eigentlich sagen sie nichts darüber.
Meine eigene Erfahrung kann ich dir natürlich in in allen Einzelheiten beschreiben, und nach dem, was Sri Aurobindo mir sagte, war es

für ihn genauso – obwohl er NIE darüber geschrieben hat. Weil meine Erfahrung so verlief, nehme ich einfach an, dies ist der direkteste Weg.

Da ist auch Theons und Madame Theons Beschreibung (sie sprachen nie vom „Supramental", sagten aber dasselbe wie die Veden: „die Welt der Wahrheit, die sich auf der Welt verkörpern soll" und „die Schöpfung einer neuen Welt" – sie griffen sogar den alten Satz des Evangeliums auf: „eine neue Erde und einen neuen Himmel"[1], was ja dasselbe wie in den Veden ist). Madame Theon hatte diese Erfahrung gehabt und brachte sie mir nicht direkt bei, deutete aber den Weg an: sie verließ ihren Körper, dann war sie in der vitalen Welt bewußt (mit vielen Zwischenstadien, aber das war der Vorgang, wenn wir Untersuchungen anstellen wollte). Vom Vital gingen wir ins Mental (verließen den vitalen Körper bewußt, ließen ihn bewußt zurück – man konnte ihn sehen). Dann verließen wir den mentalen Körper und kamen... Sie benutzten andere Worte, eine andere Klassifizierung, an die ich mich nicht mehr erinnere, aber die Erfahrung ist identisch. So verließ sie ihren Körper der Reihe nach zwölfmal – zwölf Körper, einen nach dem anderen. Sie verließ einen Körper und betrat das Bewußtsein der nächsten Ebene, auf der sie sich befand (sie war äußerst gut „geformt", das heißt individualisiert und organisiert), dort erlebte sie die Umgebung und alles, was sich dort befand, und sie konnte es beschreiben – und das zwölfmal hintereinander.

Ich tat dasselbe. Es gelang mir sogar mit viel Geschicklichkeit: ich konnte auf jeder beliebigen Ebene stehenbleiben, tun, was ich dort zu tun hatte, umhergehen, sehen, untersuchen, und berichten, notieren, was ich sah. Als letztes erreichte ich das Stadium kurz vor dem Formlosen (Theons Terminologie glich der jüdischen: das Höchste ohne Form, er nannte es das „Formlose"). Von dort gelangt man ins Formlose, das heißt es gibt keinen Körper mehr, aus dem man sich exteriorisieren könnte: man steht außerhalb aller Formen, sogar aller Gedankenformen – das Ende aller möglichen Formen. Das nannte Theon „den Pathetismus"[2] – ein sehr barbarisches Wort, aber sehr aussagekräftig. In diesem Bereich erlebt man die vollkommene Einheit – die Einheit in etwas wie der Essenz der Liebe. Die Manifestation der Liebe war... er sagte immer „dichter" (es gibt viele verschiedene Dichtigkeiten, und Die Liebe ist ein dichterer Ausdruck von Dem). Dort herrscht das Gefühl der vollkommenen Einheit – die vollkommene Einheit, Einigkeit – und Das besitzt keinerlei Formen mehr, die den

---

1. II Petrus 3.13 und Offenbarung 21.1
2. Ein von Theon erfundenes Wort, das sich ungefähr mit „das Erhabene" übersetzen ließe.

niedrigeren Welten entsprächen. Das ist ein Licht! Ein beinahe vollkommen weißes Licht, aber leicht getönt mit etwas Rosa-Goldenem (die Worte sind schwerfällig). Dieses Licht und diese Erfahrung ist wahrhaft wunderbar – nicht mit Worten zu beschreiben.

Theon sagte, man dürfe nicht über diese Schwelle gehen, weil man nicht mehr zurückfände, aber nachdem ich dort war, wollte ich auf die andere Seite treten, und dort befand ich mich völlig überwältigend und unerwartet in der Gegenwart dessen, was man als das „Prinzip" bezeichnen könnte, das Prinzip der menschlichen Form: es gleicht der Menschengestalt nicht, insofern als es keine der uns gewohnten Merkmale trug, aber es war eine aufrechte Form, gerade an der Grenze zwischen der Welt der Formen und dem Formlosen, es war wie ein Modell[1]. Zu dem Zeitpunkt hatte ich noch nie davon gehört und Madame Theon hatte es nie gesehen – niemand hatte es zuvor gesehen und davon berichtet. Aber ich fühlte, daß ich einem Geheimnis auf der Spur war.

Als ich dann Sri Aurobindo kennenlernte, erzählte ich ihm davon, und er meinte: „Das ist sicherlich der Prototyp der supramentalen Form."

Später sah ich es noch mehrere Male, und das wurde bestätigt. Aber du verstehst, wenn man die Grenze einmal überquert hat, gibt es keinen „Aufstieg" und „Abstieg" mehr. Nur zu Beginn, wenn man das irdische Bewußtsein verläßt, bis zum höheren Mental, hat man das Gefühl aufzusteigen. Sobald man das hinter sich läßt, gibt es diesen Begriff des Aufstiegs nicht mehr: dann sind es innere Transformationen.

Von dort kam ich wieder herab und nahm meine Körper der Reihe nach wieder an – man spürt wirklich die Reibung beim Wiedereintritt in den Körper.

Während man ganz oben ist, befindet sich der Körper in kataleptischer Trance.

Diese Erfahrung hatte ich ungefähr 1904 (ich glaube, es war in diesem Jahr). Als ich hierher kam, war all das folglich eine bereits vollendete Arbeit und bekanntes Gebiet, und als es darum ging, das Supramental zu finden, brauchte ich nur meine Erfahrung zu wiederholen: ich war es gewohnt, ich hatte gelernt, es willentlich durch aufeinanderfolgende Exteriorisationen zu tun. Es war ein willentlicher Vorgang.

Als ich von Japan zurückkehrte und wir zusammen zu arbeiten begannen, hatte er bereits das supramentale Licht in die mentale

---

1. Mit „Modell" meint Mutter eine Art Archetypus oder Prototyp.

Welt gebracht und wollte das Mental transformieren. Er bemerkte: „Seltsam, das ist eine endlose Arbeit! Man hat den Eindruck, nichts ist getan – oder alles ist getan, und alles muß ständig von neuem getan werden." Da erklärte ich ihm meinen Eindruck, der von den früheren Erfahrungen stammte: „Das wird solange so sein, bis wir den Boden erreichen." Anstatt weiter im Mental zu arbeiten (das heißt ich machte die Erfahrungen sozusagen praktisch, während er sie nur im Bewußtsein hatte und sein Körper nicht daran teilnahm – mein Körper hingegen war immer Teil der Erfahrungen), ließen wir deshalb das Mental, wie es war, das heißt im vollen Licht aber nicht endgültig transformiert, und gingen beide fast sofort vom Mental weiter hinab ins Vital (das geschah innerhalb von ein oder zwei Tagen) und von dort ziemlich schnell noch tiefer.

Etwas recht sonderbares geschah, als wir im Vital waren: mein Körper wurde plötzlich wieder so, wie er mit achtzehn Jahren war!... Ein Schüler von Tagore namens Pearson, der vier Jahre mit uns in Japan gelebt hatte, kehrte nach Indien zurück und besuchte mich hier in Pondicherry[1]. Als er mich sah, war er völlig verdutzt: „Was ist denn mit Ihnen geschehen!" Er konnte mich kaum wiedererkennen. Damals wurden mir gerade aus Frankreich alte Fotos geschickt, und Sri Aurobindo sah eines, wo ich achtzehn war – er sagte mir: „Aber genau! So siehst du jetzt aus." Meine Haare waren anders gekämmt, aber ansonsten war ich wieder achtzehn geworden!

Das blieb einige Monate.

Dann gingen wir ins Physische hinab, und dort begannen all die Schwierigkeiten[2]. Wir blieben aber nicht im Physischen, sondern gingen noch tiefer ins Unterbewußte und von dort ins Unbewußte. Dort arbeiteten wir. Erst als ich ins Unbewußte hinabstieg, entdeckte ich dort inmitten der Dunkelheit die Göttliche Gegenwart.

Das war nicht das erste Mal, denn als ich in Tlemcen mit Theon arbeitete (bei meinem zweiten Aufenthalt dort), stieg ich einmal dort hinab (das war, als er wollte, daß ich das Mantra des Lebens finde). Ich ging in das vollkommene, nicht-individualisierte Unbewußte, das heißt im allgemeinen totales Unbewußtsein. Dort befand ich mich plötzlich vor einer Öffnung, wie eine Grotte, die sich auftat (es war natürlich nur „so ähnlich"), und dort sah ich ein Wesen von regenbogenfarbigem

---

1. Pearson kam im April 1923 nach Pondicherry.
2. Im Januar 1925 hatte Mutter eine Entzündung am Knie. Am 25. Mai vermerkte Sri Aurobindo in einem Brief: „Die Zustände hier sind nicht sehr gut. Gegenwärtig kämpfe ich gegen die Schwierigkeiten auf der physischen Ebene." (Zitiert von A.B. Purani in *The Life of Sri Aurobindo*, S. 203. Erinnern wir noch daran, daß 1925 die National-Sozialistische Partei gegründet wurde.

Licht, das mit dem Kopf auf seiner Hand ruhend schlief. Alles Licht um es herum war regenbogenfarbig. Als ich Theon beschrieb, was ich sah, sagte er mir, es wäre „der immanente Gott in der Tiefe des Unbewußten", der das Unbewußte durch seine Strahlen langsam zum Bewußtsein erweckte.

Dort ereignete sich ein ziemlich bemerkenswertes Phänomen: als ich es sah, schlug es die Augen auf – es erwachte. Damit brachte es zum Ausdruck, daß die bewußte, wache Aktion beginnt.[1]

Die Erfahrung des Hinabstiegs ins Unbewußte hatte ich oft (du erinnerst dich, einmal warst du dabei, an dem Tag ging es um die Göttliche Liebe[2]). Diese Erfahrung, in die Tiefe des Unbewußten zu gehen und dort der Göttlichen Gegenwart in der einen oder anderen Form zu begegnen, kam sehr häufig.

Ich kann aber nicht sagen, der Vorgang des Hinabstiegs dorthin hätte für mich so stattgefunden, wie du es beschreibst. Der Vorgang verläuft nur dann so, wenn man BEREITS bewußt geworden ist und sich vereinigt hat. DANN bringt man Die Kraft herab, um zu transformieren – wie Sri Aurobindo sagt: „man läßt sie herabkommen". Durch das Wirken der Transformation drückt man [die Kraft nach unten, wie einen Bohrer]. Dort ist all das, was die Rishis beschreiben, vollkommen wahr: diese ungeheure Schlacht, bei jedem Schritt – es würde mir unmöglich erscheinen, diese Schlacht zu kämpfen, wenn man nicht zuvor die Erfahrung der Verbindung oben hatte.

So lautet MEINE Erfahrung – ich behaupte nicht, es könne keine anderen geben. Ich weiß es nicht.

Die Erfahrung, sich des Göttlichen im Unbewußten bewußt zu werden, kann man ziemlich schnell erreichen (eigentlich, meine ich, müßte man sie erlangen können, sobald man das Göttliche in sich selbst gefunden hat). Aber verleiht euch das die Kraft, DIREKT ZU TRANS- FORMIEREN? Gibt die Verbindung des Höchsten Bewußten mit dem Unbewußten (denn das ist die Erfahrung) die Macht, das Unbewußte direkt und ohne Zwischenstufen zu transformieren? – Ich glaube es nicht. Diese Erfahrung hatte ich einfach nicht. Hätte all das, was jetzt geschieht, wie ich es beschrieb, geschehen können, wenn ich nicht all

---

1. Siehe auch Gespräch vom 28. Juli, S. 277.
2. Mutter könnte sich entweder auf die Erfahrung vom 12. Juli 1960 beziehen oder auf die vom 5. November 1958 (aber wahrscheinlich war es beide Male dieselbe), die ihre Neujahrsbotschaft für 1959 ergab: „Auf dem tiefsten Grund des härtesten, starrsten, engsten und erstickendsten Unbewußten berührte ich eine allmächtige Feder, die mich mit einem Stoß in eine Unermeßlichkeit ohne Form und ohne Grenzen schleuderte, wo der Keim der Neuen Schöpfung schwingt." (Agenda 1)

die anderen Erfahrungen hinter mir hätte? – Ich weiß es nicht, ich kann es nicht sagen.

Eines ist jedoch gewiß, und zwar: sobald man über die irdische Atmosphäre hinausgeht und jenseits des „höchsten" höheren Mentals steht, verschwindet das Gefühl von „oben" und „unten" gänzlich. Es finden nur noch innere Umkehrungen statt *(Mutter wendet ihre Hand)*, aber keine Bewegung des Auf- und Abstiegs.

Ich glaube dieses Problem stellt sich nur, wenn man mit dem mentalen Bewußtsein – selbst dem höheren Mental – zu verstehen versucht.

Ich sage dir dies, denn sobald ich deinen Brief bekam, antwortete ich dir, was ich dir gleich vorlesen werde. Das konfrontierte mich mit etwas, das ich nicht formulieren konnte, und das gibt einem natürlich das Gefühl, das man etwas nicht weiß (ich kannte nur meine Erfahrung). Da tat ich wie immer in solchen Fällen: ich bildete einen zur Wahrheit gekehrten „weißen" Spiegel, ich befragte Sri Aurobindo (und jenseits) und bat, wenn es etwas zu wissen gebe, möge es mir mitgeteilt werden. Dann ließ ich es und befaßte mich nicht weiter damit. Erst als ich heute auf dem Weg hierhin war, wurde mir gesagt (nicht „gesagt", aber mitgeteilt), daß der Unterschied zwischen den beiden Vorgangsweisen [die der Rishis und die hier beschriebene] – deine Frage – ein rein subjektiver Unterschied in der Wahrnehmung der Erfahrung ist. Ich weiß nicht, ob ich mich verständlich mache... Es gibt „etwas", das ist die Erfahrung und wird die Verwirklichung sein, aber das, was nicht direkt als entgegengesetzte aber doch unterschiedliche Vorgehensweisen erscheint, ist lediglich eine subjektive mentale Aufzeichnung einer EINZIGEN Erfahrung. Folgst du mir?

Das wurde mir mitgeteilt.

Jetzt werde ich dir meine Antwort vorlesen – meine erste Reaktion (wenn etwas kommt, bleibe ich unbewegt, dann kommt eine erste Reaktion von oberhalb meines Kopfes, aber das ist nur der erste antwortende Laut, und wenn ich aufmerksam verharre, kommt später mehr – das spätere ist das, was ich jetzt sagte). Meine erste Antwort basiert auf meiner eigenen Erfahrung und dem, was Madame Theon sagte und was Sri Aurobindo mir sagte. *(Mutter liest:)*

„Indem man sich durch einen graduellen Aufstieg zum Gipfel des Bewußtseins erhebt..." (das meinte ich vorhin, als ich davon sprach, „den Körper zu verlassen", aber da wollte ich nicht ins Detail gehen) „vereinigt man sich mit dem Supramental. Aber sobald die Vereinigung vollbracht ist, weiß man und sieht man, daß das Supramental auch im Herzen des Unbewußten liegt.

So wird einem die Erfahrung zuteil, daß es weder Hohes noch Tiefes gibt.

Um aber die physische Natur zu transformieren, läßt sich im ALL-
GEMEINEN..." (ich betone das, weil ich keine absolut gültige Aussage
machen wollte) „die Transformation dadurch in dauerhafter Weise
vollziehen, daß man mit einem supramentalisierten Bewußtsein wieder die Stufen des Wesens HERABKOMMT." (Man kann die Erfahrung auf
alle möglichen Arten machen, aber was WIR suchen und was Sri Aurobindo beschreibt, ist eine Änderung, die nicht wieder verschwindet, die
fortbesteht und ebenso dauerhaft ist wie die gegenwärtigen irdischen
Verhältnisse. Deshalb sage ich „in dauerhafter Weise".)

„Nichts beweist, daß die Rishis anders vorgingen. Um die Transformation zu bewerkstelligen (falls sie es je schafften), mußten sie sich
jedenfalls notgedrungen den Weg durch die Kräfte des Unbewußten
und der Dunkelheit freikämpfen."

Ja, sie beschreiben die Erfahrungen, denen man begegnet, sobald
man ins Unterbewußte kommt (eine andauernde Erfahrung): all diese
Kämpfe mit den Wesen, die das Licht verbargen, all das ist eine völlig
lebendige Beschreibung. All diese Erfahrungen hatte ich, als ich in
Tlemcen war, und ich hatte sie hier mit Sri Aurobindo, als wir daran
arbeiteten, und ich habe sie jetzt noch – es geht in vollem Schwung
weiter!

Sobald man dort hinabkommt, geht es so: man muß gegen all das
kämpfen, was sich nicht ändern will – was die Welt beherrscht und
sich nicht ändern will.

Du übergehst die Schreibfehler!

Wenn du mich jetzt noch etwas anderes fragen willst... vielleicht
kommt etwas...

(Schweigen)

Nachdem ich deinen Brief las, hatte ich den sehr deutlichen Eindruck, daß sich das Problem für dich nur in dieser Weise stellte, weil
du es auf der mentalen Ebene betrachtest – daß es nur auf der mentalen
Ebene besteht, und wenn man sie verläßt, gibt es keinen Widerspruch
und kein Problem mehr. Weißt du, diese Dinge sind äußerst subtil:
sobald man sie ausdrücken will, entwischen sie. Die Formulierung
entstellt es.

> *Ich wollte sagen, man erreicht dieses supramentale Bewußtsein
> nicht unbedingt in Trance, in einer anderen Welt...*

Nein.

> *Die Rishis verwirklichten es (wenn ich recht verstehe) mit weit
> offenen Augen, im alltäglichen Leben...*

Ich weiß nicht, wie sie es genau taten...

Aber ich selber hatte es nie in Trance! Sri Aurobindo hatte es auch nicht in Trance – wir gingen beide nie in Trance! Ich meine die Trance, in der man die Verbindung zum Körper verliert. Das sagte er immer. Als wir uns kennenlernten, sagte ich ihm als erstes: „Alle sprechen immer von Trance und Samadhi und all dem, aber ich hatte das nie! Ich verlor nie das Bewußtsein." – „Ja", erwiderte er, „bei mir ist es genauso!"

Das hängt vom Entwicklungsgrad ab. Auch Theon sagte das: „Man geht nur in Trance, wenn Bindeglieder fehlen." Für ihn bestanden wir aus unzähligen kleinen „Brücken" zwischen den einzelnen Wesensbereichen, und er sagte: „Wenn ein bestimmter Bereich nicht entwickelt ist, das heißt ihr seid in diesem Bereich nicht bewußt, weil er noch nicht individualisiert wurde, dann geht ihr in Trance, sobald ihr ihn durchquert." Die Trance ist das Zeichen fehlender Individualisierung, das heißt das Bewußtsein wurde dort nicht erweckt und ihr geht in Trance, euer Körper ist in Trance. Ist euer Bewußtsein hingegen völlig erwacht, könnt ihr auf einem Stuhl sitzen und die volle Verbindung mit den Dingen bewahren und die volle Erfahrung haben – ich verließ meinen Körper ohne jegliche Notwendigkeit einer Trance. Die Trance war nötig, wenn er mich eine Arbeit verrichten lassen wollte. Das ist eine andere Angelegenheit, weil dann die vitale Kraft den Körper verlassen mußte (sonst geht nur das Bewußtsein) und ich arbeitete. Dazu muß der Körper in Trance sein. Aber selbst dann... Sehr oft, wenn ich gerufen werde und antworte, um etwas zu tun, dann wird mein Körper offensichtlich unbewegt, aber er ist nicht in Trance: ich kann irgendwo sitzen, sogar mitten in einer Geste verharre ich manchmal einige Sekunden unbewegt.[1] Doch mit Theon unternahm ich eine andere Art von Arbeit, und das dauerte eine Stunde – es war zudem eine ziemlich gefährliche Arbeit. Dort verließ die vitale Energie den Körper: alles ging hinaus, wie wenn man stirbt (so wurde mir auch die Erfahrung des Todes zuteil). Aber das ist nicht notwendig, um all diese Erfahrungen zu haben, keineswegs – Sri Aurobindo tat es nie (Theon machte selber keine Erfahrungen: Madame Theon machte sie alle für ihn, und er besaß nur das Wissen). Sri Aurobindo sagte mir, es wäre ihm fast nie passiert, in die Unbewußtheit des Samadhi einzutreten – für ihn waren alle diese Bereiche bewußt. Er saß auf seinem Bett oder in einem Sessel und hatte alle die Erfahrungen.

Natürlich ist es vorzuziehen, sich in einer bequemen Stellung zu befinden, das ist eine Frage der Sicherheit. Wenn man zum Beispiel

---

1. Sekunden, die manchmal eine halbe Stunde dauern konnten!

damit spielt, diese Dinge stehend zu tun, wie es mir manchmal passierte, dann ist es gefährlich. Wenn man aber ruhig ausgestreckt ist, braucht man nicht in Trance zu gehen.

Nachdem was mir berichtet wurde (nicht auf physische Weise), glaube ich schon, daß die Rishis die Trance praktizierten. Doch ich nehme an, sie wollten das erreichen, wovon Sri Aurobindo spricht: eine PHYSISCHE Transformation des physischen Körpers, die ermöglichen würde, in diesem Bewußtsein zu LEBEN anstatt im gewöhnlichen Bewußtsein – aber ist es ihnen gelungen?... Ich weiß es nicht. Denn der Veda berichtet nur, was die *forefathers* [die Vorväter] getan hatten. Wer sind diese *forefathers*?

Aber dieses supramentale Bewußtsein muß doch im Körper zu finden sein, oder?[1]

Wenn man diese Erfahrungen hat, zum Beispiel die, die ich im Subtilphysischen hatte, dann ist der Körper zwar in Trance, aber der Teil, der die Erfahrung hat, fühlt sich in KEINER WEISE dadurch verringert oder daß ihm etwas fehlt. Dieser Teil hat die Erfahrung mit der ganzen Fülle des Lebens, des Bewußtseins der Unabhängigkeit, der Individualität. Wenn man sonst in Trance geht, um eine Arbeit zu tun, fühlt man sich an den Körper gebunden – hier ist das nicht so: der Körper existiert nicht mehr! Er ist gar nicht mehr da, hat nicht einmal mehr einen Daseinsgrund. Wenn man ihn wieder aufnimmt, empfindet man es als ärgerlich, man fühlt: „Was ist das für eine unnötige Last!" Wenn diese Erfahrung permanent wird, lebt man folglich in einer ebenso konkreten, wirklichen und GREIFBAREN Welt wie unsere physische Welt, mit denselben Eigenschaften von Dauerhaftigkeit, Permanenz und Stabilität.

Das ist sehr schwer auszudrücken, denn sobald wir es formulieren...

Während der Erfahrung ist man frei (wie ich sagte, in dem Moment gibt es den Körper nicht mehr, er hat keinen Daseinsgrund mehr, man denkt nicht mehr an ihn), und dennoch verfügt man über ebenso konkrete, OBJEKTIVE Sinne – noch konkreter sogar, weil die Wahrnehmung des Wissens SEHR VIEL KLARER und greifbarer als unsere physische Wahrnehmung ist: unsere Art zu verstehen erschien mir immer DUNSTIG im Vergleich dazu. Das ist nicht dasselbe Phänomen wie in Trance zu gehen, mit seinem Körper verbunden zu sein, von ihm abzuhängen, um sich verständigen zu können usw.

---

1. Mutter geht nicht direkt auf Satprems Frage ein (die sie zweifelsohne bejaht hätte, weil es ja darum geht, dieses supramentale Bewußtsein zu LEBEN), sondern antwortet auf das, was HINTER seiner Frage stand, und zwar dieses tiefverwurzelte Vertrauen in das physische Leben als einzige konkrete Wirklichkeit.

Aber wenn man das ausdrücken will, geschieht eine Art Anpassungsarbeit, und der erste Eindruck, wenn man von dort zurückkehrt, ist, daß es gar kein Mittel gibt, das überhaupt zu beschreiben! Das hat hier keine Entsprechung.[1]

12. November 1961

(Mutter improvisiert auf dem Harmonium, um etwas zu „sagen"
oder vielleicht um Satprems schlechte Laune zu beschwichtigen.
Dann sagt sie:)

Sri Aurobindo sagte mir: „Er [Satprem] hat Kopfschmerzen und ist müde, weil er eine unnötige Arbeit tun will."

Dieser Gedanke stammt nicht von mir, er kam mehrere Male. Da dachte ich, daß dir vielleicht doch die Inspiration kommt und du dagegen ankämpfst, daß hier der Ursprung der Müdigkeit läge – es wäre Grund genug!

Siehst du, vier oder fünf Tage kämpfte ich und konnte nichts finden. Und heute morgen... Gestern war ich wütend... auf dich...

(Mutter unerschütterlich:) Ja.

... weil nichts kam.

Ja *(lachend)*, das macht mir nichts aus!

Und heute morgen, siehst du...

Es kam gut. Nachdem du wütend warst, kam es gut!

Aber es geht nur darum, bestimmte Dinge zu verknüpfen.

Ist es denn wirklich nötig „zu verknüpfen"? Da habe ich meine Zweifel. Die Idee der Verknüpfung ist eine äußerst mentale Idee.

Aber das meine ich nicht mit „verknüpfen" sondern... Was heute morgen kam, zeigte mir (glaube ich), daß tatsächlich etwas geändert werden mußte. Das ist mein Eindruck.

---

1. Das Gespräch wurde hier unterbrochen, bevor Mutter zum Schluß kam.

(Mutter nickt)

Die letzten zwanzig Seiten müssen verbessert werden. Das sind Details. Wenn ich diese Einzelheiten richtigstellen könnte, wäre alles in Ordnung.

Könntest du mir ein Beispiel geben?... Hast du den Text mitgebracht?

Nein, es sind einfach Fragmente, wie Teile eines Puzzles, die nicht an ihrem Platz sind. Verstehst du, weil es sehr fragmentiert kam, mußte ich Dinge wiederholen, Verbindungen schaffen. Und das geht nicht, das zeigt mir, daß etwas nicht stimmt. Denn wäre es wirklich DAS, so gäbe es keine Wiederholungen.

Du hast nichts davon mitgebracht?

Doch, ich habe einige Seiten, wenn du willst...

Was?

(Ohne Begeisterung) Du willst, daß ich dir etwas vorlese?

Ja, lies.

(Ohne Überzeugung) Gut, ich kann es dir vorlesen.

(Nach der Lektüre)

Für mich kommt es ständig so: sst! Wie ein Degenstoß. Sonst kommt nichts.

Zu schreiben erscheint mir so arm als Ausdrucksmittel.

Aber sonst würden die Leute nicht verstehen. *(Lachend)* Wir müssen ein Zugeständnis an die gegenwärtigen irdischen Verhältnisse machen.

Von allen Ausdrucksmitteln erscheint mir das am ärmsten.[1]

Vielleicht.

Vielleicht, weil es dasjenige ist, das den größten Anspruch auf Genauigkeit stellt. Dadurch wird natürlich alles so klein! Daher kommt dieser Eindruck der Armseligkeit, der Mangel an tiefem Inhalt.

Dennoch sprachen sie in der vedischen Zeit vom „Wort" – das schöpferische Wort.[2] Das ist der Begriff des Mantras. Aber schließlich kann man kein Buch nur mit Mantras schreiben!

---

1. Satprem will hier nicht die Dichtung mit einbeziehen.
2. *Vâk:* das Wort oder das Verb.

???

Es wäre interessant, wenn man es könnte – das meine ich, wenn ich sage: keine Verknüpfungen, keine logische Folge, keine zusammenhängenden Dinge, die immer so mental sind. Eine Inspiration, eine Eingebung, eine Offenbarung kommt immer so: pluff! und läßt eine Vielzahl von Dingen offen oder ungesagt, damit man sie mit spirituellen Erfahrungen ergänzen kann.

Wenn man anfängt zu erklären, fällt es zusammen – das ist absolut.

Daher fragte ich mich, ob dein Buch nicht letztlich viele dieser Offenbarungen enthält, die nicht erklärt werden SOLLEN: es wird der Fähigkeit jedes einzelnen überlassen, darüber nachzusinnen und die leeren Stellen nach seiner Vorstellung zu ergänzen.

Das wäre doch eine sehr interessante Arbeit: ein Anreiz für die intuitiven Fähigkeiten der Leute, anstatt ihnen alles vorzukauen, sie für Esel zu halten, denen man alles in Form von Babybrei servieren muß, damit sie es verdauen können!

(Schweigen)

Mein Eindruck… Das ist etwas, das Sri Aurobindo mir zu verstehen gibt und das mir den sehr deutlichen Eindruck gibt, daß du dich mit einer unnötigen Schwierigkeit konfrontierst, und wenn du… auf etwas verzichten könntest (ich weiß nicht, was), wäre es auf einmal: ah, aber es ist getan, alles ist getan, es ist fertig!

Das würde nur einige Minuten brauchen, jedenfalls nicht mehr als einige Tage. Alles wäre fertig und ORIGINELL. Es ist vor allem der Eindruck, daß es etwas Neues, Originelles, Unerwartetes wäre – und das brauchen wir: etwas Unerwartetes, das nicht so ist, wie wir es bisher kannten. Ganz plötzlich. Sogar auf die Gefahr… etwas bestürzend zu sein – das macht nichts! Das macht nichts. Gerade durch all diese Bilder *(die Illustrationen des Buches)* wird es immer für alle zugänglich sein. Immer wieder kam das, vor allem wenn du von dieser Müdigkeit und Schwierigkeit sprichst, ist es jedesmal, als sagte mir Sri Aurobindo: „Aber natürlich, denn er stößt sich an etwas, das nicht sein sollte!"

(Lachend) Vielleicht warst du mir deshalb böse! Weil ich darauf beharre! Oben *(in Mutter Zimmer, während des Japas)* kommt das ständig: „Aber überquere die Schwelle! Springe über das Hindernis, mach den Schritt, geh auf die andere Seite!" Die ganze Zeit, die ganze Zeit.

In dem, was du mir vorgelesen hast, ist es überall dort SEHR gut, wo es wie ein plötzlicher Strahl von oben ist. Danach beginnt etwas in mir… die Worte sind viel zu grob, aber etwas fängt an, sich zu langweilen oder zu ermüden (dies ist sehr übertrieben ausgedrückt, es ist nur ein leichtes Unbehagen). Und ich merke, daß dies immer bei den „Erklärungen" geschieht. Dort wird es lästig (ich übertreibe).

Im Grunde sagt man immer zu viel. Immer zu viel.

Die Kunst, gut zu schreiben, besteht darin, schweigen zu können. Die Dinge, die unausgesprochen bleiben, sind viel bedeutender als das, was man sagt.

16. November 1961

Mitten während des Gehens ging ich in Trance! Das passierte mir sonst nie. So stehe ich aufrecht, unbewegt, ganz in ein weißes Licht gehüllt, in völligem Schweigen, und nichts im Kopf – nichts.

Weil es ziemlich gefährlich ist, in diesem Zustand zu stehen, lege ich mich auf mein Bett, und dort dauert es an: ich höre nichts mehr, sehe nichts mehr, nur noch dieses weiße Licht. In meinem Kopf ist kein einzige Gedanke mehr, keine Idee mehr, nichts. Jemand könnte sogar ins Zimmer kommen (wenn er keinen Lärm macht), ohne daß ich es merke. Ich merke es nur, wenn jemand mich beobachtet, denn dann spüre ich den Druck der Kraft. Dann öffne ich die Augen und sehe, daß tatsächlich jemand da ist.

Aber arbeiten, mein Kind, das kann ich nicht. Ich kann nicht arbeiten. Selbst die einfachsten Dinge, die ich mir merken soll, vergesse ich! Jetzt wollte ich dir sagen, an welchen Tagen ich frei bin, aber ich erinnere mich nicht mehr.

Doch dies führt zu einer außerordentlich empfindlichen Wahrnehmung dessen, was hinter den Dingen ist. Ich sah zum Beispiel gerade diese Schulkinder (die ich alle mehr oder weniger gut kenne), und ich sehe genau ihre innere Natur (nicht in bildhafter Form), ich sehe sie viel deutlicher als sonst. Die innere Wahrnehmung dessen, was die Leute fühlen und denken, ist so scharf, daß ich sie besser sehe als ihr physisches Aussehen.

Aber arbeiten: nichts. Doch: ich übersetze *The Synthesis of Yoga*, und das fällt mir jetzt leichter. Ich tue es langsam, eine Spannung ist weggefallen, und die Bedeutung erscheint mir noch offensichtlicher als früher. Insgesamt bin ich also verinnerlicht!

Vom äußeren Standpunkt ist es aber jämmerlich. Einen Berg von Briefen habe ich nicht beantwortet – ich antworte den Leuten nicht, ich vergesse alles, und ich versuche nicht, mich zu erinnern. Vom äußeren Standpunkt tauge ich zur Zeit nichts.

Das wird so lange dauern, wie es muß.

Wie immer verlangt natürlich eine Schar von Besuchern, mich zu treffen. Dieser äußere Widerspruch dauert an.

Auf einen Tag kommt es nicht an.

Ich bin schon zu spät dran... *(Mutter steht in Eile auf)*

16. November 1961

(Notiz von Mutter an Satprem, kurz bevor sie sein Manuskript

nach Paris schickt)

Satprem, mein liebes Kind,

Du warst für den 21. vorgemerkt und die italienische „Gesandte" für den 23. Ich vertausche die beiden Termine, und am 23. nimmst du den Platz der Dame, die ich am 21. empfange.

Ich finde das Buch *sehr schön*.

Mit all meiner Zärtlichkeit,

Mutter

23. November 1961

Ich will dir zehn Minuten Musik vorspielen.

Ich habe einen Schweige-Eid gelegt.

Das ist sehr gut, es tut sehr gut!

Bring mir einen Hocker.

(Musik)

Dezember

16. Dezember 1961

(Mutter bringt ein aufgerolltes Papier mit)

Hier ist meine „ursprüngliche" Botschaft für den 1. Januar (nicht das Original).

Ich übersetze gerade den letzten Teil von *The Synthesis of Yoga*, „Die Selbst-Vervollkommnung" – das stürzt einen in solche Abgründe... Eines Tages (ich glaube, das erzählte ich dir schon) hatte ich die Vision der Kluft zwischen dem, was IST, und nicht einmal dem, was sein soll, denn davon haben wir wahrscheinlich nicht die leiseste Ahnung, aber dem, was wir sein wollen, was wir uns vorstellen – das war fürchterlich! Es versetzte den Körper in... oh, eine Beklemmung, einen Schrecken, und zugleich eine intensive Aspiration und ein Gebet. Der Eindruck der Ungeheuerlichkeit der Diskrepanz: „Ist es überhaupt möglich?"

Das war es.

Um den Körper zu beruhigen, nahm ich einen Stift und schrieb dies: „Mein Wesen dürstet..." (eigentlich wollte ich schreiben „dieser Körper dürstet") „nach Vollkommenheit, nicht diese menschliche Vollkommenheit..." (ich muß dazusagen, daß alles, was ich übersetze, gleichzeitig Schritt für Schritt von äußeren Umständen begleitet wird, die OFFENSICHTLICH bis ins Detail angeordnet sind, um diese Übersetzung zu untermalen: eine ganze Reihe von Umständen – übrigens ziemlich unangenehme Umstände –, die zugleich als Hintergrund und Illustration dienen, und das hatte zu dieser Bedrängnis geführt). „Dieser Körper dürstet nach Vollkommenheit, nicht diese menschliche Vollkommenheit, die eine Vollkommenheit des Egos ist..." (ich spürte, daß alles, was die Menschen sich als Vollkommenheit vorstellen, so offensichtlich die Selbstverherrlichung des Egos ist) „... nicht diese menschliche Vollkommenheit, die eine Vollkommenheit des Egos ist und die den Weg für die göttliche Vollkommenheit versperrt, sondern eine Vollkommenheit..." (das Wort „Vollkommenheit" wird absichtlich so oft wiederholt: als Litanei) „... sondern eine Vollkommenheit, die die Ewige Wahrheit auf der Erde zu MANIFESTIEREN vermag."

Das entsprach einem intensiven Bedürfnis. Alle Körperzellen begannen damit zu vibrieren, sich in einer Schwingung zu intensivieren – eine Notwendigkeit, viel mehr als ein Bedürfnis: eine Notwendigkeit, in Einklang mit der Wahrheit zu schwingen. Es war, als würde die Schwingung der Wahrheit von den Zellen wahrgenommen, und der ganze Körper war in großer Spannung – keine „Spannung" im gewohnten Sinne sondern... wie wenn man versucht, einen Ton zu stimmen, damit er richtig klingt. Das war es: den richtigen Einklang der Schwingung mit der Schwingung der Wahrheit zu finden.

Aber das läßt sich nicht zu Papier bringen.

Ich legte diese Notiz beiseite, tat nichts weiter damit (denn es war äußerst intensiv). Dann war vor kurzem die Rede vom 1. Januar. Ich dachte: „Was zum Teufel werde ich ihnen sagen?" (Gewöhnlich sage ich ihnen etwas zu Neujahr.) Was soll ich ihnen vorlesen?... Dieser Text fiel mir ein, und ich dachte, ich könnte das Gekritzele etwas ändern, etwas „vermenschlichen" (!), es einige Stufen tiefer kommen lassen *(lächelnd)*, und dann würde es gehen. Deshalb schrieb ich: „*Unser Wesen* dürstet nach Vollkommenheit..." usw. In der Erfahrung war es nur DER KÖRPER, verstehst du (das „Wesen" ist bereits völlig in Ordnung), nur der Körper ist in diesem Zustand. Alles andere ist sehr zufrieden – sehr zufrieden, in ewiger Freude und Eurhythmie *(Geste wie weite Wellen)*, mit dem Gefühl der göttlichen Liebe (nicht die Liebe als solche... ich weiß nicht, wie ich es ausdrücken soll). Diese Liebe, die keinen Gegenstand hat, die nicht von irgendwo „ausgeht" und nicht „empfangen" wird – sie hat keinen Gegenstand, keine Ursache und keinen Ursprung. Es ist das Gefühl, in etwas zu schweben.

All das ist in Ordnung, doch der Körper fühlt sich elend.

Aber wenn ich den Leuten das sage, reißen sie die Augen weit auf! Das ergibt für sie keinen Sinn – bereits der Gedanke, daß irgendwo eine Vollkommenheit besteht, die man auffangen könnte, ist sehr viel! Deshalb schrieb ist: „Unser *Wesen* dürstet nach Vollkommenheit..."[1]

Auf Englisch ist es besser:

> „We thirst for perfection, not this human perfection which is the perfection of the ego and bars the way to the divine Perfection, but that ONE perfection which has the power to manifest upon Earth the eternal Truth."

Das ist mächtiger.

Es kam ja zuerst auf Englisch, und das Französische stückelte ich hinterher zusammen.

---

1. Als Mutter um eine Botschaft für das neue Jahr gebeten wurde und sie dieses kommende Jahr „betrachtete", kam ihr als erste Inspiration folgendes: *Wenn der Herr dir ein Unheil bereitet, warum willst du dagegen protestieren? Betrachte es als Segnung, und es wird tatsächlich eine werden.* Dann dachte sie, diese Botschaft wäre vielleicht nicht sehr ermutigend, und legte sie beiseite (nachdem sie die Meinung zweier weiterer Schüler befragte). Schließlich wählte sie den Text der hier besprochenen Erfahrung. Doch das kommende Jahr, 1962, war von der ersten großen Wende in Mutters Yoga gekennzeichnet und bedeutete eine ziemlich unheilvolle Erfahrung für ihren Körper.

(Schweigen)

Mein Zustand der akuten Faulheit dauert an!
So ist es, mein Kind... Wir haben nichts getan.

Da ist das Bulletin.

Hast du etwas mitgebracht?

Das Bulletin, wenn du Lust hast.

Hättest du nicht lieber etwas Musik?

(Halblaut:) Gut.

Oh, sehen wir doch! Laß uns der Vorliebe folgen. Was hättest du lieber? In aller Aufrichtigkeit.

Von welchem Standpunkt?

Bulletin oder Musik.

Oh, was ich vorziehe?

Ja-a-a!

Nun... Ernsthaft das Bulletin, und „so" die Musik.

Ah, das ist es! Aber „ernsthaft" zählt nicht! Das ist nur das Pflicht-gefühl *(Lachen)*. Das nenne ich nicht „vorziehen"!
(Mutter steht auf und geht zum Harmonium) Unter uns, was ich „vorziehen" nenne, ist... diese sehr stille Neigung der Seele... die fühlt, daß es so besser wäre. Ich frage dich, aber ich glaube... ich spüre, daß es die Musik ist! *(Lachen)*
Das [Bulletin] ist doch ziemlich langweilig, oder?

Nein, es ist nicht langweilig! Es ist etwas anderes.

(Lachend) Das Pflichtgefühl: es gibt nichts Lästigeres als das Pflicht-gefühl!

*(Mutter setzt sich ans Harmonium und spielt.
Dann dreht sie sich halb um und erzählt:)*

Ich schließe die Augen (so höre ich am besten), aber manchmal ver-tun sich dann die Finger: sie rutschen ab. Denn ich sehe... mit anderen Augen, und wenn das so läuft und ich sehe [das andere], kommt die Musik viel besser. Wenn ich die Augen öffne, kommt es nicht. Sehr deutlich höre ich es immer mit geschlossenen Augen. Nur rutschen die Finger manchmal aus.

Das kommt immer, immer *(Mutter malt weite Wellen)*. Jemand spielt auf mir. Wenn die Hände dann VOLLKOMMEN fügsam sind, geht es gut.

Das geringste Zögern genügt bereits, und die Finger rutschen ab, es gibt eine falsche Note.

Jetzt ist alles gelöst und kommt *(Geste herabrieselnder Wellen)*.

Das sagt die ganze Zeit etwas.

Ich weiß nicht, WER kommt.

Letztes Jahr kam es zu einem Konflikt zwischen Krishna auf der einen Seite, der spielen wollte (er kam, ich sah ihn kommen), und jemand wie ein Geist von Shiva auf der anderen, und die beiden stritten sich die ganze Zeit! Der eine wollte es so haben, mit rötlicher Färbung, und der andere wollte es anders, mit blauer und silberner Färbung. Während ich spielte (letztes Mal begann es mit Krishna, das ging sehr gut), kam plötzlich wie ein Faustschlag *(Geste, die den Arm trifft)* der andere, und ich verlor mein ganzes Gleichgewicht – beinahe wäre ich...

Ich beobachte all das und amüsiere mich! Es ist sehr interessant.

(Zu Sujata:) Sieh, ich habe fast einen blauen Fleck am Arm!

Aber meine Hände sind beinahe zu bewußt: hin und wieder dringt ihr eigenes Bewußtsein durch und verwirrt alles! Ich bin nicht genügend ein Medium (!). Wäre ich ein Medium, würde es viel besser gehen.

(Mutter läßt ihre Hände über die Tasten laufen)

Eine Hand war dort... und zwei Arten von Trompeten, die u-u-h machten! *(Mutter spielt)*

Das ist sehr interessant.

(Mutter schickt sich an aufzustehen)

Jetzt haben wir nichts getan – es gibt nichts Angenehmeres, als nichts zu tun!

*(Dann spielt sie doch noch lange weiter,
schließlich reißt sie sich zusammen)*

Gut.

Wann ist unser nächster Termin fürs Faulenzen? *(Lachen)*

Oh, wir dürfen uns doch etwas amüsieren, oder?

Das dort ist eintönig *(Geste zur Tür, hinter der die Leute warten)*.

Man muß sich ein wenig amüsieren.

Ich weiß nicht, ob euch das amüsiert, aber mich erfreut das jedenfalls.

18. Dezember 1961

(Brief von Satprem an Mutter)

Liebe Mutter,

Ein langer Brief kam vom Verleger.

Er hat *nichts* verstanden, nichts gefühlt. Er findet das Buch „zu abstrakt". Kurz, er würde das Buch nur mit erheblichen Änderungen und „Erklärungen" annehmen.

Möge dein Wille geschehen

Mit Liebe,

Satprem

(Mutters Antwort, die mit Satprems Brief zurückkam)

Das war zu erwarten.

Aber du wirst dein Buch nicht verderben, um es für sie verdaulich zu machen.

Wir werden es hier veröffentlichen und die überflüssigen Bilder auslassen. Einige wenige werden das Buch interessanter machen.

Ich nehme an, du kannst ihnen ihr Geld zurückgeben und den Vertrag kündigen – du behältst dir das Recht vor, daß wir das Buch hier selber drucken, wobei die Präsentation geändert wird, um jegliche Verwechslung mit ihrer Reihe zu vermeiden.

20. Dezember 1961

(Satprem liest Mutter Teile des Briefes von seinem Verleger in Paris vor)

Ich übergehe die höflichen Einleitungsklauseln:

„Sehr geehrter Herr..., gleich zu Beginn muß ich Ihnen sagen, daß dieses Buch, obgleich es ein hervorragender Essay ist, in seiner gegenwärtigen Form nicht für die Reihe 'Spirituelle Meister' geeignet ist. Lassen Sie mich versuchen, die Gründe hierfür anzuführen. Zunächst ist es der allgemeine Eindruck eines ABSTRAKTEN Textes. Natürlich kann ich mir vorstellen, was Sie mir darauf alles antworten können, und ich möchte unbedingt Mißverständnisse vermeiden! Aber ich versichere Ihnen, wenn ich mich in die Lage des Lesers versetze – und ich betone noch einmal, daß es sich hier um eine Reihe handelt, die für ein breites Publikum bestimmt ist, das wir inzwischen gut kennen –, daß dieses Publikum nicht über Seiten und Seiten hinweg Erwägungen über ein philosophisches oder spirituelles 'System' verfolgen kann (denn das ist es ja unbestritten)... Dieser Eindruck wird zunächst dadurch ausgelöst, daß Sie 21 Seiten lang annehmen, der Leser kenne bereits die historische Existenz Sri Aurobindos, die Merkmale der Veden und Upanischaden und ich weiß nicht wieviele Begriffe über Riten, Gottheiten, Weisheiten usw. usf... Meiner Meinung nach – und diese Lösung wird Ihnen grausam erscheinen, weil Ihnen natürlich an diesen 21 Seiten [über das Geheimnis des Veda] gelegen ist – sollten sie ganz einfach ausgelassen werden, weil alles, was Sie dort sagen – und es ist sehr bedeutungsreich –, erst verständlich wird, wenn man das Nachfolgende gelesen hat. In vielen Büchern darf man vom Leser verlangen, den Anfang erst zu verstehen, wenn er das Ende gelesen hat, aber nicht in jenen der populären Kultur. Eine drei- oder vierseitige Einleitung würde angemessen erscheinen, um die spirituelle und kulturelle Welt zu beschreiben, in der Sri Aurobindos Gedankengut entstand, aber auch hier müßte sie genügend 'deskriptiv' sein und keine Vorsynthese der nachfolgenden Darlegungen. Insgesamt sind Sie nicht analytisch genug (Sie werden lächeln und mich mit Recht kartesisch finden! Aber das Buch richtet sich ja an mehr oder weniger von diffusem Kartesianismus durchdrungene Leser, und wenn Sie wollen, können Sie ihnen helfen, ihre Methode zu wechseln, aber nur wenn Sie sich anfangs verständlich machen), und Sie geben vor der Analyse keine genügende Beschreibung der

analysierten Gegebenheiten... Aus diesem Grund erscheinen uns die Trakte reiner philosophischer Analyse sehr lang ausgezogen, und selbst wenn man von der Abstraktheit des Kapitels über die Evolution, das gewiß gekürzt werden müßte, absieht, verliert man sich darin. Nachdem man geduldig oder manchmal auch ungeduldig eine Erläuterung Sri Aurobindos eigener Erfahrungen erwartet hat, liest man plötzlich mit Erstaunen auf einer einzigen Seite, daß man 'die Energien von oben schöpft anstatt in der materiellen Natur der Umgebung oder im animalischen Schlaf', oder daß man 'den Schlaf verändern und bewußt machen kann... die Krankheiten beherrschen kann, bevor sie in den Körper eindringen.' Und Sie fassen zusammen: 'Der Geist, der Sklave der Materie war, wird wieder zum Herr der Evolution.' Wäre es denn nicht wesentlich für das Verständnis des Lesers zu hören, was Sri Aurobindo zu diesem Schluß führte, welche Erfahrungen ihn dies bestätigen ließen und anderen erlauben würden, diese Methode als übertragbar zu betrachten, welche Schwierigkeiten, Hindernisse, Verwirklichungen auftraten?... Ich wiederhole, daß diese Pädagogik innigst mit dem Wesen unserer Reihe verbunden ist... Erlauben Sie mir auch hinzuzufügen, daß ich es beklagenswert finde, wenn ein Gedanke nicht um seiner selbst willen ausgedrückt werden kann, ohne daß seine Definition von aggressiver Ironie über Konzepte, die der Verfasser nicht teilt, begleitet wird. Es ist nutzlos und schadet dem dargestellten Gedanken um so mehr, als er in Kontrast zu den karikierten Begriffen steht: Ihre Bemerkungen über die Auffassungen von Seele, Schöpfung, Tugend, Sünde und Erlösung, so wie Sie sie darlegen, wären nur dann von Interesse, wenn der Leser diese Auffassung in sich selbst wiederfinden könnte. Aber unter Ihrer Feder werden sie so karikiert, daß sie einen zu leicht gewonnenen Kontrast zwischen bewunderten und mißachteten Eigenschaften entstehen lassen. Sie wären nur dann gerechtfertigt, wenn sie etwas Wirklichem im religiösen Bewußtsein des Westens entsprächen... Ich habe zu große Hochachtung für Sie und die spirituelle Welt, in der Sie leben, um dies aus Höflichkeit ungesagt lassen zu können..."

Amen.

(Schweigen)

Gestern nacht sagte mir Sri Aurobindo: „Sie wären nur zufrieden gewesen, wenn man ihnen ein ordentliches Bündel zweifelhafter Wunder aufgetischt hätte." (Ich übersetze vom Englischen.)

Genau das ist es. Sie wollen genau das: daß man ihnen Wundertaten erzählt.

Ich glaube nicht, daß dein Buch verändert werden kann – Teile herauszuschneiden ist sinnlos. Wenn du mich aufrichtig fragst, was ich tun würde, so würde ich ein anderes Buch schreiben, und zwar aus ihrer Perspektive: etwas, das einen verständlichen Sri Aurobindo zeigen würde, fast einen liebenswürdigen Sri Aurobindo, das heißt nur die konstruktive Seite seiner Lehre in ihrer äußerlichsten Form, ohne... nicht das Philosophische aber das wirklich Spirituelle daran, denn das bleibt ihrem Verständnis völlig verschlossen.

Sie sind nicht reif! Sie sind nicht reif.

(Schweigen)

Aus europäischer Sicht bedeutet Sri Aurobindo eine ungeheure spirituelle Revolution, die die Materie wieder in der Schöpfung rehabilitiert, während sie in der christlichen Religion im Grunde einen Sturz darstellte: es ist nicht ganz klar, wie das, was aus Gott hervorging, so schlecht werden konnte (!), aber man darf nicht versuchen, allzu logisch zu sein. Die Schöpfung ist ein Sturz. Aus diesem Grund lassen sie sich viel leichter vom Buddhismus überzeugen. Ich sah das in allen Einzelheiten bei Richard, der gänzlich in der europäischen Philosophie, unter christlichem und positivistischem Einfluß erzogen worden war. Nach diesen beiden Einflüssen erklärte er in seinem „Weltbild", als er Theons „kosmischer Philosophie" und später Sri Aurobindos Offenbarung begegnete, die Welt sei das Resultat der Begierde, die Begierde Gottes. Während Sri Aurobindo (vereinfacht ausgedrückt) sagte: „Gott schuf die Welt für die Freude der Schöpfung" oder besser „Er ließ die Welt aus sich hervorgehen, um die Freude eines objektiven Lebens zu haben." Auch Theons These war: die Welt IST das Göttliche in objektiver Form, aber auch für ihn lag der Ursprung dieser objektiven Form in der Begierde zu sein. Verstehst du, all dies sind Wortspiele, aber mit dem Ergebnis, daß die Welt im einen Fall verächtlich ist und im anderen liebenswert! Das verändert alles. Für die christlichen und europäischen Auffassungen ist die Welt verwerflich. Wenn man ihnen DAS demonstriert, können sie es nicht ertragen. Die normale Reaktion gegen diese Einstellung ist natürlich, das spirituelle Leben zu verneinen: nehmen wir die Welt, wie sie ist, ungeschminkt, materiell, „kurz aber gut" (mit diesem kurzen Leben hat es sich), tun wir deshalb alles, was in unseren Kräften steht, um uns in dieser kurzen Zeit gut zu amüsieren und so wenig wie möglich zu leiden, und denken wir an nichts anderes. Das ist die normale Folgerung daraus, das Leben verwerflich, verdammt und anti-göttlich genannt zu haben. Was tun? Man will sich nicht des Lebens entledigen, also entledigt man sich des Göttlichen.

Genau so ist es.

Folglich können sie nicht verstehen, selbst die Intelligentesten (dieser Mann ist hochintelligent): sie verschließen sich augenblicklich.

Mein Gefühl ist, daß das Hindernis nur dieser Mann ist, und wenn das Buch erschiene, würde es verstanden werden – nicht überall, nicht von denen, die in ihrem Katholizismus eingeschlossen sind (mit denen kann man nichts machen). Aber für all die, die sich nicht darum kümmern oder die keine christlichen Vorurteile haben, wäre es gewiß zugänglich.

Aber ich weiß, wenn wir es hier veröffentlichen und es von hier nach Europa und Amerika geht, wird man es wie heiliges Brot aufschnappen und es wird hervorragende Arbeit leisten – bei allen, die Französisch sprechen. Aber NUR, wenn es von hier kommt. Nicht wegen ihrer Meinung über uns [das Ashram], sondern wegen dem, was es enthalten wird.

Sie wollen dein Buch „bereinigen"! Sie können es nicht verkraften, das sah ich, als wir es abschickten: sie können es nicht. Sie verbarrikadieren sich, sie können nicht aufnehmen, was darin ist, und folglich tun sie, was sie können, um diese Wirkung aufzuheben.

Von hier aus wird es natürlich viel länger dauern, bis es ein breites Publikum berührt, aber ich sehe, wie die Dinge im Universum laufen: es wird sehr viel sicherer und direkter zu denen gehen, die bereit sind, es zu empfangen. Es wäre falsch zu glauben, dabei handele es sich um ein „elitäres" Publikum, daß besonders intelligente und kultivierte Leute davon berührt werden: sehr einfache Menschen mit offenem Herzen haben eine tiefe Intelligenz, die sich öffnet und diese Dinge viel besser versteht als sehr gelehrte Leute – viel besser –, denn sie spüren genau diese Schwingung der tiefen Hoffnung und Freude, die dem intensiven Drang ihrer Seele entspricht. Die anderen werden stattdessen raffiniert und stellen ihre Folgerungen an, die die halbe Kraft wegnehmen.

Vom praktischen Standpunkt ist mir viel lieber, wir drucken das Buch hier und geben uns die nötige Mühe, daß es möglichst viele Menschen berührt. Im Grunde ist der Verleger ein leichter Weg, der weniger Anstrengung erfordert, aber er ist überhaupt nicht der beste

– bei weitem nicht. Ich weiß es, denn ich sehe das Buch die ganze Zeit mit Sri Aurobindos Auffassung, und es gefällt ihm sehr, mit großer Bestimmtheit, er hat viel hineingegeben und er sieht, daß es eine große Hilfe sein kann – allerdings nicht sehr kurzfristig. Da kommt immer der Eindruck, daß es an die hundert Jahre dauern wird, bis es seine volle Wirkung erreicht. Mit deinem Verleger hingegen wären es viel turbulentere, äußerliche Resultate, die viel mehr Lärm machen aber auch viel schneller verlöschen.

Mir erscheint es ziemlich wichtig, die Betonung der Bilder im Buch zu ändern. Ich ließ sie so gehen, weil es keine andere Möglichkeit gab, aber ich muß sagen, daß ich nicht sehr zufrieden damit war.[1] Sie stellen kein tiefes Verständnis dar, kein Verständnis der Seele – sondern genau das Verständnis einer sehr entwickelten Intelligenz.

Einige wenige Bilder, die eine einfache Öffnung der Seele bewirken, reichen völlig aus.

(Schweigen)

Eine Tatsache bleibt jedoch: trotz ihrer Blockiertheit in tiefer spiritueller Sicht stellen sie offenbar einen gewissen guten Willen dar, der genutzt werden kann und anerkannt werden muß, dem ein Platz gewährt werden muß. Deshalb meinte ich, du solltest ein anderes Buch schreiben, auf einer viel niedrigeren Ebene. Ein Buch... wie ich eines schreiben könnte, wenn ich schrieb!

Aber Mutter...

Du weißt, wie ich schreibe: es ist immer „einfach so", man spürt immer...

Das kannst nur du schreiben!

Nein, nein, ich glaube nicht. Man muß nur eine gewisse Haltung einnehmen.

Nein Mutter, das ist eine Frage der Erfahrung. Man muß immer aus der tiefen Erfahrung schreiben.

Ja!

Aber ich habe sie nicht! Ich habe eine bestimmte Erkenntnis, aber die wirkliche Erfahrung habe ich nicht... Wie auch immer, ich will es gerne versuchen, wenn du meinst, ich bin dazu fähig.

---

1. Die Bilder waren von einem Dritten ausgewählt worden.

Ich glaube schon!

Mein Buch wäre offensichtlich... Auf Englisch würde ich sagen: *What I have known of Sri Aurobindo* [Was ich von Sri Aurobindo kannte], und ich denke das hoch oben. Was ich von Sri Aurobindo kannte ist... was ich vom Avatar erkennen konnte. Was er darstellt. So sehe ich ihn. Das „einfach" wiedergeben: *what I have known*, mit einem Minimum äußerer Ereignisse – so wenig wie möglich –, und alle Erfahrungen der Begegnungen: in dem Augenblick öffnete dies jenes; da erkannte ich das; da sah ich dies, fühlte jenes; da konnte ich das tun – und all das war Sri Aurobindo.

Ich weiß, daß es einen Aufruhr gäbe, wenn ich dieses Buch schriebe! Denn jeder beliebige Idiot könnte es wie eine Geschichte lesen und wäre völlig zufrieden damit – und er würde nicht merken, daß es ihn von innen ergreift und ihn verändert.

Kein philosophisches Buch. Kein spirituelles Buch, überhaupt nicht! Ein schönes kleines praktisches Buch, so würde es ihnen erscheinen!

Aber ich habe keine Zeit.

Ich könnte einige Notizen kritzeln, und du müßtest sie zusammensetzen und ein Buch daraus machen, aber... Ich habe keine Zeit und... Die Idee kommt mir jetzt zum ersten Mal. Vor zehn Minuten dachte ich noch nicht daran.

Jetzt sehe ich dieses Buch. Ich sehe es. Aber wenn ich hier weggehe, mit dieser Menschenmenge und Bergen von Arbeit, dann wird es verschwinden. Ich müßte viel Ruhe und nichts zu tun haben – das aufschreiben können, wenn es kommt, denn ich kann nicht – konnte nie – die Dinge in logischer Folge tun – nie. Die Erfahrung muß plötzlich kommen – eine Erinnerung, eine Erfahrung, dann notiere ich das, lege es beiseite und kümmere mich nicht mehr darum. Und wenn eine weitere kommt, dasselbe. Da ist kein Plan in dem Buch! *(lächelnd)* Aber es wäre sehr einfach: keine geplanten Ideen, keine Ausführung, nichts derartiges – einfach eine Geschichte.

Zum Beispiel die Bedeutung der Abreise[1]: wie er die ganze Zeit, als ich nicht bei ihm war, gegenwärtig war, wie er mein ganzes Leben in Japan bestimmte, wie... Das wäre natürlich alles im Spiegel meiner eigenen Erfahrungen gesehen, aber es wäre Sri Aurobindo. Nicht ich, nicht meine Reaktionen, sondern er, durch meine Erfahrung, weil dies das einzige ist, von dem ich reden kann.

Da wären interessante Dinge, auch für...

---

1. Als Mutter 1915 Pondicherry verließ und nach Frankreich und später nach Japan reiste.

Ich habe aber zwei ernsthafte Einwände dagegen. Der eine ist, daß es eine große okkulte Enthüllung wäre (es würde viel Okkultes enthalten, was die Leute „Wunder" nennen und ähnliches). Eine große Enthüllung, und ich zögere, das zu tun, weil ich die Zeit dafür noch nicht für reif halte. Das ist der Hauptgrund. Und dann wäre es natürlich auch notgedrungen viel zu persönlich. Selbst wenn es nicht in einem persönlichen Ton geschrieben ist, wäre es trotzdem viel zu persönlich. Es ist nicht der rechte Augenblick.

Es würde notgedrungen zu sehr von der physischen Person handeln, und das ist nicht das Interessante. Interessant wäre nur, wenn Die Person, mit großem „P", zur Sprache käme. Dann wäre es ungeheuer.

Eines Tages wird das geschehen, ich spüre es jetzt – aber dann wird Diese Person es schreiben. Jetzt ist es noch zu vermischt. Da ist zu viel von dem (Mutter berührt ihren Körper), diese Sammlung kleiner... Da ist noch ein bißchen zu viel von den Reaktionen der kleinen physischen Person – nicht in dem, was ich sagen würde, aber in dem HIRN, das die Niederschrift bewerkstelligen müßte.

Etwas anderes könnten wir aber versuchen... Schade, daß du ihn nicht kanntest... – Vielleicht ist es besser so? Es ist sehr schwer, sich über die Erscheinungen hinwegzusetzen.[1]

Hier ist ein kleines Beispiel: Als ich zu arbeiten begann (nicht mit Theon persönlich, sondern in Frankreich mit einem seiner Bekannten, der mit meinem Bruder befreundet war[2]), da hatte ich eine Reihe von Visionen, und in diesen Visionen... (du mußt wissen, daß ich zu der Zeit wie fast alle Europäer überhaupt nichts über Indien wußte: das ist „ein Land mit seltsamen Bräuchen und Religionen", einer verworrenen Geschichte, wo viele „außergewöhnliche" Dinge geschahen, von denen geredet wird – das heißt ich wußte nichts), in diesen Visionen sah ich Sri Aurobindo, so wie er physisch war, aber verherrlicht, das heißt derselbe Mann, wie ich ihn später zum ersten Mal sah, beinahe mager, von golden-bronzenem Teint, mit einem etwas scharfen Profil, einem wirren Bart, langen Haaren, in einen Dhoti gekleidet, dessen eines Ende über die Schulter des entblößten Oberkörpers geworfen war, barfüßig. Damals glaubte ich, es wäre ein „Visionsgewand"! – Du siehst, ich wußte nichts über Indien und hatte noch nie Inder in indischer Kleidung gesehen.

Ich sah ihn also, und es waren zugleich symbolische Visionen und spirituelle TATSACHEN: die absolut entscheidende spirituelle Erfahrung und Tatsache der Begegnung und der gemeinsamen Erkenntnis des zu

---

1. Tatsächlich hatte Satprem Sri Aurobindo einmal 1946 oder 1947 gesehen.
2. Thémanlys

vollendenden Werks. In diesen Visionen tat ich etwas, das ich physisch nie zuvor getan hatte: ich warf mich in der Hindu Art zu seinen Füßen. All das ohne jegliches Verständnis des kleinen Gehirns (das heißt ich wußte nicht, was ich tat oder warum). Ich tat es, und gleichzeitig fragte sich das äußere Wesen: „Was bedeutet das alles?!"

Diese Vision notierte ich (oder notierte sie später), sprach aber mit niemandem darüber (solche Dinge erzählt man natürlich nicht). Ich hatte bloß den Eindruck einer Vorankündigung, daß eines Tages etwas derartiges eintreten würde. Es blieb *in the background of the consciousness* [im Hintergrund des Bewußtseins], das heißt es war gegenwärtig, nicht aktiv, aber beständig.

Theon trug auch ein langes Gewand, aber ganz anders [violett], und er war Europäer (er war wohl Russe – entweder Pole oder Russe –, aber mein Eindruck war, daß er ein Russe jüdischer Abstammung war und deshalb sein Land verlassen mußte – er sprach jedoch nie darüber, es ist nur ein Eindruck). Als ich ihn sah, erkannte ich, daß er ein Wesen von großer Macht war. Gewisse Ähnlichkeiten bestanden: er war ziemlich hochgewachsen, ungefähr so groß wie Sri Aurobindo – nicht übermäßig groß, aber schlank – mit einem sehr ähnlichen Profil. Doch ich sah, daß er es nicht war... (ich sah es nicht sondern spürte es). Als ich ihn dann persönlich kennenlernte, hatte er nicht diese Vibration. Dennoch lehrte er mich viele Dinge, und in zwei aufeinanderfolgenden Jahren besuchte ich ihn in Tlemcen, um zu arbeiten. Doch dieses Andere blieb stets im Hintergrund meines Bewußtseins.

Als Richard dann hierher kam, traf er Sri Aurobindo (denn er war besessen von der Idee, dem „Meister", dem Guru, dem „großen Lehrer" zu begegnen), er besuchte Sri Aurobindo, der sonst niemanden empfing (er versteckte sich hier) und es nur auf Richards Beharren tat. Richard brachte ein Foto mit zurück. Es war eines der frühen Fotos, es enthielt nichts. Es hatte nichts, glich überhaupt nicht dem, was ich gesehen hatte – es war der Rest des politischen Aktivisten. Ich erkannte ihn nicht. Ich dachte: „Seltsam, das ist es nicht" (weil ich nur die äußere Vision und nicht den inneren Kontakt hatte). Trotzdem war ich neugierig, ihm zu begegnen. Jedenfalls kann ich nicht behaupten, beim Anblick dieses Fotos gefühlt zu haben: „Das ist er", keineswegs. Ich hatte den Eindruck eines sehr interessanten Mannes, aber mehr nicht.

Dann kam ich hierher... Etwas in mir verspürte das Verlangen, Sri Aurobindo beim ersten Mal ganz alleine zu treffen. Richard besuchte ihn morgens, und meine Verabredung war für den Nachmittag. Er wohnte in dem Haus, wo jetzt der Schlafsaal ist (der zweite), das

407

frühere *Guest House*[1]. Ich stieg die Treppe hinauf, und er erwartete mich stehend, am oberen Treppenabsatz... Haargenau meine Vision! In derselben Kleidung, mit derselben Haltung, im Profil, den Kopf erhoben. Er kehrte mir den Kopf zu... und ich sah in seinen Augen, daß er es war. Die beiden Dinge trafen mit einem Schlag zusammen! *(Geste des plötzlichen Zusammentreffens)* Die innere Erfahrung verband sich augenblicklich mit der äußeren, und sie verschmolzen. Es war der entscheidende Stoß.

Doch das war nur der Anfang meiner Vision gewesen, und erst nach einer langen Folge von Erfahrungen, einem zehnmonatigen Aufenthalt in Pondicherry, fünf Jahren der Trennung und schließlich der Rückkehr nach Pondicherry und der Wiederbegegnung im selben Haus und auf dieselbe Weise trat das ENDE meiner Vision ein. In dem Augenblick stand ich dicht neben ihm – mein Kopf war nicht direkt auf seiner Schulter sondern an der Stelle seiner Schulter (ich weiß nicht, wie ich es beschreiben soll), physisch bestand so gut wie kein Kontakt –, wir standen so nebeneinander und schauten durch das offene Fenster, als wir GEMEINSAM spürten: „Jetzt wird die Verwirklichung stattfinden." Die Sache war besiegelt und die Verwirklichung würde geschehen. Ich spürte *Das* wie eine Masse in mich herabkommen: die Gewißheit (dieselbe Gewißheit, die ich in meiner Vision empfunden hatte, fühlte ich an diesem Tag). Von diesem Punkt an brauchten wir keine Worte mehr auszutauschen – wir wußten, es war DAS.

Zwischen diesen beiden Ereignissen fand eine ganze Folge von Erfahrungen statt, an denen er beteiligt war und die den Stufen des Bewußtwerdens entsprachen. Das ist zum Teil in *Prières et Méditations* wiedergegeben (ich ließ alles Persönliche aus). Eine Erfahrung erwähne ich dort allerdings nicht (das heißt ich gab nur das Ergebnis wieder, ohne die Erfahrung zu beschreiben), und zwar die, wo ich sage: „Der Mensch wollte nicht..." (ich weiß nicht mehr, wie es formuliert war). Ich bot dem Menschen die Teilnahme am universellen Werk und an der neuen Schöpfung an, und er weigerte sich, so übergebe ich sie jetzt Gott...[2]

---

1. Rue François Martin
2. Wahrscheinlich bezieht sich Mutter auf folgende Stelle (3. September 1919): „Weil der Mensch das Mahl nicht akzeptieren wollte, das ich mit so viel Liebe und Sorgfalt zubereitete, lud ich Gott ein, es zu nehmen..." Im Juni 1932 erläuterte Mutter einem Schüler: „In diesem Gebet spricht die Universelle Mutter in ihrer Form als irdische materielle Natur. Das Mahl ist die Welt, die sie durch die Evolution aus ihrer Unbewußtheit herauszog. Sie wollte den Menschen zum Gipfel dieser Evolution und zur Krönung dieser Welt machen. Über lange Zeitalter hinweg wartete sie in der Hoffnung, der Mensch würde seine Rolle erfüllen und der Welt ihre göttliche Verwirklichung geben. Aber der Mensch zeigte sich so unfähig, daß er nicht

Ich drücke mich schlecht aus, aber diese Erfahrung war so konkret, daß ich sie physisch spürte (das war in einem japanischen Landhaus, in der Nähe eines Sees).

Eine ganze Reihe von Umständen führte zu diesem Punkt – eine lange, ereignisreiche Geschichte –, und eines Tages, als ich alleine war, befand ich mich in Meditation (meine Meditationen waren nie sehr tief sondern eher wie eine Bewußtseinssammlung – *Mutter zeigt mit einer Geste, wie das ganze Wesen sich sammelt und nach oben schnellt*) und ich sah... Du weißt, ich hatte den Versuch unternommen, den Herrn der Lüge zu bekehren; ich versuchte es durch eine in einem physischen Wesen verkörperte Emanation zu tun[1], und die größte Anstrengung fand während diesem vierjährigen Aufenthalt in Japan statt. Jetzt nahmen die vier Jahre ihr Ende mit der absoluten inneren Gewißheit, daß nichts zu machen war, daß es nicht möglich war – nicht auf diese Weise –, es war hoffnungslos. So verharrte ich sehr konzentriert und fragte den Herrn: „Ich schwor dir, das zu tun, ich hatte gesagt: ‚Selbst wenn ich in die Hölle hinabsteigen müßte, so würde ich es tun...‘ Jetzt sage mir, was ich zu tun habe.“... Die Macht war offenbar zugegen, und plötzlich wurde alles in mir unbewegt – das ganze äußere Wesen wurde vollkommen reglos –, und ich hatte eine Vision des Höchsten... schöner als die der Gita. Eine Vision des Höchsten. Dann nahm mich diese Vision buchstäblich in ihre Arme, wandte sich gen Westen, das heißt nach Indien, und bot mich dar. Ich sah, daß am anderen Ende Sri Aurobindo war... Ich spürte ihn physisch. Meine Augen waren geschlossen, aber ich sah ihn... unbeschreiblich (diese Vision des Höchsten hatte ich zweimal: das erste Mal dort und das zweite Mal hier, viel später). Es war, als verringerte sich diese Unermeßlichkeit zur Größe eines ziemlich riesigen Wesens, das mich wie einen Strohhalm emporhob und darbot – kein Wort, nichts anderes, nur das.

Dann verschwand alles.

Am nächsten Tag begannen wir unsere Vorbereitungen für die Abreise zurück nach Indien.

Als ich nach dieser Vision von Japan zurückkam, fand diese Wiederbegegnung mit Sri Aurobindo statt, mit der Gewißheit, daß die Mission erfüllt würde.

---

einmal gewillt war, sich den für die Vorbereitung auf diese Rolle notwendigen Bedingungen zu unterziehen. So gelangte die materielle Natur schließlich zur Überzeugung, daß sie sich auf dem falschen Weg befand, und wandte sich direkt an das Göttliche mit der Bitte, Es möge diese Welt in Besitz nehmen, die für die göttliche Verwirklichung bestimmt war. Mit diesem Schlüssel erklärt sich der Rest von selber.“

1. Richard – siehe Gespräch vom 5. November 1961, S. 367.

(Schweigen)

All das läßt sich sehr einfach erzählen, es sind keine metaphysischen Dinge. Natürlich hat es mit Okkultismus zu tun, aber es ist völlig konkret und einfach: Dinge, die ein Kind verstehen kann.

Das sind die wahren Etappen der ganzen Geschichte.

Ich habe das Gefühl, daß es eines Tages erzählt werden wird. Doch zuerst muß sich das *(Mutter berührt ihren Körper)* genügend ändern. Erst dann wird es seinen vollen Wert haben.

Verstehst du, keine meiner Gewißheiten – ohne Ausnahme – kam JEMALS durch das Mental. Das intellektuelle Verständnis kam lange Zeit danach. Sämtliche Erfahrungen wurden lange Zeit nachher verstanden. Nach und nach wird all das fähig zu begreifen, worum es geht – ich meine nicht all das, was man philosophisch wissen kann, das ist ohne Bedeutung, Gelehrten-Latein, das mich überhaupt nicht interessiert –, aber das Verständnis oben, im intellektuellen Bewußtsein, kam immer lange nach der Erfahrung. Seit meiner frühsten Kindheit kamen die Erfahrungen so, massiv – das ergreift einen, und es ist nicht nötig, zu glauben oder nicht zu glauben, zu wissen oder nicht zu wissen: wrumm! Es gibt nichts zu sagen: man steht vor der Tatsache.

Gerade das, sagte mir Sri Aurobindo einmal in den letzten schwierigen Jahren, machte meine Überlegenheit aus – er sagte mir, aus diesem Grund bestünde eine größere Chance, daß ich bis ans Ende gehe.

Davon weiß ich noch nichts. Am Tag, wo ich das weiß... wird es wahrscheinlich vollbracht sein. Denn es wird genau so kommen, als massive Tatsache: es wird *so* sein. Erst lange Zeit, nachdem es „so" ist, wird das Verständnis sagen: „Ah, das ist es ja!"

Es kommt zuerst, und nachher weiß man es.

Bis jetzt ist das noch nicht da.

(Schweigen)

Ein solches Buch stelle ich mir vor (natürlich genügend verschleiert), so einfach wie möglich formuliert – so wie ich *La Science de Vivre* schrieb –, des weiteren spricht man mit den Leuten in ihrer eigenen Sprache. Nur keine Philosophie! Man erzählt diese außergewöhnlichen Geschichten genauso, wie man materielle Gegebenheiten beschreiben würde. Doch *die* Geschichte ist darin enthalten, und das ist, was zählt!

Das fing an, als ich ganz klein war, und *die* Geschichte war bereits da.

Aber nie ging das zuerst durch meinen Kopf – nie! Manche der Erfahrungen, die ich als Kind erlebte, begriff ich erst, als Sri Aurobindo mir bestimmte Dinge erklärte, da sagte ich: „Ah, das war es also!..." Niemals verspürte ich die Neugier, auf diese Weise zu verstehen [mit dem Kopf], das interessierte mich nicht – mich interessierte das Resultat: wie sich das im Innern veränderte, wie sich die Einstellung gegenüber der Welt veränderte, wie sich die Haltung gegenüber der Schöpfung veränderte, das interessierte mich bereits, als ich ganz klein war. Wie kam es, daß meine Beziehung zu dieser ganzen kleinen Welt, die Kinder um sich haben, durch bestimmte, dem Anschein nach völlig banale Vorfälle von Grund auf verändert wurde? Und immer war es dies: anstatt sich als darunter stehend zu empfinden, mit einer Bürde auf dem Kopf wie ein Lastesel den Weg entlang kriechend, tat man so *(Geste des Aufrichtens)* und war oberhalb, man konnte anfangen, es zu ändern. Und warum sollte man das, was schief lag, nicht gerade rücken? Wie man eine Schublade aufräumt.

Warum? Wie? Was bedeutet es? – Was soll mir all das ausmachen! Wichtig ist nur, daß es gerade ist!

Das begann im Alter von fünf Jahren – bald sind es achtzig Jahre her.

Wenn Gott will und wir das Ende erreichen, werden wir einfach erzählen, was geschah, das ist alles – ABER KEINE LEHRE!

Das ist es, mein Kind.

Denke an das, was ich dir sagte. Mein Wunsch wäre dies: daß wir dein Buch hier so veröffentlichen, wie es ist, mit all seiner Kraft und allem, was Sri Aurobindo hineingab, und daß wir uns etwas Mühe geben, es zu verbreiten und seine Arbeit tun zu lassen. Und dann, daß du dich mit diesen Leuten einigst... Du müßtest es fast alles in einem sehr einfachen Ton schreiben, weißt du, sehr einfach und positiv: der ganze sehr konstruktive Aspekt – sehr konstruktiv und einfach. Nicht versuchen zu überzeugen, keine großen Probleme – nichts derartiges, keine großen Probleme!... Sri Aurobindo kam, um der Welt zu sagen, daß der Mensch nicht die letzte Schöpfung ist – daß es eine weitere Schöpfung gibt, und er sagte das nicht, weil er es wußte, nicht weil er es dachte, sondern weil er es spürte. Und er begann es zu tun. Das ist alles.

Das braucht nicht lang zu sein.

Du möchtest, daß ich ein neues Buch schreibe!?

Ja... ohne dich all zu sehr anzustrengen! *(Mutter lacht)* Einfach so – wenn du willst, wenn du es spürst. Du verstehst, was ich meine: ein Buch, das WAHR ist, im Sinne, daß du nichts sagst, was nicht vollkommen wahr ist, aber auf einer zugänglichen Ebene... nicht für „höhere" Menschen zugänglich sondern für den einfachen Menschen, der das

Leben wirklich nicht gut und angenehm findet und sich fragt, ob es nicht einen Weg gäbe, daß es besser würde.

Ohne... ohne große Spekulationen.

Manche Schriften von Sri Aurobindo sind so, in seinem Buch *On Himself* sind viele solche Dinge.

Wenn du Lust hast, versuch es, mein Kind.

Wenn du Lust hast.

Schreibe es entspannt. Dann geben wir ihnen einige schöne kleine Fotos... wie in illustrierten Zeitschriften! Das wäre eine sehr schöne Antwort: „Oh, ist es das, was Sie wünschen? Aber gerne doch! Ich nehme mir nur das Recht, mein erstes Buch selber zu veröffentlichen. Dabei werde ich Ihnen keine Konkurrenz machen, weil es in Indien veröffentlicht wird. Geben Sie mir bitte mein Manuskript zurück, und wir machen Ihnen ein nettes anderes Buch."

In seiner Einfachheit kann das eine sehr große Schönheit haben, eine Schönheit, die für Leute zugänglich ist, die Kummer haben, Leute, die das Leben leid sind, Leute, denen all das Argumentieren den Kopf zerreibt, die es leid sind, immer überlegen zu müssen.

Ich bin die erste! Nichts ermüdet mich mehr als die Philosophen.

23. Dezember 1961

(Mutter rät Satprem, sich mit der Antwort für den Verleger nicht zu beeilen, weil sie eine Möglichkeit sieht, die die Lage ändern könnte)

Etwas Tieferes kam, und dieses Tiefere sagte: ruhig, ruhig, ruhig – laß uns warten. Mit dem Gefühl (sehr vage, fern und nicht sehr sicher) einer sehr guten Möglichkeit, die man in die Atmosphäre zu bringen versucht (weißt du, ich sehe die Dinge nie auf der rein materiellen Ebene sondern stets auf der Ebene des Subtilphysischen; das ist die Ebene der Möglichkeiten – für mich ist das von größerer Wirklichkeit, und das gänzlich Physische entgeht mir meistens, doch das Subtilphysische sehe ich deutlich), und ich sah etwas wie... ich weiß nicht, aber etwas Höheres, wie von oben, das jemanden ins Feld der Möglichkeiten zu bringen versucht, ein Gehirn, das plötzlich von dem Buch berührt würde, und das würde eine Wende bewirken. Ich weiß nicht, wer oder was oder wie – weißt du, wie die Rose, die ich dir gab[1], sie hat einen dünnen rosa Saum: dies war wie ein schmaler rosa Saum, der eintrat und die Atmosphäre dieser Angelegenheit durchlief.

Es ist möglich – alles ist möglich!

Nachdem, was er schreibt [der Verleger], war er viel stärker berührt, als er glaubt. Dies war die Antwort des oberflächlichen Intellekts, aber etwas im Innern vibrierte – das spürte ich sofort, als du mir seinen Brief vorlasest. Er wehrt sich heftig dagegen! Das störte ihn sehr (!), deshalb wehrt er sich heftig, aber es könnte ihn auf den Gedanken bringen, das Buch anderen zu lesen zu geben, und es könnte jemanden berühren. Ich weiß es nicht, ich gebe dir diese Erklärung dessen, was ich sah – ich sah dies mit dem Gefühl: warten, sich nicht rühren, einige Zeit warten. Es wurde sogar begleitet von: „Du wirst informiert werden, wenn es Zeit zu handeln ist." Warte also bis Neujahr, dann werden wir sehen.

Ich hatte kein gutes Gefühl...

Nein, diese Reaktion hat man immer, man sagt: „hmm!" *(Mutter murrt verärgert)*, dann vergeht es – das bedeutet nichts.

Ich weiß nicht... Nicht daß mir das Schreiben zuwider würde, aber ich ermesse zutiefst die Beschränktheit dieses Mittels.

Aber mein Kind, das hängt von dem ab, was in dir vorgeht – was ich kenne –, und das ist sehr gut. Sorge dich nicht, das läuft sehr gut. Das Innere läuft bestens, nach einiger Zeit wirst du es merken! Es wird aber Zeit brauchen. Es braucht Zeit und nimmt manchmal seltsame Formen an.

Ich sehe jetzt, daß diese ganze sonderbare Zeit, die ich gerade durchmachte, einen ungeheuren Fortschritt darstellt... und ich hatte keine Ahnung davon – ich bin noch nicht am Ende, aber ich verstand, was es ist. Es ist von höherer Bedeutung.

Ja, ich spürte, daß du eine seltsame Zeit durchmachst.

Jetzt kenne ich das Endergebnis, und vorher sah ich es nicht. Es wird aber Zeit brauchen. Für den Augenblick scheint es... Es war ja nicht angenehm; ein Zustand, in dem einem alles vergeblich und unmöglich erscheint... Aber es ist sehr gut! *(Mutter lacht)* Es ist sehr gut.

Über diese Dinge darf man aber nicht reden, während sie im Gange sind.

---

1. Eine gelbe Rose mit einem schmalen rosa Saum.

Deshalb... brauchen wir trotzdem etwas für das *Bulletin*!

(Satprem liest Mutter ein altes „Entretien" vom 4. Januar 1956 für das nächste Bulletin vor:)

„... Und von einem bestimmten Punkt an wird man unfähig sein zu sagen: 'Dies ist göttlich, und das ist es nicht...'"

Ah, das ist vorzüglich! In manchen Augenblicken ist es wirklich ungeheuer [die Erfahrung, daß das „göttlich-antigöttlich" verschwindet]... Macht nur weiter, das wird eine Zeit dauern (!)

„... Denn es kommt ein Punkt, wo man das Universum in so totaler und umfassender Weise wahrnimmt, daß es wahrlich unmöglich ist, etwas daraus zu entfernen, ohne alles zu stören. Noch ein oder zwei Schritte weiter, und man weiß mit Gewißheit, daß das, was uns als ein Widerspruch zum Göttlichen schockiert, ganz einfach Dinge sind, die sich nicht an ihrem Platz befinden. Jedes Ding muß genau an seinem Platz sein und darüber hinaus flexibel und plastisch genug sein, um in einer fortschreitenden harmonischen Organisation all die neuen Elemente aufzunehmen, die sich ständig dem manifestierten Universum anfügen. Das Universum befindet sich in einer ständigen Bewegung der inneren Umordnung und wächst zugleich, wenn man so sagen kann, oder wird immer komplexer: es wird immer vollständiger und umfassender – endlos. Mit der Manifestation neuer Elemente muß die gesamte Umordnung auf einer neuen Grundlage stattfinden. Daraus ergibt sich, daß es keine einzige Sekunde gibt, wo sich nicht ALLES in ständiger Bewegung befindet. Wenn die Bewegung jedoch der göttlichen Ordnung entspricht, ist sie harmonisch, so harmonisch, daß sie fast nicht erkennbar ist... Wenn man nun aber von diesem Bewußtsein zu einem äußerlicheren Bewußtsein herabkommt, spürt man natürlich in sehr präziser Weise, welche Dinge einem helfen, das wahre Bewußtsein zu erreichen, und welche den Weg verstellen oder einen zurückhalten oder sogar gegen den Fortschritt kämpfen. Dann ändert sich der Blickpunkt, und man ist gezwungen zu sagen: dies ist göttlich oder dies hilft zum Göttlichen, und jenes ist gegen das Göttliche oder der Feind des Göttlichen. Das ist jedoch ein pragmatischer Standpunkt, für die Handlung, für die Bewegung im materiellen Leben... weil man noch nicht das Bewußtsein erreicht hat, das all das übersteigt, weil man noch nicht diese innere Vollkommenheit erlangt hat, die bewirkt, daß man nicht mehr zu kämpfen braucht, weil man den Bereich des

Kämpfens hinter sich gelassen hat. Bevor man diesen Zustand erreicht, gibt es notwendigerweise den Kampf im Bewußtsein und in der Handlung, und wenn es den Kampf gibt, muß man entscheiden, und um zu entscheiden, bedarf es des Unterscheidungsvermögens."

(Mutter schweigt)

*
* *

(Dann liest Satprem die nächste Frage aus demselben Entretien von 1956 vor:)

„Sind alle Dinge vom Göttlichen angezogen? Sind auch die gegnerischen Kräfte vom Göttlichen angezogen?"

Weißt du, dazu kann ich etwas erzählen... Es gibt einen bestimmten Typ von Frauen, dem ich in meinem Leben ziemlich regelmäßig begegnete: es sind Wesen, die unter dem Einfluß von Kräften stehen (oder sie verkörpern oder ihnen jedenfalls gehorchen), die Theon „passiv" nannte – nicht die eigentlichen weiblichen Kräfte aber der Aspekt der *Prakriti*[1] des Universums: der Aspekt der schwarzen Prakriti (es gibt einen aktiven schwarzen Aspekt, das sind die asurischen Kräfte, und einen passiven schwarzen Aspekt). Diese Wesen sind schrecklich! – Sie stiften ein schreckliches Unheil im Leben. Sie stellen eine der größten Schwierigkeiten der Schöpfung dar. Und sie fühlen sich von mir angezogen! Mein Kind, sie beten mich an – sie verabscheuen mich, sie möchten mich zerstören, aber individuell KÖNNEN SIE NICHT ohne mich auskommen, sie kommen zu mir... wie Nachtfalter zum Licht. Und sie hassen mich! Sie möchten mich zermalmen. So ist es.

Ich bin fünf solchen Frauen begegnet, den beiden letzten hier (sie waren die schrecklichsten). Das ist ein Phänomen von Haß und Wut vermischt mit allem, was es an mächtigster Anziehung in der Liebe geben kann – keine Sanftheit (natürlich nicht, keine Zärtlichkeit, nichts dergleichen), aber das VERLANGEN, die mächtigste Anziehung, die es in der Liebe geben kann, vermischt mit Haß. Sie kleben, weißt du! Und sie halten sich nicht zurück!

Vor einigen Tagen hatte ich eine solche Sitzung. Das ist eine der Arbeiten, die ich verfolge (genauso wie ich die ganze Zeit mit dieser

---

1. *Prakriti:* die Natur oder ausführende Kraft, im Gegensatz zur *Purusha,* der bewußten Seele, die sieht und weiß und durch ihre Vision schöpferisch ist.

gegnerischen Kraft konfrontiert bin, von der ich dir einmal erzählte, die sich immer verkörpert, um mich zu belästigen[1] – hier wird es genauso freundlich vom einen Wesen zum anderen weitergereicht!). Vor einigen Tagen (nicht sehr lange, letzte Woche oder letzten Monat) hatte ich gerade dieser Person eine Verabredung gegeben, und ich hatte beschlossen, nichts zu sagen – weil nichts zu machen war (die schönsten Dinge werden verdorben, da ist nichts zu machen). So blieb ich still, ins Innere gekehrt: der volle Kontakt mit der Höchsten Gegenwart und die Auslöschung der äußeren Persönlichkeit (diese Erfahrung – die fast eine Stunde dauerte – gab mir zudem den Schlüssel zu den Ereignissen der letzten Zeit). Nur noch der Höchste war hier zugegen. Aber, mein Kind, dann war es auch DORT der Höchste, im Körper der anderen Person, in diesem Gebilde und diesem scheinbar absolut antigöttlichen Einfluß – es war Seine Gegenwart!

Das war eine wirklich ungeheure Erfahrung, obwohl dieses Objekt [die betroffene Person] unbedeutend war (winzig, ohne weitreichende Auswirkungen, ohne große Macht: eine mindere Inkarnation, aber dennoch mit nicht ganz menschlichen Fähigkeiten, die jedoch von der winzigen menschlichen Persönlichkeit so weit verschleiert werden, daß außer mir kaum jemand sie erkennen kann).

In dieser Erfahrung gab es keinen Unterschied zwischen dem Physischen und dem Inneren mehr (das trifft übrigens mehr und mehr zu), in diesem Fall war es aber sogar physisch, äußerlich eine Art Liebe voller Verehrung, sogar ohne sich darüber zu wundern, so spontan! Und das enthielt eine ungeheure Macht! So ungeheuer vom Standpunkt der gesamten Erde, daß... Es blieb eine Stunde lang. Nach einer Stunde begann die Erfahrung langsam zu verblassen (aus rein praktischen Gründen, weil sie verblassen mußte). Das hinterließ in mir ein solches Vertrauen in eine Änderung – keine vollkommene Änderung, weil sie nicht endgültig ist, aber so radikal, daß selbst äußerlich und ganz unten etwas sagte: „Wie werden die Meditationen mit X jetzt wohl sein?" Ich erwischte mich dabei... nicht „zu denken", nicht „ich", aber jemand dachte das, irgendwo ganz unten. Das zog mich aus der Erfahrung heraus, und ich dachte: „Sieh an! Wie seltsam, was mag wohl so denken?" – Eine der Persönlichkeiten [von Mutter] – vom Gesichtspunkt der Arbeit, wenn ich all die Handlungen erwäge –, jemand ganz unten hatte spontan diesen Eindruck: „Sieh an! Das wird die Meditationen verändern. Wie werden sie jetzt wohl sein?" Damit kam ich zurück und begann die Dinge mit der gewohnten Sicht

---

1. Siehe *Agenda*, Bd. 1, am 26. März 1959: der Titan, der speziell entsandt wurde, um Mutters Körper anzugreifen, und der sich der Leute in ihrer Umgebung bedient.

zu betrachten (und ich hatte das Gefühl, daß vielleicht tatsächlich eine Änderung stattfinden würde).

In dem Augenblick war aber wirklich ALLES verändert: etwas war vollbracht worden. Und es war die Erkenntnis der Macht – diese Macht, die von dem rührt, was für das Höchste Bewußtsein Die Liebe ist (es hat keinerlei Beziehung mit dem, was man unter diesem Wort versteht). Es war... einfach! Keine der Komplikationen, die vom Denken, von der Intelligenz, vom Verständnis kommen. All das war völlig verschwunden. Eine ungeheure Macht! Und sie gab mir eines zu verstehen: daß der Zustand, in den man mich versetzte („MAN" ist der Herr des Yogas), dazu dient, diese Macht zu erlangen, die von einer Vereinigung mit allen materiellen Dingen stammt – diese Macht haben manche Leute, die nicht immer Yogis sind: manche Mediums, zum Beispiel. Das sah ich bei Madame Theon. Sie bewirkte mit ihrem Willen, daß etwas zu ihr kam, anstatt es selber zu holen: wenn sie ihre Sandalen brauchte, ließ sie sie zu sich kommen, anstatt sie zu holen, und sie tat es durch ihre Fähigkeit, ihre eigene Materie auszustrahlen – sie besaß einen Willen über diese Materie –, ihr zentraler Wille wirkte auf diese Materie, wo immer es ihr beliebte, weil sie selber DORT war. Doch jetzt sah ich diese *Macht* aus einer methodischen, geordneten Sicht: nicht etwas Zufälliges oder Sporadisches wie bei einem Medium, sondern eine Organisation der Materie. Dann... kam das Verständnis: „Aber damit hat man die Macht, jedes Ding an seinen Platz zu setzen!"... Wenn man nur genügend universell ist.

Damit verstand ich es. Jetzt weiß ich, wo ich stehe.

Ein sehr weiter Weg, aber jetzt ist der Weg wenigstens klar.

Wenn man dann zu dieser Fähigkeit der materiellen Vereinigung und der Anwendung des Willens DAS hinzufügt, dieses Etwas, das in diesem Augenblick zugegen war – und das ist wirklich ein Ausdruck von... Ich weiß nicht, ob es der höchste Ausdruck ist, aber für den Augenblick ist es sicher der höchste mir bekannte (es ist weit höher als das *Wissen*, das Reine Wissen durch Identität, mit dem man das Ding kennt, weil man es IST – es ist weit mächtiger), ungeheuer! Das hat die Macht, alles zu ändern, und wie!!

Man IST ganz einfach *Das* – eins, eine Schwingung von DEM.

(Schweigen)

Seit dieser Erfahrung (seit drei, vier Tagen, vielleicht fünf) vervielfältigt sich die TATSACHE der Vereinigung (das heißt man IST das, folglich TUT man das), ständig, für all die kleinen Dinge der Materie, die kleinsten Dinge der materiellen Welt.

(Mutter steht auf)

Aber das wird lange dauern. Man darf sich nicht einbilden, daß
es mit einem Augenzwinkern getan ist – ich bin bereit, Jahre darauf
anzuwenden (wenn es schneller kommt, um so besser).

Doch das ist der Schlüssel. Das ist der Schlüssel.

Wenn das permanent zugegen ist, werden die Leute aufpassen müssen, wenn sie bei mir sind! *(Mutter lacht)*

Aber diese Macht ist die Liebe?

Ja-a... die Essenz der Liebe.

Das, was sich durch die Liebe ausdrückt. Natürlich meine ich nicht
das materielle menschliche Schlammloch, ganz und gar nicht, sondern Die Liebe, wie wir sie uns am wunderbar schönsten und reinsten
vorstellen können. Das ist der Ursprung dieser Liebe, und sie ist im
Höchsten.

(Mutter setzt sich ans Harmonium)

Übrigens ist schon immer gesagt worden, daß allein *Das* den gegnerischen Kräften Einhalt gebieten kann.

(Musik)

Vorschau:

Mutters Agenda Band 3, 1962

1962 ... das Jahr der Kuba-Krise, jener Konfrontation zwischen dem Amerika Kennedys und dem Rußland Chruschtschows, und des chinesisch-indischen Grenzkonfliktes: *die ersten Anzeichen einer wirklich ... folgenschweren Neuentwicklung? Als ob etwas Zentrales aufgerührt worden wäre;* tatsächlich ist die ganze Erde aufgewühlt. Es ist das Jahr, in dem Mutter innerhalb ihres Körpers in den Bereich einer „dritten Position" auftaucht, die weder dem Leben noch dem Tod entspricht, wie sie uns bekannt sind. Die Maschen des Netzes, das uns gefangenhält, sind gerissen, und auf der anderen Seite des „Netzes" gelten die Gesetze unserer Welt – die nur im Kopf existieren – nicht mehr. Es ist der Ort, wo die Evolution in eine bisher undenkbare materiell-körperliche Freiheit mündet – eine dritte Position, vielleicht jene der nächsten Spezies auf der Erde? ... *Der Körper beginnt einem anderen Gesetz zu gehorchen. Das Zeitgefühl verschwindet in einer bewegten Reglosigkeit ... Eine Masse von unendlicher Kraft, gleich der einer Superelektrizität ...* Dann dieser Schrei: *Der Tod ist eine Illusion, die Krankheit ist eine Illusion. Leben und Tod sind ein und dasselbe. Es ist lediglich eine Verlagerung des Bewußtseins.* Und die einfache, körperlich erlebte Entdeckung: *Je näher man der Zelle kommt, um so mehr sagt die Zelle: „Aber ich bin doch unsterblich!"* Eine dritte Position der Zellen, in der man *nicht mehr sterben KANN, weil der Tod keine Wirklichkeit mehr besitzt.* Entdeckte Mutter 1962, im Alter von 84 Jahren, eine andere Wirklichkeit der MATERIE? *Dahinter ist etwas wie ein Märchen verborgen ... Etwas, das im Entstehen ist und das schön, unsagbar schön sein wird: eine wunderschöne Geschichte, die Sri Aurobindo auf unsere Erde zu bringen versuchte, und ihr Kommen ist gewiß!*

Bibliographie

Auf deutsch erhältliche Werke von und über Mutter und Sri Aurobindo:

Beim Verlag Hinder + Deelmann erhältlich:

Sri Aurobindo:
   Das Göttliche Leben
   Die Synthese des Yoga
   Essays über die Gita
   Savitri: Legende und Sinnbild (deutsche Übersetzung von Heinz Kappes)
   Das Geheimnis des Veda
   Die Grundlagen der indischen Kultur
   Das Ideal einer geeinten Menschheit
   Über sich selbst
   Licht auf Yoga
   Bhagavadgita (aus dem Sanskrit übersetzt von Sri Aurobindo)

Die Mutter:
   Mutters Agenda (13 Bände)

Satprem:
   Das Abenteuer des Bewußtseins
   Mutter – Der Göttliche Materialismus
   Mutter – Die neue Spezies
   Mutter – Die Mutation des Todes
   Der Aufstand der Erde
   Evolution 2
   Das Mental der Zellen
   Der Sonnenweg
   Gringo

Beim Verlag W. Huchzermeyer erhältlich:

Sri Aurobindo:
   Die Dichtung der Zukunft
   Zyklus der menschlichen Entwicklung
   Briefe über den Yoga
   Gedanken und Aphorismen, mit Erläuterungen der Mutter
   Sawitri – Eine Sage und ein Gleichnis (zweisprachige Ausgabe, deutsche
   Übersetzung von Peter Steiger)
Die Mutter: **Gespräche 1950-1958**
Sri Aurobindo: **Briefwechsel mit Nirodbaran**
Nirodbaran: **Gespräche mit Sri Aurobindo**
Nirodbaran: **Zwölf Jahre mit Sri Aurobindo**
Satprem: **Vom Körper der Erde oder der Sannyasin**

Beim Aquamarin Verlag:

A. B. Purani: **Abendgespräche mit Sri Aurobindo**

ausführlichere Inhaltsangaben bei www.evolutionsforschung.org

www.ingramcontent.com/pod-product-compliance
Lightning Source LLC
Chambersburg PA
CBHW081321090426
42737CB00017B/2995